技术转移
就这么干

谢旭辉 郑自群 主编
尹琦 陈晓丹 张玉良 副主编

电子工业出版社
Publishing House of Electronics Industry
北京·BEIJING

未经许可，不得以任何方式复制或抄袭本书之部分或全部内容。
版权所有，侵权必究。

图书在版编目（CIP）数据

技术转移：就这么干 / 谢旭辉，郑自群主编. —北京：电子工业出版社，2017.8
ISBN 978-7-121-32285-3

Ⅰ. ①技⋯ Ⅱ. ①谢⋯ ②郑⋯ Ⅲ. ①技术转移－研究 Ⅳ. ①F113.2

中国版本图书馆 CIP 数据核字（2017）第 165775 号

策划编辑：王敬栋（wangjd@phei.com.cn）
责任编辑：王敬栋
文字编辑：张　迪　夏平飞　牛平月　钱维扬
印　　刷：三河市良远印务有限公司
装　　订：三河市良远印务有限公司
出版发行：电子工业出版社
　　　　　北京市海淀区万寿路 173 信箱　邮编　100036
开　　本：720×1 000　1/16　印张：23　字数：449 千字
版　　次：2017 年 8 月第 1 版
印　　次：2019 年 11 月第 9 次印刷
定　　价：68.00 元

凡所购买电子工业出版社图书有缺损问题，请向购买书店调换。若书店售缺，请与本社发行部联系，联系及邮购电话：（010）88254888，88258888。
质量投诉请发邮件至 zlts@phei.com.cn，盗版侵权举报请发邮件至 dbqq@phei.com.cn。
本书咨询联系方式：（010）88254469；zhangdi@phei.com.cn。

序 1

作为技术创新的推崇者,最高兴的事情莫过于看到中国的技术创新与转化事业不断进步。因此,在收到为本书作序的邀请时,我很开心。谢旭辉先生等将多年来对知识产权行业的深刻认识,对知识产权交易及技术转移的实践与研究成果整理成书——《技术转移:就这么干》,这本书的出版将对推动整个技术转移行业的发展大有裨益。

2013年两会期间,我曾向全国人大提出《关于加快专利成果转化的建议》。在知识经济背景下,专利是强国强企的立身之本、核心竞争力的重要来源和自主创新的制度支撑。随着知识经济和经济全球化的不断发展,知识产权在经济发展和自主创新中的地位日益重要。

近年来,我国专利申请数量猛增,其背后当然有国家经济迅速发展、技术水平大幅提高,以及政府大力支持的硬性支撑等积极条件,但也不乏由政策中片面追求数量的导向及考核指标的数量化倾向而造成专利泡沫等现象。很多申请人并非为了创新发明而去申请专利,有相当一部分是为了专利而专利。我国多地数据显示:我国个人得到的专利数虽然约占全国授权的专利数量的一半,但其专利转化率还不到5%;教育部《中国高校知识产权报告》中的统计数据显示:如果平均计算,高校的专利转化率也只有5%;据《中国科学报》报道,2011年我国专利技术实施率仅为0.29%,也很好地说明了这一点。专利转化实施不畅,将成为制约中国产业自主创新和产业升级的一个重要障碍。因此,加快我国专利成果转化,对于培养我国企业知识经济思维、提升专利转化意识、促进企业提质增效、全面提升企业核心竞争能力等,具有十分重大的意义。

我始终坚信，人因梦想而伟大。技术转移有益于推动社会发展，因此在技术转移上，我们小米已经先行一步。在小米知识产权布局之路上，我们始终与时间赛跑，仍恐赶不及。专利战是小米的"成人礼"，同时专利积累不是一朝一夕能够完成的事，但它却是中国企业走向国际的必备"技能"，因此小米一直在不断加快自有专利的申请和布局。自 2010 年成立起，小米从未停止申请专利，截至目前小米公司专利申请总量已超 7000 件，且 90% 以上都是发明专利。在专利收购方面我们也做了很多工作，2016 年我们从 Intel 收购 332 件通信方面的专利，并以交叉授权和转让的方式，获得了微软 1500 项专利技术。除却专利积累，我们也在积极地探索知识产权运营之路。2013 年我们投资了专注于技术开发、转移、知识产权许可、咨询等业务的北京智谷睿拓技术服务有限公司。智谷公司于 2014 年 4 月成立了中国第一支专注于专利运营和技术转移的基金——睿创专利运营基金。以上是小米在专利布局与运营方面的举措，希望对其他企业有所借鉴。既然技术竞争永远不能规避，那就让我们积极地拥抱技术创新，不断突破自我吧。

《技术转移：就这么干》这本书立足于我国企业技术转移的实际需求，结合西方国家技术转移的先进经验和理念，将作者多年从事企业、高校、研究机构技术转移工作的成果和经验拿来与大家分享。书中通过大量案例系统性地阐述了技术转移的方法、策略等，通俗易懂，贴近实战；为企业、机构等开展技术转移工作提供了重要参考。

要实现中华民族的伟大复兴，不能缺少科学和技艺的复兴与创新。在只争朝夕的"双创"热潮下，技术转移对创新的重要作用日益凸显，在我国日渐受到重视。千里之行始于足下，让我们本着开放、开拓和包容的精神，利用和善用技术转移，加快创新的步伐，重塑四大发明和丝绸之路的辉煌！

雷军

小米科技董事长兼 CEO

金山软件股份有限公司董事长

序 2

当下是一个创新驱动和知识驱动的时代,新一轮科技革命和产业变革正蓄势待发,在从低成本规模生产的商业经济向创新定制生产的知识经济转型的过程中,如何将知识产权和科技成果更好地转化成生产力和经济效益,关系到企业的可持续发展能力,也牵动整个中国新经济的格局,决定了国家、地区的核心竞争力。

"大众创业,万众创新",就是鼓励大家用创新的思维创业,推动社会经济高效高质发展。创新思维的专有权,就是知识产权。未来的企业,只有掌握大量核心的知识产权,才能拥有未来。对于投资人,尤其是风投机构来说,衡量企业价值的三大标准是:管理团队;产品和市场;知识产权。但是,团队存在流动性,产品和市场存在不确定性;只有其核心技术受到保护的知识产权,才是企业实打实的资产。知识产权战略是一件关乎企业能否发展壮大的战略性决策,如果公司没有提前做好知识产权规划,没有知识产权保护,必然会增加投资者的投资风险。

知识产权所能创造的巨大价值已经被越来越多的人所看到。我们以往所知的知识产权通常是通过自主研发创造所得,而近年来,全球竞争不断加剧,高新技术产品的技术复杂性明显增加,迫使企业在增强自身核心优势的同时,越来越多地采取开放式创新方式,通过技术转移方式,高效、快速从外部获得技术突破并形成知识产权壁垒。

那么,如何实施技术转移,将知识产权等技术成果转化成现实生产力和经济效益?我想,必须整合各个创新要素并促进创新要素流动。比如,风险投资基金和科技中介机构的结合,是科技成果向现实生产力转移的强有力的推进器。粤民投投资汇桔网,主要是看好"互联网+知识产权"交易平台,以及知识产权与金融相结合的思路；粤民投通过交易平台，寻找和提前介入企业孵化、产业化和产业链延伸的机会。我相信，汇桔网通过技术转移，将促进知识产权转化落地、实现价值变现，让更多创新创业者获得知识产权成果所带来的红利。我深切期待汇桔网深度融合各项创新资源，加强项目与资本、市场与技术的对接，实现科技成果转化与产业集群发展，促进传统企业的提质增效、规模企业的转型腾飞以及新兴企业的快速成长。

谢旭辉先生创办的汇桔网，是以知识产权为核心的资源共享企业服务平台，深耕知识产权专业服务领域多年，通过汇聚科技型企业、创新型企业、高校、科研院所、投资机构、金融机构、创新创业资源商等，打造多点连接、共创共享的知商生态圈。谢旭辉先生将多年来对知识产权行业的深刻认识，和对知识产权交易及技术转移的实践与研究，整理成《技术转移：就这么干》一书，围绕技术转移实操过程的各个环节，总结国内外经验，从基础理论到实践案例，从对技术转移的发展历程与现状的分析，到对未来前景和方向的预测，深入浅出，进行了深入的探索性研究，相信会给业内研究技术转移相关问题的专家学者，以及从事技术转移的创新转型企业、高校、科研机构、技术转移服务机构以及投资机构，带来一些新思路、新方向。

叶俊英

粤民投董事长、总裁

序 3

When I was asked to write the preface of this book, I immediately thought back to the time I have spent in China, and the time I have spent with Mr. Xie. Mr. Xie is an insightful and visionary business leader who has created WTOIP, a dynamic and forward-thinking organization, focused on bringing new technologies into China. My previous meetings and exchanges with Mr. Xie let me glimpse into the future development of IP monetization in China. As another wonderful exploration of IP monetization, this book provides the fundamental knowledge necessary to be successful in technology transfer, innovation in China, and cooperation between companies in China and the rest of the world. After all, when it comes to international technology transfer, no one can ignore China as a huge market and partner.

Technology transfer from and into China has great potential. Based on its GDP and manufacturing, more importantly, it's aspiration to move its economy to creating innovations, and its' investments in research, development and manufacturing infrastructure in life sciences and hi-tech, China has created unique environment that enables rapid transformation of technology. For example, China's high-speed railway becomes the most extensive in the world, with over 20,000km of high-speed track (more than the rest of the world combined) and with an additional 15,000km of track planned by 2025, this provides the infrastructure to connect the major economic centers and people. Other examples of infrastructure and innovation include the C919 large aircraft project which is now in direct competition with Boeing and Airbus; and Biopolis in Suzhou that provides small and medium size enterprises the facilities and expertise needed to develop novel therapeutics and diagnostic tools. Based on my recent visit to China I can see cutting edge technology changing people's lives from the adoption of mobile-phone payments, Wi-Fi service on trains and subways to the availability of shared bicycles. The rapid development and adoption of innovations shows that China has been very efficient in transforming research, technology, and innovation into products.

China's foreign investment has increased rapidly in recent years, and China has accelerated the pace of acquiring overseas advanced technology through overseas mergers and acquisitions (M&As) as a way to efficiently and rapidly acquiring technology, as well as stable market and brand influence. I believe that M&As will increasingly become China's means to obtain advanced technology from overseas; however, this activity is limited to large enterprises. In addition to M&As, China still needs to focus on creating innovations, international research collaborations, and developing innovations into products and will be a core business for companies engaged in international technology transfer services including my company.

I look forward to working with Chinese counterparts, including Mr. Xie, to promote the transfer of technology between China and Western countries and to share the dividends of China's ongoing science and technology innovation and manufacturing upgrading.

The book *The Way of Technology Transfer* introduces and discusses the methods and strategies for technology transfer in China and provides the reader with the knowledge and tools to engage in technology transfer activities that facilitate developing products based on research and innovation. In the book, the authors provide and in-depth analysis of the importance for Chinese enterprises to engage in international technology transfer, with which I agree very much. I would like to express my admiration and appreciation to my Chinese peers on their attempt of engaging latest Internet technology into services. I believe this book will help to increase cooperation between my peers in

China and countries in the West in the future.

I earnestly recommend this book to peers and entrepreneurs, and sincerely wish Mr. Xie and his enterprise continued success in the future!

Arundeep S. Pradhan

President, Apio LLC

Past President, Association of University Technology Managers and Association of University Technology Managers Foundation

序 3（译文）

当我被邀请为本书作序的时候，那些我曾在中国、曾与谢先生度过的时光即刻闪现在我眼前。谢先生是一位极具洞察力且富有远见的企业领袖，他首创汇桔网，将其打造成为一家富有创新力和前瞻思维的企业，力求将新技术、新工艺带到中国。与谢先生的几次交流，使我窥探到中国知识产权运营未来发展的脉络。《技术转移：就这么干》这本书一方面阐释了如何在中国成功地进行技术转移和科技创新，另一方面也对中国企业与世界各国企业的合作做了基本的介绍。毕竟，从事国际技术转移，中国已成为不可忽视的市场和伙伴。

中国的技术转移市场潜力巨大，不仅仅是因为中国的经济总量和制造业规模，更重要的在于其对创新技术的渴求，以及有利于技术快速转化的特有环境。一个很好的例子就是中国的高速铁路。中国高速铁路的开建并未引起我们很大的注意，但仿佛一夜之间，中国的高速铁路通车里程就超过了全世界所有其他国家高速铁路通车里程之和，着实令人惊讶和印象深刻。另一个例子是中国的 C919 大飞机项目，该项目启动短短十年就有了实验机飞上天空。我近期每次来中国都能看到前沿科技给人们的生活所带来的变化，比如：普及率令人乍舌的移动支付，遍布大街小巷的共享自行车。最近，中国开始在高速铁路列车上提供 WiFi 服务；而英国才刚刚在地铁上提供了这项服务，并还在继续已经持续了多年的要不要建高速铁路的讨论。由此可见，中国无疑是转化效率最高的技术转移市场。

作为全球第二大经济体，中国的年 R&D 投入已经居于世界第二位，科技创新能力进步迅速，已经成为国际技术创新的新成员。但是，西方科技强国技术积累雄厚，研发手段和能力领先，在未来很长一段时间都将是中国学习的榜样和引进技术的来源地。近几年中国对外投资快速增长，并加快了通过海外企业并购获取海外先进技术的步伐，这无疑是一种最高效、快速的获取技术方式，同时还可以获得稳定的市场和品牌影响力。我认为，海外企业并购将日益成为中国吸纳国际先进技术的重要手段，但往往只有大企业有能力承担。不涉及企业并购的技术转移在可见的未来仍是国际间技术转移的主流，也是包括我的公司在内的从事国际技术转移服务的机构的核心业务之一。我期待跟包括谢先生在内的中国同行的深入合作，促进中国和西方国家之间的技术转移，分享中国科技创新和制造业升级的红利。

《技术转移：就这么干》这本书介绍和探讨了在中国进行技术转移的方法和策略。作者在书中深入分析了中国企业进行国际技术转移的重要性，对此我非常认同。另外，我对技术转移服务篇章也非常感兴趣，对中国同行借助互联网科技进行的服务方法新尝试表示钦佩和赞赏，相信此篇能帮助我在未来更好地与中国的同行开展合作。

在此，我真诚地向同行和企业家推荐《技术转移：就这么干》这本书，同时衷心祝福谢先生和他的企业在未来继续取得成功！

Arundeep S. Pradhan
Apio LLC 总裁
美国大学技术经理人协会、大学技术经理人基金会前总裁

前 言

2012年年底召开的"十八大"明确提出,"科技创新是提高社会生产力和综合国力的战略支撑,必须摆在国家发展全局的核心位置",强调要坚持走中国特色自主创新道路、实施创新驱动发展战略。这是我国放眼世界、立足全局、面向未来做出的重大决策。实施创新驱动发展战略,对我国形成国际竞争新优势、增强发展的长期动力具有战略意义。

改革开放30多年来,我国经济快速发展主要源于发挥了劳动力和资源环境的低成本优势。进入发展新阶段,我国在国际上的低成本优势逐渐消失。与低成本优势相比,技术创新具有不易模仿、附加值高等突出特点,由此建立的创新优势持续时间长、竞争力强。实施创新驱动发展战略,加快实现由低成本优势向创新优势的转换,可以为我国持续发展提供强大动力,对我国提高经济增长的质量和效益、加快转变经济发展方式具有现实意义。科技创新具有乘数效应,不仅可以直接转化为现实生产力,而且可以通过科技的渗透作用放大各生产要素的生产力,提高社会整体生产力水平。实施创新驱动发展战略,可以全面提升我国经济增长的质量和效益,有力推动经济发展方式的转变。实施创新驱动发展战略,对降低资源能源消耗、改善生态环境、建设美丽中国具有长远意义。

实施创新驱动发展战略涉及方方面面,是一项系统工程,其中提高自主创新能力是重点和重要抓手。自主创新不是要企业闭门造车,如果一个企业试图自给自足包打天下,整个创新链就断了,其技术创新必定不会有很高的水平。这个时代的自主创新,需要充分利用外部的知识、技术和人才作为自主创新过程的重要环节。其中,技术转移在自主创新战略中具有十分重要的地位和作用。《深圳经济特区技术转移条例》将技术转移诠释为"将制造某种产品、应用某种工艺或者提供某种服务的系统知识从技术供给方向技术需求方转移,包括科技成果、信息、能力(统称技术成果)的转让、移植、引进、运用、交流和推广"。我国的文件和媒体中出现较频繁的是"科技成果转化"一词,而较少使用国际上惯用的"技术转移"(Technology Transfer)。在《促进科技成果转化法》中,科技成果转化是指为提高生产力水平而对科学研究与技术开发所产生的、具有实用价值的科技成果进行后续试验、开发、应用、推广直至形成新产品、新工艺、新材料,发展新产业等活动。与科技成果转化相比,技术转移的外延和内涵要大一些。技术转移比科技成果转化更强调技术的流动性,更强调获取外部技术资源为我所用。近年来,随着高技术产品的技术复杂性明显增加,产品的技术突破需要不同学科、不同方向的技术集成,一个企业已很难独立完成。全球竞争的加剧和技术的变化,已迫使企业从内部的垂直集成转变为横向集成,既要增强自身某一方面的核心优势,又要加强外部资源的利用。最新的《促进科技成果转化法》修订,为企业之间、企业和大学及科研机构之间的技术流动提供了更宽松的法律环境、更有利的促进政策,有利于大学和科研机构在技术创新中发挥应有的重要的技术转移、转化作用。

目前市面上有关科技成果转化方面的书较多,而关于技术转移的书(特别是关于技术转移的综合性图书)比较少见。本着服务于我国创新驱动发展战略,服务于我国技术转移和科技成果转化事业的初衷,几位从事知识产权运营和技术转移实际工作多年的业内人士共同撰写了本书。希望通过本书向科技工作者和知识产权从业人员分享技术转移相关知识,提高我国高校、研究机构、企事业单位和知识产权服务机构技术转移的实际操作水平,吸引更多的有识之士加入技术转移相关行业。

本书具有以下四个特点。一、综合性:本书分为五大部分,内容全面涵盖技术转移的基础性和热点内容,详细地介绍了技术转移的发展历程和现状、技术转移的各种具体方式和操作要点、企业技术转移的实际操作、技术转移各种服务及相关服务机构介绍、技术转移最新政策的解读及对未来的影响等内容。本书适合广泛的目标读者群阅读,包括科技工作者,知识产权从业人员,高校、研究机构和企事业单位的管理人员等。二、实用性和可操作性:本书理论联系实践,在理论性内容之后紧跟有相关法律法规介绍、实际操作方法和(或)案例等实践性内容,力求做到让读者能够从阅读中学到实际操作技能。三、通俗性和易读性:在文字表达上尽量通俗化，用通俗的语言，辅以图、表等直观的表达形式将复杂的概念、理论、方法、法律法规等表述清楚。在复杂的概念推出之后立即给予通俗化的介绍，以便读者阅读和理解。四、时效性：2015 年我国对《促进科技成果转化法》进行了修订，之后相继出台了一些配套政策法规，本书在交稿前仍不断根据最新政策的推出补充内容；案例方面根据最新的事件进行补充和调整。

本书五大部分的内容简单介绍如下。

第一部分：技术转移入门。本部分首先围绕对技术转移的认识与思考，引入了自主创新与技术转移之间相辅相成的关系，接下来重点阐述了国外和国内的技术转移发展情况。其中，国外方面主要涉及美国、日本、德国及英国这四个国家，重点介绍了其技术转移发展史、模式及主要机构等，国内方面具体描述了我国技术转移的发展足迹、现状、存在的问题及相关对策，另外还介绍了我国国际技术转移的基本情况。为了加深读者对本部分内容的了解，最后还分别列举了国外和国内的技术转移相关案例。

第二部分：技术转移的基本运作模式。本部分详细介绍了技术转让、技术合作、技术入股、技术联盟/专利联盟等四种常见的技术转移方式。其中，技术转让又细分为专利权转让、专利申请权转让、技术秘密转让和专利实施许可四种方式；技术合作细分为技术委托开发、共同技术开发、产学研合作三种方式。本部分详细介绍了这些技术转移方式的相关法律规定及具体操作方法并辅以案例，帮助读者了解这些常见的技术转移方式并掌握其操作方法。

第三部分：企业视角看技术转移。本部分首先详细分析了我国企业技术转移的现状、存在的瓶颈问题；然后阐述了"互联网+"对我国企业技术转移带来的新的机遇和挑战；最后通过案例分别分析探讨了创业期、成长期和成熟期企业所应采取的相应的技术转移策略。

第四部分：技术转移服务操作指南。本部分首先按照技术转移的进程介绍了相关的技术转移服务，包括从信息获取直到技术实施全过程的各个环节，接着系统地介绍了我国的技术转移服务机构的发展历程和现状，并根据这些服务机构的组织形式和服务内容进行了分类，详细介绍了它们的服务特色和服务范围。希望通过本部分内容的介绍，使得读者对我国各种技术转移服务机构有个初步的了解，为技术转移的供需双方寻求相关方面的服务和帮助提供指南。

第五部分：技术转移政策与未来。本部分首先按照我国建国以来经济发展状况，介绍了不同时期的技术转移政策的演变。然后介绍了2015年以来先后出台的《中华人民共和国促进科技成果转化法》修订版、《实施〈中华人民共和国促进科技成果转化法〉若干规定》、《促进科技成果转移转化行动方案》等三个文件，并对这三个政策文件的核心内容进行了解读。最后对我国的技术转移政策提出了期待，并对我国技术转移的未来发展进行了展望。

随着资金、人才、技术、信息等要素在全球范围内的快速流动，技术转移全球化进程进一步加快，以跨国公司、研发机构与政府为主体的国际技术转移成为技术转移的主要形式。同时，国际技术转移逐步体系化，并与国际经济合作相互渗透，逐步形成全球技术战略、技术转移、技术产业化、技术人才培养一体化网络结构。传统经济时代，单个企业进行技术研发到产品上市模式的封闭式创新，已不适应资本全球化和大众创新的技术共享时代。而强调在技术平台上的多创新主体之间展开技术竞争和协作的开放式创新，成为全球化背景下的技术转移主要模式。例如，近年来，在美国著名企业中，产品所使用的专利技术只有1/3来自于自身研发团队，另外约2/3是从外界获得的。国际技术转移近年出现新趋势，如全球化背景下的开放式创新、技术经营时代的到来、发明产业化及专利资本化、技术专利与技术标准日趋融合等。因此，认清国际技术转移新趋势，并针对我国技术转移中存在的关键问题，提前做好战略布局，已经是迫在眉睫的事情。

本书成稿仓促，难免有错漏和不妥之处，敬请各位读者批评指正。希望藉本书为推动我国创新技术的转移流动和实施转化尽绵薄之力！

目 录
CONTENTS

第一部分　欢迎来到技术转移世界：技术转移入门 /1

 第 1 章　对技术转移的认识与思考 /2
  1.1　技术转移拨动创新琴弦 /3
  1.2　技术转移告诉你它的前生今世 /7
  1.3　走马观花说国外技术转移 /8
  1.4　说说国内技术转移的那些事儿 /29

 第 2 章　对科技成果转化的认识与思考 /57
  2.1　技术转移与科技成果转化 /57
  2.2　打通"科技成果转化最后一公里" /63

第二部分　详尽解读：漫游世界的技术转移模式 /71

 第 3 章　技术转移的基本运作模式 /72
  3.1　技术转让为何触动国人敏感神经 /72
  3.2　技术合作：未来技术才能共赢 /106
  3.3　技术入股：技术也是合伙人 /116
  3.4　技术联盟与专利联盟：技术融合就是生力军 /128

第三部分　企业视角看技术转移 /145

 第 4 章　市场命脉：技术转移看企业 /146
  4.1　企业的技术转移概况 /146
  4.2　企业的技术转移策略 /169

第四部分　技术转移服务的操作指南 /183

 第 5 章　技术转移的服务进程 /184
  5.1　信息服务：资讯是服务的来源 /184

5.2 技术评价：技术含金量知多少 /194
5.3 技术价值评估：变"无形资产"为"有形资本" /213
5.4 技术转移谈判：如何做到"最低成本最大效益且双方共赢" /230
5.5 技术实施：将技术转化为生产力 /253

第6章 技术转移服务机构 /269
6.1 我国技术转移服务机构的产生和发展：市场经济的呼唤 /269
6.2 政府主导的技术转移服务机构 /274
6.3 市场主导的技术转移服务机构：来自市场的虹吸效应 /303

第五部分 技术转移政策与未来 /315

第7章 技术转移政策解读与技术转移的未来 /316
7.1 我国促进科技成果转化的若干经验 /317
7.2 科技成果转化的实施状况 /319
7.3 广东高校科技创新力调研报告 /320
7.4 技术转移相关政策法规概述 /321
7.5 重点政策法规分析解读 /324
7.6 配套政策摘编与解读 /334
7.7 技术转移的未来 /342

后记 /347

参考文献 /348

第一部分
欢迎来到技术转移世界：
技术转移入门

第1章 对技术转移的认识与思考

1945年，美国罗斯福总统的科学顾问万尼瓦尔·布什（Vannevar Bush）在给总统写的《科学——无止境的前沿》报告中，正式提出"技术转移"这一概念。1964年，第一届联合国贸易发展会议把技术转移定义为技术输入和技术输出的统称。技术转移中的"转移"，包括地点转移和权力转移两种含义。其中，地点转移包括从国内一个区域到另一个区域的移动，也包括跨境的移动；权力转移是指技术持有者将技术的全部所有权或使用权转让给技术需求者的行为。

到目前为止，对技术转移的概念和内涵还没有一个国际上公认的、统一的解释。《世界经济百科全书》将技术转移诠释为构成技术三要素的人、物和信息的转移。联合国《国际技术转移行动守则》将技术转移诠释为关于制造某种产品、应用某项工艺流程或提供某种服务而转移的系统知识，即将系统知识从知识的生产者转移到知识的使用者，其主要途径有许可贸易、技术咨询、技术服务与协助等。一般而言，知识可分为两种：一种是没有产权的公共知识，如科学知识；另一种是有产权归属的技术知识。公共知识的传播属于教育和科普的范围，而技术转移主要是指能产生经济效益的专利和信息的转让行为。

自2013年6月1日起施行的《深圳经济特区技术转移条例》将技术转移诠释为"将制造某种产品、应用某种工艺或者提供某种服务的系统知识从技术供给方向技术需求方转移，包括科技成果、信息、能力（统称技术成果）的转让、移植、引进、运用、交流和推广"。本书主要以《深圳经济特区技术转移条例》中诠释的技术转移内涵为准对技术转移的理论与实务进行讨论。

我国的很多文件和媒体报道经常讲"成果转化"，较少提国际上惯用的"技术转移"，在《促进科技成果转化法》中，科技成果转化是指为提高生产力水平而对科学研究与技术开发所产生的、具有实用价值的科技成果进行后续试验、开发、应用、推广直至形成新产品、新工艺、新材料，发展新产业等活动。与科技成果转化相比，技术转移的外延和内涵要更大一些。技术转移是多要素间按市场规律进行的双向流动，包括技术、信息、人才、资金等。

科技成果向现实生产力转化可以分为3个层次：一是科技应用，把科技成果运用到生产、生活领域的活动，主体是个人或企业；二是科技商品化，将各类科技成果转化为商品的过程，主体是企业，其过程受制于科技成果的成熟度和企业的经营管理能力；三是科技产业化，在科技成果转化为商品时追求社会最大转化效益的过程，主体是企业群，其过程受制于产业化环境。

1.1 技术转移拨动创新琴弦[①]

"不断的创新就像跳动的琴弦，奏着经济成长的美妙乐章……"著名经济学家熊彼特曾经用诗一般的语言为我们描绘出创新所创造的巨大驱动力。创新这一概念是熊彼特于1912年在其著作《经济发展理论》中首先提出的。国务院总理李克强于2015年1月9日在国家科学技术奖励大会上的讲话中提出"使人人皆可创新、创新惠及人人"，让创新引领国家和民族发展的未来。那么，如何让创新惠及人人，如何让创新成果扩散，但使创新价值得到实现和放大呢？这是一个值得深思的问题。

2016年2月17日，总理李克强主持召开国务院常务会议，确定支持科技成果转移、转化的政策措施，促进科技与经济深度融合。会议认为，加快科技成果转移转化，打通科技与经济结合的通道，尽快形成新的生产力，对于推进结构性改革（尤其是供给侧结构性改革），实施创新驱动发展战略，促进大众创业、万众创新，提高发展质量和效益，具有重要意义。

由会议内容，我们找到了问题的突破口。在新时代的浪潮下，拨动创新琴弦的正是技术转移，它促进了创新成果的扩散流动，实现和放大了技术创新价值。

1.1.1 技术转移是自主创新的必由之路

我国正在大力推进自主创新，技术转移是核心问题之一，同时也是我国创新体系中最薄弱的环节。进入21世纪，我国明确地提出了自主创新战略，提出要加大科学技术的投入，以期到2020年研发投入占GDP的比例达到2.5%，并在2020年建设成为创新型国家。在科技投入不断加大的前提下，在对创新的呼唤不断升高的

---

① 马彦民. 技术转移与自主创新战略【J】太原科技，2009(11).

前提下，技术转移与成果转化的任务尤其迫切。科技投入是把钱转化为知识；而成果转化与创新，是要把知识再转化为财富，增加人民的福祉。后者对于今天的中国而言是一项更为艰巨的任务。

1. 新世纪，自主创新奏强音

自主创新是以内生力量为主导的，将知识转化为新产品、新工艺、新服务，并使之产业化、市场化的过程。其本质仍然在于知识的创造、流动、更新和转化。所谓自主，一方面是指自主的主体以民族企业或民族资本为主导；另一方面是指创新目标的自主设定、创新过程的自主控制、创新成果的自主拥有。自主创新不排除充分利用外部的知识、技术和人才，作为自主创新过程的重要环节，知识流动和技术转移在自主创新战略中具有十分重要的地位和作用。

自主创新应包含知识创新（或者叫科学创新）和技术创新两大部分。大学与科研单位是生产知识的地方，主要实现将资金变成新知识的科学创新，是知识创新的主体。企业是挣钱的地方，主要实现把知识变成钱的技术创新，是技术创新的主体。大学和科研机构在技术创新中的主要作用之一是"技术转移"。如果一个企业试图自给自足包打天下，整个创新链就断了，其技术创新必定不会有很高的水平。

强调企业之间、企业和大学及科研机构之间要加强技术转移的一个重要理由是，近几年高技术产品的技术复杂性明显增加，产品的技术突破需要不同学科、不同方向的技术集成，一个企业已很难独立完成。全球竞争的加剧和技术的变化，已迫使企业从内部的垂直集成转变为横向集成，一方面要增强自身某一方面的核心优势，另一方面要加强对外部资源的利用。

2. 支持政策相继出台

技术转移是实现自主创新的重要环节，国家对此高度重视，出台了许多措施促进这项工作。2006年2月，国家公布了《中长期科学和技术发展规划纲要（2006—2020年）》（简称《规划纲要》），提出力争到2020年科技进步贡献率达到60%以上的目标。这个《规划纲要》站在历史的新高度，以增强自主创新能力为主线，以建设创新型国家为奋斗目标，对我国未来科学和技术的发展做出了全面规划和部署，是指导我国科技发展的纲领性文件。在促进技术转移方面，提出要实施激励技术创新的财税政策和促进高新技术企业发展的税收优惠政策，鼓励和支持中小企业采取联合出资、共同委托等方式进行合作研究开发，对加快创新成果转化给予政策扶持。

为发展技术市场，推进自主创新，加快建立产学研相结合的技术创新体系，促进科研成果向现实生产力转化，中华人民共和国科学技术部、中华人民共和国教育部、中国科学院于 2007 年 12 月联合印发了《国家技术转移促进行动实施方案》。

1.1.2 技术转移与技术创新相辅相成

技术进步主要有两个途径：一个途径是技术创新，这是一个国家取得和保持技术领先地位必须采取的基本措施，其重要性已被普遍认识；另一个途径就是技术转移，加速科技成果转化和高新技术产业化。从产业发展和经济绩效来看，技术转移的作用同样非常重要。

技术创新是技术发明的首次商业化应用，技术创新本身就包含了技术转移与转化。技术创新的起点是以市场需求为目标的技术研发，其终点则是通过技术转移形成具有市场竞争力的产品，实现利润最大化。技术创新的成功依赖于技术转移与成果转化，技术转移又加速技术创新，二者密不可分，相互依存。

1. 技术创新为企业发展插上腾飞的翅膀[①]

企业是技术创新的主体，在经济全球化的大背景下，企业将面对来自国内外两个市场的竞争压力，因此加强企业技术创新，培育企业的核心竞争能力就显得尤为重要。创新则兴，不创新则亡，这是市场竞争的无情法则。

新技术的迅速发展使技术创新的复杂性大大增加，产品的技术突破和创新需要不同学科、不同方向的技术集成，仅靠一个企业之力很难完成。全球竞争的加剧和技术的变化，迫使企业的技术创新从内部的纵向集成转向横向集成，一方面企业要不断加大自身的核心技术研发力度，另一方面要加强对外部资源的利用，通过对技术转移维持核心技术的竞争优势。尤其是对于大量的中小企业来说，由于技术资源不足，技术创新的主要途径是技术转移和成果转化。技术创新的代表性定义见表 1.1。

表 1.1 技术创新的代表性定义

序号	代 表 机 构	定 义
1	经济合作与发展组织（OECD）	技术创新是指新产品的产生及其在市场上的商业化，以及新工艺的产生及其在生产过程中应用的过程。
2	美国国会图书馆研究部	技术创新是一个从新产品或新工艺设想的产生到市场应用的完整过程。它包括新设想产生、研究、开发、商业化生产到扩散等一系列的活动。
3	美国国家科学基金会（NSF）	技术创新是将新的或改进的产品、过程或服务引入市场。
4	中共中央、国务院《关于加强技术创新、发展高科技、实现产业化的决定》（1999）	技术创新，是指企业应用创新的知识和新技术、新工艺，采用新的生产方式和经营管理模式，提高产品质量，开发生产新的产品，提供新的服务，占据市场并实现市场价值。

---

①华鹰. 技术转移是企业技术创新中亟待破解的难题【J】. 科学与科学技术管理，2009(09): 63.

综合上述国内外技术创新的研究与实践成果，笔者认为，技术创新是企业根据市场需求，利用专利信息在确定的技术目标下进行技术开发，并使创新成果转化，实施市场运作，获得利润最大化的过程。对于企业而言，追求技术创新的价值和动力，在于它能够提高企业的投入/产出水平，即以最低的成本生产出相同质量的产品，或以相同成本生产出更高质量的产品和具有市场竞争力的新产品，从而提高企业的竞争力。从技术创新的定义看，企业的技术创新是围绕新技术的开发和转化，实施市场运作的一个过程。

2. 技术创新是技术转移的源泉

完整的技术创新链包括研究、开发、成果转化和生产四大环节，技术创新的起点是企业通过对市场的预测选择研发项目，通过生产要素的投入而获取创新技术，如果没有产生技术创新成果，技术转移就成了无本之木、无源之水，技术转移就无法实施。因此，技术创新支持技术转移，技术转移的源泉是技术创新。创新活动较弱的国家或地区，技术转移活动相对乏力；而创新实力较弱的企业，能够开展战略性输出或者引进技术和知识的活动也很有限。

随着现代科技发明与创新成果的不断出现，新产品与新技术的寿命周期在逐步缩短，这些情况为实施有效的技术转移创造了必要条件。目前，全世界有关新技术的信息量每 5 年就增加一倍，研究与开发经费（R&D）占国民生产总值（GNP）的比重，呈逐年上升的趋势。在技术创新支持和推动技术转移的同时，技术转移也加速科技发明及技术成果的商业化，缩短研究与开发项目的投资回收期。目前，技术转移的周期已缩短为 3~5 年，呈跳跃式发展趋势。

3. 从小到大：技术转移的滚雪球活动

创新活动决定了技术和知识得以转移的资源状况，而技术转移则是技术创新成果的扩散或流动，是对技术创新价值的实现和放大。因此，技术转移活动又常和另一个已经相当社会化了的名词"SPINOFF"（意即滚动、带动）相联系；这是因为，进入某一阶段的技术转移往往会带来一种连锁的、裂变式的扩散效应，人们会争相传诵某种新技术的概念和思想，然后努力在自己所从事的领域里不断尝试着去应用这种技术。

回顾世界上地区性和国际性的技术转移发展历史，某些时候，企图在科学技术的竞争领域更胜一筹的人们更强调自身知识资源的战略作用；而在另一些时期，则更为强调引进技术或者强调外部技术和知识资源。长期实践证明：实行技术转移与技术创新融合的机制，以及以这种机制发展工业技术的国家和地区，会获得更大的竞争优势；而技术转移活动所具有的扩散运动和机制，又反过来影响国家、地区、企业的经济活力[①]。技术创新对经济增长的贡献，只有通过技术转移的滚雪球活动才能充分发挥其潜在力量。技术转移加速了技术创新成果的商业化，并提高了企业的生产效率；技术创新是通过技术转移的实现来推动经济增长的。

技术创新与技术转移的关系，还可以从技术的寿命周期得到体现。技术的寿命周期是指一项技术或技术成果从进入市场到退出市场的时间跨度。由于新技术的应用直接关系到企业的市场竞争力和盈利水平，为了克服技术生命周期的影响，就必须不断地进行技术创新和技术转移。即要在一项技术进入技术转移阶段时就保证新的技术推向市场，从而克服因某项技术进入衰退期后对企业效益产生的负面影响，不断推进新技术与原有技术的结合和叠加，就可抹平因技术落后给企业带来的效益低谷，从而使企业效益始终保持在一个较高的水平。

1.2 技术转移告诉你它的前生今世

纵观人类历史，知识和技术一经问世，便存在着传播和转移。人类技术转移活动经历了长期的、复杂的演化过程，技术转移方式大体上经历了四个发展阶段[②]。

1. 以技术传递为主流的阶段

这一时期发生在古代农业经济社会。受社会条件所限，地区性的技术转移是由商人、游人、工匠、宗教和文化传播等个人零星、散落和有选择性地完成的。跨国家跨地区的技术转移主要靠军队、传教士和商人等人员的流动来实现。由于技术是个人生存的手段，技术发明人对技术传递的对象控制很严，对外很少扩散。因此，技术传递的范围狭小，传播范围简单，传递速度缓慢，技术转移对经济发展贡献微弱。

2. 以技术传播为主流的阶段

这一时期发生在工业革命经济社会。随着资本主义经济的发展，专利制度应运

---

① 陈向东. 大转移影响世界的技术和知识流动[M]. 北京：经济日报出版社，2000.
② 王新新. 技术转移发展趋势及对策研究【A】. 2012年科技成果转化与评价学术交流会论文集【C】. 科技成果转化与评价学术交流会，2012: 85.

而生。专利制度的建立和完善，保障了发明创造者的正当权益不受侵害；同时，鼓励把发明创造的成果向社会公开传播，为技术转移提供丰富的资源。工业革命阶段技术的传播介质非常广泛、丰富，既有方法、诀窍，又有科学文献、数据、公式等。这一阶段的技术转移，无论从内容、形式还是规模来看，相比农业经济社会都有质的飞跃，对工业革命在世界范围的发展起到了极大的推动作用。

3. 以技术扩散为主流的阶段

这一时期发生在现代工业经济社会。第二次世界大战以后，特别是20世纪60年代以来，随着科技革命的蓬勃发展和各国之间交流的日益增多以及世界经济的不断发展，国际间的技术转移有了很大的发展。而信息技术的出现提供了更广泛的传播途径，使得技术信息传递时间更短、速度更快。同时，技术类别更繁多，既有适用性技术，又有高新技术；既有生产设备、技术装备等硬件，又有设计方案、商标、品牌等软件，还有管理技术、技术理念等。技术转移已成为现代工业经济重要的支撑条件，成为现代社会技术进步的助推器。

4. 以技术全球化为主流的阶段

这一时期发生在当代知识经济社会。在科技全球化潮流的引领下，人类科学技术活动呈现三个特点：一是科技研究开发资源的全球配置；二是科学技术活动的全球管理；三是研究开发成果的全球共享。这三个方面相辅相成，互相促进，共同构成了新时期技术全球化浪潮的主旋律。其中，研究开发资源的全球配置又具有根本性的重要意义，直接影响到技术转移活动的规模和程度。这一时期，以知识经济为主体的技术转移已成为全球产业转移的核心，成为连接科技全球化与经济全球化的纽带和桥梁。

1.3 走马观花说国外技术转移

1.3.1 国外技术转移概况

随着冷战的结束和知识经济时代的到来，技术领先已成为各国在国际竞争中取胜的关键。而技术转移作为一种技术手段，是科技与经济相结合的重要结点，是产业结构调整和经济发展方式转变的重要途径。21世纪以来，伴随着一系列重大科学发展和技术突破及技术成果的应用，技术转移正成为当前世界经济发展的推动力，给世界带来了深刻的变化。每个国家在选择自己的技术发展战略时，都应采取务实的态度，所选战略必须能最大限度地扬长避短，以发挥自身的优势。

对于广大的发展中国家而言，在现阶段通过技术转移进行模仿创新。是明智的选择；因为这样既可以降低技术开发的风险，也可以降低市场开发的风险。发展中国家通过技术的引进、消化、吸收，踏踏实实地进行技术积累，并在此基础上渐进创新，逐步培养自身的竞争优势，追赶发达国家的先进技术，最终实现超越，这是发展中国家在现有创新资源的约束下，以最小代价和最快速度实现技术自立的现实途径。[1]

发达国家是技术商品生产大国，也是技术商品消费的大国，同时也是技术商品进出口大国。这些国家的发展得益于技术，于是不断加大对技术的投入，从而进一步促进了经济的发展，形成了技术—经济良性循环，技术结构不断优化，资本的有机构成不断提高。发达国家国内外技术转移的速度比发展中国家快得多，效益也好得多；越发达的国家，技术转移规模越大、速度越快、效果越好。据统计，发达国家之间的技术贸易占世界技术贸易总额的80%以上，而发达国家与发展中国家之间的技术贸易只占世界技术贸易的10%。国际技术贸易额已从1965年的30亿美元增加到1990年的1100亿美元，年平均增长率为15.1%，大大超过了国际商品贸易9.8%的年平均增长率。发达国家技术商品的生产、转移规模大，速度快，效果好，除了他们科技水平高、资金雄厚、劳动者素质高、设备精良等原因外，主要还是因为他们有科学的技术创新机制和技术转移通道。[2]

1.3.2 国外技术转移理论的研究

1）国外技术转移影响因素的研究

国外学者指出技术转移受到多种因素的影响，主要有投入、人才、技术、科技中介服务、政策、体制机制、经济环境等，总体来说可以归纳为内部影响因素和外部影响因素两种，如图1.1所示。

---

[1] 周星. 国内外技术转移理论研究述评【J】. 对外经济贸易大学学报，经贸理论，1999(3): 11.
[2] 武汉市科学学研究所"技术转移"课题组. 发达国家技术转移的机制和通道【J】, 科技导报，1995(04): 47.

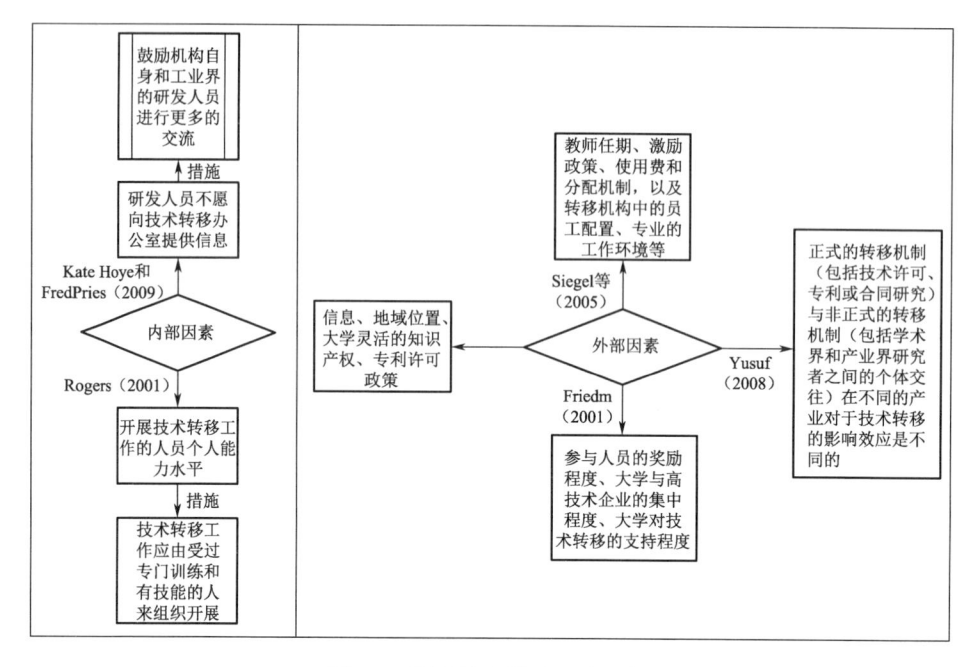

图 1.1　国外技术转移影响因素

2）国外技术转移模式研究

大学和公共研发机构的技术转移模式一直是理论关注的焦点。最著名的是 Etzkowitz 和 Leydesdorff（1995）提出大学、企业和政府关系的"产学官"三螺旋模式[①]（如图 1.2 所示）。即政府、企业与大学是知识经济社会内部创新制度环境的三大要素，它们根据市场要求而联结起来，形成了三种力量交叉影响的三螺旋关系，这就是所谓的三螺旋理论，被学界认为开创了一个创新研究的新领域、新范式。

该理论不刻意强调谁是主体，而是强调政府、产业和大学的合作关系，强调这些群体的共同利益是给他们所处社会创造价值，政府、产业和大学三方都可以成为动态体系中的领导者、组织者和参与者，每个机构范围在运行过程中除保持自身的特有作用外，可以部分起到其他机构范围的作用，三者相互作用、互惠互利，彼此重叠。

三螺旋理论的核心在于，随着知识经济的出现，在区域内的科研院所与大学成为主要知识资产拥有者，具有了更高的价值。在成熟的创新区域内，科研院所与大学通过其组织结构最下层的研究中心、科研小组以及个人等建立起与市场经济活动良好的接口，在区域内发挥了强大的技术创新辐射作用。

[①] 贺艳，许云. 国内外技术转移问题研究新进展【J】. 中共中央党校学报，2014-12(18): 106.

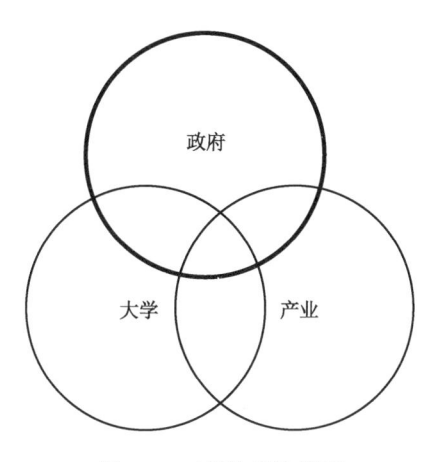

图 1.2 三螺旋理论模型

美国学者 Shama（1992）阐述和比较了美国国家能源实验室的四种技术转移模式，即被动型模式、主动型模式、创业型模式和国家竞争导向模式，认为第四种模式要引起重视。Link 和 Scott（2006）对美国 81 个大学科技园进行了研究，指出大学科技园是学术研究成果转移的主要模式之一，是知识溢出的主要载体。Burnside（2008）指出研发行为只有在大学和企业间有实质性的深入合作才具有价值，并认为最好的技术转移方式应该是建立企业研究中心的共同研发模式。Amesse 等（2001）认为需要根据不同的转移环境来考虑技术转移的模式问题，他们区分了四类转移环境，每一类环境中的技术转移，在组织结构或合同约定上都具有不同表现和管理方式。Sharon（1994）通过研究美国大学技术转移案例，介绍了麻省理工学院（MIT）与企业间合作和技术转移的情况，总结早期 MIT 与企业合作的四种模式；同时指出，为更有效地促进经济发展，MIT 提出建立制造研究中心、新产品研究计划等新的模式，以弥补大学和企业合作中的鸿沟。

1.3.3 国外技术转移的特点[①]

虽然国外很多国家由于自身国情和发展历程不同，导致技术转移的具体制度和模式等都存在差异，但是仔细探究仍会发现一些共同的特点：

（1）具备比较完备的法律体系

发达国家都十分注重对技术转移活动的相关立法，通过法律来规范技术转移活动，颁布很多与技术转移相关的法律，并出台很多相关规定，形成了较为完善的技术转移相关法律及法规体系。这些法律和法规的制定，规范了技术转移活动，充分

---

①张蕴. 发达国家技术转移特点及经验借鉴【J】. 管理视窗，商业文化，2015(45): 136.

调动了大学、研究院所以及企业推动技术转移的积极性,在技术转移活动中起到了极大的促进作用。这些法律法规按实施目的可分为规范技术转移活动、保护知识产权、扶持中小企业发展等方面。

(2)将企业视为技术转移的核心主体

企业是技术创新的主体,同时也是技术转移的核心主体。企业的发展壮大离不开技术的革新,而技术转移作为技术进步的重要手段一直以来都受到企业的极度重视。国际知名企业为了维持其自身的技术优势,不仅每年支出大量的经费投入研发活动,而且也动用大量的资源进行技术转移。企业的技术转移活动主要体现在产学研合作、竞争情报收集以及技术输出等方面。

(3)中介机构在技术转移活动中发挥重要的纽带作用

在技术转移活动开展的过程中,技术转移中介机构作为技术供方和技术受方之间的桥梁,是技术转移体系中不可替代的组成部分。根据政府和技术转移中介机构的关系可以将技术转移中介机构分为政府直接管理、民办官协非营利性组织、商业化运作等类型,它们在技术转移活动中发挥着重要的作用。

1.3.4 聚焦技术转移之各国百态

1. 看美国如何打天下

1)美国技术转移成长史

(1)早期探索

20世纪40年代,美国联合研究开发委员会主席万尼瓦尔·布什(Vannevar Bush)在向罗斯福总统提交的《科学——无止境的前沿》报告中首次提出了"技术转移"这一概念。与此同时,美国在科技和经济上都受到了其他发达国家和新兴工业化国家的威胁,导致美国产品的国际竞争力大大下降。为此,美国内部进行深刻反思,发觉当时的专利制度已经不能适应时代的要求,严重阻碍了美国的科技创新和国际竞争力。

20世纪70年代末,理论界就知识产权的归属问题展开了激烈的辩论,这场辩论的结果就是,美国国会颁布了《专利和商标法修正案》,这就是著名的《拜杜法案》,标志着美国的技术转移由个别行为进入到了国家层面行为。

(2)发展阶段

美国国会通过立法建立了三个主要的技术转移服务机构:国家技术转移中心

（NTTC）、国家技术信息中心（NTIS）和联邦实验室技术转让联合体（FLC）。

NTTC 是 1989 年经美国国会批准成立的国家级非营利性技术服务机构，其主要任务是将联邦政府每年拨款资助给国家实验室、大学等的研究成果迅速推向工业界，使之尽快产品化，增强美国的工业竞争力。

NTIS 的主要任务是收集、加工、储存和传播联邦政府各部门产生的非保密性技术报告以及其他各种形式的科学、技术与工程信息。

FLC 成立于 1974 年，是一个由 700 多家联邦实验室及其上级部门组成的全国性技术转移网络组织，其目标是促进技术转移，促进联邦实验室和企业合作。根据《联邦技术转移法》，大部分联邦政府的研究机构也要求加入该联合体，并正式向 FLC 授予特许状。

（3）不断完善

美国高度重视小企业的技术创新，通过颁布《小企业技术创新进步法》和《国家合作研究法》建立起了一个完整的技术转移体系，这一体系覆盖了国家、区域、行业以及大学、联邦实验室等各个层面。正是这样一个完整的技术转移体系，在促进由联邦政府资助的研究成果的商业化和产业化、全面提升国家竞争力、促使美国长期在国际经济竞争中保持领先地位等方面起到了非常巨大的作用。

20 世纪 80 年代以来，美国颁布了一系列有关技术转移的法律、法规和法案。比较重要的法案主要有 5 部：

- 1980 年的《拜杜法案》——调整知识产权的权属方面，为技术成果的市场化流动奠定了法律基础；
- 1980 年的《史蒂文森·威德勒技术创新法》——加强技术转移运作方面，建立了国家层面的技术转移组织体系；
- 1982 年的《小企业技术创新进步法》——制定了专门的小企业创新研究计划，帮助小企业开展技术研究、成果孵化和产业化，鼓励中小企业技术创新；
- 1984 年的《国家合作研究法》——放松了对技术合作的反垄断要求，促进了企业间及政府研究机构与企业的合作。
- 1986 年的《联邦技术转移法》——通过授权公营实验室缔结合作研究合约，鼓励国家实验室与工业界合作建立科研联合体，以促进技术转移。

以这 5 部法案为支柱，美国建立了完整的技术转移法律体系。正是在这一法律框架下，美国构筑了包括各个层面的完整的技术转移体系，技术转移工作从理论探讨进入到操作层面。

2）美国大学技术转移简介

大学技术转移就是大学通过专利保护和许可等方式将技术向企业、市场转移，实现大学技术的商品化、产业化，最终实现其市场价值的过程。

《拜杜法案》颁布后，许多新的技术转移机构在大学里相继成立，大多数大学的技术转移办公室也应运而生。经过实践探索，美国大学技术转移机构先后经历了3种运行模式[①]：

第一种是威斯康星大学于1925年成立的威斯康星校友研究基金会（WARF）模式，主要负责专门管理本校专利事务，该基金会虽然是大学的附属机构，但它独立于大学之外，享有独立的法律地位，且在管理方面也是独立的。然而在当时，大学作为非营利性的教育机构，其涉足专利管理的做法并未得到广泛支持，因此该模式尽管影响较大，却并未得到推广。

第二种是麻省理工学院首创的第三方模式，1912年，加州大学伯克利分校教授Cottrell建立了首家校外专利管理公司——研究公司（RC），帮助各大学处理自己的专利管理事务，但最终由于事务上的纠葛，麻省理工学院在20世纪60年代终止了与RC的合作。

第三种是斯坦福大学于1970年首创的OTL模式，即学校亲自管理专利事务，并通过技术许可的方式将技术转移给公司或企业。OTL刚成立时只有2人，截至2000年已经扩展到26人，累计受理4000多项发明披露，累计申请1000多件美国专利，累计创造专利许可收入4亿多美元。因此到20世纪90年代初，多数大学都抛弃了技术转移的第三方模式，转而采用OTL模式。OTL模式现已成为当代美国大学技术转移的标准模式。

1989年美国联邦政府成立了大学技术转移经理人协会（简称AUTM），该协会是推动知识产权管理与技术转移的国际化组织，促进大学和企业、政府直接的技术转移，堪称全球范围内推动研究发明事业来造福社会的先驱者。

2. 日本技术转移之变形记

战后日本经济在战争的废墟上仅用二三十年的时间便跨入世界第二大强国地

[①] 卜昕、邓婷、张兰兰、邹甜甜. 美国大学技术转移简介【M】. 第一版. 西安：西安电子科技大学出版社，2014.29-31.

位,其主要原因就是得益于国际技术转移,即大力引进国外先进技术,不断提高本国技术水平,在此基础上再向国外进行技术输出。当今的日本技术输出已成为日本作为经济大国取得国际政治地位的重要手段,日本成功的技术转移与政府采取的政策措施是分不开的。

1) 技术转移策略的演变

(1) 技术引进 日本技术引进的四个阶段见表 1.2。

表 1.2 日本技术引进的四个阶段

阶段	第一阶段	第二阶段	第三阶段	第四阶段
时期	1950—1956	1960—1964	1964—1967	1968 年以后
主要策略	积极引进外资,恢复战前经济	引进大型技术,培育发展新兴产业	引进高新技术,促进产业结构的高级化、大型化和多样化	实行技术自由化
引进条件	①有助于改善国际收支;②有助于重要产业或公益事业的发展;③有必要延续或更新以前的技术援助合同	①不准明显阻碍本国技术的发展;②不准过分排斥中小企业;③不准严重破坏产业顺序	这一时期,日本重新感到研究开发的重要性,以百倍的努力投入了自主技术的开发	①不准延误自由技术的开发;②无专利垄断的弊害;③无连续引起中小企业连续破产的可能;④不准妨碍产业体制的完善;⑤合同中没有不适当的约束条款

(2) 技术传播 日本技术传播的四个阶段见表 1.3。

表 1.3 日本技术传播的四个阶段

阶段	第一阶段	第二阶段	第三阶段	第四阶段
时期	战后复兴期	经济增长期	资本积累时期	70 年代后
传播重点	传播的重点放在发挥人的作用上	以促进普及新机械和建设新工厂的经济政策为中心,重视向中小企业的技术转移	培育企业的竞争能力	科学技术信息的全国交流体制方面,逐步重视信息的作用

(3) 技术输出

20 世纪 60 年代中期,日本才开始制订技术输出政策。当时由于日本能够达到技术输出水平的企业为数不多,因此技术输出政策重点在于增强研究开发能力,从而研究开发有输出可能的技术。1973 年以后,日本许多大企业的研究开发能力直追国际水平,输出技术的企业日益增多,国内技术市场日渐扩大,技术输出趋势日渐增强,日本政府开始制订一系列技术输出政策,以带动国民经济的发展。日本的技术输出政策主要包括:

- 对研究开发、新技术企业化采取减税政策并给予资金资助;

- 对工业产权给予必要保护,这是日本政府同国外进行技术交流的前提条件;
- 促进向国外的投资和成套设备的出口,促进技术向海外转移;
- 培养办理技术转移的专门人才,促进技术向海外输出;
- 技术合作政策不断完善[①]。

2）主要政策及立法

日本大力效仿美国确立技术转移法律法规的做法,通过多年的逐步完善,已经形成了一套鼓励开发创新,且能有效保护知识产权的法律体系。

1995 年,以《科学技术基本法》的颁布为标志,日本开始进行科技体制改革,旨在推动基础研究、应用研究以及开发研究的协调发展,强调国家与地方、民间团体以及企业的协调和产学研的联合,促进科学技术的快速发展。1996 年颁布了《科学技术振兴事业团法》,在推进技术转移活动中,致力于将大学和研究所的科技成果产业化,培养和造就出新的产业,同时积极推进与提高当地人民生活水平密切相关的科学技术实用化,积极支持和参与新技术的委托开发和中介服务,加强研究与交流活动,促进新技术开发和技术成果的普及。1998 年 2 月,日本文部省和通产省联合向国会提交了《促进大学等的技术成果向民间事业转移法》,其要点是通过该法案促进大学和国立研究机构将技术成果向企业转移,以帮助企业提高技术水平,应用研究成果开拓新的产业;日本政府还在通产省设立了"产业基础整顿基金",对实施技术转移的大学提供资金支持和债务担保;日本文部大臣和通产大臣还要求采取措施努力推动民间事业者学习,掌握必要的知识和技术,对技术成果转移过程中相关的专利费和手续税费给予特殊政策。

3）TLO 模式

日本的科技成果转化机构或中介机构,一般叫"技术转移机构"（Technology Licensing Organization，TLO）。日本从 1998 年底开始设立 TLO,截至 2008 年 7 月,被官方批准承认的 TLO 共 47 家、认定的有 4 家,其中有 7 家被确定为"超级 TLO",因此,TLO 当时在日本也属新生事物。

TLO 是在对专利、市场性评价的基础上,在从大学等获取研究成果并实现专利化的同时,向企业提供信息,进行市场调查,通过向最合适的企业提供许可等谋求技术转让的组织,具体包括:（1）发掘、评价大学研究人员的研究成果;（2）在

---

① 贾蔚, 高鹏. 日本技术转移政策及其启示【J】. 沈阳化工, 1998, 27(3): 6.

向专利局申请的同时使之专利权化;(3)让企业使用这些专利权(实施许可);(4)作为对等条件从企业收取使用费,并把它作为研究费返还给大学及研究者(发明者)。

大学、TLO 与企业的关系如图 1.3 所示。

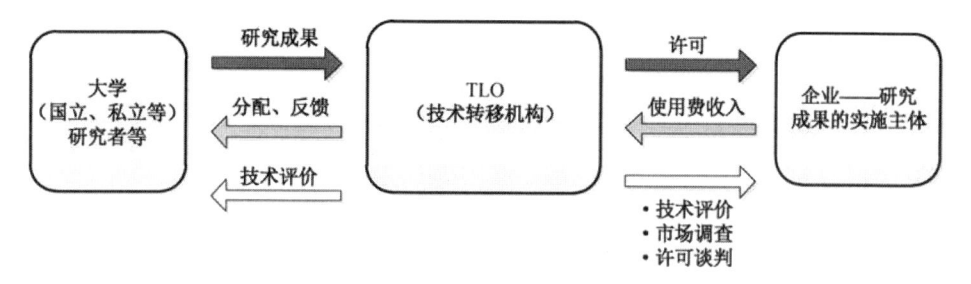

图 1.3 大学、TLO 与企业的关系

尽管目前由日本国家承认和认定的 TLO 已达 51 家,从组织形态上有财团法人、大学法人内组织、股份有限公司、有限责任公司等,但若按大学、TLO 和企业之间的关系,大致可分为三种类型,即内部一体型、外部一体型和全方位型,如图 1.4 所示。

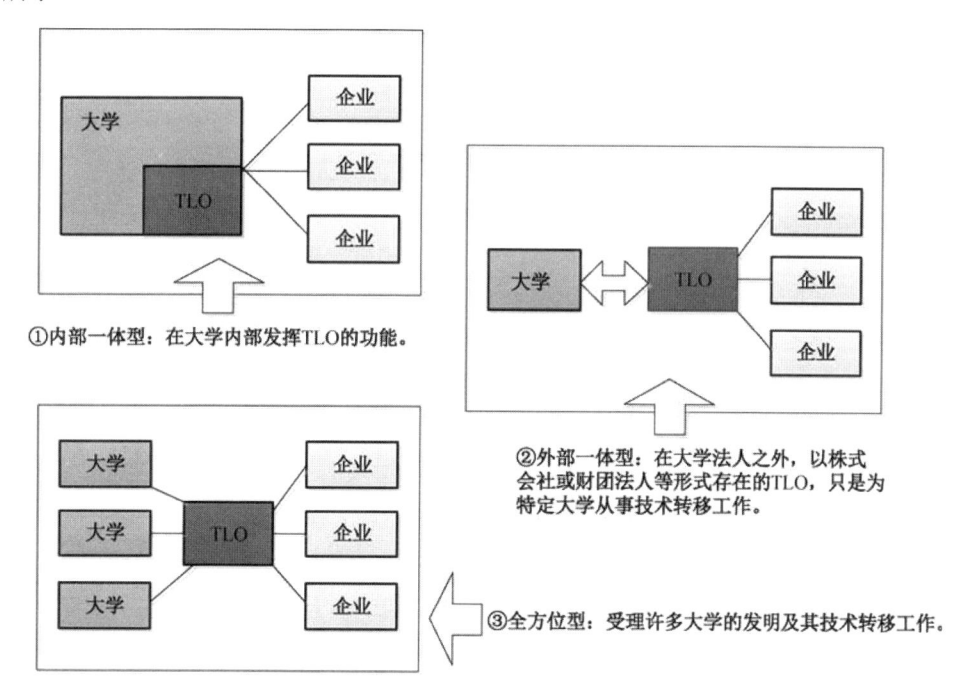

①内部一体型:在大学内部发挥 TLO 的功能。

②外部一体型:在大学法人之外,以株式会社或财团法人等形式存在的 TLO,只是为特定大学从事技术转移工作。

③全方位型:受理许多大学的发明及其技术转移工作。

图 1.4 日本 TLO 模型

3. 德国——奔跑着的黑马[①]

1) 德国技术转移概述

第二次世界大战战败后，德国凭借其保留的大量科技人才和工业基础，以及有利的国际环境，迅速实现了经济的恢复和崛起。德国的科技水平位居世界前列，是欧洲最大的技术拥有国和出口国，其科技产出能力在世界上占据领先地位，根据《2007年德国技术能力报告》中世界市场上的重要专利产出地统计，德国每百万人288件，美国每百万人245件，经济合作与发展组织（OECD）成员国的平均水平是每百万人173件。

德国国内的科研能力60%以上集中于企业，高校约占20%，科研机构所占比例不到20%。德国的技术能力集中度相当高，国内科技研究和发展能力30%以上集中在西门子、拜耳等7家大公司，这些大型跨国公司承担着提高工业技术水平、开发新产品的重任。随着科技竞争的日趋激烈和研究开发的难度加大，德国大企业间的合作日益增多，从而在一定程度上推动了技术转移市场的发展。德国工业企业中65%属于创新型企业，服务业中这一比例也高达48%，而德国的中小企业占全部企业数量的95%；所以德国技术转移市场发展的最重要推动力来自国内的中小企业。自20世纪90年代以来，中小企业开始加大研发的投入，技术创新是德国中小企业的生命所在；德国政府也出台一系列科技政策，积极资助科技成果向中小企业转移，推进科技制度创新和科技型风险基金的发展，强化中小企业与高校、科研机构之间的合作。经过近20年的发展，德国的科技中介服务体系已经比较完善，形成了结构合理、服务水平较高的技术转移体系。

2) 德国的技术转移体系及其主要机构

德国的技术转移体系是建立在其科研体系基础之上的，与科研体系的紧密联系是其最大的特征和优势，这是因为许多科研机构不仅从事技术创新活动，而且也深入到技术转移和推广的工作中，弗朗霍夫协会便是此中的典型代表。其第二大优势是技术转移体系与广大中小企业的合作是广泛而深入的，德国的中小企业数量多、科技水平高，技术创新是企业战略的重中之重，除内部研发外，寻求外部技术转移服务是其开展技术创新的第二大途径，德国大多数企业都接受过技术转移服务，并且与技术转移机构保持长期的服务关系。另外，这个体系是以各领域的科学家和工程师组成的专家团队为人力支撑的，这是其高水准服务的首要前提。

[①] 王经亚，陈松. 德国技术转移体系分析及借鉴【J】. 经济研究导刊，2009(8).

德国技术转移服务机构主要有德国技术转移中心、史太白技术转移中心和弗朗霍夫协会,其基本情况见表1.4。

表1.4 德国技术转移服务机构基本情况

	德国技术转移中心	史太白技术转移中心	弗朗霍夫协会
定位	国家级的公共技术转移信息平台	完全市场化运作,并已在国内和国际上建立庞大的分支系统	凭借自身物质基础和高校人力形成属于自己的研究所
服务	提供最基本的技术供需、专利等的信息查询和简单的咨询服务	除了有深层次的技术咨询、研究开发、人力培训、国际性技术转移外,还涉及企业管理运营方面的服务	直接为德国各中小企业提供技术创新和研发的服务

(1) 德国技术转移中心

德国技术转移中心是德国的一个全国性非营利性公共组织,它分布在德国各地,原则上每个州有一个分中心。各分中心是在各州经济技术和交通部指导下开展工作的,其运行经费由两部分组成:一部分来自政府,即各州的科技基金会;另一部分来自工商协会,即各行业企业缴纳的会费。中心的人员构成具有较严格的专业分类和配比,具有较多的高新科技领域的博士和硕士,同时聘请领域内权威人士担任科技顾问。

该中心针对企业的主要服务职能包括:

- 技术交易服务。无偿为技术供需者提供中介服务,将企业和技术供需信息纳入技术数据网络,形成网上交易市场。
- 咨询服务。负责本地区范围内的企业技术咨询和技术服务工作,为企业寻求合作伙伴,支持该地区的技术创新。
- 专利及信息服务。帮助企业查询专利信息以及申请专利的咨询,为企业查询国内外的科技、经济和科研成果等各种数据。

(2) 史太白技术转移中心

史太白技术转移中心成立于1971年,是德国最大的技术转移服务机构,是不依赖政府的民间机构——史太白基金会的子公司。经过近40年的发展,史太白技术转移中心已由一个州立的技术转移机构发展成为国际化、全方位、综合性的技术转移网络。它定位于技术转移服务组织,担当政府、学术界与工业界的联系平台,从各类型顾客的需求出发,致力于技术创新全过程的各阶段,提供全方位的服务,以顾客利益为中心工作的首要目标,力求向顾客提供高效、灵活、非官僚主义的服务。

该中心的服务领域及特色如下：

- 咨询服务。史太白技术转移中心的咨询服务是以其强大而又完备的专家网络为基础的，能够根据客户的具体需求迅捷而又弹性地做出反应，并找到具体领域的专家予以咨询。咨询的内容和形式分为三种。
  - 一般咨询，可提供一定时限的免费服务，通常免费时限为 5 个小时，此免费服务为中心创造了大量用户，是中心实质性项目的主要机会来源。
  - 专家咨询，由特定领域的专家提供服务，专家的咨询收费标准为，教授 1500 马克/日，工程师 900 马克/日。
  - 管理咨询，为企业进行形象、产品设计，总体战略策划和全面质量管理策划等。
- 评估和专家报告。对技术项目进行技术、经济、人力资源和风险，以及不确定性等方面的可行性评估。
- 研究开发。企业可以就以下内容向史太白技术转移中心寻求服务：新产品、新工艺和新系统的样机开发、测试、专利申请到生产实施，还有现有工艺、程序和产品的工业技术进行优化改进等。史太白技术转移中心作为研究界与企业界之间的中介，有一大批在各个领域富有真知灼见的专家，可以直接向企业提供第一手的高新技术，协助企业完成技术创新。有的情况下史太白技术转移中心也会针对客户的研发需求，安排客户与研究院所和工业合伙人的合作，这完全得益于该中心与高校、科研机构的紧密联系。
- 国际技术转移。向各分中心顾客提供国内外技术项目信息，构建跨区域、国界的国际技术转移平台，目前史太白技术转移中心已在 54 个国家设立了 739 个分中心。该中心最重要的作用是向中小企业提供帮助，使它们能够成功地进入未来有增长前景的市场，如亚洲或美国。它既与金融上可靠的风险协作合伙人保持联系，也与前沿研究和商务机构的国际网络建立联系。

（3）弗朗霍夫协会

弗朗霍夫协会是德国最大的科研机构，共有员工 12000 人，年度预算超过 10 亿欧元。1949 年由德国联邦政府设立，目前已经成为半官方半企业的全球性应用科学研究推广机构，分布在德国 40 多个地区，拥有 58 个研究所。该协会不隶属于政府或其他部门,为独立的法人团体,具有现代的组织结构,组织层级由高到低有会员大会、理事会、执行委员会和高层管理者会议。该协会的科研经费有70%来自企业和政府委托项目的收入,30%由政府负担。

弗朗霍夫协会致力于应用研究领域的技术开发,为中小企业及政府部门提供合同式的科研服务,通过改进技术能力和生产工艺,加强其工业伙伴的竞争力。该协会有以下8个研究领域:信息、通信、生命科学、微电子、表面技术、光子、制造和材料。所提供的服务有:新产品、新工艺的研发和引进;旧有制造技术和生产流程的改进;各种形式的与技术相关的咨询,包括技术的信息和数据、市场调查和可行性研究、质量和安全评估等。

弗朗霍夫协会与史太白中心在研发服务的最大区别在于:史太白中心更多的是安排企业客户与科研机构进行研发合作,或直接将客户的需求委托给科研机构;而弗朗霍夫协会则是凭借自身的物质基础(实验室、仪器设备等)和高校的人力和形成属于自己的研究所,由此来攻克研发难题,所以它拥有大量的技术专利。

德国的技术转移体系,既有非营利性的德国技术转移中心——作为全国性公共服务平台和完全市场化运作的史太白技术转移中心,又有半官方半市场形式的弗朗霍夫协会,这对于我国技术转移体系的构建是个很好的借鉴。

4. 英国技术转移姗姗来迟

英国是西方主要发达国家之一,以蒸汽机为标志的工业革命就发源于英国,它在史上还诞生过牛顿等许多伟大的科学家,是世界科学技术的中心。一直以来,英国学术界和产业界都处于分离状态,学术界注重科学发现和理性探索,产业界也很少从学术界获取技术,从而导致英国的科研与经济的结合程度相对落后于其他发达国家。直到19世纪70年代,英国政府才开始制订并实施多个促进技术转移方面的计划和措施,推动科技与产业相结合,共同促进经济发展。

1)关于产学合作的《兰伯特评论》

2003年英国政府首席科学顾问兰伯特发表了著名的关于产学合作的《兰伯特评论》[①]。就大学与企业合作而论,该报告同意设立高等教育创新基金,将之前的贸工部和教育技能部双渠道资助改为三渠道资助,以利于企业与大学合作。该报告建议:明确大学研究的知识产权,原则上大学对其研究所产生的任何知识都拥有所

---

① 刘丽军. 欧美及有关国家科技创新最新举措述评【J】. 中国科学院国际合作局:国际科技动态,2006(9).

有权；要提高大学技术转移办公室的素质；地区发展机构应在建立大学与企业的关系中发挥积极作用，促进大学和企业的科技人员交流。

2）联系计划

联系计划于1986年由英国科学技术办公室开始实施，重点支持学术界（大学、科研机构）和企业界对具有潜在商业价值的技术进行合作开发，即在产品预研阶段就支持科研与企业合作。该计划通过产研结合，有利于提高企业自主创新的能力。

3）知识转移合作伙伴计划

知识转移合作伙伴计划（简称KTP计划）是英国政府机构于2003年设立的，由企业、知识库单位（高校、研究所等）和KTP联系人（一般是知识库单位的研究生，但是在企业工作）三方组成。该计划以需求为导向，首先由企业提出自己的项目或技术需求，再通过咨询当地KTP协调机构来选取符合自己需求的知识库单位，通过与该知识库单位协商达成协议并最终形成KTP项目资助申请书。每个KTP项目可招收一个或多个KTP联系人。政府根据实际情况对KTP项目进行资助，资助年限为1~3年。

4）法拉第伙伴计划

法拉第伙伴计划于1997年由民间组织推动实施，着重推动多个大学、科研机构、企业以及金融单位之间的合作交流，目的在于构建协作集团为表征的战略联盟。同时，法拉第计划也得到了英国政府的支持和补助[①]。

1.3.5 共享国外技术转移成功案例

1. 以色列的一个早期技术转移

1）技术转移过程

1916年，犹太复国领袖查姆·魏茨曼（Chaim Weizmann）教授——以色列第一任总统，完成了以色列早期的技术转移。魏茨曼教授研制出生产丙酮的新工艺，并将此技术申请了专利，而制造炸药的核心成分正是丙酮。

魏茨曼教授获悉英国海军正面临着丙酮短缺、急需生产炸药的难题，就将此技术提供给了英国海军，这在第一次世界大战中发挥了重要作用。魏茨曼教授看到了

---

①程如烟，黄军英. 英国产学研合作的经验、教训及对我国的启示【J】. 科技管理研究，2007, 27(9): 40-42.

丙酮技术对英国政府战胜德国的重大意义，因此拒绝收取英国政府提供的经济补偿。英国政府出于对魏茨曼教授的感激，答应帮助其实现犹太民族复国的梦想。1917年魏茨曼教授敦促英国政府发布了《巴尔福宣言》，这也是世界上第一个正式外交行动，承认犹太复国主义和支持以色列建立犹太国。

这项早期的技术转移造就了以色列一个蒸蒸日上的行业。1959年，魏茨曼在魏茨曼科学院成立了耶达技术转移公司。该公司致力于将技术成果转化成一个盈利的企业，服务于社会大众。耶达公司的成功也为其他技术转移公司铺平了道路，今天的以色列几乎每个研究机构都有自己附属的技术转移公司[①]。

2）启示

（1）以色列在技术转移方面的工作比世界上其他公司都要早，查姆·魏茨曼教授的创新技术让以色列走到英国，随后开始了和英国学术机构之间历史悠久的合作，这就是他们在工业界取得如此骄人成绩的原因。

（2）以色列致力于将技术成果转化成一个盈利的企业，实现了技术的商业化价值。

2. 三星电子 DRAM 技术转移

1）DRAM 技术

DRAM（Dynamic Random Access Memory），即动态随机存取存储器，最为常见的系统内存。DRAM 只能将数据保持很短的时间。为了保持数据，DRAM 使用电容存储，所以必须隔一段时间刷新（refresh）一次，如果存储单元没有被刷新，存储的信息就会丢失。

2）三星电子简介

自 1969 年在韩国水原成立以来，三星电子已成长为一个全球性的信息技术企业，在世界各地拥有 200 多家子公司。三星电子的产品包括家用电器（如电视、显示器、冰箱和洗衣机）和主要的移动通信产品（如智能手机和平板电脑）。此外，三星还是重要电子部件（如 DRA 和非存储半导体）的供应商。三星致力于通过不断的创新来改善生活方式。三星电子在 2016 年世界 500 强排行榜中高居 13 位，全年营业收入超过 1774 亿美元，这是三星三年来连续三次获得该排名。其半导体事业从 2002 年开始连续 14 年保持世界第二。

---

①王宇行. 以色列技术转移_60 年经验与案例【J】.江苏科技信息：战略研究，2009(8): 12.

3）三星电子 DRAM 技术转移历程

总结三星电子的经验，无可否认，离不开成功的技术转移，其技术转移可分为如下三个阶段[①]：

第一阶段——获得技术模仿能力。

1983 年三星电子决定将半导体作为核心事业之一，其中重点研发 DRAM 技术。在这一年里，三星从美光（Micron Technology）进口了大批 64KB DRAM 芯片，并购买到该芯片的技术许可证；从加利福尼亚的 Zytrex 获得了 MOS 电路设计的相关授权。通过对美光 64KB DRAM 技术的消化吸收，三星终于在 1984 年成功量产了第一个 64KB DRAM 芯片。通过技术引进，三星节省了大量研发投入，减少了研发风险，同时大大缩短了研发周期。

第二阶段——获得模仿创新能力。

在成功生产 64KB DRAM 并积累生产经验之后，三星又从美光购买了 256KB DRAM 的技术许可证，同时三星也开始通过反向工程自行开发 256KB DRAM。1986年，256KB DRAM 宣布开发成功，标志着三星第一次获得了 DRAM 技术的完全知识产权。这一成功也体现了三星模仿创新的能力。

第三阶段——形成自主研发能力。

1986 年韩国政府开始实施"超大规模集成电路技术共同开发计划"（产学研项目）。以韩国电子研究所为主导，三星、现代、LG 等大企业组成半导体研究开发联合体，集中人才、资金进行 1MB 到 64MB DRAM 的基础核心技术研发。在结合政府主导的核心技术后，三星于 1998 年在该联合体中第一个完成 4MB 及 8MB DRAM 的开发，这标志着三星 DRAM 的脚步已经赶上了当时的国际先进水平。之后，三星分别和东芝、通用仪器、ISD、三菱、NEC 和富士通这样的竞争对手结成了战略联盟。

从 1983 年到 1988 年，短短五年时间，从最初的技术模仿到形成完全的自主研发能力，三星成功完成了 DRAM 的国际技术转移。

4）启示

（1）成功的技术转移离不开政府的支持和引导。韩国政府从 1982 年开始就不断发布半导体行业的相关政策，还直接进行投资，积极协调政府研究机构和大企业

---

① 朱明. 从三星电子 DRAM 技术转移成功谈我国半导体产业现状及国际技术转移【J】. 发展战略，2010(10): 24.

的合作研究。

（2）抓住市场机遇，自主创新。20世纪80年代，美国厂商为了找到合作伙伴共同对抗日本厂商的冲击，才使得原本不具可能性的DRAM的技术许可成为可能，再加上三星自身成功的消化吸收以及自主创新，最终在极短的时间内促成了快速发展。

3. 英国技术集团（BTG）

1）BTG简介

英国技术集团（British Technology Group，简称BTG）成立于1949年，总部设在伦敦，原属英国政府所有，1991年被改为私有的商业机构。目前BTG主要服务于医药科学领域，通过收集、评估世界各地的大学、研究机构在医学以及药物配方等领域的一些新发明，将具有市场发展潜力的技术转化为现实的产品，其主要目标是实现技术的商品化。

BTG采取了一系列措施拓宽技术来源，从最初着眼于国内市场，主要依靠研究院所和大学，发展成为今天的国际公司，业务领域涵盖欧洲、北美和日本，其75%以上的收入来自英国以外的业务，使技术转移国际化。目前，BTG有雇员200多人，拥有250多种主要技术、8500多项专利，以及400多项专利授权协议。

2）技术转移活动

（1）寻找、筛选和获得技术：BTG每年在世界范围内从公司、大学和研究机构等机构预选400项技术和专利，然后从中筛选和评估出100项具有较大市场价值的技术项目，帮助实现专利申请或实施专利授权。

（2）技术转移：BTG的技术转移一般经过技术评估、专利保护、技术开发、市场化、专利转让、协议后的专利保护与监督、收益分享等7个阶段。

一方面，由于英国专利管理费用昂贵，其侵权诉讼费用更高，且科研人员很难理解有关专利等无形资产的复杂法规，所以很多大学、科研机构以及一些中小企业由于资金和专业知识的缺乏，选择将专利权转让给BTG；另一方面，对于买方来说，企业在改变发展战略、调整产业结构而自己又没有新产品时，往往希望买到可以直接投产的新技术或产品，而对于卖方来说，某些专利技术还未达到产业化的程度，需要进一步开发才能推向市场。如此一来，买卖双方的需求产生了一段的差距。BTG作为买方与卖方之间的桥梁，为卖方申请并保护专利，资助卖方进行技术开发直至可以投产，再转让给买方，并从其中获得利润分成。

（3）风险投资：BTG 是英国最大风险投资机构，其风险投资遍布于整个欧洲和北美洲，集中在英国和北美的中大西洋区域。BTG 更倾向于关注技术的开发，它的技术大多数都来源于大学和公司里的顶尖技术。BTG 通过直接介入这些投资，以提供管理和经营专家的方式来帮助处于早期阶段的公司尽快成长起来。

3）盈利模式

BTG 充分利用国家赋予的职权，同国内各大学、研究院所、企业集团及众多发明人有着广泛的紧密联合，形成技术开发—推广转移（销售）—再开发—投产一条龙的有机整体，利润共享。

通过建立新的风险投资企业，把获得的巨大报酬返还给它的技术提供者、商业合伙人和股东。所以，众多国内外发明人或企业都纷纷把自己的专利、发明等成果委托给 BTG，BTG 经审议后替发明人支付专利申请费用和代办申报，颁发许可证，真正使发明者得到知识产权的法律保护。然后，即可对专利等开发成果进行转让，利润分成。这种运作模式使 BTG 在技术供方和技术发展方中都拥有能够共同获得利润的合作伙伴，同世界许多技术创新研究中心以及全球主要的技术公司都有密切的联系。

4）启示

（1）BTG 着眼于长期的技术转移。为包装好一个专利申请或实现已有专利的价值增值，BTG 可预先投资于技术的进一步开发或技术的升级，并不急于把不那么成熟的技术推向市场，而是尽量把"饼"做大，获得最大的利益。

（2）英国等发达国家有着完备的知识产权体系，能对专利实施进行有效的保护，使侵权者受到应有的惩罚。

（3）团队的专业性，有很强的技术、市场、法律知识背景和丰富的实践经验，在评估产品或技术的潜力等方面，独具慧眼，成功率较高，在申请专利、处理专利侵权等方面得心应手。

4. 美国 yet2.com

1）yet2.com 简介

yet2.com 由 Venrock 公司、3I、杜邦、宝洁、霍尼韦尔、卡特彼勒、NTT 租赁、拜耳和西门子等公司共同于 1999 年投资创立，是一个基于开放创新服务型的全球性技术交易平台，它为全球的技术交易提供评估、鉴别以及开发等整个交易决策过程中的咨询服务。Yet2.com 的主要业务是全球技术授权业务和知识财产专业服务。

目前 yet2.com 的用户已超过 13 万户，该在线平台为企业提供技术推介超过 10000 个，收集技术超 1000 项，2012 年公司成功运行的技术交易超过 150 项。2010 年成立的 yet2 基金，在 2015 年的管理资产超过 5000 万美元[①]。

2）技术转移活动

（1）以信息为核心开展的一系列业务，包括战略目标搜索、知识产权组合上市以及专利交易等，其特色业务是战略交易流服务，yet2.com 每年向客户提供多达 400 条经过预先筛选的潜力公司及技术推介。

技术供给者在 yet2.com 上发布技术相关信息，同时搜索平台上已发布的技术难题信息并与之匹配，技术供给者可向需求者发送难题的解决构想，待需求者评估和选择后再与供给者联系并进一步协商；同理，技术需求者在 yet2.com 上发布难题信息，同时搜索平台上已发布的技术成果并与之匹配，然后和供给者联系并协商。

（2）技术评估服务：根据对客户 IP 的投资组合进行评估，为其挑选出最符合的对外许可技术。

（3）技术对接服务：帮助平台上的技术供给者和需求者鉴别技术并给出建议，帮助客户完成技术成果的交易。

3）盈利模式

yet2.com 采取收费的模式，主要收入来源为信息发布费、交易费和增值服务费。技术供给方或者需求方每发布 1 条信息，均需缴纳费用 1000 美元；对于交易费，一般每笔交易的收费为总交易额的 15%，不低于 1 万美元；对于增值服务费，则根据客户服务类型的不同采取不同的收费档次。

4）启示

美国 yet2.com 是国外比较突出的网上技术市场。这种网上技术市场作为一种传统有形技术市场在现代网络经济条件下的一种新发展，有着传统技术市场不可比拟的优越性，它不仅能改变、加快、改善技术交易的流程，缩短技术转移的周期，而且能为技术交易提供更为便利的市场增值服务，从而大大提高技术交易的效率。它是以技术信息数量上的优势以及提供市场服务的全面性来赢得市场的。

---

① Yet2.com 官网 http://www.yet2.com/about/history/.

5. 日本东丽株式会社的技术引进和创新

1）东丽株式会社简介

东丽（TORAY）株式会社（原名东洋人造丝株式会社）成立于1926年，总部位于日本东京。东丽集团是以有机合成、高分子化学、生物化学为核心技术的高科技跨国企业，在全球19个国家和地区拥有200家附属和相关企业，年销售额超过120亿美元，拥有雇员35000名。

东丽公司早在20世纪60年代就开始了膜技术的研究，涉及原材料的选用、制膜技术的开发以及膜元件构造的设计等，这一技术对于超纯水、海水淡化等水处理领域具有重要意义。现在东丽已经成为世界上少数的能同时提供醋酸纤维膜和聚酰胺复合膜的厂家，同时也是世界上少数具有RO、NF、UF、MF、纤维滤布系列膜技术研发与向市场提供全系列商业化膜产品的膜厂家。另外，东丽已经完成了膜生物反应器MBR（被认为是21世纪污水处理技术革命）的技术开发，已开始投放于中国市场。

2）技术转移历程

（1）1941年5月，成功合成了"尼龙66"。

美国的杜邦（DuPont）公司将华莱士·卡罗瑟斯（Wallace Carothers）博士发明的聚酰胺纤维命名为"尼龙（Nylon）"；1938年10月宣布开发了"使用煤炭、水、空气生产的，比钢铁强度更高、比蜘蛛丝更细的"合成纤维。东丽马上就获得了这个"尼龙66"的产品样品，并避免与DuPont公司专利相抵触，使用独有技术成功开发了"尼龙66"。

（2）1951年6月，与美国DuPont公司签订尼龙相关技术合作合同。

使用独有技术开始生产的"尼龙66"与DuPont公司的"尼龙66"的生产方法和物质都不同，但如果包含周边专利，可能产生侵权问题，所以经营层认为与DuPont公司进行技术合作，消除后顾之忧是上策，1951年6月11日签订了技术合作合同。专利使用费是销售额的3%，预付款为300万美元（10亿8000万日元），是当时的资本金（7亿5000万日元）的1.5倍。在技术合作前，使用与DuPont公司的专利不抵触的自主技术设计了工艺流程，但是签订合同后，东丽改变了方向，积极地引进了DuPont公司的技术。1965年，东丽开始销售尼龙66。

（3）1957年2月，与英国的ICI公司签订聚酯关联技术合作合同。

1957年2月，东丽与其竞争对手帝国人造绢丝（Teikoku Jinken）（现在的帝人株式会社）一起，和英国帝国化学工业公司（ICI）就聚酯签订技术合作合同，建设三岛工厂。聚酯纤维与尼龙纤维一样，强度很大，而耐磨损性、褶皱的恢复力更加优异。随后，东丽开始生产并销售聚酯纤维和聚酯薄膜。

（4）1988年，开始国际化业务拓展。

3）启示

（1）技术引进的关键在于技术创新，只有开发自己独有的专利技术产品，才能稳定持续发展。

（2）东丽在引进和二次开发技术过程中引进VC（风险投资机构），说明在日本的机构中，不是对创业风险企业进行直接资金支援，而是成为优良中小企业的股东。

1.4 说说国内技术转移的那些事儿

1.4.1 细数我国技术转移的成长脚印

关于技术转移的成长脚印基本可以从建国之后说起，傅正华（2006）认为，根据我国的历史发展轨迹，尤其是政治发展里程，建国以来我国技术转移的发展应划分为6个阶段，每个阶段具有不同的特点[①]。

1）第一阶段（1949—1959年）及其特点

在建国初期，我国的技术暂时还处于一盘散沙的状态，各个行业停滞不前，几乎没有什么先进的技术，这一阶段的技术转移主要体现在两个方面：一是引进前苏联及东欧各社会主义国家的技术；二是结合国内实际情况进行国内技术推广。

为了尽早结束我国基础工业薄弱、落后的局面，我国从前苏联和东欧等一些国家进口了大批成套设备和技术。尤其是苏联对中国的基础工业项目进行了大规模的援建，使得苏联技术大量转移到了中国，而这种转移具体体现在成套设备的供应、技术资料的转让、产品设计与制造技术的提供、工业建设的帮助等四个方式。据国

---

① 傅正华，雷李军. 建国以来我国技术转移的发展阶段及特点【J】. 华南理工大学学报：社会科学版，2006, 8(6): 14.

家计划部门统计，我国在1950年到1959年之间共签订项目700多个，其中引进项目450项，投资金额37亿美元，约占50%。其中，第一个五年计划（1952—1957）期间，我国引进的"156"项技术，是奠定我国工业基础方面的重点建设项目，包括煤炭、电力、石油、冶金、化工、机电、航空、汽车、轻工、纺织和军工等主要工业领域[①]。

中国在引进技术的同时，也在国内进行大规模的推广和应用，使得引进的技术在全国得到大范围的普及。通过这些设备和技术，以及项目的引进和推广，不仅填补了部分基础技术的缺口，还转移了中国过去没有或基础很差又急需的技术，实现了科技的高速增长，为中国接下来的技术和工业的发展奠定了初步基础。

这一阶段特点：①前苏联以及部分东欧社会主义国家是中国技术转移的主要来源国家；②技术转移的方式比较单一，局限于从技术来源国购买成套设备，并生搬硬套其工业体系和标准；③技术转移的效率得到了空前发挥，并充分激发了全国人民建设新中国的热情和能力，来推动了技术转化和扩散。

2）第二阶段（1959—1962年）及其特点

这一阶段，由于中苏关系恶化，几乎停止了从前苏联及东欧社会主义阵营的技术引进，苏联单方面终止对中国的援助，撤退了在中国工作的大量专家，许多东欧社会主义国家也见风使舵疏远甚至冻结与我国的关系，因此该阶段的技术转移主要是依靠自力更生以及国内的技术转移。但对自力更生的极端理解却又助长了我国"闭关自守"的倾向，再加上三年自然灾害和还债，使得中国经济再次陷入停滞状态。因此我国加大力度贯彻"独立自主、自力更生"的方针，利用前阶段引进的技术并结合我国实际情况进行技术创新活动，同时继续推进国内技术转移，并促成先进技术向广大的中西部地区进行技术转移。

这一阶段特点：①技术引进几乎处于停滞状态，失去了主要的技术来源国以及技术交流；②技术转移的方式主要局限于国内的技术扩散，以及利用第一阶段的工业体系和标准进行"国产化改造"；③技术转移的效率相对低于第一阶段，但是依然高于以后阶段；④因为政治需要，没有停止对亚非拉国家的技术援助，所以这段时间除了国内的技术扩散外，就是技术输出了。主要形式为中国援非医疗队、建筑施工援建等，客观上也为亚非拉许多贫穷国家援建了许多医院和基础设施，同时促进了我国的技术扩散。

---

①陈向东. 大转移【M】. 北京：经济日报出版社，2000: 166-167.

3）第三阶段（1962—1978 年）及其特点

这一阶段，我国重新返回联合国，陆续和欧洲资本主义国家以及日本等国建交，技术转移主要以和这些国家之间的技术交流为主，但同时又受到"文化大革命"的影响。这一时期我国开始引进石油、化工、冶金、矿山、电子、精密仪器和纺织机械等各方面的关键性技术和相关设备，还突出进行了国民生计的吃、穿、用等产品的基础性建设，与"一五"期间重工业技术的引进形成了鲜明的对比。期间我国首次尝试使用许可证贸易形式引进技术，接着还开始与中美建交，增进了我国的国际交流。这一阶段在技术方面发展了轻工新产品，特别是促进了我国合成纤维、化工原材料、合成塑料、合成橡胶、选矿和半导体产品等方面的技术发展。

这一阶段特点：①中国技术转移的来源地开始转变并扩大到欧洲和日本等拥有先进技术的资本主义国家和地区；②通过技术转移建立了我国的轻工业体系；③由于国际交流的增多，我国开始通过技术许可和技术服务的方式扩大技术引进渠道，且引进的针对性加强，集中在关键性设备上；④技术转移受文化大革命的影响加之国内技术的不完善，使得效率十分低下。进入 70 年代，虽然我国技术的引进增多，但是缺乏利用的方法，也不能合理协调各资源分配，可以说我国对技术转移的国际贸易规律尚处于认识和实践阶段。

4）第四阶段（1978—1989 年）及其特点

这一阶段发生了两件代表性的转变事件，即改革开放的春风以及中美正式建交，技术转移呈现技术引进的大局面，技术转移的方式以国际技术转移为主。在此期间，我国意识到了之前执行的计划经济政策中不承认科技成果的商品属性、科技成果转让是无偿的等举措的不足，阻碍了技术贸易的发展和技术转移市场的建立，因此在此阶段我国实施了一系列技术转移政策。

1978 年的全国科学大会上，邓小平提出了"科学技术是第一生产力"这一指导思想，正式将科学技术发展水平规定为现代化的基础，由此为科学技术的发展提供了又好又快的生态环境。1980 年，国务院颁布了《关于开展和保护社会主义竞争的暂行规定》，为了鼓励革新技术和创造发明，对创造发明的重要成果实行有偿的转让。1985 年 4 月，我国颁布了《中华人民共和国专利法》，专利制度在我国开始正式应用。1985 年，我国政府发布了《关于科技体制改革的决定》，指出要促进研究机构、设计机构、高等学校、企业之间的协作和联合，我国长期存在的科研与生产脱节、科技与经济脱节的问题，开始逐步得到解决。1987 年 6 月，全国人民代表大会通过了《中华人民共和国技术合同法》,对技术贸易中的技术合同相关内容进行了规范。

经济体制改革的深入以及相关法律的制定与实施,促使技术转移沿着法制化的道路发展,并获得了许多成果。1980 年,全国第一家民办技术贸易机构在北京中关村成立。1981 年 1 月,天津创办了《技术市场报》,开辟了科技成果商品和技术转移的理论研究阵地。同年,我国最早的技术贸易洽谈会在北京、沈阳、武汉等城市举办。1988 年 5 月我国批准建立了第一个国家高新区——中关村科技园区。

这一阶段特点:①技术转移的来源国家开始丰富并逐渐扩展到更多国家和地区;②技术转移的方式也开始丰富和多样,除了成套设备和关键设备引进外,还包括技术许可、技术服务、技术转让、技术咨询、合作生产合资合作经营、特许经营等多种经典方式,从而扩大了技术引进的渠道;③技术转移的主体还是国家,但是企业也自发开始进行技术转移;④参加技术转移的公司和企业规模也进一步扩大,经营形式由原先比较单调的指令性经营发展到指导性经营和自行委托等方式,开始了中央与地方机构共同参与技术转移的管理体制,提高了企业的自主程度;⑤技术引进的资金来源也开始呈现多样化,国内的政府贷款、商业贷款、企业或地方自筹、国际金融组织贷款、国外技术出口商的出口信贷等。

然而,这个阶段却是技术转移相当混乱的时期。技术源的突然扩大,国家政策的开放,过度刺激了企业的技术转移热情,出现了重复引进的大问题,且积累的技术并未得到有效开发,造成资源的极大浪费。

5)第五阶段(1989—1992 年)及其特点

1989 年由于在我国发生的政治风波导致了以美国为首的西方势力的攻击和经济制裁,中国在世界市场上获得中长期贷款的渠道被关闭,几乎失去了与国外大部分发达国家的技术交流,我国技术转移再次跌入低谷。这一阶段我国技术转移的方式是依靠自主创新和国内技术转移,这也给了我国各行各业一个喘息期,从而消化和开发以前过度引进的技术。比如在家电行业的技术开发,抗住了国外家电的冲击,造就了联想、创维、长虹等一大批国内企业的壮大。这一时期,我国政府更加坚定了"技术转移和自主创新相结合、国际技术转移和国内技术转移相结合"的信念,有条不紊地发展我国的科学技术,运用技术转移所带来的自然势能来推动经济的发展,并加强国内的技术扩散。

这一阶段特点:①我国技术转移的来源国家中失去了大部分发达国家,与外界技术交流减少;②我国技术转移的方式是依靠自主创新和国内技术转移;③我国开始了技术转移的理论研究，从重视国际技术转移转变为研究国内技术转移；④技术转移的主体不再单一而是趋于更多的企业，他们开始扩大市场影响力并积极占领整个市场；⑤国内资本市场的建立成为技术转移的资金来源之一；⑥企业逐渐重视自主研发，因此提高了技术利用率。

6）第六阶段（1992年至今）及其特点

1992年以来我国开始了全新的改革，国际形势逐渐好转，我国理论界和实践界的研究也逐渐深入，国家政府层面开始进行技术转移的政策、法律和经济环境的建设。我国技术转移的主要方式为引进国外高新尖端技术以及国内地区间的技术转移。另外，鼓励国内科技人员进行尖端科技的自主研发，对所得成果进行转化并向其他地区逐步转移，带动各个区域的经济发展。

这一阶段，我国颁布了一系列法律法规来促进技术转移。为了发挥科学技术第一生产力的作用，1993年我国发布实施了《科学技术进步法》，在科技领域中发挥统领作用。1995年《中共中央、国务院关于加速科学技术进步的决定》首次提出了实施科教兴国战略。1996年颁布的《促进科技成果转化法》，对科技成果转化的基本原则、权利义务关系等进行了法律规范。此后，全国大部分省级政府也相继制定了促进科技成果转化的地方条例。1998年国家颁布的《中华人民共和国合同法》标志着我国的技术转移逐渐走向成熟。1999年，《关于促进科技成果转化的若干规定》指出高新技术成果作价金额可达35%，高等学校技术转让收入免征营业税。2006年我国发布了《国家中长期科学与技术发展规划纲要（2006—2020年）》，提出了科技工作的指导方针是：自主创新，重点跨越，支撑发展，引领未来。2009年，国家修订了《专利法》，以专利制度激励技术转移、市场化及产业化。2011年，南京市实施了《南京市促进技术转移条例》，这是中国首个促进技术转移的地方性法规。2016年，党中央召开的全国科技创新大会上颁布实施了《国家创新驱动发展战略纲要》，确立了创新驱动发展三步走战略目标，明确了"坚持双轮驱动、构建一个体系、推进六大转变"的战略布局。

这一阶段特点：①技术转移的来源国家趋于全球化，从而带动了跨国大公司的发展；②企业成为了技术转移的主体，主动开展技术转移工作；③我国形成了技术转移的基本法律体系；④高校在技术转移中的地位和作用开始得到国家的高度重视，技术转移成为了评价高校的重要指标；⑤科技方面的中介机构得到较快发展；⑥很多企业开始进行技术并购、资本并购和企业并购，加速壮大企业规模，同时也开始了技术的输出。

1.4.2　我国技术转移体系初步建成

改革开放以来，我国的技术转移工作经过三十多年的发展，已经初步建立起相对完整的技术转移体系，一系列政策和措施也得到有效的落实，技术转移事业已经进入蓬勃发展的新阶段。

2017 年全国科技工作会议在京召开，我国科技工作深入贯彻新发展理念，全面落实创新驱动发展战略，取得一系列突破性进展，呈现出崭新的气象。我国科技实力和创新能力进一步增强，重大科技创新成果亮点纷呈；大众创新创业蓬勃开展，全社会支持创新、参与创新的热情空前高涨；科技体制改革主体架构基本建立，企业创新政策、计划经费管理、科技成果转化、收入分配制度等重点领域改革取得实质性突破，科技人员"获得感"进一步增强；科技创新的国际地位不断提升。

1. 我国技术转移体制建设基本框架

20 世纪 80 年代，我国政府发布了《关于科技体制改革的决定》，中国科学技术体系开始有步骤地进行体制性改革。此次改革主要涉及科研院所转制、开放技术市场、高新技术产业化的环境建设 3 个方面内容。

党的十七大报告指出：加快建立以企业为主体、以市场为导向，产学研相结合的技术创新体系，引导和支持创新要素向企业集聚，促进科技成果向现实生产力转化。改革的核心在于促进科技与经济、社会发展的紧密结合，加速科技成果转化，充分发挥科技第一生产力的作用。技术转移体制改革的主要方向，是革除政府计划主导下的传统科技成果推广体制存在的弊端，建立以市场为导向的技术转移体制，增强技术转移的动力和活力。

在此基础上，我国建立了由政府、技术市场、区域环境建设三方构成的技术转移体制。在技术市场的大框架下，又形成了技术市场法律和政策体系、技术市场监督管理体系和技术市场服务与交易体系这三大体系。基本框架如图 1.5 所示。

由图 1.5 可知，政府部门主要通过计划引导共性、公益性技术，农业技术以及军转民技术等重大技术成果走向技术市场。技术市场成为技术转移的主渠道，被确立为我国技术转移体系的基本制度。区域环境建设则包含了高新区、孵化器、大学科技园等多种形式的相关成果转化机构，构成了技术转移的载体。

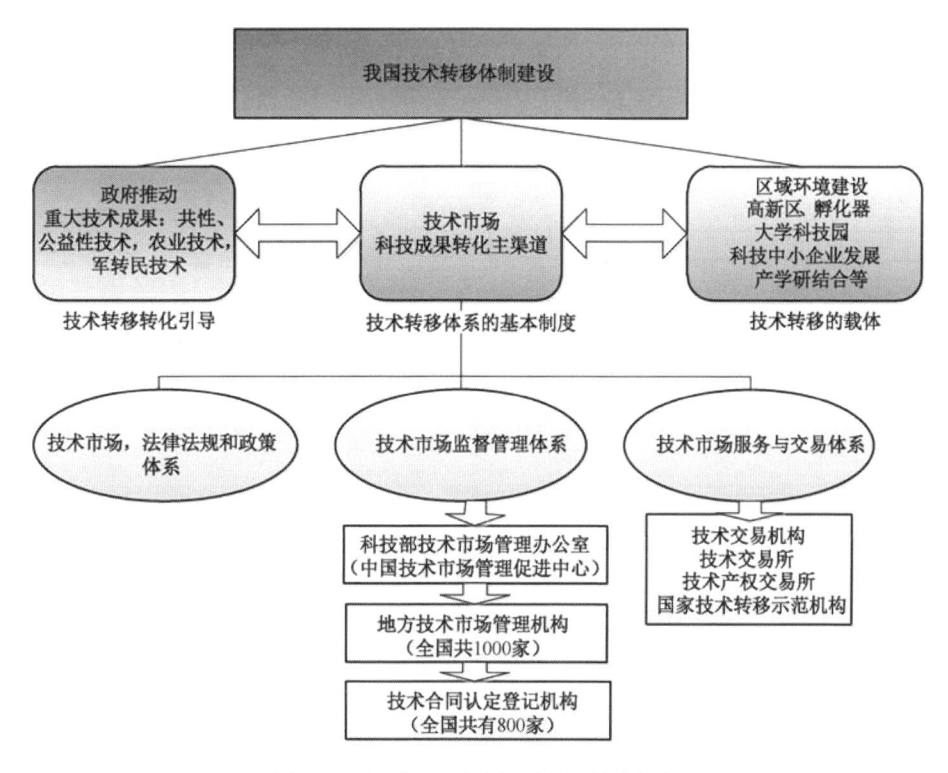

图 1.5 我国技术转移体制建设基本框架

2. 技术转移的法律和政策体系逐渐完善

我国技术转移的法律体系见表 1.5，政策体系见表 1.6。

表 1.5 技术转移的法律体系

序号	名 称	实施日期	印发单位	简 介
1	《中华人民共和国商标法》	1983-3-1	人大常委会	为了加强商标管理，保护商标专用权，促使生产、经营者保证商品和服务质量，维护商标信誉，以保障消费者和生产、经营者的利益，促进社会主义市场经济的发展
2	《中华人民共和国专利法》	1985-4-1	人大常委会	为了保护发明创造专利权，鼓励发明创造，有利于发明创造的推广应用，促进科学技术的发展，适应社会主义现代化建设的需要
3	《中华人民共和国著作权法》	1991-6-1	人大常委会	为保护文学、艺术和科学作品作者的著作权，以及与著作权有关的权益，鼓励有益于社会主义精神文明、物质文明建设的作品的创作和传播，促进社会主义文化和科学事业的发展与繁荣
4	《中华人民共和国科学技术进步法》	1993-10-1	人大常委会	为了促进科学技术进步，发挥科学技术第一生产力的作用，促进科学技术成果向现实生产力转化，推动科学技术为经济建设和社会发展服务

续表

序号	名　　称	实施日期	印发单位	简　介
5	《中华人民共和国反不正当竞争法》	1993-12-1	人大常委会	为保障社会主义市场经济健康发展，鼓励和保护公平竞争，制止不正当竞争行为，保护经营者和消费者的合法权益
6	《促进科技成果转化法》	1996-10-1	人大常委会	为了促进科技成果转化为现实生产力，规范科技成果转化活动，加速科学技术进步，推动经济建设和社会发展
7	《中华人民共和国合同法》	1999-10-1	人大常委会	为了保护合同当事人的合法权益，维护社会经济秩序，促进社会主义现代化建设

表 1.6　技术转移的政策体系

序号	名　　称	印发日期	印发单位	简　介
1	《中共中央关于科技体制改革的决定》	1985-3-13	中共中央	指出了当前科学技术改革在运行机制、组织结构以及人事制度三个方面的内容
2	《关于进一步培育和发展技术市场的若干意见》	1994-4-21	国家科学技术委员会、国家经济体制改革委员会	根据党的十四届三中全会精神和国家科委、国家体改委发布的《适应社会主义市场经济发展，深化科技体制改革实施要点》，就进一步培育和发展技术市场的基本方针和工作重点，提出的意见
3	《关于促进科技成果转化的若干规定》	1999-3-30	科技部、教育部、人事部、财政部、中国人民银行、国家税务总局、国家工商行政管理局	为了鼓励科研机构、高等学校及其科技人员研究开发高新技术，转化科技成果，发展高新技术产业，进一步落实《中华人民共和国科学技术进步法》和《中华人民共和国促进科技成果转化法》
4	《国家中长期科学与技术发展规划纲（2006-2020 年）》	2006-2-9	国务院	从全面建设小康社会、加快推进社会主义现代化建设的全局出发，制定国家科学和技术长远发展规划
5	《国家技术转移示范机构管理办法》	2007-9-10	中国科技部	对技术转移机构的功能和业务范围以及国家技术转移示范机构的评定与管理、扶持与促进等做了明确的规定
6	《企业所得税法》	2008-1-1	人大常委会	企业所得税法将内外资企业所得税税率统一为25%，使内资企业获得与外资企业公平竞争、共同发展的机会。（其中还涉及对高新企业的扶持优惠政策）
7	《关于深化科技体制改革加快国家创新体系建设的意见》	2012-9-23	中共中央、国务院	为加快推进创新型国家建设，全面落实《国家中长期科学和技术发展规划纲要（2006—2020 年）》（以下简称科技规划纲要），充分发挥科技对经济社会发展的支撑引领作用

续表

序号	名称	印发日期	印发单位	简介
8	深入实施国家知识产权战略行动计划（2014—2020年）	2014-12-10	国务院办公厅	为进一步贯彻落实《国家知识产权战略纲要》，全面提升知识产权综合能力，实现创新驱动发展，推动经济提质增效升级，特制定本行动计划
9	关于全面推行《企业知识产权管理规范》国家标准的指导意见	2015-6-30	国家知识产权局、科技部、工业和信息化部、商务部、国家认监委、国家标准委、国防科工局、总装备部	为全面推行《企业知识产权管理规范》（国家标准 GB/T29490—2013，以下简称《规范》），指导企业通过策划、实施、检查、改进 4 个环节持续改进知识产权管理体系，规范生产经营全流程，进一步提高知识产权管理水平，提升企业核心竞争力，有效支撑创新驱动发展战略，现就推行《规范》提出的意见
10	《专利行政执法操作指南（试行）》	2016-2-4	国家知识产权局	规范全国知识产权系统专利行政执法工作，提升执法能力，更好保护创新者合法权益
11	《国家创新驱动发展战略纲要》	2016-5-20	中共中央、国务院	确立了创新驱动发展三步走战略目标，明确了"坚持双轮驱动、构建一个体系、推进六大转变"的战略布局
12	《关于加快建设知识产权强市的指导意见》	2016-11-9	国家知识产权局	贯彻落实《国务院关于新形势下加快知识产权强国建设的若干意见》，进一步深化城市知识产权试点示范工作，建设国内一流、国际有影响力的知识产权强市
13	"十三五"国家知识产权保护和运用规划	2016-12-30	国务院	贯彻落实党中央、国务院关于知识产权工作的一系列重要部署，全面深入实施《国务院关于新形势下加快知识产权强国建设的若干意见》（国发〔2015〕71号），提升知识产权保护和运用水平

其中，一些具体政策，如对单位和个人（包括外商投资企业、外商投资设立的研究开发中心、外国企业和外籍个人）从事技术转让、技术开发业务和与之相关的技术咨询、技术服务等业务取得的收入，免征营业税等。这些措施由于针对性较强，极大地促进了技术市场的发展。

3. 技术转移服务机构建设快速发展

2014 年 10 月《国务院关于加快科技服务业发展的若干意见》[国发〔2014〕49号]发布以来，以支撑产业创新发展为根本目标，我国围绕创新链布局服务链，坚持市场主导、政府补位，顶层设计、分类管理，产业衔接、试点带动的发展原则，统筹以国家重点实验室、工程技术研究中心、技术转移机构等为代表的创新服务体系，以众创空间、孵化器、大学科技园等为代表的创业服务体系，以企业加速器、生产力促进中心等为代表的企业成长服务体系，以产业技术创新战略联盟、高新技术产业化基地等为代表的产业集群服务体系，通过这些工作，优化配置科技服务资源，创新科技服务模式，做大科技服务产业，构筑"功能完善、专业高效、开放协作"的科技服务业生态体系。国家统计局数据显示，2016年1至11月，我国科技服务业发展迅速，营业收入同比增长达到11.9%。

截至2016年底，全国专利代理机构突破1500家，执业专利代理人超过1.4万人[①]。我们以11家国家技术转移区域中心、453家技术转移示范机构、92家创新驿站和网上技术交易平台等为节点的服务运营体系，以及以国家、省、市、县管理部门近千家技术合同登记机构为支撑的管理监督体系日臻完善。

近期《"十三五"现代服务业科技创新专项规划》即将发布，其中也对科技服务业做了专门部署。下一步，科技部将在前期工作的基础上，按照规划的要求，在创新研究开发服务模式，推动技术转移服务业向专业化、市场化、国际化发展，构建覆盖创新创业全过程、全链条的创业孵化体系，促进知识产权的创造、运用、保护和管理，提升科技咨询服务能力，促进科技和金融结合，加强检验、检测、认证服务体系建设，建设区域和重点行业综合科技服务平台等方面，进一步加大推进力度。

4. 技术市场规模发展迅猛

（1）技术交易市场规模稳步增长

技术市场通过制度创新、政策完善以及体系优化，发展环境总体向好。据科技部统计，截至2016年底，全国共签订和登记技术合同320437项，成交金额达11407亿元，首次突破1万亿元，较上年增长15.97%。

（2）技术市场量质同步提升，产业结构不断优化

技术市场持续活跃，交易模式与时俱进，形成了技术成果转移/转化路径的多元化，技术交易量质得到同步提升。全国技术合同中，涉及知识产权的技术合同占全国总量近五成，以技术咨询、技术中介等技术服务为代表的科技服务业快速发展，产业结构明显优化。

[①] 国家知识产权局：2016年国家知识产权局主要工作统计数据及有关情况新闻发布会，2017.1.19.

（3）创新源头持续发力

科技成果转化的相关改革措施、创新区域的相关优惠政策等，增添了创新服务的新力量，高校和科研院所服务经济社会的能力显著提高。

（4）区域体系加速融合

技术市场一体化建设稳步发展，区域技术转移服务体系加速融合，助推经济发展空间格局优化，支撑京津冀协同发展、长江一带经济区域发展战略的实施。

5. 区域创新主体地位稳固，企业创新能力增强

企业在创新中的主体地位和主导作用在技术交易中表现明显。各类技术交易主体中，企业既有对新技术的渴望，也有发展新技术的动力，技术输出和技术吸纳持续走高，双向交易额均位居首位。

1.4.3 浅谈我国国际技术转移

1. 国际技术转移的全球背景

国际技术转移通指各国家之间的技术输入与输出。1964年第一届联合国贸易发展会议最早提出了技术转移问题并进行讨论，最初是将它作为解决南北问题的一个重要战略。

随着20世纪科学技术规模的增大，技术的复杂性和技术开发费用都越来越高。为了争夺有限资源，国际间技术情报系统得到重视并利用，技术的影响接近世界性，因此有必要对一些高端技术进行国际化管理。对于发达国家而言，为了保住对国际市场的垄断地位，他们不惜重金引进先进技术，特别是发达国家之间的技术转移占了全世界技术贸易的大部分。对于发展中国家而言，为了缩短与发达国家之间的差距，他们大多采用技术引进的经济发展战略，增进了发展中国家与发达国家之间的技术转移。据资料统计，各国70%以上的技术都来自国外。

国际技术转移的具体形式见表1.7。

表1.7 国际技术转移的具体形式

国际技术转移形式	具 体 方 法	特 点
国际技术合作	两个或两个以上不同国家的公司之间为了完成某个技术项目所进行的合营事业	有助于把各种资源整合在一起，分担风险，鼓励共同市场和促进标准化，尤其可以培养发展中国家自己的技术能力

续表

国际技术转移形式	具 体 方 法	特 点
国际间合作生产（合资经营）	由甲国提供技术和某些元件，乙国提供劳动力和某些辅助元件，最终在乙国组装	通常能够促进技术与产品或其他工业之间的转化，是较为有效的转移手段
特许（特许协议）	技术的供方按照性能要求和所付酬金给另一方使用该项技术的权利	是一种快速而易行的技术转移方式
引进成套设备	20世纪50年代由于东西方存在社会结构的差别，东欧国家发展了购买成套设备的转移方式	节省时间，少走弯路，但外汇花费大
情报交流	通过参加专业会议，交换科技文献资料，参加工业展览形式，技术知识能被转移和推广	①大部分文献来源于发达国家，其流通渠道并不优先指向发展中国家；②专业期刊受到出版周期长、语言等限制，往往不能直接应用；③国际科技会议能克服"跨文化"交流的障碍
人员交流	包括交换留学生与访问学者，移民，雇用外国专家，在外国大学或公司接受培训	——

2. 我国国际技术转移的现状

从建国初期到改革开放之前，我国的国际技术转移之路充满波折，一度被西方国家采取技术封锁方式，虽存在一些技术引进，但利用率不高。改革开放以后，我国的国际技术转移获得较大发展，主要是以大量的技术引进为主，较少有技术输出。20世纪90年代末至今，我国的国际技术转移才真正开始踏入正常轨道，不仅有技术引进，还有技术输出。

目前，我国的国际技术转移的常见方式有以下3种：

（1）有选择地引进。根据我国实际情况按需引进，直接引用国外先进技术或进行改造后再利用。

（2）合作开发、战略联盟等技术转移方式。与国外机构合作研发某项技术从而满足国内需求，其重在提高我国的自主创新能力。

（3）向其他一些发展中国家进行产品输出和技术输出。

作为一个发展中国家，我国国际技术转移的内容不仅包括技术引进，更为深刻的内涵在于通过对先进技术的引进、消化并吸收，从而达到掌握甚至创新的目的。我国从改革开放当初的"世界工厂"已开始逐步向"研发中心"转变，从"中国制造"开始向"中国创造"迈进。

截至目前，我国已经与158个国家、地区和国际组织建立了科技合作关系，签订了111个政府间科技合作协定，加入了200多个政府间国际科技合作组织，向全球71个驻外使领馆派驻了146名科技外交官。我们与世界主要国家和地区开启了八大创新对话机制［中美、中欧、中德、中法、中以、中巴（西）、中俄以及中加（拿大）］，与广大发展中国家建立了六大科技伙伴计划（中国非洲、中国东盟、中国南亚、上合组织国家、拉美国家、阿拉伯国家），基本实现了对发展中国家的全球覆盖[①]。

根据我国海关统计的商品进出口数据[②]，2014年我国高技术产品贸易进出口总额为12119亿美元，高技术产品出口6605亿美元，高技术产品进口5514亿美元，高技术产品贸易占商品贸易的比重为28.2%。2014年高技术产品进出口额按技术领域分布情况见表1.8，其中高技术产品出口的技术领域仍以计算机与通信技术为主，占高技术产品出口总额的69.4%。高技术产品进口的来源地主要集中在东亚和东南亚地区，出口的主要目标市场为中国香港地区、美国和欧盟。一般贸易出口占我国高技术产品出口贸易的比重稳步提升，达到19.9%。外商独资企业在我国高技术产品出口额中的份额仍然最大，达到56.3%。

表1.8 高技术产品进出口额按技术领域分布（2014年）

技术领域	出口额/(100万美元)	占总出口额/%	比上年增长/%	进口额/(100万美元)	占总进口额/%	比上年增长/%
合计	660543	100	0.03	551384	100	-1.2
航空航天技术	6547	1.0	28.1	35762	6.5	18.5
生物技术	653	0.1	7.4	1039	0.2	34.0
计算机集成制造技术	12938	2.0	18.0	38609	7.0	15.4
计算机与通信技术	458743	69.4	4.5	121218	22.0	-4.9
电子技术	114565	17.3	-16.2	269324	48.8	-3.8
生命科学技术	23942	3.6	6.0	25081	4.5	14.5
材料技术	6101	0.9	18.4	5476	1.0	2.3
光电技术	36299	5.5	-7.7	54251	9.8	-6.7
其他技术	755	0.1	6.8	624	0.1	-38.0

---

① 科技部,新闻发布:科技部就科技政策、区域创新、科技金融、国际合作等方面举行集中访谈会,文字实录. 2017.2.16.
② 科学技术部创新发展司,科技统计报告第5期总第577期:2014年我国高技术产品贸易状况分析. 2016.1.14.（本报告的高技术产品贸易数据仅包括中国大陆地区，未包括中国香港、澳门和台湾地区）.

如图 1.6 所示，虽然 2009 年和 2014 年高技术产品贸易总量以及其占商品贸易的比重均较上一年出现下降，但 2002 至 2014 年的高技术产品贸易总量仍呈总体上升趋势。

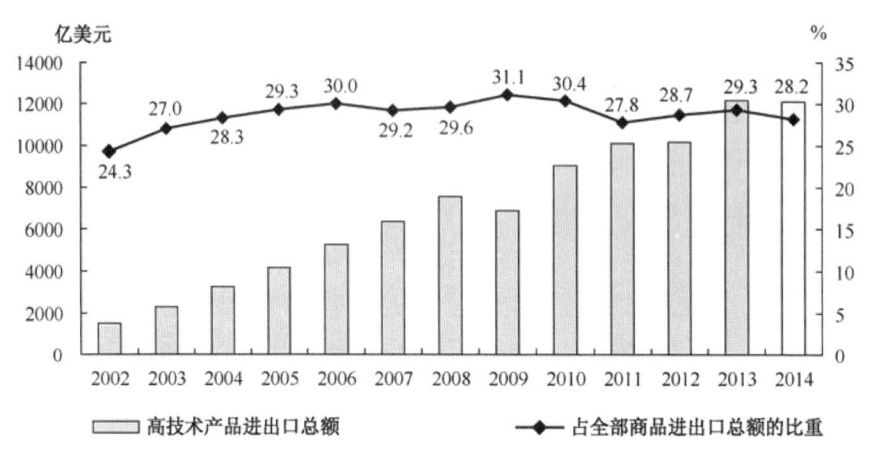

图 1.6 高技术产品进出口总额及其占商品进出口总额的比重（2002-2014 年）

但从总体上看，我国的国际技术转移仍然是技术引进多于技术输出。从区域分布来看，东部沿海地区技术引进和输出比较多，表现出强劲的转移、吸收和创新能力；而中西部地区的技术转移与创新竞争力比较薄弱。因此，我国的国际技术转移还有很长一段路要走，任重而道远。

1.4.4 我国技术转移存在的问题及相关对策

1. 问题篇

从以上所述可看出，我国的技术转移工作的确取得了不少成绩，但是技术转移体系仍是我国国家创新体系建设中的薄弱环节，其制约因素集中体现在以下 4 个方面：

（1）技术转移法律体系还不健全。在三十多年的发展过程中，我国颁布了一系列与技术转移有关的法律、政策法规、条例以及规章制度等，逐步完善了我国的法律政策体系。但正是在这样的完善过程中，反射出了我国技术转移法律体系中存在的部分问题：①针对目前众多现有的与技术转移相关的法律法规缺乏集中系统的管理，使得其处于分散状态，从而导致技术转移过程中的相关利益主体、分工以及产权的归属都不能明确；②新近的技术转让税收优惠政策的优惠对象受限，仅针对技术转移方，对技术受让方和专业的技术转移服务机构的支持并不明显，从而约束了他们的积极性，尚不能有力扭转目前我国存在的"巨大的科技资源不能转化为经济竞争力和国家竞争力"的局面。

（2）专业化服务机构与人才队伍不强。一方面，我国技术转移服务业才刚刚起步，已有的各类机构在发展模式、功能定位、业务特色等方面仍处于完善和创新探索阶段，形形色色的机构良莠不齐，其中不乏部分滥竽充数的角色，使得技术转移难以得到有效的服务。另一方面，在这个科技竞争的时代，人才是关键。技术转移的复杂性、多样性以及风险性，决定了对从事技术转移的工作人员的高度专业性和管理素质要求。一个优秀的技术经纪人，就必定是一个兼备了技术专家、企业家以及社会活动家的素质和能力的复合型人才。目前在我国，经验型人才却占据了技术转移工作人员的一大部分，缺乏复合型人才所应具备的条件，这已成为影响我国技术转移工作的瓶颈之一，这种不利影响随着社会的发展越来越突出，并且开始渗透到各个方面。

（3）技术价值评估体系不够成熟。首先，价格是生产要素进入市场经济过程的前提，技术要素要求进入市场经济过程，必须具有价格；其次，合理的技术价格将提高技术性生产要素的配置效率，优化生产要素的配置结构，提高生产率，优化产业结构。因此，技术价值评估体系是加速技术市场活跃性的助推器，是我国技术转移工作中的关键环节。然而，目前我国技术评价行为的不成熟，比较严重地影响了我国科技成果转化和技术交易的步伐。

（4）多数科技成果的产业化程度不足，企业主导成果转化应用不活跃。技术转移需要成熟的、产业化的技术，而我国很多的技术成果还处于实验室阶段，不具备产业化的基础条件，使得许多科技成果被束之高阁，造成技术转移工作困难重重。

2. 对策篇

前面的内容指出了目前我国技术转移的状况仍处于探索阶段，技术转移的效果还不是十分明显。那么，如何去应对这些不足，如何在变化多端的国际新形势下坚定不移地走好技术转移这条路，将是当今我国所面临的重大挑战。

（1）坚持自主创新为主，技术引进转移与自主创新相结合的发展模式。我国技术产业形成和提高的主要途径便是技术引进。随着国家经济的发展和技术能力的提高，高水平技术的引进会越来越困难，尤其是对国家发展意义重大的战略性技术，因此想要获得进一步发展必须靠自主研发。自主创新并不等于闭关自守，我们需要开放，在引进、学习的基础上，进一步开发和提高自主创新能力。因此，我们要把大力引进技术和优化产业结构相结合起来，提高产品、工艺等方面的专利在技术引进中的比例；要把引进技术与开发创新结合起来，加强技术引进的吸收消化和再创新，使得企业拥有更多的自主知识产权；要把发展高新技术产业和改造传统产业相结合起来，选择重要领域和产业，扩大引进规模，实现传统产业结构的转变和技术升级；要把整体推进和重点扶持相结合，培育技术引进和消化创新的主体；要把提高外资引进质量和国内产业发展相结合，鼓励外商投资我国高新技术企业和发展配套产业，延伸产业链，培育和支持出口型企业的发展。

（2）进一步强化政府在促进技术转移中的作用。2016 年 4 月印发的《促进科技成果转移转化行动方案》提出了政府引导的基本原则，即加快政府职能转变，推进简政放权、放管结合、优化服务，强化政府在科技成果转移转化政策制定、平台建设、人才培养、公共服务等方面职能，发挥财政资金引导作用，营造有利于科技成果转移转化的良好环境。

中国科学院战略研究中心的刘海波提出了改善我国技术转移的 PKI（People & Knowledge & Institution）模型，如图 1.7 所示。该模型指出了技术转移的成功之路在于利益关联各方的互动之道。只有统筹好人、知识以及机构这三者之间的关系，才能打开技术转移的通道。

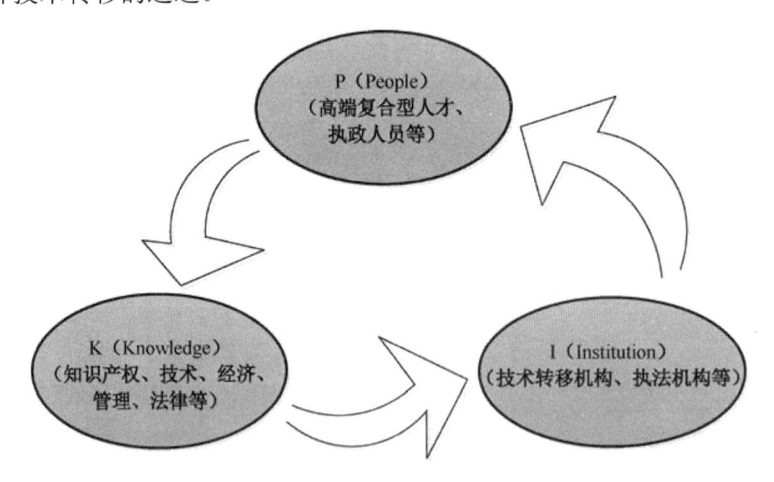

图 1.7　改善我国技术转移的 PKI 模型

1.4.5 共享我国技术转移成功案例

1. 北京技术交易促进中心——嵌入式软件教育系统及开发工具项目

1）项目基本情况

技术转移项目名称	嵌入式软件教育系统及开发工具	
项目日期	2006 年	
参与单位	技术持有方	韩国 GBTEC 公司
	技术受让方	中科院研究生院计算与通信工程学院
	技术中介方	北京市科委技术交易促进中心

2）北京技术交易促进中心介绍

北京技术交易促进中心是直属于北京市科学技术委员会的事业单位，成立于 2001 年。通过组织实施"提升技术交易参与者的交易能力、通畅技术交易的渠道与环节、建立健全技术交易服务体系"等各类促进业务活动，以有效带动北京地区技术交易的规模扩大和质量提高，从而促进科技成果产业化和科技与金融的高效结合。其提供的主要业务为技术转移和合同登记。

3）技术转移项目

（1）技术转移背景

韩国 GBTEC 公司主要从事通信领域的嵌入式软件教育及开发工具的研究，其自主研发的基于 ARM 芯片的嵌入式开发环境，是适合智能移动应用软件的开发平台，其嵌入式和移动领域课程体系十分适合培养高级手机软件和智能移动应用软件人才。而上述领域课程体系正是当时我国现有教育体系所缺乏的，对于我国的嵌入式软件教育及开发工具研发具有很高的借鉴意义。GBTEC 公司十分重视中国市场，希望寻找中国合作伙伴，推广其课程体系和开发平台。

（2）技术转移运作过程[①]

前期调研——从单纯为 GBTEC 寻找合作伙伴到促进我国相关技术发展的思路转变。应 GBTEC 公司的请求，北京技术交易促进中心帮助其在中国寻找合作伙伴。但是该中心在项目了解中发现我国在嵌入式软件技术培训及开发工具研究方面与技术先进国家存在较大差别，因此决定跳出仅为 GBTEC 寻找合作伙伴的思路，希

[①] 赵燕林. 产学研政相结合是技术转移成功的关键——一个成功的技术转移案例分析【J】. 中国科技投资, 2006(10): 70-71.

望通过该项技术的引进，促进我国嵌入式软件培训及开发工具的发展。北京技术交易促进中心在调研后，了解到中科院研究生院计算与通信工程学院长期致力于智能移动等关键技术的开发，GBTEC 公司的嵌入式开发环境对于中科院研究生院计算与通信工程学院的研究成果的产品化具有很高的价值。

对接合作——北京技术交易促进中心促成了中科院研究生院计算与通信工程学院与 GBTEC 公司在嵌入式软件人才培养、职业培训及嵌入式软件开发工具的应用等方面的合作，双方签订了长期合作谅解备忘录。

后期进展——中科院研究生院计算与通信工程学院已将 GBTEC 公司提供的嵌入式技术应用于"移动铁路票务系统"和"嵌入式终端多媒体数字版权管理系统"的开发，并就"嵌入式终端多媒体数字版权管理系统"课题与 GBTEC 公司一起申报了韩国政府的项目研发基金。在北京技术交易促进中心的推动下，中科院研究生院还通过与北京银易通网络科技有限公司（现改名为泛联智城（北京）国际科技有限公司）合作建立产学研联合体，依托自身的研究实力和引进韩国 GBTEC 在嵌入式软件开发领域的技术优势，消化吸收国外先进技术并形成自主知识产权的发展道路。此外，中科院研究生院还与中国银联、商业银行、移动运营商、移动终端制造商建立移动支付产业促进联盟，促进中国移动支付标准化工作。

4）项目启示

这是一个在技术转移的同时，通过政府参与、同步整合出产学研政相结合的研发模式、迅速开发应用技术的成功案例。

（1）政府的参与在技术转移的过程中是不可或缺的（北京市科委的参与）；

（2）核心技术的有效集成是技术转移的必要条件（调动了电信、移动、银联、铁路四大系统的整合）；

（3）"产学研政"模式有助于形成自主知识产权。

2. 中国万向集团的国际技术转移

1）万向集团简介

中国万向集团创始于 1969 年，从鲁冠球以 4000 元资金在钱塘江畔创办农机修配厂开始，以年均递增 25.89%的速度，发展成为营收超千亿、利润过百亿的现代化跨国企业集团。它是一家以民营经济为主体的企业集团，其总部设在浙江省杭州市萧山经济技术开发区。中国万向集团是国务院 120 家试点企业集团之一，以汽车零部件产业为核心，从零件到部件到系统，逐渐做大做强，表现出了较强的技术能力。2002年8月，美国伊利诺伊州政府命名8月12日为"万向日"，以表彰万向集团对该州经济发展的贡献。

万向集团高度重视知识产权对企业技术创新的核心作用，建立了专门的知识产权管理机构。作为国内万向节标准独立起草单位，参与起草国际标准3项、组织起草国家标准9项、行业标准23项，累计申请中国专利2000余项。

2）万向技术转移活动

（1）反向工程。反向工程指通过技术手段对从公开渠道取得的产品进行拆卸、测绘、分析等而获得的有关技术信息。

20世纪70年代，萧山宁围公社农机厂（万向集团的前身）开始试制万向节，决定由综合厂改为万向节专业制造厂。当时全国生产万向节的企业比较多，然而生产进口汽车万向节的企业却很少，因此工厂决定以进口汽车万向节的生产作为主攻方向。国外汽车万向节的技术和工艺都是保密的，想得到图纸更不可能。于是，万向集团采用了非正式技术转移模式中的"反向工程"，将进口汽车的万向节卸下来，照实物描绘图纸，进行试制，几经改进和提高，终于生产出了符合要求的产品。走专业化生产的道路，不生产滞销的国内汽车万向节，而通过反向工程，学习国外技术，专业生产市场奇缺的进口汽车万向节，是将企业做强的极为关键的一步棋。

（2）万向在制造和经销两个方面同时通过QS900标准的认证，从而使万向汽车配件打入了美国主流市场，成为美国通用、福特等汽车的配件供应商。

（3）出口、国外设厂和建立海外研发中心

1984年，3万套万向节第一次出口美国，成为第一家进入美国汽车零部件维修市场的中国企业。1994年，在美国芝加哥设立万向美国公司。十多年间，实现了从产品走出去到人员走出去，再到企业走出去的跨越，从单一的产品销售扩大到进行国际资源配置，并先后在8个国家建立了30家海外分公司，构建成涵盖40多个国家和地区的国际营销网络。与海外企业建立起战略同盟关系，产品为通用、福特等汽车公司配套，成为第一家进入国际主机件厂配套线的中国零部件企业。同时，建立了万向北美技术中心，负责新产品开发设计，保持与国际先进技术同步开发。

在发达国家设厂或建立技术研发中心，人员招聘应以当地为主，而以派出为辅，这样可以充分利用发达国家的有经验的劳动力资源和丰富的智力资源，实现与发达国家的技术研发同步。当年，万向美国公司为了谋求美国当地金融资本的支持，需要一位精通美国金融体系和财务运作的专家。于是在全美公开招聘，曾受聘于多家大公司，担任过总裁、营运长和财务长等的盖瑞先生加盟进来。在盖瑞的建议下，万向美国公司首先在公司内部建立起了一套适合美国金融资本需要的运营体系，并对资金运用风险评估、回报测算及投资政策等环节建立起一整套规范的工作程序。这些措施使万向很快取得了美国银行的信任和支持，公司开户银行美国花旗银行几次提高对万向的信用额度，从最初的几百万美元直到数千万美元。美林公司、加拿大银行等也都主动上门为万向提供资金支撑，共谋发展。作为营运长和财务长的盖瑞参与了公司一系列的收购投资活动和技术项目引进工作。凭着专业知识和谈判能力，仅咨询费和律师费就节省了近百万美元。其中，第三代汽车轮毂单元技术项目的引进和美国舍勒公司的收购为万向的发展带来了深远影响和显著效益，为中国汽车零部件国产化做出了重要贡献，2002年该项目还被列为国家火炬计划项目。通过盖瑞的牵线搭桥，万向集团与美国汽车零配件的知名企业（如伊顿、旦纳、德尔福等）开展了业务上的合作。

（4）海外收购

① 2000年10月，中国万向集团收购了美国俄亥俄州的舍勒公司。

舍勒公司始建于1923年，是美国汽车维修市场的三大零部件供应商之一，在欧、亚、美、澳各大洲都设有分公司。在被万向收购之前，舍勒公司曾是最早将万向集团的产品——万向节引入到美国市场的。1984年美国舍勒公司与万向签订了第一份向美国出口万向节总成3万套的合同书；一年以后，又签订了每年向美国出口万向节总成20万套的意向书；但在1987年，美国舍勒公司企图垄断杭州万向节厂的产品出口，即对杭州万向节厂的产品独家经销，并承诺提供技术、资金、先进设备、市场情报、代培工程师等优惠，否则将削减订货量。万向集团创始人鲁冠球不愿受人所制，决心走独立自主之路。万向集团在美国的订单减少了，却开拓了日本、德国、意大利等18个国家的市场。后来，美国舍勒公司在世界各地也没有找到更好的供货单位，只好又回头与万向重续合同。

自1994年开始，舍勒公司的经营日趋下滑直至出现严重亏损。而中国万向集团刚刚在美国设立的万向美国公司在美国市场的销售额成倍增长。最终，中国万向与美国的LSB公司联合收购了舍勒公司，舍勒的品牌、技术专利、专用设备和市场等归万向所有。并购舍勒公司的直接效果是，万向在美国市场每年至少增加500万美元的销售额。更深远的意义则是，由于舍勒公司在万向节领域的专利很多，名列全美之首,并购了舍勒,万向产品有了当地品牌和技术的支持。这种本土化策略,使万向产品迅速融入了美国市场。

② 2001年,中国万向集团又收购了美国纳斯达克上市公司 UAI。

UAI 公司成立于1981年,专业生产、制造与销售制动器零件,其客户涵盖美国各大汽车零部件连锁店及采购集团,拥有自有品牌"UBP"商标。1994年在纳斯达克上市。然而在2000年前后,受美国经济的影响,UAI 公司的股票缩水约90%,必须寻找新出路。经过谈判,万向收购了 UAI 公司,并成为第一大股东。万向通过收购海外上市公司,打开了国家资本市场的大门。同时,也引进了国外的先进技术。通过采用 UAI 公司的高水平的制动器制造技术,为万向国内企业的高起点建设制动器生产基地奠定了坚实的基础。

③ 后来,万向又收购美国 LT 公司35%的股权,成为 LT 公司的第一大股东;收购 QAI 公司10%的股权,成为第三大股东。

④ 翼形万向节传动轴的发明者和全球最大的一级供应商——美国洛克福特公司创立于1890年,是名副其实的百年老店。除了生产重型传动轴外,同时生产用于重型非高速公路车辆的机械及液压离合器、动力转向装置等。洛克福特公司拥有大量的产品专利,先进的检测中心、技术中心,对产品的认证、测试、开发有非常高的专业水平。然而,从1998年开始,公司出现亏损。2003年10月,万向集团成功收购了百年老店美国洛克福特公司,成为第一大股东。

3) 启示

万向集团在技术转移过程中采用的是一种非正式(或者称为非市场媒介)的国际技术转移模式,这种模式不再把国际技术转移作为明确目标,而是进行反向工程、反向的人才流动、合作联盟和其他的非产权联系。

以往由于发展中国家缺乏资金,并认为获得了技术的所有权就获得了技术等原因,人们比较偏爱传统的以市场为媒介的正式的技术转移模式。然而随着技术的发展和国际技术转移的实践,技术中的意会性知识是国际技术转移过程中存在的一大障碍,传统的市场交换对国际技术转移而言是不充分的。因此,非市场媒介和非正式的技术转移越来越受到重视,这种技术转移方式不仅转移技术本身,还转移如何对技术进行再创新的能力,全面提高企业的技术能力。

3. 上海大众引进德国大众的技术转移合作[①]

1）合作双方简介

上海大众汽车有限公司于 1985 年 02 月 16 日成立，由上汽集团和德国大众汽车集团合资经营。公司总部位于上海安亭，并先后在南京、仪征、乌鲁木齐、宁波、长沙等地建立了生产基地，是国内生产规模最大的现代化轿车生产基地之一，年生产能力 50 万辆。上汽大众目前生产与销售大众和斯柯达两个品牌的产品，覆盖 A0 级、A 级、B 级、C 级、SUV、MPV 等细分市场。

德国大众股份公司始建于 1938 年，由于二战的原因直到 20 世纪 50 年代才开始得到迅速发展，1954 年成为世界第四大汽车生产商，此后一直名列世界十大主要汽车制造商。德国大众集团目前是德国最大的企业，2010 年打败日本丰田，美国 GM 成为世界最大汽车公司。大众汽车公司是一个在全世界许多国家都有生产厂的跨国汽车集团，名列世界十大汽车公司之首。公司总部曾迁往柏林，现在仍设在沃尔夫斯堡，目前有雇员 35 万人。

2）技术转移背景

（1）德国大众背景

由于 20 世纪 70 年代的两次石油危机以及日本汽车制造工业的崛起，德国大众的轿车出口受到严重挑战，例如在世界最大的汽车市场美国，市场份额先后被日本的丰田、日产、本田汽车公司超过。在亚太地区，60 年代至 70 年代间，德国大众先后在泰国、马来西亚、菲律宾、印度尼西亚和澳大利亚建立了生产装配线，生产甲壳虫牌轿车和客车。到 70 年代末德国大众产品在上述地区的市场份额直线下滑，导致上述生产线的关闭。有鉴于此，德国大众制定了"寻找机会尽早进入一个有发展前途的市场；随着生产能力的逐步扩大，在满足市场需求的基础上建立德国大众在东南亚市场的桥头堡，重新夺回其在亚洲失去的市场"的发展战略。

（2）中国背景

中国汽车工业十分落后，轿车水平更低。1956 年第一汽车制造厂建成投产，结束了中国不能制造汽车的历史。1958 年试制成功的国产 CA71 型东风牌小轿车、国产 CA72 型红旗牌高级轿车和上海凤凰牌轿车仅仅标志着中国国产轿车的开始。尽管在此后的 20 年里中国的汽车工业得到了一定的发展，先后研制了一些不同型

[①] 穆荣平. 国际技术转移影响因素分析——上海大众汽车公司案例研究【J】. 科学研究，1997-12(15): 70-72.

号的轿车，但是总体上讲生产水平仍然很低，不仅产量低，品种也少。因此，中国需要引进的不只是一种产品，一种车型，更重要的是引进生产轿车的全部技术，包括技术标准、技术质量保障、管理等，带动相关零部件工业的发展，最终建立一个完整的、有国际竞争力的轿车生产体系。

70年代末的经济技术背景为中国汽车工业发展提供了良好的发展机遇：一方面，1978年以来的改革开放政策使大规模引进国外先进技术，改造和完善中国汽车工业、汽车零部件工业成为可能；另一方面，长期以来中国对轿车进口实行的高关税政策，轿车整车关税税率高达180%～220%，限制了国外轿车的大规模进口，为国内汽车工业提供了较大的市场。

3）技术转移过程

国务院于1978年7月批准的国家计委等部门"关于开展对外加工装配业务的报告"中提出了"引进一条轿车装配线，拟安排在上海，对上海轿车工业进行改造"，这是中国实行改革开放后第一个引进国外先进轿车制造技术的战略决策。

（1）选择合资伙伴

在引进技术的水平、引进模式等方面，中国确立的原则是：①产品、技术、管理先进并有较强国际竞争力；②愿意帮助中国建立完整的、现代化的轿车工业；③能够参与解决外汇平衡问题；④愿意帮助为合作项目配套的中国零部件生产企业。

出于重返亚太地区市场和与日本、韩国汽车制造商竞争的愿望，以及对于中国这个潜在的大市场的认识，德国大众表示愿意全面合作，不仅提供有关技术，还提供部分资金，帮助中国引进完整的现代化的轿车生产技术。鉴于此，中国选定德国大众作为合作伙伴。

（2）试生产合同

中德双方之间的谈判在达成基础协议的情况下，1982年6月德国大众和上海拖拉机汽车公司签订了试装配合同，目的是通过CKD试装配生产，测试国内市场及所选择车型的适用性，培训员工，积累经验。试装配生产的成功增加了中国员工对于引进轿车的性能、结构和技术的了解，发现了产品在适应中国路况方面存在的一些问题，培养了一批具有较高质量意识的员工，为合资项目的建设和投产打下良好的基础。

（3）上海大众汽车公司诞生

1984年10月德国大众和中国三家企业共同签署了合资经营合同，为合资企业上海大众汽车有限责任公司的成立铺平了道路。

其中，合资合同对于技术和专有技术的转让以合资协议附件的形式专门做了规定。技术转让协议的许多条款不仅有利于合资公司的发展，也有利于合资公司配套企业的发展，并且为引进轿车国产化以及新产品的开发做了合理安排。例如：技术转让协议第三条不仅规定德国大众向合资企业提供有关合同产品的全部技术资料，还提供大众公司有权处置的大众公司协作厂的有关技术资料，如果合资公司不生产，可以由合资公司再免费转让给合资公司的配套厂。这为引进技术的消化、吸收，为形成中国自己的轿车生产体系奠定了基础。

（4）成果验收

经过国家机械工业部、上海市政府有关部门和上海拖拉机汽车公司的不断努力，克服了许多不利因素的影响，最终实现了德国大众向中国转移轿车制造技术。从 15 万辆轿车项目合资谈判演变成 2 万辆轿车项目合资谈判，从试装配生产协议到 CKD 装配生产起步的合资合同，从轿车国产化到联合开发新型轿车，展示了中国和德国大众在技术转移过程中所走过的路，也反映了中德合作双方关系逐步深化的过程。

4）启示

（1）在技术引进过程中要有明确和先进的战略目标。中方的战略是：引进、吸收国外先进的产品技术、工艺技术、技术诀窍和管理技术，通过培训和职业教育，实现本国轿车工业、零部件工业的现代化，生产出达到国际技术、质量标准的产品，为中国产品走向国际市场奠定基础。这一战略决定了中方在引进国外先进技术过程中的积极态度。

（2）采用合资方式进行技术转移。其优势在于：首先，合资各方可以分担风险，特别是在一个具有一定不确定性的市场进行投资，分担风险尤其重要；其次，合资后技术供方比较愿意提供先进技术；再次，合资后技术供方不仅提供技术，还可能提供资金。

4. 中科计算技术转移中心——龙芯公司孵化案例

1）中科计算技术转移中心简介

计算所技术转移中心（即北京海淀中科计算技术转移中心）于 2004 年 7 月由中科院计算所全资设立，是专业从事技术转移与成果转化的非营利服务机构（NPO）。该中心立足于中科院计算所的科技与人才优势，借助国内与国际间的各种社会资源,致力于推动科技成果与人才的转移转化,不断探索产学研结合的新途径。其转移中心业务模式如图1.8所示。

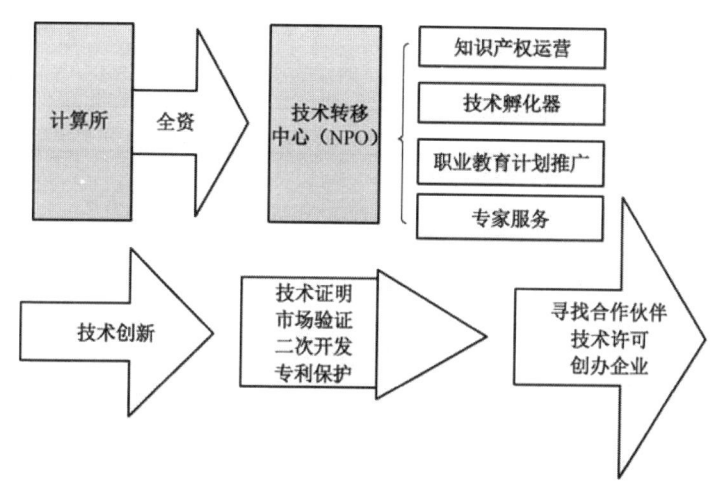

图 1.8　中科计算技术转移中心业务模式

2）龙芯中科技术有限公司简介

龙芯中科技术有限公司于2008年3月5日成立,由中科院和北京市政府共同牵头出资,是龙芯产业化的核心公司,其经营范围包括技术开发、技术推广、技术转让、技术咨询、技术服务等,旨在依托"龙芯"十余年的研发技术,将"龙芯"处理器研发成果产业化。

2017年4月25日,龙芯中科公司正式发布了龙芯3A3000/3B3000、龙芯2K1000、龙芯1H等产品,还和众多合作厂商发布了龙芯笔记本电脑、龙芯服务器等一系列产品。此外,龙芯公司还宣布了龙芯开源计划、龙芯开发者计划和龙芯产业基金计划。

3）孵化过程

通用CPU（芯片）是信息产业的基础核心部件,是关系到国家信息产业基础结构和国家安全的战略产业。长期以来,各国政府和企业都试图替代由美国英特尔公司和微软公司建立的Wintel霸主技术平台。

在国家863计划和中国科学院知识创新工程的支持下,中科院计算所（以下简称计算所）于2001年开始龙芯系列处理器的研制。其中2002年8月计算所研制成功的龙芯1号是我国首款自主研发的高性能通用处理器,结束了我国在计算机关键技术领域的"无芯"历史。2006年研制成功的龙芯2E以及龙芯2F处理器是目前除了美国之外世界上性能最高的CPU，达到中低档奔腾IV处理器的水平，并且具有功耗低、安全性高等特点。

2006年底，北京海淀中科计算技术转移中心成立了龙芯技术服务中心事业部，定位于龙芯CPU产业化的桥梁，是一个不可缺少的环节，对产业化贡献极大。通过积极开拓业务，锻炼了一支比较成熟的产业化队伍，为今后顺利地开展各方面的业务打下了基础。

2008年，龙芯事业部成功孵化，成立了北京龙芯中科技术服务中心有限公司（简称龙芯中科），全面从事龙芯CPU的产业化工作。2009年，作为北京市重大科技成果产业化项目，在北京市各级领导的支持下，以龙芯中科为种子公司，组建了大龙芯公司，吸引政府及民营资本投资2亿元。

4）启示

只有建立独立自主知识产权，坚持自主创新，才能发展长远的技术转移的道路。

5. 中国军民融合平台

1）平台介绍

2015年12月，中国军民融合平台（国家知识产权运营军民融合特色试点平台）由财政部及国家知识产权局在西安高新区挂牌成立，是国家知识产权运营战略"1+2+20+N"中的重要布局，是"1个总平台+2个地方特色分平台"中的核心一员。该平台以打造"知识产权技术成果交易转化+专业化知识产权服务支撑"的新型国家级知识产权交易运营公共服务平台为目标，助推形成良好的以知识产权运用为主线的公共服务和专业化服务生态环境。

中国军民融合平台聚集以各大军工集团和各国防高校为主的国防军工知识产权资源，突出军民融合主题，紧扣国内各类企业、高校、科研院所的发展诉求，整合国内外知名的知识产权运营机构，以促进军民科技资源共享、军民技术供需对接、军民产业互动发展为抓手，统筹实现科技资源优势向创新优势、产业优势和经济优势的转变。

2）运营模式

该平台的运营模式：以知识产权运营推动军民融合发展的新模式。

3）业务数据

该平台建设的核心内容"交易运营线上平台"已于2016年12月27日开始试

运行。目前，该平台在线上拥有 5000 件专利、1000 件商标、600 项技术和 100 家店铺；在线下业务体系建设方面，也已与 81 家单位签署合作协议[①]。

中国军民融合平台官网[②]显示，2017 年 5 月的数据统计累计情况见表 1.9。

表 1.9　中国军民融合平台数据统计累计情况（截至 2017 年 5 月 9 日）

专利展示数量	大数据资源量	技术展示量	加盟服务机构数量
4489 件	100800000 件	885 件	110 件

4）业务团队及服务

（1）平台体系：

- 一网：国家军民融合知识产权交易网——知识产权交易门户网（核心网）；
- 一库：知识产权大数据中心——基础数据特色数据库，舆情系统；
- 一厅：知识产权运营服务大厅及服务体系——线上知识产权运营服务和线下服务大厅；
- 一院：军民融合研究院；
- 一基金：知识产权运营基金——科技专利孵化及优质专利投融资；
- 四组织：丝绸之路经济带知识产权联盟、全国知识产权运营军民融合联盟、专利技术经理人协会和陕西省专利代理人协会。

（2）六大平台系统：知识产权信息系统、知识产权交易系统、知识产权价值评估系统、知识产权挂牌备案系统、知识产权运营管理系统、知识产权配套辅助系统。

（3）七大基础功能：运营服务功能、价值评估功能、诚信评价功能、金融服务功能、人才培养功能、决策支持功能、信息服务功能。

（4）八大数据库：军民融合特色专利数据库、服务机构数据库、基础知识产权检索分析数据库、舆情数据库、科技服务资源统筹数据库、平台实时大数据管理系统等。

---

①西安科技大市场，资讯中心：省知识产权局领导调研国家军民融合平台 http://www.xatrm.com/dscdtzxbd/298049.jhtml, 2017.01.13.
②中国军民融合平台 http://www.iptrm.com/, 2017.05.09.

5）启示

世界上的军事强国，早就在进行军民融合。为适应当代发展，我国军民融合发展已经上升为国家战略。

军民融合特色试点平台充分发挥陕西国防军工科研实力雄厚的优势，既是贯彻党中央、国务院重大战略决策的具体体现，也是对我国军民融合领域知识产权运营的积极探索；该平台建立了知识产权与军民融合的桥梁。

第 2 章 对科技成果转化的认识与思考

国务院办公厅 2016 年 4 月印发的《促进科技成果转移转化行动方案》指出，促进科技成果转移转化是实施创新驱动发展战略的重要任务，是加强科技与经济紧密结合的关键环节，对于推进结构性改革尤其是供给侧结构性改革、支撑经济转型升级和产业结构调整，促进大众创业、万众创新，打造经济发展新引擎具有重要意义。

2.1 技术转移与科技成果转化

技术转移和科技成果转化，是两个密切相关且容易混淆的概念，用英文来形容分别是"technology transfer"和"transformation of scientific and technological achievements"。由此可见，技术转移的范围要大于科技成果转化。

在中国，"技术转移"和"科技成果转化"都是科技领域经常用到的术语，因其表面字义相似而被当成同义词引用的例子也并不少见，所以有必要对这两个术语进行深层次的区分和理解。

2.1.1 走近科技成果转化

1. "科技成果转化"的概念

1）科技成果

在确定"科技成果转化"这一概念之前，我们首先需要明确"科技成果"的概念。"科技成果"一词在我国频繁地被人们使用，并且也出现在有关科技成果管理方面的政策法规中；但是在之前很长一段时间里，人们对于"科技成果"的概念众说纷纭，没有明确统一的认识。2015 年 8 月 29 日，我国第十二届全国人民代表大会常务委员会第十六次会议修订后的《中华人民共和国促进科技成果转化法》总则第二条对"科技成果"做出了权威的、科学的定义:"……科技成果,是指通过科学研究与技术开发所产生的具有实用价值的成果。"也就是说,科技成果的核心在于其具有实用价值,其内涵与知识产权和专有技术基本相一致,因此必须具有科学性、新颖性、先进性、实用性、独立性以及完整性。

科技成果的类别可分为广义和狭义两种。广义上的科技成果应该包括各类成果,具体概括为科学理论成果、软科学成果及应用技术成果这三类;狭义上的科技成果多指应用技术成果,而大部分理论和实践研究也主要针对于狭义范畴上的科技成果。

"科技成果"一词是具有中国特色的一个词,在国外一些西方发达国家的科技工作中并没有类似的统称,而是在特定研究项目中以具体的形式来表达的,如学术报告、论文、著作、专利等。少数国家如美国虽然有"科技成果"这个概念,但主要用于宏观描述科学技术对整个社会的经济、科技的发展所做出的贡献。

2)科技成果转化

"科技成果转化"概念最早是由奥地利经济学家熊彼特(J. A. Schumpeter)于1912年提出的。他在《经济发展理论》一书中提到:现代经济发展源于创新。创新的内涵是"建立一种新的生产函数",实现生产要素从未有过的"新组合"。把有创意的科技成果转化为可获利的商品及其产业。熊彼特认为,"创新"属于经济范畴而非技术范畴,不仅指科学技术上的发明创造,更指把已发明的科学技术引入企业之中,形成一种新的生产能力,即将科技成果转化为现实生产力。科技成果转化的最大动力,就在于它对经济增长效应的重大作用。[1]

前面我们明确了"科技成果"的概念,接下来分析"科技成果转化"的概念,重点就在于"转化"这个动词的定义了。《中华人民共和国促进科技成果转化法》总则第二条也对"科技成果转化"做出了权威的、科学的定义:"……科技成果转化,是指为提高生产力水平而对科技成果所进行的后续试验、开发、应用、推广直至形成新技术、新工艺、新材料、新产品,发展新产业等活动"。很显然,该法对于科技成果转化的定义属于狭义的范畴,即应用技术成果的转化。科技成果转化强调的是成形的技术由创造方(供给方)向产业需求方的转移。科技成果的主体有三

---

[1] Petroni, Giorgio, Chiara Verbano. The development of a technology transfer strategy in the aerospace industry: the case of the Italian Space Agency[J]. Technovation 2000, 20(7): 345-351.

个：科技成果供体；科技成果受体；政府及其附属机构。

2. 科技成果转化的主要模式

改革开放以前，我国的经济发展水平比较低，科研基础也比较薄弱，我国科技成果主要以"无偿转让"形式转化，实际上是一种计划分配和调节的过程，当时的科技成果具有国家性和非商品性。改革开放以来，人们开始重视科技成果的转化过程中存在的经济价值，随着科技体制的创新，科技成果的商品价值也得到了充分体现，在市场上可以特定的形式被交换、转让。目前，科技成果转化的模式主要有直接和间接两种方式，其划分主要基于是否有第三方机构参与；这两种方式也经常结合起来形成新的组合方式。

1）科技成果的直接转化

科技成果的直接转化主要是指科技成果的供体自行转化，或者供体与受体直接合作来进行科技成果转化。

科技成果直接转化的主要方式有：

① 科技人员自己创办企业；

② 高校、科研机构与企业开展合作或合同研究；

③ 高校、研究机构与企业开展人才交流；

④ 高校、科研院所与企业沟通交流的网络平台。

2）科技成果的间接转化

科技成果的间接转化主要是通过各类中介机构来开展的。机构类型和活动方式多种多样：在体制上，有官办的、民办的，也有官民合办的；在功能上，有大型多功能的机构（如既充当科技中介机构，又从事具体项目的开发等），也有小型单一功能的组织。

科技成果间接转化的主要方式有：

① 通过专门机构实施科技成果转化；

② 通过高校设立的科技成果转化机构实施转化；

③ 通过科技咨询公司开展科技成果转化活动。

3. 科技成果转化的基本过程

科技成果转化是科技成果（主要指应用技术成果）流动与演化的过程，包括

"转"和"化"两部分,其中"转"是科技成果所有权和使用权的转移,"化"是科技成果不断具体化、产品化、商品化与产业化的过程[①],如图2.1所示。

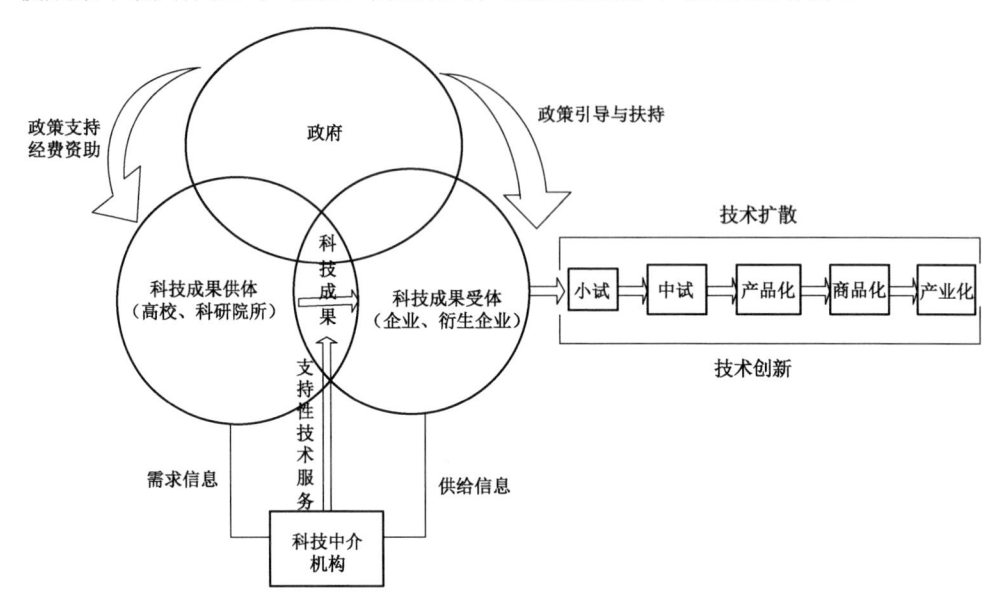

图2.1 科技成果转化的基本过程

"转"的过程:在政府的政策支持和经费支持下,科技成果供体(即高校和科研院所)将技术流向科技成果受体(即企业和衍生企业),同时政府也为科技成果受体提供政策引导与扶持;作为第三方组织的科技中介机构,在供体和受体之间建立起科技成果的供需平台,提供支持性技术服务,促进科技成果快速转化。这一过程使科技成果的权属发生了转移,体现在空间位置的改变,是科技成果转化的关键环节,决定了双方的合作方式和利益分配。

"化"的过程:具体涵盖了小试、中试、产品化、商业化以及产业化等环节,描述了科技成果在受体内部接受二次开发和应用的过程,同时还伴随着技术扩散和技术创新。在这一过程中科技成果发生了"质"的改变,将最初的实验成果变成了可以应用于生产的成熟技术。我国科技成果转化的一个很大瓶颈就在于这个"化"的过程,如何去将科技成果产业化落地,是我国需要加大力度去解决的重大问题。

---

①杨善林,郑丽. 技术转移与科技成果转化的认识及比较【J】. 中国科技论坛,2013(12): 119-120.

2.1.2 解开技术转移与科技成果转化的关系之谜

技术转移在国外科技管理领域广泛使用，是国际上通用的一个概念，可对我国而言，它实际上是一个舶来品。我国在 20 世纪 80 年代以前基本上没有"技术转移"之说，后来国内的一些学者出于借鉴国外的研究方法和研究成果的需要，对国外的相关文献进行研究后将该词引入到国内[①]。技术转移与科技成果转化这两个概念的存在，不仅是语言习惯的问题，也与东西方社会制度的差异、认知上的差距等相关。西方资本主义国家崇尚自由竞争，注重科研成果与应用相结合，政府的关注点是如何促进商业模式的科技成果从公共部门流向私人部门，促使公共资源为私人企业所用；而我国改革开放初期，科技成果严重积压，科研和应用长期脱节，成果并未商业化，并曾以"科技成果转化率"作为技术转移的重点评价指标和政策导向，而今随着改革开放的进展，政府日益关注如何让这些公共资源从高校和科研院所的科研孤岛中走出来，为公众所用并流向社会生产。

1. 两者联系

科技成果转化和技术转移虽然是本质上完全不同的概念，但是在实践中，两者通常是相互渗透、相互包容的过程[②]。如图 2.2 所示。

图 2.2 形象地展示了技术转移与科技成果转化之间这种相互包含的关系。由图中技术转移的过程可知，技术从大学、研究所横向转移到企业，这一过程没有发生技术形态的改变；同时也可以包含一个纵向的科技成果转化，从而改变整个技术转移过程中的技术形态。由图中科技成果转化的过程可知，政府引导下的技术从大学、研究所到企业的转移过程即技术转移，本来就是我国科技成果转化体系中的一个重要环节。

科技成果转化过程中涉及不同行为主体的不同利益，因此需要进行技术转移，但是在这个过程中，技术转移只是手段不是目的。技术转移过程中为了满足技术接受方的应用需要，需要进行科技成果转化，但是同样科技成果转化只是手段不是目的。

---

①方华梁. 科技成果转化与技术转移：两个术语的辨析【J】. 科技管理研究，2010(10): 229.
②徐国兴，贾中华. 科技成果转化和技术转移的比较及其政策含义【J】. 中国发展，2010-10(3): 47-48.

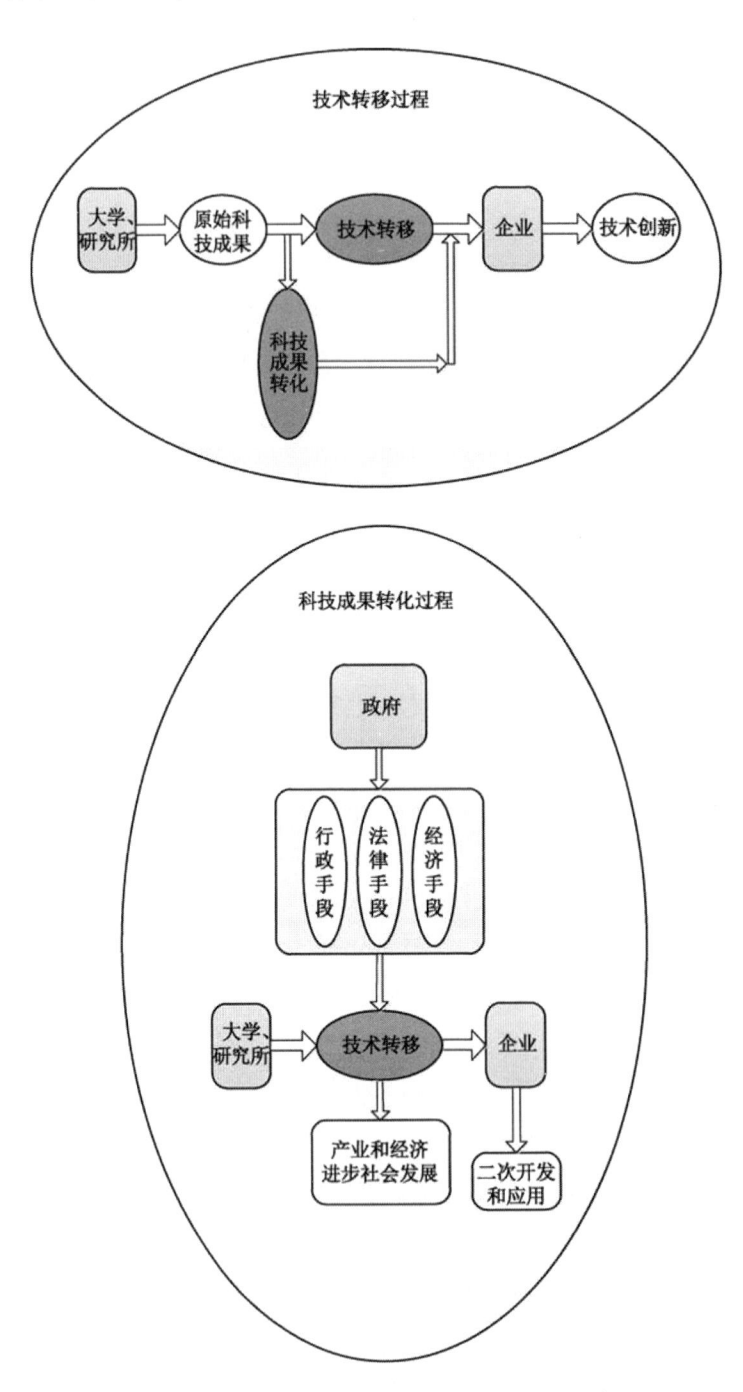

图 2.2　技术转移与科技成果转化的过程关系

2. 两者区别

技术转移与科技成果转化的对比见表 2.1。

表 2.1 技术转移与科技成果转化的对比情况

	技术转移	科技成果转化
概念	将制造某种产品、应用某种工艺或者提供某种服务的系统知识从技术供给方向技术需求方转移，包括科技成果、信息、能力（统称技术成果）的转让、移植、引进、运用、交流和推广。（内涵较广）	为提高生产力水平而对科技成果所进行的后续试验、开发、应用、推广直至形成新技术、新工艺、新材料、新产品，发展新产业等活动。（内涵较窄）
主体	①作为技术输出方的技术供体；②作为技术输入方的技术受体。（以上供体和受体均无特指，范围较广；技术受体常受制于技术供体，处于技术转移过程中的低位，正是由于这种梯度差，才促使了技术从高位到低位的流动）	①科技成果供体——特指科研院所、高等院校、国家实验室以及某些企业的研发部门等；②科技成果受体——特指企业或具有相关科研机构的衍生企业；③助推科技成果转化的政府及附属机构。（供体与受体之间没有很强的主动与被动关系）
客体	科技成果、信息、能力（统称技术成果）。（范围较广）	科学理论成果、软科学成果及应用技术成果。（范围较窄，在实践研究中，多指应用技术成果）
涉及利益主体的关系	通常是技术在不同利益主体之间的移动。	通常是在同一利益主体内部变革技术形态的过程。
市场化程度	市场化程度较高，市场作为引导和调节技术转移的主要杠杆，主导和支配着成熟实用的技术及新技术、新工艺、新方法在国际或国内间进行移动，更多地表现为一种贸易形式。	市场化程度较低，更多地表现为一个国家内部科技成果再分配和转化的活动，是在一个相对较小的范围内对科技成果进行专业化和实用化提升的过程。
侧重点	侧重点在"移"，强调活动过程中技术所有权或使用权在不同利益主体之间的转移	侧重点在"化"，强调科技成果从最初形态到发生质变形成新技术、新工艺、新材料、新产品的状态变化。

2.2 打通"科技成果转化最后一公里"

2.2.1 科技成果转化的几个问题思考

1. 为什么是"科技成果转化"

科技成果转化是指科技创新取得的成果在实际生产和生活中得到应用的过程，强调的是科技成果向现实生产力转化的过程，更加注重结果，即不论科技成果通过市场方式还是计划方式进行了转化，最终都实现了应用，因此更强调技术的生产力属性。这与"技术转移"、"新技术商业化"等概念存在显著的区别。

2. 科研成果是否具有转化的价值[①]

大多数情况下，我们的科研成果并不具备转化的价值。我们尽管发表了论文，但是这些论文中提出的原理或者算法或者方法可能对生产实践无法产生预料的结果，原因是多方面的。

一方面，科研过程中脱离应用使得成果没有可转化的价值。从事应用基础研究，本来就应该立足应用需求进行研究，但是由于大多数科研人员没有和应用一线的紧密联系，使得研究的所谓科学问题大多数情况下是自己构想出来的，这些构想出来的问题往往跟实际情况有较大的距离，不是超前太多，就是条件限制太大，在实际中不会出现。这些原因从根本上就确定了成果的价值根本就不是应用，而是科学训练或者智力训练的需要。

另一方面，科研成果的不系统性使得成果不具备商业转化价值。我们做科研往往瞄准一些热门的方向，包括国家的所谓重大需求，这就使得我们经常需要在热门领域中尽快积累一些成果，但是一个具体的应用需要的是整套系统的解决方案，而这些方案中有些环节并不在热门领域中，这使得许多科研成果成了空中楼阁，没有其他配套的技术作为辅助，某些看似先进的技术其实等于给有实力的国际大公司做了嫁衣裳，自己没有收获。

3. 是否只有面向产业的成果才需要转化

科技成果转化体现的是对科技发展方向的引导。任何科技成果，包括纯理论研究成果或基础研究都有转化的问题，而并不是只有具有实用价值的科技成果才有转化问题。我国具有多层次的经济发展需求，在这种情况下，判断科技成果转化的重点和方向，就不能认为基础研究以及纯理论研究的成果转化问题并不重要，而应强调比较全面的科技成果转化概念，对多层次的经济发展需求提供支撑。

4. 科研和生产实践之间是否有良性循环

在很多情况下，我们看到的依然是科学研究单位和社会生产实践单位之间本质脱离，即便有个别技术被转化成功，获得的价值很小，而购买技术的单位并没有持续投资使得本来先进的技术逐渐变成了落后技术，科研和生产时间的良性互动并没有形成。一方面，科研人员希望获得企业的资助，但是自己不努力接近企业；另一方面，企业抱怨缺少高大上的科研成果，但是自己不愿意组建高水平团队进行深度

[①] 彭思龙科学网博客：当前科技成果转化中的种种误区，2014-10-20.

成果转化，也不愿意持续投资一个研究团队。这种供需之间的矛盾只要继续存在，我们的所谓成果转化都是一句空话。

5. 企业是否具备转化的能力

对于大型国企，一般情况下都有自己的所谓研究机构，其人数和规模都很大，可是自己没有研发能力，甚至做技术转化的能力都没有。他们喜欢做甲方，直接采购是他们的主要行为。对于中小企业来说，从业人员的素质往往不够高，很多工程人员可能不能理解所谓前沿成果，让他们直接转化是很困难的。很多企业就希望直接购买一个能用的技术，拿来就可以生产加工成产品，或者简单的包装就可以变成挣钱的产品，这些思想在很多企业需求的新技术的时候经常出现。所以，企业购买专利进行深度开发在如今的中国还不是常见的现象。他们期望值太高，缺少必要的团队，都降低了企业作为转化主体的价值。

6. 科技成果转化的基础是什么

我国科技成果转化以市场机制为基础，正是在市场经济规律支配下而产生的无穷动力和需求促进着科技成果在产业发展中的应用以及科技与产业需求不断结合。因此，一方面存在着对科技成果转化率不高的指责，另一方面，大量的科技成果在实践中得到了应用，支撑着经济和社会的发展。

基于以上判断，我们必须对政府在促进科技成果转化中所起的作用有清醒的认识。政府所能够发挥的作用，最基本的是保证市场机制的有效运行，发挥市场机制在促进科技成果转化中的基础作用，这就要坚定不移地把深化改革作为我国促进科技成果转化的主要途径，把市场机制作为促进科技成果转化的根本保障。

7. 成果转化的动力来自于哪里

在成熟的市场经济条件下，市场能够给创新主体提供成果转化的动力和压力，并构成了成果转化有效进行的原始驱动力。但是，由于科技发展存在自身规律，不可能完全融入到产业体系中去。因此，从微观主体来看，促进科技成果转化的最大问题，在于部分创新主体能否成为成果转化的责任主体，即是否拥有科技成果的所有权，包括占有、使用、收益、处置等权利，如果没有，就意味着缺乏充分的激励去促进科技成果的转化。

比如，我国的高校和科研院所，其成果转化的需求主要来自于外部的压力或考核的要求，这在一定程度上赋予了高校和科研院所转化职能，但是这种外部的要求很难成为他们发展的内在动力。在具体的科技成果转化过程中，高校和科研院所缺乏足够的激励去促进科技成果的转化；职务发明人在科技成果转化中具有不可替代的作用，但是职务发明人并不具有科技成果的所有权。特别是在具有其他考核指标，如发表论文、申请专利即可完成组织考核目标时，更没有动力促进科技成果的转化。

促进科技成果转化的内在激励机制不健全，只能靠外部要求来驱动。从发达国家的经验来看，外部的驱动因素是需要的，但首要的还是激发成果持有人的内在动力。

2.2.2 科技成果转化卡在哪儿

1. 国外科技成果转化的经验

为了提升本国科研成果的转化率，主要发达国家都采取了多种措施，其中有许多做法都值得我国借鉴。

1）为本国中小企业创造市场需求

美国等国家每年都会为本国企业尤其是中小企业提供一定份额的市场需求，以此来支持中小企业的创新活动并调动他们的创新积极性。据有关数据统计，2014年美国国防部小企业合同额达530亿美元，占国防部直接承包合同的23%。小企业有着灵活的经营方式，能够对市场上出现和发展的新技术、新威胁、新能力快速做出反应，从而快速地采取应对措施；并且，小企业的参与也有利于促进各种竞争、降低成本。

2）鼓励企业与科研院所、高校合作

德国在政策引导下，积极推进企业和科研院所、高校形成紧密合作，共同制定计划和承担相应的角色：科研人员出成果，企业出资本，国家出政策并搭建企业界和科技界之间桥梁，实现政界、科技界和经济界的统一。如某些政策规定，任何国家级大型科研项目，必须至少有一个中小型企业参加，否则就不予批准。因此科研机构选择的科研项目就必须和将来的产业化服务联系在一起。这样一来，科研单位在为企业提供创新服务的过程中能够使其保持旺盛的创新热情，而企业在参与科研项目研究和开发等整个科技成果的转化过程中，也为产业化打下坚实的技术基础。比利时政府制定相关优惠政策倡导各行业在自愿的原则上集体出资建立研究中心，鼓励企业与研究机构、服务机构、投融资公司等开展紧密合作。

3）设立负责科技成果转化的专门机构

科技成果转化需要复合型人才，而科研人员的主要工作是从事科学研究，对于科技成果转化工作的进行没有全面清晰的认识，因此应该交给更专业的人士来完成，这样有利于优化资源分配，提高科技成果转化效率。以色列等国为了支持科研人员专心从事科学研究，特地在本国主要公立大学、科研机构以及大型医院里成立了相关的成果转化机构，明确各部门分工及知识产权收益分配奖励机制，将科技成果转化工作交给相关专业人士，使其转化为市场产品的效率大幅提高。[①]

2. 我国科技成果转化卡在哪儿

目前通过促进科技成果转移转化的"三部曲"已经初步建立起了制度化、规范化的转移体系，包括法律、政策、机制和制度，基础体系已经建立起来了，但我们的转化政策的落实、转化制度的通道还存在着"最后一公里"的问题，主要有三个方面的原因。

一是相关的配套政策还有待完善。比如说科技成果作价入股，入股的时候涉及国有资产的管理体制问题，比如说科技人员兼职，技术入股的税收政策还需要细化的问题，这都需要相关的政策进行统筹配套，政策配套不够是我国科技成果转化的堵点。

二是每个单位落实政策的具体情况不一样，参差不齐。有些好的单位积极主动创造性地开展工作，效果就比较明显；而有的单位观望气氛比较浓，特别是在执行方面不够主动，从而缺乏政策细化的具体措施和实施机制，科研人员的"获得感"与政府颁布政策的预期有差距。

三是缺乏专业化的技术转移机构和人才，跟国外高校和科研院所相比，我们国家的高校和院所普遍缺乏的是专业化的转移机构和转移人才，比如像以色列的"Yeda"那样的机构，我国虽然也有，但是没有起到类似的效果，也没有达到那样的转移转化的水平和规模，这是很重要的问题。

2.2.3 加快成果转化告别纸上谈兵

国务院办公厅 2016 年 4 月印发的《促进科技成果转移转化行动方案》指出了科技成果转化的总体思路是：深入贯彻落实党的十八大、十八届三中、四中、五中全会精神和国务院部署，紧扣创新发展要求，推动大众创新创业，充分发挥市场配置资源的决定性作用，更好发挥政府作用，完善科技成果转移转化政策环境，强化重点领域和关键环节的系统部署，强化技术、资本、人才、服务等创新资源的深度

---

①刘国艳. 国外推进科研成果转化的经验及启示【J】. 中国经贸导刊，双创观察，2016-10: 67.

融合与优化配置,强化中央和地方协同推动科技成果转移转化,建立符合科技创新规律和市场经济规律的科技成果转移转化体系,促进科技成果资本化、产业化,形成经济持续稳定增长新动力,为到2020年进入创新型国家行列、实现全面建成小康社会奋斗目标作出贡献。

我国将认真落实政府科技创新思想和对科技成果转移转化工作的重要指示,聚焦建立健全国家技术转移体系这一重点任务,以问题为导向,强化成果信息共享、专业化机构、人才队伍、区域转化、资金支持等关键环节,加快构建起功能完善、运行高效、全链条、市场化的国家技术转移体系,为科技成果转化和现实生产力提供有效支撑。

① **构建财政科技计划成果信息发布与转化应用体系。** 建立科技成果信息共享平台。开展国家科技计划和奖励成果的信息汇交,加工形成集成化科技成果包,推动面向社会的开放共享。组织开展科技成果发布、展示与路演,搭建线上线下结合的宣传展示平台,加大成果精准对接与转化力度。开展重大科技成果示范推广,为推动国家科技重大专项成果转化,科技部和国家开发投资公司专门建立了100亿的重大专项成果转移转化的子基金,加强卫生健康、节能环保等领域适宜技术推广应用。

② **构建专业化技术转移机构和人才队伍体系。** 在有条件的高校院所以及市场化机构中推动建设一批示范引领性的技术转移机构,更好服务于高校院所成果转化。以"互联网+"为核心,构建市场化、专业化、枢纽型的技术交易网络,实现现有技术交易市场全国联网,推动技术交易机构与服务体系的互联互通。依托高校和骨干企业建立一批技术转移的人才培养基地,大力培育专业化、复合型的技术转移人才队伍。

③ **构建区域性科技成果转移转化工作体系。** 适当扩大国家科技成果转移转化示范区建设布局,按照国家成果转移转化行动方案要建约10个,现在已经建了3个,引导更多基础条件好的地方开展试点示范。加快重大科技成果在东北地区的转化落地,促进东北地区形成创新创业热潮,这也是我们贯彻中央关于新一轮东北振兴计划的一个重要举措。持续组织开展百家院校科技成果走基层、科技成果直通车等活动,为区域转型升级提供新动能。

④ **健全企业主导的产学研协同转化应用体系。** 支持有条件的企业建设国家技术创新中心、国家重点实验室等科技创新平台,完善技术成果向企业转移扩散的机制。探索创新挑战赛等"研发众包"新模式,引导科技人员、高校、科研院所承接

企业的项目委托和难题招标，聚众智开放式创新。鼓励企业牵头，加强行业共性关键技术研发与推广应用，开展以技术应用为导向的协同创新与集成创新。

⑤ **完善科技成果转化的多元化投融资体系**。扩大国家科技成果转化引导基金规模，加快设立创业投资子基金，研究启动贷款风险补偿工作。稳步推进投贷联动试点，适时扩大试点范围。拓展多层次资本市场支持创新的功能。探索金融与社会资本早期参与国家重大研发计划的激励引导机制，加快国家科技计划成果的转化与产业化。

第二部分
详尽解读：
漫游世界的技术转移模式

第 3 章 技术转移的基本运作模式

3.1 技术转让为何触动国人敏感神经

随着科技革命的日新月异和知识经济的蓬勃发展，国际间的技术转让已经成为当今国际市场经济活动的重要内容，并发挥着越来越重要的作用。据美国《防务新闻》（*Defense News*）2017 年 1 月 3 日报道，印度空军计划采购约 200 架新型单发战斗机，裸机单价要求大约 4500 万美元（不含武器装备）。印度国防部长马诺哈尔·巴里卡（Manohar Parrikar）在发布会上说："新型单发战机西方合作伙伴的最终选择取决于技术转让程度和设备制造商的定价。"技术转让为何会发挥着如此重大的作用？

随着我国"走出去"战略的进一步实施，越来越多的国内企业将走出国门，其中技术转让是必不可少的，比如华为公司。但是在技术转让过程中，如何才能既达到转让技术的效果，又能保护自身技术？

这些都让技术转让时时触动着国人的敏感神经，本节将揭开技术转让的神秘面纱，想要一睹它的风采的你准备好了吗？

3.1.1 技术转让概述

1. 什么叫技术转让

根据联合国贸发会议起草的《国际技术转让行动守则（草案）》的表述，技术转让是"关于制造某种产品，应用某种工艺或者提供某种服务所需要的系统知识的转让，但不包括只涉及单纯货物销售或者租赁的各项交易。"综上，技术转让包括了与一般有形货物转让概念相一致的所有权发生转移以及所有权不发生转移而仅是使用权转移的情形。这样对技术转让进行定义,明确了其与一般商品贸易的区别,如果仅仅是买卖或租赁机器设备就应该归为一般商品贸易的范畴,即便该货物的生产是有赖于某种高新技术的投入。

技术转让按照是否跨越国界可分为国内技术转让和国际技术转让。所谓国际技术转让,就是指在国际间开展的跨国境的技术转让行为,国际技术转让的技术提供方和技术接收方分属不同的国家。国内技术转让的当事人属于同一个国家。

技术转让按照主体之间的技术流向可分为横向技术转让和纵向技术转让。横向技术转让是企业之间的技术转让,而纵向技术转让是母公司向其子公司或高校、科研机构向企业转让技术。

技术转让按照是否具有有偿性可分为商业性技术转让和非商业性技术转让。非商业性技术转让是通过非市场形式完成的,这些非市场形式包括:政府的援助、学术交流、技术考察、科学家和技术人员的国际移民、国际性机构所提供的技术服务和教育培训等形式。非商业性技术转让一般是无偿或者转让条件非常优惠的。商业性的技术转让是指有偿的技术转让,是技术转让的重要形式。

依照《中华人民共和国合同法》(简称《合同法》)第三百四十二条的规定,"技术转让合同"是指合法拥有技术的权利人,包括其他有权对外转让技术的人,将现有特定的专利、专利申请、技术秘密的相关权利让与他人,或者许可他人实施、使用所订立的合同。由以上可以看出,我国《合同法》第三百四十二条是按照合同约定的内容的不同将技术转让分为专利权转让、专利申请权转让、技术秘密转让和专利实施许可。本部分主要在合同法分类的基础上对技术转让进行详述。

2. 苦涩多于甜蜜的技术转让历史[1]

从 19 世纪末以来,国人就认识到引进西方现代技术的重要性,但是思想和文化却始终与之格格不入。

一位力图消除这种排外态度的中国外贸官员曾经这样来概括国人的思想方法:

"鸦片战争以后,帝国主义势力侵入了中国。我们政治经济的生命线被外国人所控制。市场上充斥着洋货,民族工业遭受蹂躏。我们对这一段民族的屈辱历史至今记忆犹新。因此人们通常把限制进口和保护民族工业联系在一起,总认为进口得越少越好。"

---

[1] 阿伦. 来自美国的中国秘密——美国国会对华政治、经济、军事形势的剖析[M]. 成都:四川人民出版社,1989.

与此相似的是对过分依赖外援的担心。这种由历史遗留下来的不信任情绪到 20 世纪 50 年代末进一步得到加强，其原因是在 50 年代期间国人过多地依靠苏联技术，而随着中苏关系的恶化，苏联最后撤走了他们的技术援助。

在 50 年代期间，科学技术的基础建设曾得到迅速的发展，然而随后国人就不得不主要依靠自己的力量发展工业，直到 70 年代末才开始对西方开放。中苏关系破裂后，也有一些外国技术，主要是成套的工厂和设备，从资本主义国家引进。但这种政策也产生了另一个结果，即促进了中国依靠自己的科学研究而获得技术能力的发展。

1950—1960 年，中国从苏联和东欧引进了 156 项大型工业项目都集中在基础工业领域，如冶金、机械、汽车、煤矿、电力、石油。这些项目共包括近 400 项技术，价值约 26.6 亿美元。这些引进技术对于建立新兴工业是必不可少的，并且也是这一时期经济迅速发展的一个重要原因。

从 1960 年苏联撤走其技术援助到 1966 年 "文化大革命" 爆发，中国开始更多地依靠日本和西欧的技术。这一期间签订了价值为 2.8 亿美元的 84 项主要合同。工业发展的主要目标是冶金、化工和化学纤维，还有人工合成纺织品。

从 70 年代初到 1978 年，中国签订了价值为 99 亿美元的大约 300 项技术引进合同。这一时期工业发展的重点是钢铁、石油化工和化学纤维等。但许多合同都因在 1978 年匆匆签订而后来被取消或推迟执行。

值得注意的是中国从苏联引进技术的经验影响了此后中国从外国引进技术的整个实践（包括成套设备的进口，苏联提供设计图纸，苏联专家现场指导，以及派出中国技术人员到苏联培训）。中国后来在 60 年代和 70 年代获取外国技术的方式就比较倾向于只图省事，把重点放在引进完整的工厂或全套设备，而对于软件、培训、技术咨询服务等方面没有给予足够的重视，而这些却恰恰是成功消化吸收外国技术的关键。

中国对外引进技术的方式从 1987 年起发生了一系列变化。国人终于认识到那种只图省事、把重点放在引进全套设备的方式花费太大，而且不利于掌握他们期望得到的专门技术。从那时起，中国的政策不再鼓励引进全套设备，而开始强调掌握专门技术。正如人们常说的，"要想得到鸡蛋，得先抓住母鸡。" 因此，国人在技术转让的过程中开始与外国技术人员有了更加密切地接触，并且采用了更加广泛的技术转让方式，包括许可证转让、合资企业、合作经营、独资经营、补偿贸易、技术咨询和技术服务。在中外技术转让的合同谈判中更加强调人员培训。这一转变的结果是，70年代末期以来相当大一部分引进技术不再是"实物技术"，而是专门技术。

中国在技术引进方面投入了比过去更多的资金。例如在第六个五年计划期间，投资基金的 15%，或者说 97 亿美元，投入了从国外引进技术。这是第四个技术引进时期，其间有两个变化引人注目：首先，过去的重点是引进技术与新建企业，而 80 年代以后的重点在于现有企业的技术改造和技术进步；其次，掌握技术转让决策权的层次也发生了改变，作为权力下放的改革措施的一部分，中央各部和外贸公司不再是主要的决策者，而一些基层单位变得更加活跃，其中包括企业、地方政府以及数以万计的新建贸易公司。

3. 技术转让合同窥技术转让现状

根据《全国技术市场统计年度报告》，2008 年以来，中国技术合同成交额、技术转让金额总体上都呈现波动增长的趋势，在技术开发、技术转让、技术咨询和技术服务四类技术合同中，技术转让的规模较小，占比不足 20%。

在技术转让合同中，无论转让数量还是转让的合同金额，专利转让所占的比重较技术秘密小。从金额来看，2008—2015 年，专利申请权转让合同额、专利权转让合同额、专利实施许可转让合同额与技术转让合同额之比分别低于 1.0%、11.2%、24.2%，技术秘密转让合同额在技术转让合同额中所占比重较大，为 61.0% 至 76.9%。在数量上，2008—2015 年，专利实施许可转让合同数与技术转让合同数之比不超过 20%，专利申请权转让合同数、专利权转让合同数与技术转让合同数之比分别小于 1.6% 和 14.1%，技术秘密转让合同数在技术转让合同数中的所占比重较大，为 53.0% 至 73.1%。2008—2015 年中国技术转让四种基本类型在技术合同中所占的比重如表 3.1 所示。

表 3.1 2008—2015 年中国技术转让四种基本类型在技术合同中所占的比重（%）

项目/年份	2008	2009	2010	2011	2012	2013	2014	2015
技术转让金额/全国技术成交额	20.0	17.7	15.6	11.0	15.9	14.5	13.3	14.9
专利申请权转让合同额/技术转让合同额	0.8	0.8	1.0	0.8	0.4	0.3	0.4	0.3
专利权转让合同额/技术转让合同额	11.2	7.7	7.1	11.2	4.2	2.9	5.1	6.3
专利实施许可转让合同额/技术转让合同额	19.9	22.6	10.4	17.1	24.2	22.1	14.7	8.0
技术秘密转让合同额/技术转让合同额	62.9	61.0	72.6	66.1	67.4	71.6	75.1	76.9
专利实施许可转让合同数/技术转让数	16.1	16.0	16.2	18.8	18.3	19.5	15.7	15.6
专利权转让合同数/技术转让数	3.8	4.2	5.4	7.9	8.5	9.7	11.6	14.1
专利申请权转让合同数/技术转让数	0.7	0.6	0.7	1.5	1.0	1.4	1.3	1.6
技术秘密转让合同数/技术转让数	73.1	72.2	68.9	62.8	62.1	62.9	58.2	53.0

资料来源：全国技术市场统计年度报告（2009—2016）

根据《2016年全国技术市场统计年度报告》，全年共签订技术转让合同12787项，成交金额610.10亿元，总量呈现增长态势。在四类技术合同中，技术转让占15.62%，平均每项技术转让合同成交金额1146.89万元，是全国平均水平的3.5倍。技术秘密成为最主要的交易方式，成交金额同比增长33.00%，占技术转让合同的76.93%；专利权转让合同成交额92.53亿元，同比增长60.36%；设计著作权、植物新品种、集成电路布图设计专有权转让合同成交额增幅均超过150%，但所占比例均低于1%；计算机软件著作权转让合同数1216项，超过专利申请权转让项数，在技术转让中也具有重要意义，因此下文在技术转让合同分类的基础上，分别对专利权转让、专利申请权转让、专利实施许可转让、技术秘密转让以及计算机软件著作权转让进行详述。2016年技术转让合同类别构成如图3.1所示。

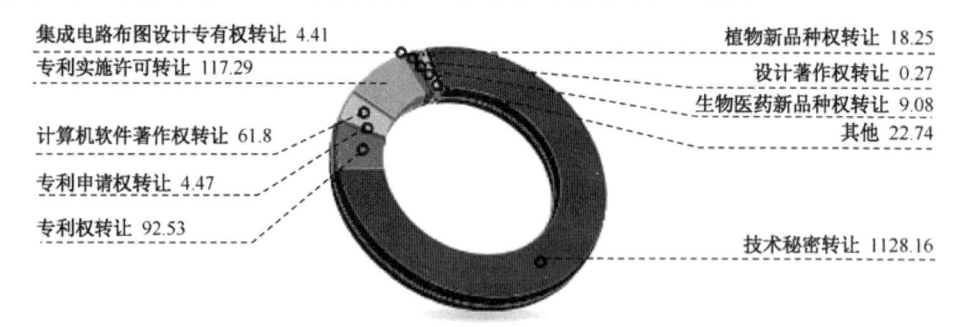

集成电路布图设计专有权转让 4.41
专利实施许可转让 117.29
计算机软件著作权转让 61.8
专利申请权转让 4.47
专利权转让 92.53
植物新品种权转让 18.25
设计著作权转让 0.27
生物医药新品种转让 9.08
其他 22.74
技术秘密转让 1128.16

图 3.1　2016年技术转让合同类别构成（单位：亿元）

3.1.2　专利权转让：一锤子买卖，专利权归他人

1. 专利权

专利权是专利主管部门授予专利申请者在规定时限内、一定地域内对拥有的发明物或方法有限制的独占权。世界各国专利法对于专利权内容的规定有所差异，德国、日本专利法从正面直接规定专利权人有独占实施权，美国、英国和法国规定专利权人禁止他人未经许可实施其专利的权利。比较而言，后者的界定更科学。因为专利权人实施专利权要受到一些限制，不能滥用专利权。中国专利法在对专利权进行限定时采用了与美、英、法等国相近的方式。根据《巴黎公约》、《与贸易有关的知识产权协定》及《中华人民共和国专利法》（简称《专利法》）的规定，专利权的内容包括特定专有权（禁止他人未经许可的制造权、使用权、销售权、许诺销售权和进口权）、处置权（转让权和许可权）、继承权、署名权和标识权等。权利和义务是对等的，专利权人享有专利权的同时，还应承担专利权的义务，其义务主要是指

缴纳年费、不滥用专利权等[①]。

专利权的转让即专利权主体的变更，专利权从一个主体转移到另一个主体所有。转让专利权的，当事人应当订立书面合同，并向国务院专利行政部门登记，由国务院专利行政部门予以公告。具体在实践中，专利权转让登记是由国家知识产权局办理著录项目变更手续完成的。

当专利权为两个或两个以上的专利权人共有时，一方仅仅转让其专利权的，另一方可以优先受让其共有的份额。

2. 专利权转让实务问题

1) 著录事项变更相关事宜

著录事项变更的相关事宜围绕著录事项变更的申请人、受理机关、费用、程序进行介绍。

在《著录项目变更申报书》上签字的是当事人或专利代理机构，进行著录事项变更须提供让与人与受让人的身份证明。实践中，一般由让与人办理著录项目变更申请手续。

著录项目变更由国务院专利行政部门即国家知识产权局负责。国家知识产权局受理处受理专利相关事务。另外，国家知识产权局在若干省、市设置的专利代办处也可以代表国家知识产权局负责受理事宜。

著录事项变更申请的费用围绕收费标准、交纳的相关问题进行介绍。国家知识产权局在其公布的《专利收费项目和标准》上规定：著录项目变更中的发明人、申请人、专利权人的变更的费用为 200 元/件；专利代理机构、代理人委托关系的变更的费用为 50 元/件。如果委托代理机构，还要缴纳相应的代理费。费用可以直接向专利局交纳，也可以通过邮局或者银行汇付。汇款时应准确写明申请号、费用名称简称及分项金额。未写明申请号或费用名称简称的将被视为未办理缴费手续。在汇单上还应写明汇款人姓名或者名称、通讯地址、邮编等。

著录事项变更的程序主要包括以下步骤：提交著录事项变更相关申请文件并交纳著录事项变更费用、受理、审查、登记并公告。

[①] 郜志雄. 专利技术转移机制[M]. 北京：中国时代经济出版社，2016.

2）专利权转让的前期工作

专利权转让的前期工作主要包括对专利状态的查询和对被转让专利价值的评估，即选择专利。无论是买专利权，还是获得专利实施许可，都要先学会选择专利。股神巴菲特选股票有三条标准：一是该企业没有或很少外债；二是该企业"简单"，自己能弄懂；三是在行业内有领先优势，以后的利润上升空间较大。也许他还有别的诀窍。不过，这三条已很能说明一些问题。世界上很多事情都是相通的，比如说，买股票和买专利。那么，对于受让方来说，如何选择专利呢？

一般来说，选择要靠眼光，眼光则来自在完成专利信息全面系统检索后的对市场、技术、法律的综合分析，三者不可分割、互相渗透。其中法律分析具有一票否决权，这样才能减少决策盲目性。市场分析包括对市场前景、市场占有率以及竞争对手情况的分析。比如在看一个药物时，除了看它本身的药效学性质外，还要考虑有无类似药、相关药或改进药等，以此评判该药在业内是否具有领先优势。然后，要看这些类似药、相关药或改进药有无专利保护，以及保护的范围、专利保护力度、保护时效等，以此评判该药是否具有竞争优势，并预测优势可维持的时间。技术分析包括对专利产品研发的难度、安全性、有效性以及成本等分析。此时，要看研发的困难能否克服、所需成本以及有无可能形成新的自主知识产权，以此来评判该专利产品是否可能持续保持竞争优势，即是否有上升空间。法律分析包括对专利的有效期限、是否真实专利权人、是否有共同专利权人、该专利是否为从属专利、除中国专利外是否还有外国专利、所有相关专利或专利申请的法律状态、所有这些专利或专利申请的保护范围以及专利权的牢固程度等分析。专利是否存在专利权终止，被宣告无效，专利申请被驳回、撤回或者视为撤回等情况，可通过国家知识产权局网站（http://www.sipo.gov.cn/）的专利检索查到专利的相关信息。

专利价值的评估是影响转让成功与否的重要因素。如果专利申请人难以制定合理的转让费和转让方式，可以咨询有关权威机构，定出参考模式。受让人根据专利本身价值和发展前景结合自身需要和经济能力判断转让费用划算与否，必要时也可委托专门评估机构进行评估。

3）专利转让合同条款审查

专利转让合同应写明转让方拥有某专利权，转让方必须与所转让的专利的法律文件相一致，专利应写明专利号、公开号、公告号、申请日、授权日、公开日、专利权的有效期，且须与所转让的专利的法律文件相一致。同时应写明转让人转让该专利的和受让人受让该专利的意思表示。

转让方向受让方交付资料，应明确详尽地列明所需交付的材料，如向中国专利局递交的全部专利申请文件、中国专利局发给转让方的所有文件、转让方已许可他人实施的专利实施许可合同书、中国专利局出具的专利权有效的证明文件、上级主管部门或国务院有关主管部门的批准转让文件等，可以在本条款约定后用附件的方式进行列明。

交付资料的时间、地点及方式。交付时间双方可以协商约定，实践中有约定支付转让费后交付的，也有约定合同生效后交付的，如果是部分交付，应注意剩余资料的交付时间，避免转让方拖延不交付，影响专利的实施。交付方式可以为面交、挂号邮寄或空运等，因专利文件较多且涉及商业秘密，为了避免产生纠纷，建议最好采用面交方式，将文件清单及材料一并交付并核对签字。交付地点为受让方（转让方）所在地或双方约定的地点。

专利实施和实施许可的情况及处置办法。因专利转让前，转让人往往自己已经在实施或许可他人实施该专利，因此，须对专利实施和实施许可的情况及处置办法进行明确约定。实践中一般为在本合同签订前转让方已经实施该专利的，在本合同签订生效后转让方可继续实施或停止实施该专利。在本合同签订前转让方已经许可他人实施的许可合同，其权利义务关系在本合同签订生效之日起，转移给受让方。

转让费及支付方式。双方对转让费应明确约定，币种明确和金额大小写要一致，支付方式双方可以协商约定，转让方可以要求约定合同生效时或交付材料之前支付费用，受让方可以要求约定交付材料之后或专利局公告后支付费用，双方也可约定分期支付。

专利权被撤销和被宣告无效的处理。依据《专利法》第四十七条"宣告专利权无效的决定，对在宣告专利权无效前人民法院作出并已执行的专利侵权的判决、调解书，已经履行或者强制执行的专利侵权纠纷处理决定，以及已经履行的专利实施许可合同和专利权转让合同，不具有追溯力。但是因专利权人的恶意给他人造成的损失，应当给予赔偿。依照前款规定不返还专利侵权赔偿金、专利使用费、专利权转让费，明显违反公平原则的，应当全部或者部分返还。"因此，应注意审查该专利是否存在被宣告无效的可能性。对专利权被撤销时的责任，应明确是否需要返还转让费、专利材料及赔偿损失。对他人提出撤销专利权请求、专利复审委员会对该专利权宣告无效、对复审委员会的决定（对发明专利）不服向人民法院起诉时，应明确由谁负责答辩及承担费用。

过渡期条款，应约定合同签订之日起至受让该专利期间由谁维持专利的有效性及承担费用。如：在本合同签字生效后至专利局登记公告之日，转让方应维持专利的有效性，但在这一期间所要缴纳的年费、续展费由谁支付应约明；本合同在专利局登记公告后，由谁负责维持专利的有效性，如办理专利的年费、续展费、行政撤销和无效请求的答辩及无效诉讼的应诉等事宜（也可以约定，在本合同签字生效后，维持该专利权有效的一切费用由受让方支付）。在过渡期内，因不可抗力，致使转让方或受让方不能履行合同的，本合同即告解除。

税费，应对本合同所涉及的转让费需纳的税、由谁负责缴纳进行约定。

违约责任。转让方要注意，当其逾期或拒不交付专利资料、转让手续时应承担的违约责任。受让方要注意，当其逾期或拒不交付转让费时应承担的违约责任。

争议的解决办法，在协商无果的情况下可以选择有利于己方的专利管理机关、法院、仲裁机构进行处理。

其他及合同的生效，在前十条未约定的条款，如涉及专利的咨询、指导、培训等，也可以另起协议。

4）专利权转让登记的效力

依据《专利法》第十条"专利权的转让自登记之日起生效。"专利权转让已向国家知识产权局办理著录事项变更手续的，转让自登记之日起生效，受让人取得了专利权，成为新的权利人，可以对抗第三人。不经登记不发生专利权转让的效力。

5）专利权转让的法律效力

专利权转让一经生效，受让人就取得以前专利权人的所有权利，让与人失去专利权人地位，专利权转让合同不影响让与人在合同成立前与他人订立专利实施许可合同的效力。除合同另有约定外，原专利实施许可合同所约定的权利义务由专利权受让方承担。另外，订立专利权转让合同前，转让方已实施专利的，除合同另有约定以外，合同成立后，转让方应当停止实施。

专利权转让生效后，受让人取得专利的所有权，有权利进行处分、获得收益，可以进行专利权的转让和实施许可，同时要履行相应的义务，最重要的义务是向国家知识产权局交纳专利年费。如果未缴纳年费，视为放弃专利。

6）专利的赠与与继承

专利的赠与与继承是专利权转让的两种特殊方式。

专利赠与转让的法律形式与专利买卖相同，必须通过书面的专利权赠与合同方式进行转让，需进行著录项目变更，在《著录项目变更申报表》第③栏"附件清单"中"双方当事人签章的权利转移协议书"和"全体权利人统一赠与的证明材料"两项方框中打钩。未进行变更的，专利权赠与不发生法律效力。

专利权的继承，也需要向国家知识产权局办理著录事项变更手续，在《著录项目变更申报表》的"附件清单"一栏选择"公证机关出具的继承人合法地位的证明文件"。

3.1.3 专利申请权转让

1. 什么叫专利申请权转让

对于专利申请权的具体含义，我国有关法律、法规和司法解释没有明确规定，学界与法律界存在许多争论，还没有形成统一的意见。衣庆云（2001）认为，专利申请权包括三层内容：一是程序性权利，即向专利主管部门提出专利申请的权利；二是实质性权利，即对准备申请的专利拥有合法权利，专利申请权人在发明专利申请未公布之前，可以利用技术秘密保护的方式支配并享有专利申请权的利益，在发明专利申请公布后至专利权授予前使用该发明未支付适当使用费的，专利权人可根据我国专利法规定的临时保护措施要求使用人支付使用费；三是专利期待权，即可能获得专利权。

从时间上看，专利申请权产生于发明物或方法产生之后与专利授权之间这段时间。根据《最高人民法院关于审理技术合同纠纷案件适用法律若干问题的解释》（法释[2004]20号）第二十九条，中国法律上界定的专利申请权只是指专利申请者拥有的发明专利申请公开以后、专利授权以前的权利。专利申请权包括：一是申请专利和获得专利权的权利；二是专利申请的修改权、撤回权以及就专利申请陈述意见的权利；三是转让专利申请权的权利，发明人或设计人在其申请专利之前，可以通过订立专利申请权转让合同，将其申请专利的权利转让给受让人并收取一定的转让费；四是实施和改进发明创造的权利；五是请求实质审查权、要求优先权的权利；六是要求临时保护权；七是要求复查权和起诉权；八是专利申请人的人身权和财产权等。

根据《专利法》第十条的规定，专利申请权可以转让。专利申请权转让是指专利申请人将国家知识产权局已接收但仍未授权的专利依法转让他人的行为。须要注意的是，专利申请权转让后，让与人转让的只是受让人有权针对此专利继续进行申请的权利，不能从根本上保证受让人将来一定能够成为受让发明创造的专利权人。

2. 专利申请权转让实务问题

1）专利申请权转让主体

根据《合同法》和《专利法》的相关规定，专利申请权转让合同的主体主要是：

- 非职务发明创造的发明人或者设计人；
- 职务发明创造的发明人或者设计人所在单位；
- 委托开发的研究开发单位或按约定取得专利申请权的委托单位；
- 合作研究开发的共同完成单位或按约定取得专利申请权的单位；
- 依据专利申请权转让合同取得专利申请权的受让人。

2）专利申请权转让程序

签订转让合同。专利申请权转让合同签订后3个月内，必须向国家知识产权局办理著录项目变更手续。专利申请权转让由专利局公告，合同自登记之日起生效。

专利申请权转让合同，是转让双方为实施和实现专利申请的让渡而订立的一种双方共同信守执行的契约关系。这样一种合同，对于出让方而言，可称之为转让或出让合同；而对于受让方，则为受让合同。专利申请权转让合同的主要条款包括：合同名称、发明创造名称、发明创造种类、发明人或者设计人、技术情报和资料清单、专利申请被驳回的责任、价款及其支付方式、违约金损失赔偿额的计算方法、争议的解决办法等。

另外须要注意的是，若专利申请人为两个或者两个以上的人，专利申请权的转让必须经全体权利人同意；中国单位或者个人向外国人转让专利申请权或者专利权的，必须经国务院对外经济贸易主管部门会同国务院科学技术行政部门批准。

对于已在国家知识产权局登记的专利申请权转让，可以请求国家知识产权局出具"专利申请权转让证明"。专利申请权转让证明只向专利申请的权利人出具。办理专利申请权转让证明需交纳相应费用并根据以下情况提交相应文件：申请人或代理人办理专利申请权转让证明的，需提交申请人或代理机构签章的"办理文件副本请求书"；申请人当面办理的，需提供本人身份证明；委托他人办理的，需要提供经办人身份证明、委托关系证明和申请人身份证明。申请人以邮寄方式办理的，需要提交申请人身份证明。申请人委托他人以邮寄方式办理的，需要提交委托关系证明、经办人身份证明和申请人身份证明。

3）签订专利申请权转让合同后受让人如何应对侵权行为

当事人双方签订专利申请权转让合同后，如果国家知识产权局未对该转让进行公告，则受让人还不能以专利权人的身份阻止他人侵权；如果转让进行了公告，但专利申请还未授予专利权，受让人可以要求未经允许实施其专利的人支付一定的使用费，但仍然不能对侵权人提起诉讼，如果对方拒绝付费，只有等到授予专利权之后才能行使诉讼的权利。所以，即使专利申请权转让最终生效，受让人对侵权行为的打击仍然是有限定范围的，只有受让人真正成为专利权人时才拥有全方位的专利权保护。

4）专利申请权转让的风险承担

专利申请权转让后，专利申请既可能被授予专利权，也可能被驳回。如果被驳回，让与人将不返还转让费。受让人应当预见到专利申请可能被驳回的风险，同意签订专利申请权转让合同，等于接受了承担风险的责任。除非让与人恶意欺骗，一般情况下受让人不得要求返还转让费。

5）共有专利申请权和专利权的转让问题

在实践中，当专利申请人或专利权人是两个或两个以上时，一般应当由所有申请人或者专利权人共同协商，共同进行转让，全部在转让合同上签字或盖章并且在转让权利请求书上签字或盖章。这其中可以推选代表人，国家知识产权局将直接和代表人联系相关问题，代表人的决定视为已经过全部申请人同意。一部分申请人转让专利申请权或者一部分专利权人转让专利权是无效的。

3.1.4 专利实施许可转让——专利权出租，专利使用权归他人

1. 什么叫专利实施许可转让

专利实施许可也称专利许可证贸易，是指专利技术所有人或其授权人许可他人在一定期限、一定地区、以一定方式实施其所拥有的专利，并向他人收取使用费用。专利实施许可仅转让专利技术的使用权利，转让方仍拥有专利的所有权，受让方只获得了专利技术实施的权利，并没拥有专利所有权。专利实施许可是以订立专利实施许可合同的方式许可被许可方在一定范围内使用其专利，并支付使用费的一种许可贸易。

专利实施许可中的实施，就产品专利而言，是指以生产经营为目的，制造、使用、许诺销售、销售、进口该专利产品；就方法专利而言，是指以生产经营为目的使用该方法或者使用、许诺销售、销售、进口该方法直接获得的产品；就外观设

计专利而言，是指以生产经营为目的，制造、销售、进口其外观设计专利产品[①]。

在国家知识产权局的专利实施许可合同备案登记相关信息中，专利许可分为独占许可、普通许可、排他许可、分许可和交叉许可五种方式。

独占许可——整租：专利权许可给被许可方使用后，只能被许可方一方独自使用，其他任何人包括专利权人自己也不能使用该专利记载的技术。相当于房屋出租后，连房主也不能住一样。

排他许可（独家许可）——双方合租：除被许可方和专利权人以外的任何人，不可以使用该专利记载的技术。相当于房屋出租给一个房客，该房客与房东合租，且约定不能租给第三方。

交叉许可——换房住：专利权双方将自己的专利许可给对方使用，一般情况是相互免费。相当于两个房主，a 住 b 的房子，同时将自己的房子给 b 居住。

普通许可——多人合租：专利权人自己可以使用该专利技术，同时可以将该专利技术许可给多个用户；相当于房主可以将房子租给多个房客，自己也可以与房客合租[②]。2015 年 5 月 25 日人民网报道，湖北华烁科技公司将其拥有的 5 项催化剂专利打包许可给河北一家化工企业使用，对方支付了 5000 万元人民币，该交易刷新了武汉技术交易最高金额的纪录。这不是全部，之后该项目又与另外两家公司签订了专利许可合同，加上与河北公司的合作，该项目专利实施许可合同总金额已达到 1.5 亿元。湖北华烁科技公司将专利权许可给多家公司使用，就属于普通许可的范畴。

分许可——二房东：分许可是指许可方同意在合同上明文规定被许可方在规定的时间和地区实施其专利的同时，被许可方还可以以自己的名义，再许可第三方使用该专利。被许可人与第三人之间的实施许可就是分许可。相当于二房东先从原房东手里租下房子，然后再转租给他人。

2012 年 3 月 27 日搜狐新闻中记载，四川金象赛瑞化工股份有限公司的发明专利"一种加压生产熔融硝酸盐的工艺方法"获专利许可费 3400 万元。该新闻中没有记载该专利的许可方式，使该专利的实际许可获利不得而知，而事实上，专利许可可类似于专利权出租，其"租赁"方式分多种。

---

① 漆苏，杨为国. 专利许可实施权转让研究[J]. 科研管理，2008(11).
② 华冰. 利用专利能赚到钱吗？[N]. 中国科学报，2015(7).

从上述比较中可以看出，相较于"一锤子买卖"的专利转让，更多公司愿意利用专利许可来通过专利获取长期利益。

2. 专利实施许可转让合同备案实务

专利实施许可合同备案工作是国家知识产权局为了切实保护专利权，规范专利实施许可行为，促进专利权的运用而对专利实施许可进行管理的一种行政手段。根据《专利法实施细则》第十五条和《专利实施许可合同备案办法》（第 62 号），鉴于专利权的时效性、稳定性，专利实施许可合同中的当事人应当在合同生效日起 3 个月内到国家知识产权局或地方知识产权局办理备案手续。国家知识产权局自收到备案申请之日起 7 个工作日内进行审查并决定是否予以备案。对备案审查合格的专利实施许可合同，国家知识产权局或地方知识产权局将给予备案合格通知书及备案号、备案日期，并将通知书送交当事人。

国家知识产权局针对专利实施许可合同备案工作，相继制定了新办法并同时废止了旧办法。目前最新的办法是《专利实施许可合同备案办法》（第 62 号），它根据《中华人民共和国专利法》、《中华人民共和国合同法》和相关法律法规制定，自 2011 年 8 月 1 日起施行，2001 年 12 月 17 日国家知识产权局令第十八号发布的《专利实施许可合同备案管理办法》同时废止。国家知识产权局局长令（第 18 号）自 2002 年 1 月 1 日起施行，1986 年 3 月 10 日发布的《中华人民共和国专利局公告（第十二号）》同时废止。

专利实施许可合同备案的程序主要包括以下步骤：提交文件并缴纳相关费用、受理、审查、国家知识产权局作出相关决定、登记及公告。专利实施许可备案实务主要围绕上述步骤进行介绍。

1）专利实施许可合同备案主体

专利实施许可合同的备案机关为国家知识产权局和经授权的各省、自治区、直辖市管理专利工作的部门。在实践中，专利实施许可合同备案由国家知识产权局协调管理司主管，涉外专利实施许可合同备案的具体部门为国家知识产权局协调管理司市场处。

专利实施许可的许可人应当是合法的专利权人或者其他权利人。以共有的专利权订立专利实施许可合同的，除全体共有人另有约定或者《中华人民共和国专利法》另有规定的外，应当取得其他共有人的同意。

在中国没有经常居所或者营业所的外国人、外国企业或者外国其他组织办理备案相关手续的，应当委托依法设立的专利代理机构办理。中国单位或者个人办理备案相关手续的，可以委托依法设立的专利代理机构办理。

2）专利实施许可合同备案所需文件

申请备案的专利实施许可合同应当以书面形式订立。订立专利实施许可合同可以使用国家知识产权局统一制订的合同范本；采用其他合同文本的，应当符合《中华人民共和国合同法》的规定。

当事人可以通过邮寄、直接送交或者国家知识产权局规定的其他方式办理专利实施许可合同备案相关手续。

申请专利实施许可合同备案的，应当提交下列文件：许可人或者其委托的专利代理机构签字或者盖章的专利实施许可合同备案申请表；专利实施许可合同；双方当事人的身份证明；委托专利代理机构的，注明委托权限的委托书；其他需要提供的材料。

当事人提交的专利实施许可合同应当包括以下内容：当事人的姓名或者名称、地址；专利项数以及每项专利的名称、专利号、申请日、授权公告日；实施许可的种类和期限。

除身份证明外，当事人提交的其他各种文件应当使用中文。身份证明是外文的，当事人应当附送中文译文；未附送的，视为未提交。

3）国家知识产权局审查、登记及公告

备案申请经审查合格的，国家知识产权局应当向当事人出具《专利实施许可合同备案证明》。专利实施许可合同备案的有关内容由国家知识产权局在专利登记簿上登记，并在专利公报上公告以下内容：许可人、被许可人、主分类号、专利号、申请日、授权公告日、实施许可的种类和期限、备案日期。

备案申请有下列情形之一的，不予备案，并向当事人发送《专利实施许可合同不予备案通知书》：专利权已经终止或者被宣告无效的；许可人不是专利登记簿记载的专利权人或者有权授予许可的其他权利人的；专利实施许可合同不符合《专利实施许可合同备案办法》第九条规定的；实施许可的期限超过专利权有效期的；共有专利权人违反法律规定或者约定订立专利实施许可合同的；专利权处于年费缴纳滞纳期的；因专利权的归属发生纠纷或者人民法院裁定对专利权采取保全措施，专利权的有关程序被中止的；同一专利实施许可合同重复申请备案的；专利权被质押的，但经质权人同意的除外；与已经备案的专利实施许可合同冲突的；其他不应当予以备案的情形。

专利实施许可合同备案后，国家知识产权局发现备案申请存在"许可人不是专利登记簿记载的专利权人或者有权授予许可的其他权利人"的并且尚未消除的，应当撤销专利实施许可合同备案，并向当事人发出《撤销专利实施许可合同备案通知书》。

专利实施许可合同备案后变更、注销以及撤销的，国家知识产权局予以相应登记和公告。

4）关于实施许可合同备案的变更和注销

当事人延长实施许可的期限的，应当在原实施许可的期限届满前 2 个月内，持变更协议、备案证明和其他有关文件向国家知识产权局办理备案变更手续。变更专利实施许可合同其他内容的，参照上述规定办理。

实施许可的期限届满或者提前解除专利实施许可合同的，当事人应当在期限届满或者订立解除协议后 30 日内持备案证明、解除协议和其他有关文件向国家知识产权局办理备案注销手续。

经备案的专利实施许可合同涉及的专利权被宣告无效或者在期限届满前终止的，当事人应当及时办理备案注销手续。

当事人以专利申请实施许可合同申请备案的，参照上述方法执行。当事人以专利申请实施许可合同申请备案的，专利申请被批准授予专利权后，当事人应当及时将专利申请实施许可合同名称及有关条款作相应变更；专利申请被驳回、撤回或者视为撤回的，当事人应当及时办理备案注销手续。

专利权终止或者被宣告无效后，由于专利权丧失，专利权人不得就该专利再与他人订立专利实施许可合同。在实践中，往往会出现签订许可合同时有效，但后来被终止或被宣告无效的情况。这种情况下，专利实施许可合同应终止，对于已经支付的使用费原则上不再返还，专利权人有权要求被许可人补交专利权失效之前拖欠的使用费，但专利权失效之后的使用费可以停止支付。

5）专利实施许可合同备案的效力

国家知识产权局建立了专利实施许可合同备案数据库。公众可以查询专利实施许可合同备案的法律状态。

国家知识产权局出具的专利实施许可合同备案证明是办理外汇、海关知识产权备案等相关手续的证明文件。

经备案的专利实施许可合同的种类、期限、许可使用费计算方法或者数额等，可以作为管理专利工作的部门对侵权赔偿数额进行调解的参照。

6) 专利侵权和专利实施许可之间的转化

实践中，往往会出现通过调解或协商，将专利侵权转化为专利实施许可的情况。

3.1.5 技术秘密转让

权利人就同一项新技术既可以去申请专利，受到专利法的保护，也可以选择作为技术秘密得到相关法律、法规的保护，但由于技术秘密必须处于保密状态，而专利申请之后必须要被公开，因此，权利人只能选择一种保护方式，不能同时享受两种保护。在工业发展进程中，有相当一部分公司或个人往往并不把他们的发明拿去申请专利，而是希望获得比专利保护期更长的保护，另外，有相当一部分权利人对申请专利的技术作一定的保留，即将其以技术秘密的形式保存下来。为此，在技术转让中，技术秘密占有不可忽视的地位。以内蒙古为例，2016 年内蒙古实现技术交易额 144 亿，在自治区吸纳区外各类知识产权技术中，位居前三位的分别是技术秘密、计算机软件著作权和专利技术，分别吸纳技术 332 项、324 项和 46 项，三类合同共实现合同金额 45.15 亿元，占吸纳区外知识产权交易额的 96.74%，是区内认定知识产权技术合同金额的 8 倍，由此可见技术秘密在技术转让中的重要性。

对技术秘密的界定现在各国的立法并没有完全统一，目前在国际上较为权威的解释是国际商会（ICC）在 1961 年理事会上通过的《保护技术秘密标准条款》对其所作的定义："所谓技术秘密，是指单独结合在一起，为了完成某种具有工业目的的技术，或者是为实际应用这种技术所必须的秘密技术知识和经验。"

1. 技术秘密、非专利技术、专有技术概念辨析

通过立法文献的检索和梳理，我们可以发现：目前国内立法对"非专利技术"、"专有技术"和"技术秘密"概念使用非常混乱，在同一场合下，立法同时使用了上述三个概念，但所有相关立法都没有对相关概念的含义进行明确的解释，尽管如此，通过有关法律规范的比较，我们可以从中把握这些概念之间的联系。

我国财政部 1980 年 12 月 14 日公布的《中华人民共和国企业所得税法实施细则》，是我国首次把"Know-how"称为专有技术的官方文件，在这以后，我国常有人将"Know-how"译作"专有技术"。其实，"Know-how"的英文原意来自"I know how to do it"，"Know-how"是这句英文的缩写，其较为准确的译法应当是"技术诀窍"或"技术秘密"。

技术秘密在原《技术合同法》中称之为"非专利技术成果",是指未申请专利或未授予专利权或专利法规定不予授予专利权的、利用科学技术知识、信息和经验做出的产品、工艺、材料及其改进等技术方案。

2. 技术秘密发展史

技术秘密转让作为一种技术交流方式,在人类历史上很早就已经出现了。但是随着经济的繁荣和发展,技术秘密转让在内容上和形式上经历了一次又一次的飞跃。在自然经济条件下,人类早期的技术秘密转让往往是伴随着劳务交易进行的。在提供劳务的同时,无偿传授技术秘密。当时的这种技术秘密转让并未形成专门的规则和独立的形式。商品经济出现后,技术脱离原有实物形态而表现为独立存在的知识产品。这一知识产品作为独立的商品进入流通领域。17 世纪欧洲爆发工业革命,资本主义生产领域技术推陈出新,在这一良好的形势下,技术秘密转让作为一种独立的形式成长与发展起来。

二战以后,科技革命蓬勃发展,各国间依赖程度不断加深,技术转让在各国间以不同形式迅速发展,逐步成为国际经济活动的重要组成部分,并呈现出许多新的特点。一是由于全球技术发展不平衡导致了国际技术转让发展的不平衡。发达国家作为主要的技术输出国,在技术秘密转让领域占据主导地位。越是工业化程度高的国家,技术秘密转让活动越是呈现出一派欣欣向荣的热烈景象。二是在经济全球化的浪潮中,各国间竞争加剧,发达国家加速传统技术的转让,而对高新技术的转让则持限制态度。三是由于国际间技术转让往往与海外直接投资紧密联系,而直接投资又以跨国公司为其主要主体,因此跨国公司已成为跨国技术秘密转让举足轻重的推动力量。

3. 技术秘密特点

(1) 技术秘密是一种没有取得专利权的技术知识。对技术秘密的保护主要通过当事人在合同中作出相应规定,当技术秘密被他人以欺诈、胁迫、窃取等非法行为占有时,一般通过民法、合同法、反不正当竞争法来规范和调整。

(2) 具有秘密性。技术秘密所具有的秘密性导致了技术秘密没有明确的保护期限,只要严守秘密,不被新技术所取代,其保护期在理论上讲是无限的。如果保密措施不当、被窃取或一旦公布,则任何人都可使用,权利人就不能凭借该技术秘密来获得利益或竞争优势。

（3）实用性和价值性。技术秘密的实用性和价值性是通过商业领域运用该技术，将理论付诸于实践并将实践中产生的问题及时反馈到技术秘密的改进中去，不断推动技术的进步，创造出更多的财富表现出来的，因此权利人通过合同的形式以转让和合作的方式实施技术秘密。技术秘密转让最常见的方式就是通过技术秘密许可的形式进行。正因为存在着许可制度，所以技术秘密人愿意与公众分享自己的技术信息，权利人所转让的仅仅是技术秘密的使用权，而且通过合同保密条款的约定，被许可人又承担了一定的保密义务，这就使作为许可标的的技术秘密始终处于保密状态，而许可人仍掌握着技术秘密的专有权，这样可以防止因技术秘密泄露而使得权利人无法获得补偿的情况出现。

因为技术秘密的转让与国家技术、经济的发展有着密切的联系，因此各国都十分重视跨国的技术秘密转让活动，虽然各国及国际公约对技术秘密的定义各不相同，但是对技术秘密转让进行保护确是明确无疑的。

4. 订立技术秘密转让合同的要领

实践中，技术秘密转让应该签订相应的技术秘密转让合同。

技术秘密转让合同，是指让与人将拥有的技术秘密成果提供给受让人，明确相互之间技术秘密成果的使用权、转让权，受让人支付约定的使用费所订立的合同。任何拥有技术秘密的自然人、法人或者其他组织都可以作为技术秘密转让合同的让与人，与他人订立合同转让其技术秘密。任何自然人、法人或者其他组织都可以作为技术秘密转让合同的受让人，支付约定的使用费后实施该技术秘密成果。

1）技术秘密转让合同转让前的准备工作

在进行技术秘密转让之前，受让人最好尽可能多地收集此技术所在领域的相关资料，通过比较、核实、论证该技术秘密的价值和特点，以确保物有所值，并审核让与人是否合法、真实地拥有技术秘密的所有权，确保权力无瑕疵，避免上当受骗或引起法律纠纷。

2）明确技术秘密转让合同的标的

作为技术秘密转让合同标的的技术秘密，是指从事生产活动所必须的、未向社会公开的、可以通过秘密方式进行转让的技术知识、工艺流程、操作方法和管理经验等。技术秘密和专利技术虽然都属于人类智力劳动的成果，但两者在法律上却存在很大的差别，这主要表现为：第一，公开的程度不同。专利技术是公开的，但技术秘密则是秘密的，只为少数人所掌握。第二，有效期限不同。专利技术有一定的保护期限，有效期限届满专利权就自行终止；而技术秘密则无所谓保护期限问题，只要不丧失秘密性，其可转让的期限在理论上就是无限的。第三，取得法律保护的程度和方法不同。专利权属于工业产权，受国家有关专利的法律保护，属于所有权范畴；而技术秘密不受专利法保护，只能通过订立合同受合同法的保护。

技术秘密作为技术转让合同的标的，必须同时具备三个特征，即已知性、秘密性和实用性。所谓"已知性"，是指该项技术在订立合同时，对转让方而言是已知的，是已经研究开发成功的技术成果，而不是尚待研究开发的未知技术。所谓"秘密性"，是指该项技术只能在一定范围内由特定人或者少数人所掌握和知晓的技术，而不是已经在社会上公开，广为人知的技术。秘密性是技术秘密得以存在的关键。所谓"实用性"，是指该项技术具有实际应用价值，是能够应用于实践并且产生较好的社会经济效益的技术知识和经验。只有同时具备已知性、秘密性和实用性的技术秘密，才具有转让的价值，才能作为技术转让合同的标的。

有一点需要说明的是，在以前的《技术合同法》和有关书籍上都用"非专利技术转让"一词，这是不妥当的。众所周知，技术可以划分为两大类，即专利技术和非专利技术。专利技术是指那些已申请专利并被授予专利权从而受专利法保护的技术。非专利技术是指除专利技术以外的一切未获得专利权的技术，它又可以划分为两大类，即公有技术和技术秘密。公有技术是指那些已经进入公有领域、在社会上公开的、广为人知的技术。因而，公有技术不应作为技术转让合同标的来加以转让。如果受让方确需转让方提供公有技术，可以订立技术服务合同。而"非专利技术转让"一词则包含公有技术转让，这是不妥当的，故我们采用"技术秘密转让"一词。

3）明确技术秘密转让合同在不同阶段的效力

一项技术提出专利申请以后、公开以前，仍应视为技术秘密。相应地，就其所订立的技术转让合同也应视为技术秘密转让合同。但在不同的阶段，技术秘密转让合同的效力是有所不同的。

专利申请提出以后、公开以前，当事人就申请专利的技术订立的技术转让合同，属于技术秘密转让合同，受让方应当承担保密义务，并不得妨碍转让方申请专利。由于被转让的技术仍处于非公知状态，不会因失去新颖性而使专利申请被专利局驳回，如果该项专利申请因其他原因被驳回，也不影响已经订立的技术秘密转让合同的效力。

专利申请公开以后、批准以前，当事人可参照专利实施许可合同订立技术秘密转让合同，因为此时该项技术已受到《专利法》的临时保护，其他任何人未经专利申请人的许可不得实施该项技术，否则被视为侵权。一旦专利申请被批准，原技术秘密转让合同则成为专利实施许可合同。

但是，如果在专利申请公开后、批准前，专利申请被驳回的，则该项技术成为社会公知的技术，不受法律保护，任何人都可以免费地实施，原技术秘密转让合同即告终止。

专利申请公开后、批准前被驳回，致使原技术秘密转让合同终止的，可能会给转让方和受让方造成一定的损失。因此，当事人就已经提出专利申请而尚未公开的技术订立转让合同时，一般应当在合同中明确专利申请公开后被驳回的责任的承担方式。例如，当事人可以约定：专利申请公开后被驳回的，转让方承担全部责任，退还使用费，赔偿受让方因此受到的损失；或者约定专利申请公开后被驳回的，转让方和受让方分担责任，已支付的使用费不再返还，未支付的使用费不再支付，各自承担因此受到的损失。

4）约定技术秘密转让合同的形式

根据合同当事人约定转让方和受让方保密义务的不同，可将技术秘密转让合同分为以下三类：一是受让方承担保密义务，转让方可以向他方转让标的技术，但不得使技术公开为社会公知，这是类似于普通专利实施许可合同的技术秘密转让合同。二是双方承担保密义务，转让方不得向他方转让或提供标的技术，这是类似于排他专利实施许可合同的技术秘密转让合同。三是双方承担保密义务，转让方不得向他方转让或提供标的技术，并且自己也不得实施标的技术，这是类似于独占专利实施许可合同的技术秘密转让合同。在这三种形式中，转让方还可以约定允许受让方再向他方提供或转让标的技术，但必须保证不得使标的技术公开。

3.1.6 计算机软件著作权转让

对于计算机软件的保护，国际上存在两种模式，一种是专利法上的保护，一种是著作权法上的保护。我国采用著作权法的保护形式。

计算机软件著作权转让指计算机软件著作权人将软件著作权全部或部分转让给他人，他人支付报酬的行为。软件著作权使用许可，是指软件著作人许可他人行使其软件著作权，但权利不发生转移。

中国公民、法人或者其他组织向外国人许可或者转让软件著作权的，应当遵守《中华人民共和国技术进出口管理条例》的有关规定。

1. 著作权使用许可

著作权使用许可，是指著作权人将其作品许可使用人以一定的方式，在一定的地域和期限内使用的法律行为。著作权使用许可有以下四个特征：不改变著作权的归属，被许可人取得的是使用权，不能成为著作权主体；被许可人只能自己按照约定方式、地域范围和期限使用作品，不能将所获权利转让给第三人，著作权人同意的除外；著作权使用许可中，非专有使用权的许可人不能因权利被侵害而以自己的名义起诉；未经著作权人同意擅自使用其著作权，或者只使用其著作权而不署明著作权人，构成侵权。

1）分类

按照被许可使用权的排他性强弱不同，可以将使用许可分为以下三种：独占使用许可、排他使用许可、普通使用许可。现实中只有少数对软件经销许可采用独占使用许可方式，极少对软件用户采用独占使用许可方式，一般也不对软件用户采用排他使用许可方式，目前通过市场上购买的各种商品化软件的使用权都属于普通使用许可方式。

根据被许可软件的使用人数或在计算机上的安装次数，可分为单机许可、场地许可、单人许可、多用户许可。单机许可指只能在一台机器上安装的使用许可即为单机使用许可。现实中绝大多数的软件使用许可合同为单机使用许可。这里所说的单机不包括网络环境。场地许可是指软件权利人许可特定场地内的所有计算机可使用其软件。一项场地许可可能包括多份软件的优惠价格或允许对特定的软件进行无数次复制。单人许可是指被许可使用的软件只能由特定的人使用。在单人许可协议中可以约定，软件是许可给一个使用者在一台计算机上使用，这样若在另一台机器中装入软件便会构成违约，除非经过许可协议的特别允许。多用户许可是针对网络环境而言的。在网络环境下使用软件，用户需要获得网络许可。

2）软件使用许可合同订立方式的特点

合同是平等主体的自然人、法人或其他组织之间设立、变更、终止民事权利义务关系的协议。根据中国现行法律体制，软件使用许可合同属于著作权使用许可合同的一种。当今世界，绝大多数的软件交易形式都是使用许可形式，例如经销许可、复制生产许可等。通常，在软件商店购买一套软件，或者在购买计算机时随机附送的系统软件，购买者所享有的绝不是该软件的所有权或者著作权，而仅仅是使用权。在这一交易中所产生的关于软件的合同即是软件使用许可合同。软件不同于普通作品而具有一定的技术功能，因此软件使用许可合同有其独自的特点，主要体现在以下几个方面。

（1）常规订立方式

一般大型软件的使用许可合同往往采用常规方式订立，即"要约与承诺"的方式。承诺的法律效力在于一经承诺，合同便宣告成立。承诺的生效在我国采取到达主义，即承诺到达要约人，合同成立。

（2）启封合同

由于软件应用的广泛性，我们在市场上见到软件产品大多在其包括的封口上，用显著的文字标印有使用许可协议的全部实体条款。如果购买人同意该协议的内容，便可打开该软件包装的封口，启封意味着合同生效。若不同意许可协议中的条款，则可将产品原封退还销售商，销售商应当全部退款。这种直接贴印在软件产品封口的合同即被称作"启封合同"。

启封合同是一种非常特殊的合同，在软件销售中常常被采用。软件权利人提出合同条款的行为即是要约，而使用人的启封行为即是承诺。类似于格式合同。由于合同法的具体规定存在差异，有的国家不承认这种合同的效力。

（3）电子商务

软件权利人通过互联网直接将文档传给使用人，使用人通过网上以电子货币进行支付，省去了专门送货交货的手续。目前已经有不少软件采用这种方式销售或进行版本升级。另外，还有采用网上注册获得软件使用许可的方式。通过网络订立软件使用许可合同将会越来越普遍。

2. 计算机软件著作权转让实务问题

1）软件著作权转让所需材料

软件著作权可以进行转让，软件著作权人可以办理转让登记。那么软件著作权人办理转让登记时需要什么材料呢？

申请软件著作权转让或专有许可合同登记的，申请文件应当包括：合同登记表、合同原件或复印件、申请人身份证明、原登记证书复印件一式一份。

申请人应当提交在线填写并打印的申请表，申请表中的事项应当按要求填写完整；申请人签章应当是原件，并且应当与申请人名称一致。转让合同中应当明确转让的软件名称及版本号、转让权利种类、地域范围等内容，合同应当符合著作权法及合同法的基本要求；专有许可合同中应当明确许可的软件名称及版本号、许可的权利种类、地域范围、专有许可权利的期限等内容，合同应当符合著作权法及合同法的基本要求。登记申请委托代理的，应当提交代理人的身份证明文件，申请表中应当明确委托事项、委托权限范围、委托期限等内容。

企业法人单位申请的，提交营业执照副本的复印件；事业法人单位申请的，提交事业法人证书的复印件；社团法人单位申请的，提交民政部门出具的社团法人证书的复印件；法人证明文件需加盖单位公章；其他组织申请的，提交工商管理机关或民政部门出具的证明文件复印件，并需加盖单位公章；自然人申请的，提交身份证或护照等有效证明。原软件已经办理过著作权登记或其他登记的，提交原登记证书或证明的复印件。

2）软件著作权合同备案登记机构、程序

中国版权保护中心是国家版权局认定的计算机软件著作权登记机构，中心软件著作权登记部承担软件登记的具体业务。经国家版权局批准，中国版权保护中心可以在地方设立软件登记办事机构，例如，北京地区企业如果进行计算机软件著作权登记也可以在北京版权保护中心办理。

据2017年3月15日，国家财政部、发改委发布的《关于清理规范一批行政事业性收费有关政策的通知》，自2017年4月1日起，取消或停征41项中央设立的行政事业性收费。其中，计算机软件著作权登记费予以取消。

软件著作权合同备案的程序主要有受理、审查、作出决定并发证登记。登记机关收到当事人的合同登记申请文件后，认为其符合要求，则收到材料之日为受理日，需要书面通知申请人已受理的决定。不符合条件的将不予受理。中国版权保护中心要求申请人补正其他登记材料的，申请人应当在30日内补正，逾期未补正的，视为撤回申请。中国版权保护中心对备案文件进行形式审查。中国版权保护中心应当自受理日期60日内审查完成所受理的申请，申请符合《计算机软件保护条例》规定的，予以登记，发给《著作权合同备案证书》，并予以公告。

3）著作权许可使用和转让合同内容

《中华人民共和国著作权法》的第二十四条和二十五条对著作权许可使用和转让合同内容做了相关规定。

许可使用合同包括下列主要内容：许可使用的权利种类；许可使用的权利是专有使用权或者非专有使用权；许可使用的地域范围、期间；付酬标准和办法；违约责任；双方认为需要约定的其他内容。

权利转让合同包括下列主要内容：作品的名称；转让的权利种类、地域范围；转让价金；交付转让价金的日期和方式；违约责任；双方认为需要约定的其他内容。

4）注意事项

（1）受让方注意事项

合同双方在签订计算机软件著作权转让合同时，应注意约定转让的权利必须与计算机软件著作权证书所记载的权利一致，或包含在计算机软件著作权证书所记载的权利之内。

对转让软件的可靠性和合法性做调查。对转让方所转让的软件的可靠性作详细调查。对转让方所拥有的计算机软件著作权的合法性作调查，保证其是著作权的合法拥有者。

分期付款的，受让方应按照合同约定按期交纳计算机软件著作权转让费。受让方不得超出计算机软件著作权人转让的范围行使其他未经转让的权利。受让方应对受让的计算机软件著作权是否能达到预定的目标，产生预期收益作充分的预测。

受让方应要求转让方就其转让的计算机软件著作权作出适当的保证，即保证其有权就该著作权进行转让，且该转让行为不侵犯任何第三方的合法权益。并约定其承担因专利侵害他人合法权益而被宣告无效的责任。

（2）转让方注意事项

法律规定两人以上合作开发的软件，著作权由合作作者共同享有。其中一方欲将共有著作权转让他人，需经其他著作权共有人一致同意。计算机软件著作权由几位合作开发者共同享有的情况下，其中一方未经其他著作权共有人同意而擅自将共有著作权转让的，该转让行为无效，转让人应承担停止侵害、消除影响、赔礼道歉、赔偿损失等民事责任。

法律规定合作开发的软件可以分割使用的，开发者对各自开发的部分可以单独享有著作权，但行使著作权时不得侵犯合作开发软件整体的著作权。合作开发的软件可以分割使用的，开发者转让自己单独享有的著作权时，侵犯合作开发软件整体的著作权。转让人侵权，该转让行为无效，转让人应承担停止侵害、消除影响、赔礼道歉、赔偿损失等民事责任。

转让方应在合同中明确写明转让的是全部还是部分著作权，并将具体权利写明，如复制权、修改权、翻译权、发行权、出租权等。

转让方应在合同中明确约定转让权利的地域范围,特别是在著作权人转让了复制权、发行权、翻译权的情况下。

中国公民、法人或其他组织向外国人许可或转让计算机软件著作权的,应当遵守《中华人民共和国技术进出口管理条例》的有关规定。转让方不得向外国人转让国家禁止或限制出口的技术。转让方向外国或外国人转让国家禁止或限制出口的技术,依照刑法关于走私罪、非法经营罪、泄露国家秘密罪或者其他罪的规定,追究转让人刑事责任;尚不够刑事处罚的,区别不同情况,依照海关法的有关规定处罚,或者由国务院外经贸主管部门给予警告,没收违法所得,处以罚款等;国务院外经贸主管部门并可以撤销其对外贸易经营许可。

向外国人转让属于限制出口的技术,应当向国务院外经贸主管部门提出申请。经审查批准后,且取得技术出口许可意向书后,方可对外进行实质性谈判,签订技术出口合同。

3.1.7 技术转让相关法律规定

技术转让的法律最早起源于各个国家对本国技术产品和无形技术进出口的管制法律。由于发达国家和发展中国家在国际技术转让中的扮演的不同角色和立法管制的不同目的,到目前为止还没有形成专门的一部协调国际技术转让的国际条约[①]。

技术转让存在于各行各业,目前冶金、机械、地质矿产、化学、航空、船舶、食品、药品领域已出台相关技术转让法规,其中 1981 年 11 月 13 日实施的《冶金工业部技术转让试行办法》是技术转让中颁布最早的法规。在我国法律体系中,技术转让的相关法规层级较低,除《国务院关于技术转让的暂行规定》、《中华人民共和国促进科技成果转化法》之外,其他基本为部门规范性文件,而且,虽然前者属于国务院颁布的行政法规,但现已失效,由《中华人民共和国促进科技成果转化法》、《合同法》等代替,故《中华人民共和国促进科技成果转化法》、《合同法》两部法律是现今技术转让中层级最高的法规[②]。

目前,涉及管理专利技术转移的法律法规有《中华人民共和国促进科技成果转化法》、《合同法》、《专利法》、《公司法》、《中共中央、国务院关于加速科学进步的决定》、《关于促进科技成果转化的若干规定》及涉外技术管理等专门管理法律、法规。其中,《中华人民共和国促进科技成果转化法》是各部门对包括专利技术在内

---

① 徐彬. 国际技术转让在中国的立法与实务研究[D]. 华东政法大学,2006.
② 张迪. 药品技术转让的研究[D]. 成都中医药大学,2015.

的科技成果转化行使管理权的法律法规，《专利法》赋予国家知识产权局对专利的管理权，《专利法》和《合同法》都规定，专利转让和许可都要订立书面合同，但《合同法》对专利交易进行了更细化的规范。因此，当前中国管理专利技术转让或许可的法律体系是以《中华人民共和国促进科技成果转化法》为基础，以《合同法》、《专利法》规范专利技术交易，其他法律补充，有关决定、规定、意见及司法解释相配套的政策法律体系。

1. 中国加入的国际公约

中国加入的有关专利保护的国际公约有《巴黎公约》、《专利合作条约》、《专利法条约》、《建立工业品外观设计国际分类洛迦诺协定》、《国际专利分类斯特拉斯堡协定》。中国是 WTO 成员国，WTO 的《与贸易有关的知识产权规定》、《与贸易有关的投资措施协议》（TRIMS）、《实施动植物卫生检疫措施协议》（SPS）、《贸易技术壁垒协议》（TBT）、《贸易服务总协定》（GATS）等中有关技术转让的相关规定也适用于中国。上述国际公约的法律效力高于国内法。

2. 专利法及其实施细则

《专利法》规定了专利管理部门及专利转让生效的条件。第三条规定："国务院专利行政部门负责管理全国的专利工作；统一受理和审查专利申请，依法授予专利权。省、自治区、直辖市人民政府管理专利工作的部门负责本行政区域内的专利管理工作。"第十条规定："专利申请权和专利权可以转让。中国单位或者个人向外国人、外国企业或者外国其他组织转让专利申请权或者专利权的，应当依照有关法律、行政法规的规定办理手续。转让专利申请权或者专利权的，当事人应当订立书面合同，并向国务院专利行政部门登记，由国务院专利行政部门予以公告。专利申请权或者专利权的转让自登记之日起生效。"

《专利法实施细则》第十四条规定："除依照专利法第十条规定转让专利权外，专利权因其他事由发生转移的，当事人应当凭有关证明文件或者法律文书向国务院专利行政部门办理专利权转移手续。专利权人与他人订立的专利实施许可合同，应当自合同生效之日起 3 个月内向国务院专利行政部门备案。以专利权出质的，由出质人和质权人共同向国务院专利行政部门办理出质登记。"

《专利法》第十二条是关于专利实施许可的规定。第十二条规定："任何单位或者个人实施他人专利的，应当与专利权人订立书面实施许可合同，向专利权人支付专利使用费。被许可人无权允许合同规定以外的任何单位或者个人实施该专利。"

3. 《中华人民共和国合同法》有关规定

《中华人民共和国合同法》（1999 年 3 月 15 日第九届全国人民代表大会第二次会议通过，简称《合同法》）的有关规定。《合同法》第三节第三百四十三条到第三百五十五条规范了技术转让行为，如表 3.2 所示。

表 3.2 合同法技术转让相关条款

条目	涉及内容	具体条款
343 条	对技术转让合同限制性条款的规定	技术转让合同可以约定让与人和受让人实施专利或者使用技术秘密的范围，但不得限制技术竞争和技术发展
344 条	对专利实施许可合同有效期限的规定	专利实施许可合同只在该专利权的存续期间内有效。专利权有效期限届满或者专利权被宣布无效的，专利权人不得就该专利与他人订立专利实施许可合同
345 条	对专利实施许可合同让与人主要义务的规定	专利实施许可合同的让与人应当按照约定许可受让人实施专利，交付实施专利有关的技术资料，提供必要的技术指导
346 条	对专利实施许可合同受让人主要义务的规定	专利实施许可合同的受让人应当按照约定实施专利，不得许可约定以外的第三人实施该专利；并按照约定支付使用费
347 条	对技术秘密转让合同让与人主要义务的规定	技术秘密转让合同的让与人应当按照约定提供技术资料，进行技术指导，保证技术的实用性、可靠性，承担保密义务
348 条	对技术秘密转让合同受让人主要义务的规定	技术秘密转让合同的受让人应当按照约定使用技术，支付使用费，承担保密义务
349 条	对技术转让合同让与人保证义务的规定	技术转让合同的让与人应当保证自己是所提供的技术的合法拥有者，并且保证所提供的技术完整、无误、有效，能够达到约定的目标
350 条	对技术转让合同受让人保密义务的规定	技术转让合同的受让人应当按照约定的范围和期限，对让与人提供的技术中尚未公开的秘密部分，承担保密义务
351 条	对技术转让合同的让与人违约责任的规定	让与人未按照约定转让技术的，应当返还部分或者全部使用费，并应当承担违约责任；实施专利或者使用技术秘密超越约定的范围的，违反约定擅自许可第三人实施该项专利或者使用该项技术秘密的，应当停止违约行为，承担违约责任；违反约定的保密义务的，应当承担违约责任
352 条	对技术转让合同的受让人违约责任的规定	受让人未按照约定支付使用费的，应当补交使用费并按照约定支付违约金；不补交使用费或者支付违约金的，应当停止实施专利或者使用技术秘密，交还技术资料，承担违约责任；实施专利或者使用技术秘密超越约定的范围的，未经让与人同意擅自许可第三人实施该专利或者使用该技术秘密的，应当停止违约行为，承担违约责任；违反约定的保密义务的，应当承担违约责任
353 条	对技术转让合同转让人侵权责任的规定	受让人按照约定实施专利、使用技术秘密侵害他人合法权益的，由让与人承担责任，但当事人另有约定的除外
354 条	对技术转让合同中后续改进技术成果分享办法的规定	当事人可以按照互利的原则，在技术转让合同中约定实施专利、使用技术秘密后续改进的技术成果的分享办法。没有约定或者约定不明确，依照本法第六十一条的规定仍不能确定的，一方后续改进的技术成果，其他各方无权分享

续表

条目	涉及内容	具体条款
355条	对技术进出口合同的规定	法律、行政法规对技术进出口合同或者专利、专利申请合同另有规定的，依照其规定

4. 与专利技术转让有关的税收规定

与专利技术转让有关的税收规定如表3.3所示。

表3.3　与专利技术转让有关的税收规定

税种	相关文件	相关内容
增值税	《财政部　国家税务总局关于将铁路运输和邮政业纳入营业税征增值税试点的通知》（财税【2013】106号）附件1《营业税改征增值税试点实施办法》；附件3《营业税增值税试点过渡政策》	技术转让在"营改增"范围内，应该缴纳增值税；目前，技术转让免征增值税
企业所得税	《财政部　国家税务总局关于企业所得税若干优惠政策的通知》	2008年1月1日前，内资企业年净收入在30万元以下的，暂免征收所得税；超过30万的部分缴纳所得税；外资企业在发展农、林、牧、渔业生产方面提供专有技术所收取的使用费等享受减征、免征所得税优惠政策
企业所得税	《中华人民共和国企业所得税实施条例》第九十条	2008年1月1日后，符合条件的居民企业技术转让不超过500万元，免征企业所得税；超过500万元的部分，减半征收；非居民企业按税法规定缴纳
企业所得税	《财政部　国家税务总局关于居民企业技术转让有关企业所得税政策问题的通知》（财税【2010】111号）	居民企业的禁止出口和限制出口技术转让所得，不享受技减免优惠；从直接或间接持有股权之和达到100%的关联方取得的技术转让所得，不享受优惠；居民企业转让其拥有符合规定技术的所有权或5年以上（含5年）全球独占许可权的行为，享受减免优惠
企业所得税	《中华人民共和国企业所得税法》（2007年3月16日第十届全国人民代表大会第五次会议通过）	国家需要重点扶持的高新技术企业，减按15%的税率征收企业所得税
个人所得税	《中华人民共和国个人所得税法》第三条第五款；第六条第四款	每次收入不超过4000元，扣除800元计税；超过4000元，扣除20%后计税。税率为20%
个人所得税	《财政部　国家税务总局关于个人所得税若干政策问题的通知》（财税字【1994】020号）	凭有效、合法凭证，允许从所得中扣除中介费
印花税	《中华人民共和国印花税暂行条例》（2011年1月8日修订版）	技术合同，税率为0.3%；专利权转移书据，税率为0.5%；专利证，每件印花5元
印花税	《国家税务局关于印花税若干具体问题的规定》（国税地字【1988】第025号）	无法确定计税金额，可在签订时先按定额5元贴花，结算时再按实际金额计税，补贴印花

3.1.8 国际技术转让

1. 类型及特点[①]

技术转让，可以发生于同一国家中，即国内技术转让；也可以发生于不同国家之间，即国际技术转让。

国内和国际间的技术转让是有一定差异的。国内的技术转让，由于处在相同的发展阶段，具有同一的社会经济基础（如法律、标准、语言、文字等），难度较小，工作量也相对较少，花费省，收效容易。如入门费，在国内可以完全不要或少要，标准也不需要转化。而国际间的技术转让则因环境、习惯、资源条件、法律、标准、语言、文字上的差异，再加上发展阶段、经济结构上的不同，难度比国内的转让要大得多，不仅工作量大，花费多，耗费的时间也多。

国际技术转让包括两种类型。一种是商业性的技术转让，是以盈利为目的的有偿转让，也称国际技术贸易，它是国际技术转让的主要形式。另一种是非商业性的技术转让，即公有性的科学技术知识的转移，以无偿方式进行，包括政府及民间机构之间的技术援助、技术交流等方式。

发展中国家希望通过国际技术转让，获得先进的技术以推进本国经济发展，缩小与发达国家间的技术鸿沟。发达国家在科技创新发展逐日追风的今天，也丝毫不敢松懈，更加谨慎地对待技术转让，加强知识产权保护，以维护其技术的世界领先性。因此各国从本国利益出发，对技术在国际间的输入和输出都采取不同的态度和政策，从而形成了当前国际技术转让的基本格局，主要有以下一些特点。

第一，政治、外交等利益成为影响国际技术转让的重要因素。在国际技术贸易谈判中，政治和外交手段越来越发挥着主导作用，已经成为决定技术转让能否成功以及技术输出和输入双方在技术转让中获得利益多少的重要因素。对于技术输出国和技术输入国而言，技术转让已经不再是单纯的贸易活动，两国间的政治、经济以及外交关系已经成为决定技术转让能否顺利进行的关键。技术输出国作为先进技术的拥有者，在国际技术转让的谈判中处于优势地位，经常以技术为载体达到自己特殊的政治或外交目的，如提升国际地位、改善外交关系和扩大国际影响力等，特别是以美国为首的一些发达国家，经常实行技术禁运和封锁，并常以保护知识产权为由，限制对社会主义国家转让技术，企图利用技术向国际社会施压，以推行其霸权主义和强权政治。技术输入国引进技术的目的主要在于发展经济，而大部分发展中

---

① 刘方圆. CDM、技术转让与知识产权保护[D]. 中国社会科学院，2010.

国家在引进技术的谈判中处于弱势地位，往往被迫以高价买入对方国家已经淘汰的技术，甚至还不得不接受一些不合理的附加条款。第二，国际技术转让发展不均衡的趋势正在加剧。当今国际技术转让发展的不均衡，主要是由世界各国科技发展水平不同等的历史原因造成的。由于发达国家的工业化进程较早，世界绝大部分的技术发明与创造都是在这些国家产生的，只有很少一部分分布在一些发展中国家和独联体国家。历史原因决定了在拥有技术方面，发达国家与发展中国家的起点就不同，而当前各国在国际技术贸易市场上，对技术转让采取的政策和态度，正在导致这种不平衡现象逐渐加剧。一方面，当前的国际技术转让大部分是在发达国家之间进行的，并且越是拥有数量多和领先技术的国家，越容易在国际技术贸易中引进和输出技术，从而实现更高程度的工业化；另一方面，据统计，发达国家与发展中国家之间的技术贸易总额不足世界技术贸易总额的十分之一。对于急需从发达国家引进先进技术以推动经济发展的广大发展中国家而言，其获得转让的技术不仅数量少，而且大多是国外面临淘汰的低端技术，这就使得发展中国家与发达国家的差距进一步拉大，强者更强，弱者更弱。第三，高新技术转让限制增多。近年来，尤其是金融危机发生之后，世界各国都在积极调整产业结构以推动新一轮的经济增长。工业化程度较高的发达国家在产业结构调整中，纷纷把知识技术密集型产业作为经济发展的重点方向，转而把传统工业逐渐向发展中国家转移，这就必然要转让传统技术，由此带来了当前传统技术国际转让的高峰。但是与此同时，以美、日、欧为首的占据世界技术市场主导地位的发达国家和地区，在高新技术领域的竞争日趋激烈，大多实行严格的知识产权保护政策，来限制高新技术的外流。第四，技术保护主义加强。当前技术发展正从增强国际威望转向增强国际竞争力，世界各国在国际市场上的竞争可以说是各国拥有先进技术的较量，谁拥有大量的顶尖技术，享有领先的技术优势，谁就能掌握国际谈判的主动权。因此，国际技术转让不单单像普通商品贸易那样可以获得经济利益，更是会影响一个国家的政治、经济、外交，甚至是国家安全等很多方面，因此世界各国，特别是发达国家政府普遍加强了对技术转让的干预，对技术采取种种保护措施，限制先进技术的外流。

2. 各有高招——国际技术转让形式

根据《联合国国际技术转让行动（草案）》守则规定，国际技术转让的内容主要有以下几方面。

第一，各种工业产权的转让、出售或授予许可，即以转让或者许可合同的方式提供发明专利权、实用新型专利权、外观专利权和商标权为内容的技术知识。

第二，以可行性研究、技术、图表、模型、说明、手册、工时、技术规格或详细工程设计和训练设备、技术咨询服务和管理人员服务以及人员培训等方式提供专有技术和知识。

第三，提供将要或已经购买、租赁或以其他方式获得机器、设备、中间产品或原料取得、安装和使用所需要的技术知识。

第四，提供工业和技术合作安排的技术知识。

上述规定不仅表述了国际技术转让的内容，还反映了国际技术转让的方式，如通过国际贸易进行技术转让、通过国际经济合作的方式进行技术转让、通过国际工程提供技术转让和通过提供服务进行技术转让。

1）许可贸易

许可贸易有时称为许可证贸易。它是指知识产权或专有技术的所有人作为许可方，通过与被许可方（引进方）签订许可合同，将其所拥有的技术授予被许可方，允许被许可方按照合同约定的条件使用该项技术，制造或销售合同产品，并由被许可方支付一定数额的技术使用费的技术交易行为。许可贸易是国际技术贸易中使用最为广泛的技术贸易方式。

国际技术转让的主体为营业地或住所地位于不同国家的自然人、法人或者其他经济组织。要成为国际技术转让的主体，必须首先取得外贸经营权，对于外贸经营主体资格的取得，我国入世后，由原来的审批制转为了备案登记制。

进行一项国际许可贸易，最重要的法律问题之一就是如何签订国际许可合同。国际许可合同，又称国际许可证协议。与普通的国际货物贸易合同相比，国际许可合同具有确切的时间性、明确的地域性、严格的法律性、鲜明的有偿性。由于科技的发展迅速导致技术的生命周期越来越短，因此目前国际上的国际许可合同的有效期限总体趋势是越来越短。国际许可合同涉及的法律内容非常广泛，包括国内立法、国际条约和国际惯例等，而法律部门则涉及国际贸易法、国际技术转让、国际金融法、国际知识产权保护法以及一些国际公法和国际私法内容的部门。这些法律都在对国际许可合同进行调整。

2）特许专营

特许专营是近二三十年迅速发展起来的一种新型商业技术转让方式，是指由一家已经取得成功经验的企业，将其商标、商号名称、服务标志、专利、专有技术以及经营管理的方法或经验转让给另一家企业的一项技术转让合同，后者有权使用前者的商标、商号名称、专利、服务标志、专有技术及经营管理经验,但须向前者支付一定金额的特许费。

国际特许经营是实现国际技术转让的途径之一,其采取的方式基本有两种:一种是直接特许经营,另一种是通过区域总特许协议进行分特许。

特许专营类似许可,但它的特许方和一般的许可方相比要更多地涉入对方的业务活动,从而使其符合特许方的要求。因为全盘转让,特别是商号、商标(服务标志)的转让关系到他自己的声誉。特许专营的被特许方与特许方之间仅是一种买卖关系。被特许人的企业不是特许人企业的分支机构或子公司,它们都是独立经营、自负盈亏的企业。特许人并不保证被特许人的企业一定能盈利,对其盈亏也不负责任。特许专营是发达国家的厂商进入发展中国家的一种非常有用的形式。由于风险小,发展中国家的厂商也乐于接受。

国际特许经营中技术转让流程包括前期接洽、签订加盟意向书、信息披露和可行性评估论证、国家审批、签订国际特许经营合同、证照办理、技术培训、开始营业、使用技术等。前期接洽磋商主要有加盟咨询、市场调查与实地考察。加盟意向书的签订主要是为信息披露做准备,对防止恶意磋商及商业秘密泄露具有预防性的作用。设立国际特许经营企业,开展国际特许经营活动需要经过所在国家的批准。在我国,外商投资企业在开展特许经营前,应向原审批部门提出申请增加"以特许经营方式从事商业活动"的经营范围,并提交包括信息披露文件、特许经营合同样本及特许经营操作手册在内的有关资料。

可口可乐通过合作伙伴与优秀饮料企业合资,签订一定年限的特许生产经营合同,由其在限定区域内生产销售可口可乐系列产品,协同进行品牌维护和发展。除了可口可乐秘密配方的浓缩液外,一切设备材料的运输、销售等均由当地合作企业自筹自办。但作为品牌持有人,可口可乐对品牌非常关注。所有产品的宣传与广告都是可口可乐去安排,瓶装厂去执行。通过共同负担所有广告、市场费用的模式来协助瓶装厂开展业务,是一种非常密切、参与性非常高的特许经营安排。

肯德基也采用这种特许经营的加盟方式,肯德基提供品牌、管理和培训以及集中统一的原料、服务体系,合作方利用统一的品牌、服务来经营,最后双方按照约定来分享商业利益。肯德基对于加盟者的审核要求十分严格,加盟者除必须拥有100万美元或800万元人民币作为加盟及店面装修、设备引进等费用外,还必须具有经营餐饮业、服务业和旅游业等方面的背景和实际经验。加盟商支付这笔费用后,即可接手一家正在营运的肯德基餐厅,包括餐厅内所有装饰装潢、设备设施及经过培训的餐厅工作人员，肯德基不允许使用自有店面开新店。

对于肯德基来说，每转让一个店面，将获得一次性加盟费800万元人民币，每年还有占销售额6%的特许经营权使用费和占销售额5%的广告分摊费用。通过加盟所得资金，还可以继续开店，这是一条无风险高速扩张之路。对于受许人来说，加盟肯德基，通过培训，可以掌握先进的企业管理，受许人站在肯德基的肩上，通过自己辛勤经营，也能为自己带来可观的收益。

这种方式保证了肯德基一直追求的双赢，投资者几乎没有风险地赚了钱，肯德基没有风险地扩张了品牌的市场占有率。

3）技术服务和咨询

技术服务和咨询是指独立的专家、专家小组或咨询机构作为服务方应委托方的要求，就某一个具体的技术课题向委托方提供高知识性服务，并由委托方支付一定数额的技术服务费的活动。技术服务和咨询的范围和内容相当广泛，包括产品开发、成果推广、技术改造、工程建设、科技管理等方面，大到大型工程项目的工程设计、可行性研究，小到对某个设备的改进和产品质量的控制等。企业利用"外脑"或外部智囊机构，帮助解决企业发展中的重要技术问题，可弥补自身技术力量的不足，减少失误，加速发展自己。我国二汽委托英国的工程咨询公司改进发动机燃烧室形腔设计，合同生效半年内就取得了较好的技术经济效果。

技术服务和咨询与许可贸易不同。许可贸易是以技术成果为交易对象的，而技术服务和咨询则是以技术性劳务为交易对象的；许可贸易的技术供方所提供的技术是被其垄断的新的独特的技术，这些技术属于知识产权或专有技术，而在技术服务和咨询中，服务方所提供的技术多是一般技术，即知识产权和专有技术以外的技术。

在国际技术贸易实践中，许可贸易特别是专有技术许可中常含有技术服务和咨询（如设备安装调试、人员培训）的内容。而在技术服务和咨询活动中，也有提供服务的供方以其专利或专有技术完成其服务任务的。

许可贸易与技术咨询服务是国际技术贸易的两种基本的贸易方式，其他技术贸易形式一般都是这两种方式在特殊情况下的运用或是包含了这两种方式。

4）含有知识产权和专有技术转让的设备买卖

在国际贸易实际业务中，在购买设备特别是关键设备时，有时也会含有知识产权或专有技术的转让内容。这种设备买卖也属于技术贸易的一种方式。但是，单纯的设备买卖，即不含有知识产权和专有技术许可的设备的买卖属于普通商品贸易，不是技术贸易。

这种设备的成交价格中不仅包括设备的生产成本和预得利润,而且也包括有关的专利或专有技术的价值。在这种设备的买卖合同中含有专利和专有技术许可条款以及技术服务和咨询条款。这种方式的技术转让在发达国家与发展中国家的技术贸易中占有相当大的比重。它也常用于工程承包中。

3.2 技术合作:未来技术才能共赢

3.2.1 技术合作概述

技术合作指企业、科研院所、高等院校和政府等组织机构,为了克服研发中的高额投入、不确定性、规避风险、缩短产品的研发周期以及应对紧急事件等造成的威胁,节约交易成本而组成的伙伴关系,它以合作创新为目的,以优势资源互补为前提,通过契约或者隐形契约来约束。一般有明确的合作目标和合作期限,有成果分配规则、风险承担规则等。

与市场交易相比,技术合作通过兼并收购的方式形成层级组织将交易内化可以有效地降低交易过程中的逆向选择和道德风险,知识可以在组织内进行更为充分的流动。但是由于涉及的成本较高、过程复杂,通过这种方式产生的知识更新与进化的速度却难以适应外界变化的速度。

企业积极与科研机构、高校院所开展合作创新已成为世界各国加快科技成果转化、增强企业竞争力、促进经济技术发展的重要战略手段。另外由于技术发展日新月异,技术竞争的加剧,通过自身无法解决这些难题的企业也越来越多。而科研机构和高校院所在技术研发能力方面较强、科技成果拥有方面较多,因此企业、科研院所、高校各方之间的合作研发实现了技术资源共享和优势互补,同时也促进了相互之间的信息与知识的交流,而且能够根据技术的发展和需求的变化而进行相应的调整,对于企业在竞争中获胜具有重要的作用。

技术合作的意义具体包括以下几个方面。

1. 有助于获取互补资源

在市场经济条件下,资源是稀缺的,其在不同企业间的配置是不均衡的,通过合作，共同开发技术项目可以发挥各自的资源能力优势。资源依赖的观点认为组织必须与周围的环境进行交换以获取资源。与别的企业建立合作关系以获取所需资源是比普通的市场交易更为有效而且更具操作性的方式。技术合作的优势不仅在于能够将更多符合需要的研发资源聚集在一起，更重要的是这些互补性的资源之间还能够产生协同效应，创造出别的资源，而后者既具有稀缺性又具有难以模仿性，能够帮助联盟的成员在市场上更好地获得并保持竞争优势。因而，许多企业开始寻求获取外部技术（即技术资源外向）。甚至可以这么认为，技术资源外向过去被认为是企业无奈的选择，而今天，技术资源外向却可能是智慧型企业运作的关键。但单纯的技术资源外向（如技术引进、技术购买）却很危险，它将可能使企业完全依赖于外部技术源而丧失自主研究开发的能力。研究开发合作与单纯的技术资源外向不同，它的技术资源外向不仅是从外面得到资源，而且还将企业自有部分的技术资源外向。单纯的技术资源外向还具有间断的（经常是一次性的）、静态的特征，不利于技术诀窍的获得和技术体系的形成，而研究开发合作则可以实现连续的、动态的技术进步，通过与外部技术源的合作，迅速学习到技术诀窍，形成自有的技术体系。研究开发合作还与市场进入和寻找机遇有关，即由于合作伙伴可以更加有效地共享信息、知识和经验，因此使共同的监测环境和市场机遇的能力得到提高。

2. 有助于克服与技术创新相联系的市场无效率行为

企业之间的能力互补可以帮助企业抢先进入市场。一方面，企业之间知识的互补性和相互的交流可以减小企业研发的不确定性，提高研发的效率，因此，研发的平均速度较高；另一方面，适当选择合作伙伴，例如技术较强但推广能力较弱的企业与推广能力较强的企业合作研发，能够有效地缩短从研发到进入市场这一整个过程所占用的时间。

3. 技术合作可以减少市场交易的弊端

市场交易尽管有较强的灵活性和优化配置能力，但是在信息不对称和不确定的情况下，交易的不确定性比较高，交易的前期准备时间较长；且对市场交易的需求方来讲，交易成本往往太高无法承担，或者付出跟收益不成比例。而技术合作则在一定程度上降低了市场交易的这一缺点。因此企业、研究机构、高校院所等主体建立互利互惠、共同降低风险和成本的合作关系是当前技术、经济条件下的有效战略选择。

4. 合作企业可以共享信息和研究成果，从而提高研究开发的效率

合作中相互学习能够提高企业自身开发新产品的速度。企业的技术人员以及企业过去积累的技术知识存量（如技术诀窍）都缺乏市场流动性，组织间的合作关系则是企业间进行知识转移的一个非常有效的途径。企业在从事某项技术研发活动时，通过合作可以方便地"使用"这些技术人员和存量知识，而不合作则无法获得。企业之间进行合作研发的意义不仅在于完成共同的项目，还能从合作过程的知识交换中增强自己的能力，为未来的研发打下基础。

5. 合作行为可以减少成本，避免重复投资的浪费

技术合作参与方的协调合作可以消除研究开发的重复投资，承担单方无法独立承担的重大研究项目。除了人力因素的投入之外，从事研究开发需要的固定设备投资成本太高，以至某些企业不可能自己单独进行研究开发，或者可以承担相关费用但由于开发的非延续性会造成资源的闲置和使用不足，从而浪费了资源。而合作开发则可以给技术合作参与方提供一种类似租用外部资源来进行开发的手段。

6. 技术合作可以降低和分担研发中的风险和成本

技术合作可以分散技术创新风险。由于市场及技术的不确定性，新产品生命周期的缩短和竞争的加剧，使得企业自主研究开发的不确定性增加和成本加大，给企业的创新带来了巨大的风险，即使是实力雄厚的大企业也不愿冒这种投资可能无法收回的风险。而且，独自开发所需的设备利用率也会在技术的快速发展中越来越低。在这种情况下企业与企业、科研机构、高校院所之间结成合作关系，共同开发就不失为一种明智之举。

7. 合作研发还可以培养彼此的协作精神，共同获利

现代企业之间的竞争已不再是传统商战所遵循的"你死我活，势不两立"的经营理念，而是本着"协作竞争，共同发展"的精神，努力实现双赢。创新型企业之间技术上的竞争与合作的相互渗透以及"在合作基础上的竞争"已成为高新技术企业发展的主旋律。

3.2.2 技术合作的方式和现状

技术合作主要包括技术委托开发、共同技术开发和产学研合作几种形式，其中产学研合作是技术委托开发和共同技术开发的综合体现形式。

1. 技术委托开发

技术委托开发是指委托方将所需研发活动委托给受托方而进行的一种技术合作。一般情况下企业由于遇到自己无法攻克的技术以及某些市场发展（领域拓展）

等原因,就该技术委托给其他企业或者高校科研院所代为研发,其技术成果一般约定为委托方所有。受托方可以是高校科研院所,也可以是企业,但大部分时候受托方都是高校科研院所,委托方提出需求、提供资金,受托方负责项目研究开发。

这种模式的优势表现为双方权利义务清晰,利益纠纷比较少,资金投入可控。首先,委托方的付出主要在资金方面,承担资金投入的风险,有可能获得具有市场价值的科技成果;而受托方不仅获得了研发经费和奖励,而且还可以对课题有更深层的研究,提高其科研能力。这种模式的局限性表现在,由于委托方参与度较低,对过程的控制力较弱,包括受托方的实际人力时间投入、资金的使用等;同时由于委托方对技术研发过程的参与度较低,虽然获得了技术研发过程的报告和技术成果,但对相关的技术研发缺乏深入的理解,后续研发的能力不足,对技术委托的依赖度难以降低。

2. 共同技术开发

共同技术开发,是指企业、科研机构、高校院所和政府等组织机构,为了克服技术难点、降低技术研发风险、节约研发成本,以优势资源互补为前提,共同投入研发人员、信息、能力和/或硬件资源并且成果共享的一种合作形式。共同技术开发一般至少有一方为企业。共同技术开发与委托开发的最大不同是不分委托方和受托方,人人都是参与方,且最终的研发成果按照事先的约定分享。

企业和企业之间的共同技术开发可以分为纵向合作研发和横向合作研发。纵向合作研发是指产业链上下游企业之间进行的技术合作研发,企业可以在技术研发的早期获得相关的技术信息,缩短技术研发的周期,从而巩固与增强本企业和整个供应链条的市场地位和竞争能力,纵向合作研发的合作关系一般比较长期和稳固。横向合作研发是指竞争企业之间进行的合作研发,这种共同技术开发可以集中各方的优势,资源互补,更快地解决技术开发中遇到的难题,降低研发成本,提高研发成功率。随着科技向纵深发展,技术项目的复杂性和难度的增加,一些高技术领域的企业形成了既互相竞争,又临时抱团合作的新格局。比较典型的如汽车行业,国际著名车企在传统汽车领域的竞争已经白热化,但为了应对各国对汽车节能和排放方面不断提高的标准、要求和抢占未来市场的先机,这些汽车巨头在汽车节能和新能源汽车领域纷纷展开了合作。

案例 上汽和大众在新能源汽车领域的技术合作

2014年,根据上海汽车集团股份有限公司消息,柏林时间3月28日,在中国国家主席习近平和德国总理默克尔的共同见证下，上汽集团副董事长、总裁陈虹与德国大众汽车集团管理董事会成员、大众汽车集团（中国）总裁兼 CEO 海兹曼教授在柏林签署联合声明，双方将开展燃料电池技术合作，并联合上海大众汽车加快插电式混合动力汽车的产业化步伐。

长期以来，上汽集团受国家科技部、工信部、发改委和财政部委托，承担燃料电池国家研发项目。该项目是中国新能源汽车产业技术创新工程重点课题之一。2011 年 5 月，在德国柏林举行的第十一届必比登挑战赛上，上汽集团 Plug-in 燃料电池轿车在燃料电池汽车组拉力赛中逐鹿群雄，总分位列第三，仅次于丰田和奥迪。2012 年 4 月，上汽集团燃料电池轿车作为中国代表团唯一的新能源汽车展品，参展德国汉诺威国际工业博览会，受到中德两国总理的检阅。此次，上汽集团再次以全球化视野，联合大众集团成为这一科研项目的国际合作伙伴，在氢能基础设施建设和燃料电池国际标准协调等方面开展国际合作。

同时，为帮助双方合资企业——上海大众汽车获得新能源汽车市场机遇，上汽集团与大众集团将协助上海大众汽车开发适合中国市场的插电强混技术，以尽快推出满足中国市场需求的插电强混产品。目前，上汽集团的荣威 550 插电强混轿车已经上市，2.3L 的百公里油耗和长达 500km 的续航里程，将为中国消费者带来全球同步的最先进插电式混合动力技术。

3. 产学研合作

1）概念

产学研合作狭义上的概念是指企业、科研院所和高等学校之间利用各自优势资源，本着互惠互利、共同发展的原则进行的合作和交流，通常指以企业为技术需求方、以科研院所或高等学校为技术供给方所形成的供需双方之间的合作，其实质是促进技术创新所需各种生产要素的有效组合。广义上的概念是指教育与生产劳动、科学研究在人才培养、科技研究和生产活动的有机结合[①]。

产学研合作的三类主体（企业、科研机构、高校院所）是产学研合作不可或缺的三类主体，这三类主体的角色各不相同：企业是技术创新的主体，是科学技术转化为生产力的实现者；而科研机构和高校是知识和人才的输出者，是科学技术转化为生产力的创造者。但是这三类主体的实现目标并不相同，因而需要政府出面沟通、协调和监督，政府在产学研合作过程中，起着统筹、协调的作用，间接也属于产学

---

① 刘缨，胡赤弟. 高校产学研合作教育模式探究【J】. 黑龙江高教研究，2004.

研合作的主体。在宏观方面,政府在基础研究、高技术、公共事业、军事和国防等技术领域,给予一系列政策优惠,促进产学研合作的发展。

2) 运作模式

产学研合作运作模式就是指企业、科研机构、高校院所合作技术创新的活动方式,按照合作的过程可分为合作前期、合作初期、合作中期、合作后期。合作前期是指产学研合作还没有正式运作之前,企业、科研机构以及高校院所因人才、资金、设备、技术、市场等方面的差异而寻求创新合作,确立产学研合作的关系;合作初期是指在确立合作关系后,各方明确自己的权利和责任,建立利益分配机制为下一阶段正式的运行提供指导;合作中期是指三方主体的正式研发和合作阶段;合作后期是指合作的成果走向市场,实现投资回报阶段。

产学研合作的模式主要有以下几种。

(1) 政府主持型的产学研合作模式

政府主持型是指政府根据国家发展的需要,为解决科技、经济发展过程中的重大问题和关键性问题而主持的,由科研机构、高校院所、企业广泛参与的产学研合作模式。政府主持型的大多有国家计划的支撑和国家财政资金的支持。

政府主持型的产学研合作的优势主要表现在产学研合作的关系中,企业、科研机构和高校院所根据政府的安排各司其职,因而政府主导型的模式具有集中力量、统筹规划的优势,因此政府主导模式更适合重大的科研项目的研发。但同时政府主持型的产学研合作也有局限性,主要表现在:首先,政府资金的支持不可能支持所有领域类型的项目合作开发,更多是涉及国家重大项目以及国家安全战略技术领域,或者是倾向于国资性质的企业;其次,政府主持型模式中政府考虑的与企业、科研机构和高校院所有所不同,因此经济效益往往不明显。

(2) 联合攻关模式

联合攻关模式是针对某个具体项目研发而言的,产学研各方主体利用各自资源优势进行项目研发,一般都是由产学研各方派出人员组成临时性的研发团队进行研究开发。

该模式的优势是:①充分发挥产学研各方主体的力量,加快对项目的攻关;②使产学研各方的研发能力得到了锻炼;③有利于企业与大学、科研机构的合作网络关系,使企业能够更加有效地利用科研机构和高校的资源,而科研机构和高校的研究也更具有经济性特征。

该模式局限性是：①合作研究的目标比较单一，难以形成持续的创新动力；②随着项目的完结，科研团队也随之解散，难以形成稳定的研究团队，进行更深层次的合作。

（3）共建科研基地模式

共建科研基地是指企业、科研机构、高校院所分别投入一定比例的资金、人力和设备共同建立联合研发机构、联合实验室和工程技术中心等科研基地。目前主要有两种形式：一是科研机构、高校与企业共建研发机构，各方共同选择高新技术开发课题，由企业提供研发经费，科研机构和高校提供人才和技术；二是高校和企业共建中试基地，实验室工作由高校负责，企业在高校研究人员指导下进行中间试验，中间试验成功投入产业化后按合同规定方式分成。

该模式优势是：①共建科研基地可以为企业储备技术和人才，对于企业研发能力的持续提高有非常大的作用；②科研基地可以使企业对高校和科研机构的创新持续支持，同时也可以使高校和科研机构的研究更贴近市场的需求；③可以使产学研三方主体的优势得到充分发挥，扬长避短。

该模式局限性是：①该模式的合作意向必须非常强烈，有共同的志向；②该模式的实现必须有一方有雄厚的资金基础。

案例

2016 年 9 月，兰州大学与金川公司全面合作协议签字仪式在兰州举行，兰州大学是教育部直属的全国重点综合性大学，是我国首批具有学士、硕士、博士学位授予权，首批建立博士后科研流动站，首批设置文、理科国家基础科学研究与教学人才培养基地的高校之一。学校设有 3 个教育部重点实验室、2 个教育部人文社会科学重点研究基地、3 个教育部网上合作研究中心和国家自然科学基金委中德研究中心。今天的兰州大学已经逐步成为我国西部高层次人才的培养基地之一。金川公司是目前国内最大的镍钴铂族金属生产企业，也是中国北方最大的铜生产企业，2005 年位列中国企业 500 强之一。拥有世界级的超大型硫化铜镍矿床，矿产资源丰富，多金属共生矿价值高，主流程技术装备先进，技术开发能力强，发展后劲足。兰州大学与金川公司将在项目预研、共建实验室、共建博士点及博士后工作站和教学实习基地、人才培养、人才支持等方面展开全方位的合作。金川公司将对"兰州大学—金川公司金属化合物联合实验室"投入 500 万元的资金进行基础设施建设，由兰州大学提供联合实验室场地和相应的后勤保障。联合实验室以兰州大学的技术力量、实验装备为依托,以金川公司的研究项目为载体,从科学发展和人才聚集的高度对联合实验室给予重点支持。兰州大学同金川公司的全面合作,既是双方前期成功合作的延伸,也是双方发展的迫切要求。双方整合优势资源,形成的优势互补,资源共享,互惠互利的合作关系,对促进金川公司的科技进步和技术创新,促进兰州大学相关学科的发展和科研实力的提升等方面产生了深远影响。以共建联合实验室为核心的全面合作,标志着校企双方为强强联袂进入国家科技创新体系迈出了坚实的一步。

(4) 组建研发实体模式

组建研发实体模式是指产学研各主体通过出资或者是技术入股的形式组建研发实体,进行技术开发或者技术经营。目前主要有两种形式:一是建立产业与科研联合体,就是企业与科研机构和高校共同研发、生产,组成研、产、销一条龙的高科技研发实体。其特点是结合科研机构、高校的高研发能力优势和企业生产经营能力,以有限责任制运作产学研合作。二是技术入股,合作生产,科研机构和高校以技术科技成果折算成股份向企业投资入股、利益分担、风险分担。

该模式的优势是:①企业在低成本开发的同时也能拥有自己的核心技术或者专利技术,而科研机构和高校既有新的科研基地又有长期的经济效益;②该模式的利益分配清晰,不宜引发纠纷,而且该模式既适合大型企业也适合中小型企业。

该模式的局限性是:该模式中技术属于企业,合作中经济利益往往被排在第一,因此,在经营观念和技术观念发生冲突时,常常不利于技术的进步。

(5) 人才联合培养和交流模式

人才联合培养和交流模式是指高校、科研机构和企业通过设立人才培养专项基金,科研机构、高校的研究人员和教授担任企业顾问,高校学生在企业实习,企业人员在科研机构和大学进行技术培训,二者共建教学实践基地等多种形式进行人才联合和人才交流,促进产学研各方面的知识交流和知识创新。

该模式的优势是:①通过人员的流动,增进了产学研各方的知识交流与相互了解,有利于促进产学研的进一步合作;②企业研究人员受到专门机构的培训,增强了对基础理论和前沿技术的了解;③扩大了高级科技人才的作用范围,使人才更符合社会发展的需要。

该模式的局限性是:①人才联合培养和人才交流有时是临时的,有时是公益的,不一定能够带来产学研各方的深入合作;②人才培养更多是在人力资源流动的层次，未必能使产学研各方的人力资源进行深度的组合。

3）我国产学研合作的特点和问题

（1）企业的主体地位没有体现出来

在现有模式中，以企业为主导的模式较少，企业的作用很有限。我国大型企业还是国有型较多，其特点是规模大、实力强、科研能力强，但经营管理还没有完全市场化运作，理念相对落后。非国有的企业大部分是中小型企业，其经营管理灵活，注重实用和直接的经济效益，但科研基础薄弱，规模较小，因此如果想要参与到一些条件较高的产学研合作中，会有很多障碍和很大难度。

（2）政府的"缺位"和"越位"

政府在产学研合作中的方方面面都体现了作用，与产学研各方的关系如影随形，但仍有"缺位"，体现在以下几方面。一是政府促进产学研合作的制度缺失。我国的科研院所虽然已经改制，大部分转质为科技型企业，小部分或并入高校或者成为科技中介，但绝大部分的科研资源还是掌握在政府及其他高校和科研院所手中，不同部门间的条块分割，造成科技与经济的脱节。二是政策法规不完善。虽然我国已有若干个关于产学研合作的法律和政策，如《科学技术进步法》、《技术合同法》、《促进科技成果转化法》等，但这些法律还不够完善，缺乏针对性、体系不完整、缺乏监督机制。"越位"主要体现在政府还未从主导的"神坛"位置上走下来，不应对市场经济下的产学研合作拔苗助长，把产学研合作作为各种项目评定的加分项，使得众多的产学研合作协议沦为一纸空文而未真正执行。要想产学研合作发挥最好的效益，必须要以市场为导向，经济学家吴敬琏指出"我们的教育体系和科研体系，存在最大的问题就是行政化管理严重"，政府应随着产学研合作的发展不断地寻找适合的角色，减少"越位"，补足"缺位"，促进我国产学研合作健康稳步地发展。

4. 技术合作的现状

科学技术部发布的《2016全国技术市场统计年度报告》对四大技术合同进行了分类统计，其中四大技术合同之一的技术开发合同部分包括委托开发合同和合作开发合同，所述的合作开发合同即为共同技术开发。产学研合作的金额在此份报告中没有单独统计，实际是已融入四大技术合同的统计之中。

根据《年度报告》记载，2015年技术开发、技术转让、技术咨询、技术服务四类技术合同总量均呈现增长态势。其中，技术服务、技术开发合同成交额位居第一、第二位，分别占全国技术合同成交总额的51.43%和30.98%，成为技术交易的主要类型。

2015 年技术开发合同增速放缓。全年共签订技术开发合同 153433 项，成交额 3047.18 亿元，分别增长 3.01%和 3.33%。其中，委托开发合同约占九成，成交 144228 项，成交额 2733.92 亿元，占技术开发合同成交额的 89.72%；合作开发合同成交 9205 项，成交额 313.26 亿元，占技术开发合同成交额的 10.28%，如图 3.2 所示。

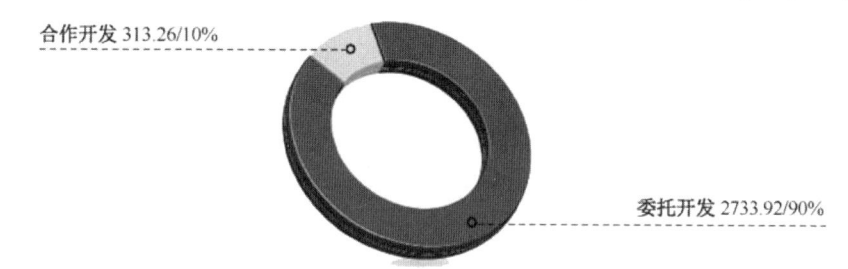

图 3.2 合作开发和委托开发成交额及占比

3.2.3 技术合作操作实务

我国《合同法》中第 335 条到 341 条规定了技术供需双方在技术合作中的权利和义务，如表 3.4 所示。

表 3.4 《合同法》中涉及技术合作的相关条款

条目	涉及内容	具体条款
335 条	合作开发合同当事人的义务	合作开发合同的当事人应当按照约定进行投资，包括以技术进行投资；分工参与研究开发工作；协作配合研究开发工作
336 条	对合作开发合同当事人违约责任的规定	合作开发合同的当事人违反约定造成研究开发工作停滞、延误或者失败的，应当承担违约责任
337 条	对解除技术开发合同条件的规定	因为技术开发合同标的技术已经由他人公开，致使技术开发合同的履行没有意义的，当事人可以解除合同
338 条	对技术开发合同风险责任的规定	在技术开发合同履行过程中，因出现无法克服的技术困难，致使研究开发失败或者部分失败的，该风险责任由当事人约定。没有约定或者约定不明确，依照本法第六十一条的规定仍不能确定的，风险责任由当事人合理分担。当事人一方发现前款规定的可能致使研究开发失败或者部分失败的情形时，应当及时通知另一方并采取适当措施减少损失。没有及时通知并采取适当措施，致使损失扩大的，应当就扩大的损失承担责任
340 条	对履行委托开发合同完成的技术成果的归属和分享的规定	合作开发完成的发明创造，除当事人另有约定的以外，申请专利的权利属于合作开发的当事人共有。当事人一方转让其共有的专利申请权的，其他各方享有以同等条件优先受让的权利。合作开发的当事人一方声明放弃其共有的专利申请权的，可以由另一方单独申请或者由其他各方共同申请。申请人取得专利权的，放弃专利申请权的一方可以免费实施该专利。合作开发的当事人一方不同意申请专利的，另一方或者其他各方不得申请专利

续表

条目	涉及内容	具体条款
341条	对履行技术开发合同产生的技术秘密的归属和分享的规定	委托开发或者合作开发完成的技术秘密成果的使用权、转让权以及利益的分配办法，由当事人约定。没有约定或者约定不明确，依照本法第六十一条的规定仍不能确定的，当事人均有使用和转让的权利，但委托开发的研究开发人不得在向委托人交付研究开发成果之前，将研究开发成果转让给第三人

3.3 技术入股：技术也是合伙人

3.3.1 技术入股概述

创新驱动是世界经济发展大势所趋，全球新一轮科技革命、产业革命加速演进，科学探索从微观到宏观各个层面上拓展，以智能、绿色为特征的技术革命将引发国际产业分工重大调整。由于新技术不断涌现，世界竞争格局正在重塑，创新驱动成为许多国家谋求竞争优势的核心战略。我国面临跨越式发展的难得历史机遇，也面临差距拉大的严峻挑战，唯有勇立于世界科技创新浪尖，才能赢得技术主导地位，夺得竞争优势。

我国经济发展步入新常态：传统发展动力减弱，粗放型增长方式难以为继，必须依靠创新驱动打造发展新引擎，培育新的经济增长点，持续提升我国经济发展的质量和效益，拓展发展的空间，实现经济保持中高速增长并迈向中高端水平的"双目标"。

从宏观的专利数据可以看到，我国近年来的创新发展是爆发式的。随着2014年修订完成的《中华人民共和国公司法》（简称《公司法》）、国家科委《关于以高新技术成果出资入股若干问题的规定》（简称《若干问题的规定》）、《国家创新驱动发展战略纲要》等法律、政策的出台，以及大众创业、万众创新口号的提出，客观上已经为技术成果的产业化提供了良好的环境。良好的政策环境有利于在短时间内大大提高技术出资人的入股积极性，加快科技成果的产业化进程。

科技成果转化是科技促进经济和社会发展、科技创造财富的关键环节，因而一直是各国科技政策关注的重点。我国十分重视促进科技成果转化工作，继1996年制定了《中华人民共和国促进科技成果转化法》之后，1999年国务院办公厅转发了科技部等七部门《关于促进科技成果转化的若干规定》(国办发【1999】29 号),2007 年修订的《中华人民共和国科学技术进步法》对促进科技成果转化又做出了进一步的法律规定。这些法律和规章有力地推动了我国科技成果转化工作,我国的科技成果转化不仅在数量、速度上大幅增加,而且在转化机制和方式上也发生了重要变化,越来越多的科技成果通过作价入股实现转化,提高了转化的效率,增强了对经济的影响力。

而在科技成果转化机制中,传统上应用最广泛的是支付权利金的技术转移机制,即科技成果的持有方将技术的使用权或所有权出售给技术需求方(企业),企业向技术持有方支付权利金。这是一种典型的技术交易过程。近些年来,技术入股作为一种转化机制,在国内外越来越受到重视。技术入股是指技术交易过程中,技术持有方将技术的使用权或所有权出售给企业,企业在支付权利金时,不是以现金支付,而是以相应金额折算的股权进行支付。严格地说,这是一种技术换股的过程,也是一种技术交易。但目前国内通常的说法是"技术入股",并将其看作是一种投资行为。[1]

1. 技术入股的定义和特点

技术入股是指技术持有人(或者技术出资人)以技术成果作为无形资产作价出资公司的行为。技术入股后,技术出资方取得股东地位,相应的技术成果财产权转归公司所有。

技术成果的出资入股与货币、实物的出资不同,因为技术是无形的,确定其价值相对比较困难,对其估价过高或过低均会损害一方的利益,引发纠纷。

《若干问题的规定》[2]规定,以高新技术成果出资入股,成果出资者应当与其他出资者协议约定该项技术保留的权利范围,以及违约责任等。可见,技术成果出资者并不一定以成果所有权入股,即还可保留部分权利。有人认为,这与公司法的财产独立理念不符。根据公司制度的基本原则,公司是以其全部财产对公司的债务承担责任的,其前提条件是,公司必须拥有独立财产权,而部分权能则不是独立的财产权,所以不能作为一种出资形式。但是,允许技术部分权利出资入股,考虑技术未来收益的方式具有一定的科学性和合理性,可从以下几个方面进行论证。

第一,技术许可。技术成果作为一种无形财产,其不发生有形控制的占有和损

---

[1] 赵捷,张杰军,汤世国,邸晓燕. 科技成果转化中的技术入股问题研究.
[2] 国家科委,国家工商行政管理局. 关于以高新技术成果出资入股若干问题的规定.国科发政字〔1997〕326 号.

耗，在同一时间可由不同人使用，在不同地域同时实践也有可能。而有形财产，在同一时间只能为一个主体占有或支配，因此，有形物的转让或权利许可只能一物一主，而不可能货予多家。技术成果无形性的特点，决定了其权能组成部分具有一定的独立性，只要有技术成果存在，其各项权能就能独立存在、被占有和支配，既然如此，以技术部分权能入股又有何不可？

第二，技术转移。资本就是能够带来剩余价值的价值，而技术成果的部分权能一旦与货币、实物相作用就能给各出资人带来更多的产品或更多的附加值。可见，技术成果部分权能也具有资本的属性，因此，其亦可成为出资的内容。

第三，技术法定有效期。技术成果以部分权能入股，可以通过合同规定技术出资人相应的权利义务。我国法律允许拟定关于技术出资人与其他出资人之间权利与义务的格式合同，技术出资人必须按照其所出资的技术权能承担法律规定或约定范围的义务，并享有相应的权利。其他出资人亦可按照合同对技术行使支配权。

第四，技术实用性。技术成果所有权转让的作价远高于其使用权等权能的转让，而且很多情况下，为得到先进技术的投资者只是希望得到有关技术的使用权，若技术出资人以所有权入股，从经济上来说，对只希望拥有技术使用权的投资者是不必要的。因此，允许其以部分权能入股也有利于只希望拥有技术使用权的投资者。

2. 技术入股的现状

1）政策支持

中国加入世贸组织以来，中国的企业发展已经进入快速通道，技术成果是贯穿理论科学与实际生产的纽带，在知识经济时代，技术经验及成果已然成为提高生产力水平、强化企业生存能力、促进社会经济发展的重要力量。对技术的重视已使民营企业间形成了一个新的体系，于企业关系来看本类企业具有显著的特征，即一种是以企业转型后原有技术为核心进行发展，经过多年融合及开发后得出一整套知识产权体系的企业；另一种是股东以技术出资，企业运用该技术作为核心发展的企业或是引入高新技术并吸纳技术人才的企业发展模式。

《国家知识产权战略纲要》[1]中指出，推动企业成为知识产权创造和运用的主体，引导企业实现知识产权的市场价值并促进高等学校、科研院所的创新成果向企业转

---

[1]国务院印发《国家知识产权战略纲要》. 国发〔2008〕18号.

移,推动企业知识产权的应用和产业化,扶持符合经济社会发展需要的自主知识产权创造与产业化项目。由于政府的大力宣导与世界形势下的知识产权竞争逐渐引起了国内企业家的高度关注,越来越多的企业家对于知识产权的运用及保护方面开始形成了新的认知。

2014 年新版本《公司法》[①],第二十七条,现修改为"股东可以用货币出资,也可以用实物、知识产权、土地使用权等可以用货币估价并可以依法转让的非货币财产作价出资;但是,法律、行政法规规定不得作为出资的财产除外。对作为出资的非货币财产应当评估作价,核实财产,不得高估或者低估作价。法律、行政法规对评估作价有规定的,从其规定。"本次主要针对原条例中"全体股东的货币出资金融金额不得低于有限责任公司注册资本的百分之三十"的比例限制进行了删减。另外,《关于进一步推动知识产权金融服务工作的意见》[②]中指出,研究建立促进知识产权出资服务机制,开展对出资知识产权的评估评价服务,对于出资比例高、金额大的知识产权项目加强跟踪和保护。由此,展开了技术企业的一个新局面。

2)个人技术入股个税的征缴

技术入股于企业的好处比较多,但是于技术占有方的个人来讲现阶段会有一个个人所得税征缴情况的存在。

2005 年,国家税务总局下发《关于非货币性资产评估增值暂不征收个人所得税的批复》(国税函[2005]319 号)中明确"考虑到个人所得税的特点和目前个人所得税征收管理的实际情况,对个人将非货币性资产进行评估后投资于企业,其评估增值取得的所得在投资取得企业股权时,暂不征个人所得税。"

而在 2011 年,国家税务总局颁布《关于公布全文失效废止部分条款失效废止的税收规范性文件目录的公告》(国家税务总局[2011]2 号),其公告 2005 年国家税务总局下发《关于非货币性资产评估增值暂不征收个人所得税的批复》文件全文失效废止。

2011—2014 年,关于非货币性资产评估增值的个税征收问题并无相关法律可依。各地区税务机关依照原有不需缴纳个税条款为例依旧执行免个税操作。至 2015 年 4 月,国家税务总局颁布《关于个人非货币性资产投资有关个人所得税政策的通知》(财税[2015]41 号)中明确规定:"个人以非货币性资产投资,属于个人转让非

[①]全国人大常委会颁布《中华人民共和国公司法》.2014 年 3 月 1 日起实施。
[②]国家知识产权局印发《关于进一步推动知识产权金融服务工作的意见》.国知发管函字〔2015〕38 号。

货币性资产和投资同时发生。对个人转让非货币性资产的所得,应按照'财产转让所得'项目,依法计算缴纳个人所得税。"由此,关于非货币性资产评估增值的个税征收正式开始。

同年 7 月,广东省正式出台了《广东省经营性领域技术入股改革实施方案》[①],该方案明确,深化收益分配及激励制度改革,高等院校和科研院所以科技成果作价入股的企业,应从该科技成果技术入股股权或收益中提取不低于 50%的比例,分配给高等院校或科研院所的科研负责人、骨干技术人员等重要贡献人员。

2016 年 2 月国务院印发实施《中华人民共和国促进科技成果转化法》(国发[2016]16 号)若干规定的通知,通知称,国家设立的研究开发机构、高等院校制定转化科技成果收益分配制度时,以科技成果作价投资实施转化的,应当从作价投资取得的股份或者出资比例中提取不低于 50%的比例用于奖励。在研究开发和科技成果转化中作出主要贡献的人员,获得奖励的份额不低于奖励总额的 50%。

2016 年 9 月 20 日,财政部、国家税务总局下发了关于完善股权激励和技术入股有关所得税政策的通知,通知中表明"企业或个人以技术成果投资入股到境内居民企业,被投资企业支付的对价全部为股票(权)的,企业或个人可选择继续按现行有关税收政策执行,也可选择适用递延纳税优惠政策,选择技术成果投资入股递延纳税政策的,经向主管税务机关备案,投资入股当期可暂不纳税,允许递延至转让股权时,按股权转让收入减去技术成果原值和合理税费后的差额计算缴纳所得税。"

由 2015 年 4 月对非货币性资产评估增值个税的征收开始到 2016 年 2 月这一年不到的时间,已经下发了几个放宽政策的文件,可见,现阶段存在的个税问题处于一个逐渐放宽的态势。虽然国家近年大力推行大众创业、万众创新的思想,然而,部分学者、发明人因顾忌个税问题,不敢将技术真正投入于企业,以进行产业化生产,致使很多可行性高,且技术过硬的技术一直处于沉寂状态。

3)评估机构现状

对知识产权进行科学的价值评估是维持知识产权资源再生产、从价值形态上进行定额补偿的需要,也是资源优化配置的必要条件[②]。但目前对知识产权的价值评估还不够规范,主要体现在以下两方面。

---

①广东省人民政府办公大厅印发《广东省经营性领域技术入股改革实施方案》.粤府办〔2015〕46 号。
②陈昌柏.知识产权战略——知识产权资源在经济增长中的优化配置[M].2 版.科学出版社.2009.

一是执业质量不高、管理不规范，这是目前我国资产评估机构存在的主要问题[①]。资产评估机构是指持有国有资产评估资格证书，具有法人资格的资产评估公司、会计师事务所、审计事务所、财务咨询公司以及经国有资产管理行政主管部门认定的临时评估机构。从这一规定可以看出我国尚未设立专门的技术评估机构，相关的评估人员也缺乏一定的技术水平，他们大多没有相关的技术背景，缺乏技术、经济、法律等方面的相关知识，而且他们本身对技术内容缺乏了解，因此他们不可能完全客观地对技术做出评估。另外，评估机构对技术评估尚未有一个确定的合理标准，所以在具体的操作过程中，其程序也缺乏严密性，评估人员只能套用有形资产的评估方法对技术进行大致的评估，其中所运用的评估方法，所选择的评估参数，所使用的评估标准等一系列相关内容都缺少一定的法律依据，加上评估人员的主观性很强，这在一定程度上影响了技术的正确评估，而且在一定情况下可能会出现损害技术出资方或者其他出资人利益的情形。相比之下，国外许多国家都明确了技术作价的主体。如巴西法律规定技术出资要经过外资局的批准，并由中央银行估价；智利则规定此类事物由该国国外投资管理委员会管理；波兰法律则规定第三人只有工业产权领域的专家方可担任。

二是技术评估尚未完全从出资之权利和对公司的作用上考量。技术成果作为无形资产，其出资之权利可以是技术成果所有权，也可以是技术成果的部分权能。因此在技术评估过程中必须根据其出资之权利来确定技术价值，从而确定其在公司财产中所占的比例。但目前技术评估人员进行技术价值评估时往往只纯粹地从技术本身着手，而不考虑技术对公司的作用大小，从而出现一种技术价值的评估与实际不相符合现象。

4）技术入股的合作方式

目前，技术入股主要有四种基本合作方式。

第一种合作方式是在合作双方中，资金完全由一方筹集，另一方负责提供全部技术，这是一种最简单的合作方式。

第二种合作方式是合作双方中的技术转让方，收取部分技术转让费，作为科研和其他有关活动经费的补偿，其余部分作为技术投资入股。

第三种合作方式是技术转让的一方，除了以全部技术投资外，还拿出一部分的资金（或设备）入股，接收方只要投入其余部分的资金即可合作生产。

[①] 北京市浩伟律师事务所. 技术入股的作价评估方式[DB/OL].http://www.haoweilaw.com/cgal_info.asp?lb_id=3588.

第四种合作方式是一方付给另一方部分技术转让费用，并让出一定的股权；技术转让方以现有的技术（成果）、剩余部分的技术转让费和未来研制出的新技术（成果）作为股份进行合作。这样做的好处是，一方让出部分股权，可以让另一方延续不断地提供最新技术和科研成果，保证双方长期的、连续性的合作，促使科研成果不断转化。

上述四种技术入股的合作方式中，第一种和第二种方式国内技术合作采用的较多；第三种和第四种方式大多在引进国外现金技术的合营企业使用。第一种形式对投入资金的一方来说，承担着较大的风险。第二种形式对我国大多数科研单位经费缺乏的现状是适合的，一方面节约了技术接受方的资金，另一方面又得到了科研经费的补偿。第三种形式对具有一定实力的科研单位在兴办实体时，可节约投资经费。第四种形式出资一方短期看似乎有点吃亏，但从长远利益着眼是有利无弊的，技术转让是连续性的，技术接受方可随时获得不断改进中的最新技术成果，而不需再付技术转让费，因此成为动态技术转让。[①]

5）技术入股的积极意义

《公司法》第二十七条规定："股东可以用货币出资，也可以用实物、知识产权、土地使用权等可以用货币估价并可以依法转让的非货币财产作价出资。"仅从这条客观上已经为技术成果的价值化提供了良好的前提，其有利于提高技术出资人的入股积极性，并且能够有效调动技术出资人积极实现技术成果的转化。对技术入股于企业的作用作出以下几点总结。

（1）有利于企业形成企业技术核心，确定产品走向

工业经济时代，金融本是推动企业成长和经济发展的主要生产要素；而在知识经济时代，代表创新能力的人力资本跃居领导地位，技术成了企业最核心的竞争力，是企业可持续发展的重要资源。企业的核心技术能给企业带来最大化的利润，则以此技术生产的产品必然也将是企业的主流产品，以此可确定企业的发展方向，保持企业技术核心逐步发展而促进企业本身的发展。

（2）有利于企业以核心技术的形式包装本身形成品牌效应

核心技术通过产品的形式流通于市场，慢慢进入大众生活，渐渐为大众所接受和认可，其产品也就形成了一个品牌效应，同时也为企业起到宣传作用，展示企业

[①] 陈健. 技术入股的几个问题. 企业活力 1997 年第 11 期.

的规模和实力。

（3）有利于企业促进科技成果转化

中国技术入股最早出现在20世纪90年代末期，在国家促进科技成果转化政策的激励下，发展较快。技术入股本身就是承认技术的价值，保护了知识产权，同时促进科技成果转化为生产力，是实现科研、生产、经营一体化的良好方式。

技术入股的企业如果成长顺利，未来股权的收益远远高于一次性转让所获得的收益，因此，科研机构和高等院校鼓励股份制形式转化科技成果，技术入股已经取代权利金形式的技术转移方式，而成为一种主要的科技成果转化机制。

而技术入股作为科技成果转化的一种机制，之所以受到重视、发展较快，是因为它比以权利金形式支付的技术转移机制，具有更多的优点。

技术入股形式的技术转移机制对企业有明显的好处，企业不用现金而用股权支付技术的使用权，使企业不会因为缺少资金而限制了对所需技术的使用。这对急需技术而又缺少资金的初创企业尤为重要。企业支付的股权不过是一种较虚拟的未来的价值，如果技术不能成功转化，企业发展不好，技术股权就没有什么收益，企业等于没有什么支付。如果技术成功转化，给企业创造的收益就会巨大。技术入股形式的技术转移机制能够把技术获取方的企业和技术转让方的大学、科研机构及科技人员紧密地联系在一起，形成最牢固、最有效的技术联盟。由于利益密切相关，各方都会努力促进成果的成功转化，使自身持有的股权获得最大的收益。成果转化的成功率因而大大增加，从目前众多的技术入股实例看，成果转化都较成功，尚未看到有失败的报导。大学、科研机构占有企业的股份，对企业提高形象、声誉也有好处，这有助于企业在获取政策支持、开拓市场等方面增加竞争优势。

技术入股形式的技术转移机制对大学、科研机构及科研人员的好处也是很明显的。在技术入股交易的谈判中，企业一般较为尊重技术的合理价值，不会压价，有的企业为得到好的技术，甚至会适度抬高价格。从目前国内外技术入股的实例看，技术入股的作价比权利金价格要高很多。技术不成熟，缺少中试曾经是大学、科研机构转移技术的重要障碍，在技术入股形式的技术转移机制中，这一障碍似乎已并不重要，许多企业都会主动承担中试工作或中试经费。技术入股形成的技术联盟对大学、科研机构也很有好处，为加快成果的成功转化，企业会增加对大学和科研机构相关研发活动和人才培养的支持，这些企业往往会成为大学与企业联合培养人才的基地。[1]

（4）摊销减税

根据《中华人民共和国企业所得税法》[2]第十二条："在计算应纳税所得额时，企业按照规定计算的无形资产摊销费用，准予扣除。"《中华人民共和国企业所得税法实施条例》[3]第六十七条："无形资产按照直线法计算的摊销费用，准予扣除，无形资产的摊销年限不得低于 10 年，作为投资或者受让的无形资产，有关法律规定或者合同约定了使用年限的，可以按照规定或者约定的使用年限分期摊销。外购商誉的支出，在企业整体转让或者清算时，准予扣除。"在企业通过技术入股的形式获得技术后，可以进行无形资产摊销，使成本费用增加，减少利润，从而合理减少税收。无形资产摊销原理如图 3.3 所示。

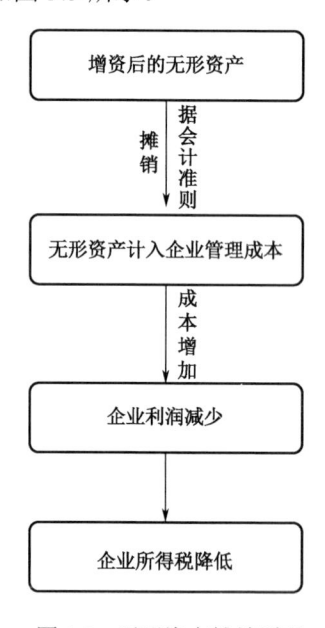

```
┌─────────────────────┐
│   增资后的无形资产   │
└──────────┬──────────┘
    摊销 │ 据会计准则
           ▼
┌─────────────────────┐
│ 无形资产计入企业管理成本 │
└──────────┬──────────┘
           │ 成本增加
           ▼
┌─────────────────────┐
│     企业利润减少     │
└──────────┬──────────┘
           ▼
┌─────────────────────┐
│     企业所得税降低     │
└─────────────────────┘
```

图 3.3　无形资产摊销原理

计算方式：外来企业技术评估估值 1000 万元，该技术入股后，1000 万元的估值根据会计准则分 10 年进行摊销，则每年摊销 100 万元计入成本，假设在营业额不变的情况下，则每年成本增加 100 万元，由利润=营业额-成本，得出利润减少 100 万元，企业所得税=25%×利润，所以每年企业所得税可减少 25 万元。

---

[1]赵捷，张杰军，汤世国，邱晓燕. 科技成果转化中的技术入股问题研究.
[2]中华人民共和国主席令《中华人民共和国企业所得税法》第 63 号.
[3]中华人民共和国国务院令《中华人民共和国企业所得税法实施条例》第 512 号.

（5）企业可通过技术入股优化财务数据，改善公司的财务状况

企业可通过调节负债率的方式优化财务数据，企业过高的负债率必然成为关注的对象，而负债率=负债总额/总资产×100%，技术入股后，企业总资产增加，则负债率会下降，可通过此方法调节负债率以优化财务数据，使企业处于一个较为健康的财务状态。

（6）提高企业注册资本金，降低出资难度

企业可通过技术入股提高注册资本金额，同时也解决了全部以货币资金出资的难度，另外，其出资为一次性出资，不存在定期续缴问题。《公司法》第二十八条规定："股东应当按期足额缴纳公司章程中规定的各自所认缴的出资额。股东以货币出资的，应当将货币出资足额存入有限责任公司在银行开设的账户；以非货币财产出资的，应当依法办理其财产权的转移手续。股东不按照前款规定缴纳出资的，除应当向公司足额缴纳外，还应当向已按期足额缴纳出资的股东承担违约责任。"若企业认缴金额尚未认缴完毕，技术入股增资时，先进行将认缴变实缴后，再进行增资。这样既解决了认缴资金的续缴问题，同时也增加了注册资本金，最后还可以腾出部分货币资金进行企业的日常运转，避免企业因资金困难而中断研发新技术。

（7）维权的公允价值依据

随着知识产权的发展和同业竞争的日趋激烈，近年来知识产权侵权案件呈现一种上升的趋势，在侵权法律诉讼中，如何对假冒侵权行为造成的损失（既定损失和潜在损失）进行量化、认定赔偿额，对侵权人量刑提供法律依据已成为热点问题。

2016年4月22日，在中央政法委宣传教育指导室和最高人民法院中国应用法学研究所举办的"知识产权司法保护研讨会"上，多位法学界人士提出，知识产权损害赔偿数额计算是当下我国知识产权案件审理的难点，要建立科学的损害认定机制来维系知识产权的应有市场价值，改善知识产权驱动创新发展的法制环境。

中南财经政法大学知识产权研究中心主任吴汉东在会上指出了我国司法机关对知识产权损害赔偿的认定方式和数额计算的两个特点，分别是过多适用法定的赔偿方式和计算偏低的损害赔偿数额。而中国社会科学院知识产权中心主任李明德则表示我国目前有关知识产权损害赔偿的计算方式，通常采用填平原则，即权利人损失多少，法院责令被告补偿多少，这大大低估了受侵犯作品、专利技术、外观设计、商标和商业秘密的实际价值。广州知识产权法院副院长林广海认为，司法的终极关

怀重在公正，倘若赔偿数额符合市场价值规律，人民群众就可以感受到公正，若违反市场价值规律，人民群众就感受不公正。在目前的环境下，司法裁判所确定的赔偿数额是体现知识产权市场价值的一面重要镜子，市场价值的形成和确定强烈依赖权威的"司法定价"。

对于知识产权的价值评估问题，市场价值法是多位与会人士认为的一种较好的评估方法。因市场价值是从财产属性和市场交易的视阈来确定侵权赔偿的边界，相比于惩罚性赔偿具有更强的可操作性以及可预见性，所以能更好兼顾和平衡知识产权创造、运用的创新激励。综合而言，知识产权侵权赔偿数额的司法定价，要以'足以弥补'为度，把全面赔偿原则作为知识产权侵害赔偿的最高指导原则；以分类评估为准，让资产评估机构作为独立第三方，为知识产权损害赔偿数额的准确性、及时性提供保证；以多种赔偿并用为宜，坚持补偿性赔偿规则的主导地位，补充性适用惩罚性赔偿规则；以民刑相辅为要，突出刑事处罚在打击和防范知识产权犯罪中的重要作用。

3.3.2 技术入股的运作机制

此处先阐释一下技术入股的原理，技术入股原理：即个人或 A 公司将其所持有的技术通过量化后，转入 B 公司中，从而使得 B 公司的注册资本金增加，随后 B 公司以其公允价值及相关约定进行 B 公司股份份额的重新分配。

需要引入先进技术的企业获得技术的途径有多种，技术类的划分较为直接，即专利技术与非专利技术。

专利技术是以公开换保护，目的在于形成行业内领先的技术，其主要依托于专利的保护年限来实现，在有效的保护年限内专利的运用表现得尤为重要，在保护期内要达到自己的经济目的，否则当技术成为公知技术内容时会形成更为激烈的市场竞争。

非专利技术可以理解为一种技术秘密，是未被公开的技术方法或经验的结晶。也就是说非专利技术是没有被公众所知道的受到内部存留并限制外方知道的一种秘密。如可口可乐的配方为目前世界公知的非专利技术或企业技术秘密。

理论上以上两种技术形式均可以参考技术的领域、行业市场信息及所在企业或个人情况进行公允量化市场价值，可以进行技术入股的操作。

企业在进行知识产权出资后，便进入下一环节——验资。在实际操作中，股东全部缴纳出资后，必须经法定的验资机构验资并出具证明。可见，验资机构验资是公司设立的必经程序。

验资是指注册会计师依法接受委托，按照由我国财政部下发的《独立审计实务公告第 1 号——验资》(财会[2001]1002 号)的要求，对被审验单位的实收资本（股本）及其相关的资产、负债的真实性、合法性所进行的审验。其主要目的是为了验证被审验单位的注册资本是否符合法律法规的要求，各投资者是否按照合同协议、章程规定的出资比例、出资方式等足额缴纳资本。可见，验资与评估虽然在内容上有所不同（验资是审验被审验单位资本的合法性、真实性；评估是对资产的现实价值进行评定和估算）。但是，其两者在具体的操作程序上具有许多相同之处，主要表现在以下三个方面。一是，两者均是出资人通过委托国家指定部门执行具体事项，且指定部门必须严格按照法律规定办事。二是，两者均要对资产进行检查、评定，且最终都要作出报告作为证明文件。三是，两者的目的均是为了正确反映资产的真实价值。

案例　淮安中医院以技术出资与房地产公司共同投资开办医院

2015 年，淮安市中医院与冠城大通（香港）有限公司、淮安经济技术开发区管委会签署了关于共同投资医疗项目的合作协议书，三方将在淮安市一同投资和参与医疗服务项目。全资子公司冠城大通（香港）有限公司将在淮安经济技术开发区设立全资子公司——淮安市冠城医疗投资管理有限公司作为公司的对外医疗投资、管理及运营平台。

淮安市中医院拟出资人民币 1500 万元与淮安市冠城医疗投资公司共同设立淮安市冠城医院有限公司，并负责淮安"冠城医院"医疗团队建设。冠城医院有限公司初期注册资本为人民币 1 亿元，淮安市中医院将以医疗技术、医疗队伍等无形资产入股，全资子公司则以货币资金投资入股。其中淮安市中医院以金额为 1500 万元人民币出资，出资方式为无形资产出资，其占注册资本的 15%，全资子公司出资的金额为 8500 万元人民币，以货币方式出资，占注册资本的 85%。

冠城大通有限公司与淮安市中医院共同投资淮安冠城医院，是该公司切入医疗服务领域的一个有益尝试，这将为该公司积累在医疗领域方面的管理经验、技术支撑、人才储备及经营模式奠定基础，同时为该公司未来将要探索的"医养一体"融合新型养老方式项目、养老地产项目创造基础条件。

3.4 技术联盟与专利联盟：技术融合就是生力军

技术创新一直是企业保持自身优势、提高核心竞争力的基本途径，并为企业提供生存发展的根本动力。随着技术和经济的发展，企业面临的竞争环境日益复杂和激烈，仅依靠自身力量和资源难以应对技术快速发展带来的挑战。建立跨企业跨行业的技术联盟可以促进技术持续创新，提高企业竞争力，减少依靠自身资源和力量进行综合研发的成本和风险。

3.4.1 技术联盟的概述

我国对技术联盟的研究起步于 1995 年，随后学术界的关注度逐年增高，但由于起步较晚，研究的内容不多。简兆权、李垣、杨慧慧、马金至、王喜刚结合国外关于技术联盟的定义给出我国技术联盟的定义。他们认为技术联盟是指两个或者两个以上的企业有相似的对整个市场的预期而组织起来的松散结合的一种新型经营方式。钟书华第一次研究了企业技术联盟的本质问题，他指出的企业技术联盟的本质，不仅包括企业技术联盟具有灵活性，还包括企业技术联盟是一种特殊的生产和技术贸易形式等。张坚从知识的角度来解读技术联盟的内涵，将知识引入到技术联盟中。他指出企业技术联盟是一种以知识活动为基础的动态合作关系，是组织之间实现传递、分享和整合等知识互动的过程。[①]

综上所述，技术联盟可以认为是由两个或两个以上的企业、科研机构、高校院所或政府部门围绕技术的开发与运用，基于各方提供的资源为实现某一技术创新战略目标而建立的长期合作、优势互补的组织，该组织主要是共同创建新的技术和进行技术转移。单一技术组织内部各部门、各机构之间的技术合作不属于技术联盟。技术联盟之间是以信任为基础的伙伴合作关系，既超越一般的交易关系，又不存在控制与被控制的隶属关系，各主体保持独立的运作和平等的关系。各主体共同提供、分享技术资源。在技术开发时注重组织间的相互作用、相互影响，并且各主体共担风险、共享研发所产生的技术以及利益等。

---

① 王一刚. 高新技术产业技术联盟形成与运行效果动态评价研究[J].哈尔滨工业大学，2013.

技术联盟与上面技术合作小节中讲到的共同技术开发具有交集,但与共同技术开发相比,其区别主要表现为:一是具有长期性,技术联盟的各方之间是为获取技术竞争优势而进行的长期战略合作,合作各方的合作多以长期协议的方式确定,而在共同技术开发中,多是中短期的合作协议或者合同。第二个主要区别是,技术联盟一般会约定通过对外技术许可的方式获取技术成果收益;而在共同技术开发中,一般会约定对外技术转移由各方单独执行;另外一个主要区别是技术联盟可以不包含共同技术开发合作,而只是为了商业联合运作获取收益而组建,此类技术联盟的典型如专利联盟。专利联盟的形成往往是拥有一个领域关键专利技术的各方为了达成交叉许可并且对外进行商业化技术转移的目的而建立的商业联盟组织,笔者认为可以将专利联盟看作是为了商业目的而组成的一种特殊的技术联盟。在专利联盟形成之前,各方可能并无共同技术开发方面的合作,而在专利联盟订立时也可以不约定联盟成员之间进行共同技术开发的内容。

3.4.2 技术联盟的现状

在经济全球一体化、高新技术化和知识化的今天,技术的创新是企业持续竞争的核心,然而技术活动的规模、范围越来越大,其复杂性、集成度不断提高和增强。在这样一种情况下,任何一个经济、技术活动的主体,无论是企业或者是科研机构、高校院所等,都很难完全依靠自身的力量来获得自己所需要的综合技术及知识,哪怕是一些研发能力非常强的科研机构、高校院所或是多元化经营的大型企业都不能完全依靠自身的力量进行高新技术的研发,也需要与外界进行合作,共同进行技术的研发,实现"双赢"或"多赢"的效益。因此,技术联盟成了一种新的技术合作形式,技术联盟的快速增长适应了创新发展的趋势,即从孤立到结盟,从依靠内部资源到强化外部资源的获取。在发达国家,生产企业与技术研发单位之间达成技术合作,共同促进技术的开发、新产品的研发的现象十分普遍,科技资源集中于企业的趋势日益明显和强劲。

据荷兰马斯特里赫创新与技术经济研究院和联合国贸易与发展会议(MERIT/UNCTAD)数据库的数据资料,1980—1996年,仅发达国家之间企业订立的技术合作协议就高达8254个,平均每年达成的技术协议数量从20世纪80年代初期的年均不足300个上升到90年代中期的年均600个以上。技术联盟在技术密集型产业中已广为存在,特别是在电子、信息、自动化、汽车等高技术领域。许多著名的跨国公司在新技术、新产品的R&D及生产领域,都越来越重视与企业或技术研发组织结成技术联盟,走共同技术创新的道路,进而促进合作创新成果的商业化。跨国公司通过技术联盟，不断获得了广泛的潜在技术，保持了其技术领先的地位，同时也确立了他们的市场竞争优势，而且经济效益显著。根据美国布兹·汉密尔顿咨询公司对世界范围500多家企业的调查结果证明，建立技术联盟的企业，其收益比没有建立这类联盟的企业平均高出40%[①]。

目前，国际上存在的一些著名的技术联盟，如美国的微电子和计算机技术联盟（MCC）、半导体制造技术联盟（SEMATECH）、微软和英特尔组成的Wintel联盟、欧盟的欧洲信息技术开发战略联盟（ESPRIT）、日本的超大规模集成电路技术联盟（VLST）等，效果显著。技术联盟成员组织在R&D领域的相互协作、协同攻关，是对以往那种将企业内部R&D与企业外部R&D合作源的传统做法及观念的有力冲击和否定。

中国20世纪90年代之前的技术创新主要来源是企业内部的R&D活动和产学研合作，企业间极少有以技术联盟形式展开的合作R&D活动。1980—1991年，由于经济改革、对外开放，沿海地区国内企业为有效引进国外资金、技术和管理经验，外国企业为开拓中国市场迅速发展起了一些形式多样、分布较为广泛的企业间的技术联盟。在此期间，国内的技术联盟也随之发展，但规模及其影响力均不是很大。中国共产党第十六次全国代表大会提出建设国家创新体系的任务和目标后，越来越多的中国企业认识到不断创新是重中之重，是核心竞争力，因此中国企业开始探索新的技术组成模式，其中技术联盟模式引起了人们的高度关注和重视。

3.4.3 专利联盟

如前所述，专利联盟可以看作是为了商业目的而组成的一种特殊的技术联盟。如今，在高新技术领域影响力最大的技术联盟是专利联盟，同时专利联盟也是一种技术转移联盟。

专利联盟是企业之间基于共同的战略利益和商业利益，以各自拥有的某个领域的相关的专利技术为纽带达成的商业联盟。联盟内部的企业实现专利的交叉许可，或者相互优惠使用彼此的专利技术，在联盟合作框架下将联盟各方拥有的专利整合在专利池中，对联盟外部共同发布专利一揽子许可声明，通过专利池打包许可方式谋求专利技术商业利益的最大化。专利联盟的出现，标志着专利竞争领域的一个重要转变，即从单个专利为特征的战术竞争转向以专利组合为特征的战略竞争。从竞争的性质来看，专利联盟既可以是进攻性的，也可以是防御性的。专利联盟作为一

[①] 张晓凌，周淑景，刘宏珍，朱舜楠，侯方达. 技术转移联盟导论[M]. 北京：知识产权出版社，2009.

种企业组织形式，通过一定的专利组合或者搭配，可以在很短时期内改变产业的竞争态势，为企业带来多重价值。

1. 专利联盟产生的原因

解决"专利灌丛"现象是专利联盟产生的根本原因。世界上最早建立专利制度的国家是美国，始于 1790 年，至今经历了 200 年多年的历史；日本的专利制度建立于 1885 年，也已过百年了。随着各国专利授权量的不断增加，几乎每项新的专利上都附着许多在先的专利技术，每一件产品上都集中了许多专利技术，特别是在电子、通信等技术密集型领域，有效专利的密度犹灌木丛林，于是人们将这种现象形象地称为"专利灌丛"现象。"专利灌丛"的存在使得企业在研发和生产新产品的过程中要避开他人的有效专利变得非常困难，还可能会面对突如其来的专利侵权诉讼。为了能够在"专利灌丛"中突围，专利权人选择合作，通过交叉许可的方式相互使用对方的专利技术，避免各方相互损伤，于是就出现了最初的专利联盟。

2. 专利联盟的好处

一个新事物能够产生并且获得发展，其自身肯定具有其他已有事物无法取代的作用。传统的专利许可模式，采用的都是"一对一"的方式，专利权人一次谈判只能获得一个专利权人的授权，效率低。生产商家要生产一件产品，公司对于该产品覆盖的所有技术都需要向各个专利权利人请求许可，对于许可费用、许可期限、许可范围等问题进行谈判和协商，就需要大量的人力、物力、财力和时间，许可成本也高，因此产品的成本也提高了。那么在现在的专利联盟中，专利权利人把专利集合到一起然后以一个整体的模式对外许可，被许可人通过一个许可合同获得多项专利技术的许可，减少了谈判和协商的次数以及时间，降低了交易成本，提高了许可的效率。总之，专利联盟的许可方式提高了专利许可效率，专利权人和被许可人都降低了专利许可成本，在一定程度上克服了单独许可模式下的弊端，这也是专利联盟得以产生并发展的自身原因。另外，专利联盟还提高了企业竞争力，在技术专利化、专利标准化的战略下，许多企业通常以技术标准为依托组建专利联盟，控制某一生产技术的市场，获得专利联盟一揽子许可的企业由于降低了交易成本和诉讼风险，其竞争力得到增强，更容易形成规模化生产，推动企业进一步发展。

3. 专利联盟的特点与双重性

专利联盟作为以专利使用权的分享和集中向第三者许可为目的的技术联盟，除具有一般战略联盟的部分特征外，还因为其联盟目的和联盟形式的特殊性，存在与一般技术联盟不同的特点。

1）技术先进性

专利联盟的技术先进性特点主要表现在以下三个方面。

第一，专利联盟的成立，一般都是由拥有核心技术的企业来主导，否则专利联盟将在该领域失去竞争力和领导力，难以真正地组建成功。这些拥有核心技术企业的存在使得专利联盟成为领域内的技术领先者，并表现出技术先进性的特点。

第二，专利作为专利联盟的基础，失去先进性的专利技术必将被市场淘汰，或者超过保护期限失效，从而也将从专利联盟中清除。因此，专利联盟中的专利可以维持技术先进性。

第三，专利联盟对于拥有先进技术的企业和具有先进性的专利技术具有吸纳性，使得专利联盟在发展过程中始终保持技术的先进性。

2）领域集中性

专利联盟一般自始至终都是聚焦于某一具体领域，不会中途发生改变。专利作为专利联盟形成的纽带，只能将相同领域的企业吸引到一起。建立专利联盟的主要目的之一是为了分享专利，而专利本身具有领域局限性，一项专利技术往往只能应用于一个局限的领域，而且专利产品市场化以及专利的二次研发对于企业的专业化要求往往较高，非相同领域的企业无法进行专利的二次研发或将专利产品市场化而获得垄断利润，故专利对于非该领域企业的吸引力很低。并且联盟内部的专利往往具有互补性和妨碍性特点，而具有互补性和妨碍性关系的专利都处于同一领域，因此，专利联盟吸收的专利往往属于同一领域。

3）成员多元性和流动性

联盟成员不是一成不变的，会不断地被引进或者淘汰，并且联盟成员类型不固定，只要是具有相关领域自主知识产权的权利人都有可能进入。专利权人作为专利技术所有者，不一定全是企业，还有可能是科研单位、高校，甚至可能是个人。建立专利联盟的目的在于分享专利权和向第三方授予专利使用权以获得利润，任何拥有专利联盟所需专利的专利权人都可以成为专利联盟的成员，这是专利联盟的开放性所决定的，因此，专利联盟的成员不限定为联盟创始企业，也不限定为企业，成员也可能随着所拥有专利的消亡或其他原因退出联盟，以上就决定了专利联盟的成员具有多元性和流动性。

4）专利联盟具有促进和阻碍竞争的双重性

专利联盟对于市场竞争的影响，既有促进作用又有阻碍作用，下面对其双重性特点进行具体分析。

专利联盟对市场竞争起到促进作用，主要表现在以下几点。

一是专利联盟作为一个战略联盟，为联盟成员创造了一个知识分享和学习的环境，其特有的专利互授机制为联盟成员企业间的交流提供了条件，增强了联盟成员的创新能力，清除了联盟成员在技术开发过程中的专利阻碍，降低了联盟成员的研发费用，从而对联盟成员的技术创新产生了促进作用，也增强了其竞争能力。

二是专利联盟有效地控制了专利市场的恶性竞争。专利联盟的出现加强了对被许可人和许可人的无歧视性对待，避免了专利权人通过对专利许可费的恶性定价来阻碍竞争者的进入，从而达到垄断市场的目的，使相关企业可以平等地获取专利技术，从而促进了市场的公平性和竞争性。

三是专利联盟将多次重复性谈判减少为一次谈判，减少了交易费用，同时通过协调解决专利侵权纠纷，降低了诉讼费用，节约了专利产品市场化过程中不必要的消耗，同时为新进入者降低了专利许可费恶性定价的可能性，简化了进入程序，降低了进入壁垒，从而使得行业内的竞争有序，起到了促进竞争的作用。

专利联盟对市场竞争起到阻碍作用，主要表现在以下几点。

一是由于专利联盟规定成员间分享专利是免费的，而且要求联盟成员将在联盟内专利基础上改进研发的专利的使用权无偿地授予专利联盟，因此降低了联盟内成员进行技术创新的积极性。联盟成员都希望无成本地使用其他成员研发的新专利，而不愿花费成本来研发创新，从而抑制了联盟成员的技术创新能力，减弱其竞争力。

二是专利联盟的"搭售"行为，使得被许可者在获得自己需要的专利使用权的同时必须连带购买自己不需要的专利权，无形中成为联盟成员提高竞争对手成本的手段，造成被许可者因产品成本高而失去竞争力，甚至被驱逐出市场。

三是专利联盟在进入成熟阶段后，如果采取的管理模式不当，很容易在市场上形成垄断局面，造成一家独大，使其他企业很难涉足其技术领域或者需要花费大量的时间与精力绕过被垄断的技术，这将极大地打消其他企业的积极性，严重妨碍市场的竞争性。

4. 专利联盟发展简史

世界上第一个专利联盟是1856年在美国建立的缝纫机专利联盟，直到二战前，多个专利联盟出现在美国，美国引领了全球专利联盟的发展。在这个阶段专利联盟成为一种重要的经济发展模式，受到专利权利人和制造商的青睐，政府持积极鼓励态度，专利联盟在不断发展的同时也极大地推动了美国科技的进步和产业的发展。

20 世纪 30 年代因受到第二次世界大战的影响，以及美国司法机构对部分专利联盟涉嫌垄断的调查和打压，美国专利联盟的发展进入一个低谷期，部分专利联盟受到了法院调查并且强力解散了部分联盟，在战争之后的一段时间里专利联盟发展一度停滞。

进入 20 世纪 90 年代，随着信息通信技术的迅猛发展，新技术层出不穷，新产品往往专利密集，来自不同厂商，促使了专利联盟的快速发展。同时各国快速出台了涉及专利联盟的政策法规，设定了专利联盟垄断的界限，有力地保障了专利联盟的健康发展。90 年代末出现了著名的数码压缩技术联盟 3C 联盟，后又发展为 6C 联盟。除了计算机领域，与计算机技术相结合的通信领域自上世纪 90 年代开始迎来爆发式发展，专利联盟的涌现，至今未有减缓之势。

5. 专利联盟的许可模式

专利联盟的许可并无固定模式，原则上只要符合现有法律就可以灵活使用，因此专利联盟的具体许可方式非常多，可以是交叉许可或由所有专利权人另组一独立个体，再将所有专利权转移或许可给该个体；或是专利权人签署契约将所有专利移转给一个独立体，再由其执行许可。以下列举专利联盟的几种许可模式。

1）交叉许可

专利联盟的成员均同意彼此交换专利权时则为交叉许可。交叉许可是比较初级的专利联盟许可模式，最主要的特征为专利不向非联盟成员许可。交叉许可的当事人之间一般不会成立一个独立个体来持有交叉许可的专利，而是由双方签署交叉许可契约，以使用彼此的专利。交叉许可能避免前文所述的牵制性专利以及互补性专利的问题，从而确保厂商在设计以及营运上的自由度，有助于产业技术流通，促进产业技术发展。例如，华为在通信技术领域的设计与制造市场以及通信设备产业内的交叉许可很常见，且多被用来解决牵制性专利的问题。此外，交叉许可也可以避免潜在的专利诉讼或解决现存的专利纠纷，减少成本，提高效率。例如，2016 年华为与爱立信续签全球专利交叉许可协议。交叉许可的许可费要根据专利权人彼此的专利数量以及重要性差距而定：若差距较小，一般没有许可费条款；但差距很大时，由于交叉许可将削弱垄断势力而促进竞争且交叉许可的目的不只是为了弥补彼此专利的不完整性，一方可能需要给付另一方一笔平衡费用，专利许可契约通常会有许可费条款或其他限制条款。

2）独立个体许可

专利联盟也可能是由许多专利权人另成立一个独立个体，并将成员的专利权移转或许可给该个体，然后再由该个体通过许可、制造或兼两者的方式来利用该专利集合，并由独立个体负责所有专利权对外的许可活动。

3）混合模式

许多专利权人也可彼此相互交叉许可，因此他们各自皆可使用彼此的专利技术。然后，再由其中一个专利权人统一许可给第三方，即由联盟成员签署契约将集中的专利移转给一个许可人，由他负责对外的许可。在信息产业内就有不少案例，DVD3C 专利联盟与 DVD6C 专利联盟都是这样操作的。这种专利联盟的模式是对交叉许可模式的拓展，在交叉许可的基础上，由其中一个成员负责对外的许可活动。

6. 我国的专利联盟——洋为中用

1）我国专利联盟的出现

国外的专利联盟经过一百多年的发展已经比较成熟，而我国知识产权制度建立的比较晚，知识产权保护意识比较薄弱，很多企业内部存在着知识产权管理水平与自我保护能力低下的问题，在保护策略与知识产权的运用方面与发达国家相比有很大差距。真正能够重视知识产权保护，在内部建立知识产权制度，运用制度来为技术开发、技术保护服务的企业还不多。在这种情况下，尽快提高企业以及科研单位的知识产权运用与保护能力是非常必要的，建立知识产权联盟无疑是解决此问题的一个良好途径。我国开始重视专利联盟是从上世纪末本世纪初的 6C 联盟针对我国生产的 DVD 征收高额许可费事件开始的。

1997 年 10 月 20 日，株式会社日立制作所、松下电器产业株式会社、三菱电机株式会社、时代华纳公司、株式会社东芝、日本胜利株式会社，6 家公司达成协议，其共同的专利许可统一由东芝负责缔结，松下和日立协助分担。这就是后来所说的 DVD6C。次年，飞利浦、索尼、先锋成立了 3C 联盟，与 6C 两相对抗，其后 LG 加入成为第四个成员。1999 年 6 月 11 日，6C 联盟发表了关于 DVD 专利许可的联合声明。针对 6 家成员公司所拥有的用于视频播放器、刻录机、驱动器、视频光盘、可刻录光盘等 DVD 规格核心专利，6C 联盟在全世界范围内以"一站式购买的方式"进行联合许可。2002 年 6 月，IBM 加入 6C 联盟，成为第七位成员。2005 年 4 月，三洋电机和夏普作为许可方成员公司，也正式加入 6C 联盟。1999 年以来，中国 DVD 制造行业飞速发展，在全球市场占有相当份额，一些国外开发商纷纷要求缴纳专利费。2002年1月10日，中国电子音响工业协会（CAIA）与6C联盟就DVD专利联合许可进行的多次谈判破裂。不久，欧盟一些国家的海关以我国DVD生产企业没有获得知识产权认证为由，对我国出口到欧盟的DVD产品实施扣押。2002年3月8日，以东芝为首的6C联盟向中国电子音响工业协会（CAIA）的100多家中国DVD企业发出最后通牒：中国厂家务必在3月31日前就专利使用费与6C联盟达成协议，否则6C联盟将向法院提出诉讼。6C联盟的条件是专利使用费按产品单价的20%收取，每台约20美元。但对于中国企业来说，若将20美元的专利成本计入出口海外市场的产品供货价格中，国产的DVD也就尽失了产品的价格竞争优势。2002年，协会就DVD播放机专利许可事宜与6C联盟终于达成共识，并已在4月19日签订有关协议。至此，延续约两年的DVD专利纠纷告一段落。2003年9月5日，6C联盟宣布自9月1日起，开始对DVD音频及可刻录DVD产品的核心专利实施全球许可，并从2004年1月起开始征收专利费。2004年4月，在第95届广交会上，6C联盟向中国机电产品进出口商会和大会投诉站提供了一份包括30余家被指侵犯其专利权的中国企业名单。这些跨国公司追溯性的收费要求一次就收取了27亿元人民币。而接下来的日子里，在国内每卖掉一台DVD，中国的DVD生产商就要向专利权人"6C联盟"、"3C联盟"、"MPEG LA"等交纳13美元的专利费，如果是出口，要交纳21.3美元。2005年3月1日起，6C联盟在全球范围内修订专利许可项目，向被许可方就专利许可方式提供更多选择，并"降低部分产品专利使用费"。这次调价是该联盟自成立以来的首次"降价"。当时在国际市场上，每台DVD的平均销售价格在30美元左右，但此次价格的下调对于中国企业来讲只是杯水车薪。

我国的DVD生产企业因为没有掌握DVD核心的技术，在6C联盟的专利许可费打压下，令我国的DVD行业在顶峰时生产量锐减，行业萧条。从DVD许可费事件后我国政府、企业才开始关注和重视专利联盟，积极加强这方面的研究并推动组建自己的专利联盟。2005年，我国企业间第一个具有专利联盟特征的产业联盟AVS成立。

2）我国专利联盟的成长[①]

从2005年以来，我国不同层次、不同行业的专利联盟如雨后春笋般设立起来。目前，我国的专利联盟已经有近百个。这些专利联盟主要分布在我国南部沿海地区，包括：2005年5月成立的深圳彩电专利联盟；2006年10月由广东美的生活电器制

[①] 我国专利联盟发展现状.[EB/OL].2013-12. http://www.xzbu.com/2/view-4658786.htm.

造有限公司、佛山顺德创迪电器有限公司、佛山顺德怡达电器制造有限公司、佛山顺德爱德电器有限公司共同发起的电压力锅专利联盟，在顺德正式成立，联盟现有创始成员 4 个，其专利池专利已达 45 件，联盟成员生产的电压力锅占全国电压力锅产品市场份额的 65%以上；2008 年 4 月成立的中国镀金属抛釉陶瓷专利制品产业合作联盟；2009 年 9 月成立的广东伦教梳齿接木机专利联盟；2010 年 8 月成立的深圳 LED 专利联盟；2013 年 1 月成立的广东省恩平市电声行业专利联盟。我国北部的专利联盟包括 2005 年 5 月成立的 AVS 专利联盟和 2008 年 6 月到 2013 年 1 月在北京成立的八个重点产业知识产权联盟（北京市智能卡行业知识产权联盟、北京市音视频行业知识产权联盟、北京市智能终端行业知识产权联盟、北京市 OLED 行业知识产权联盟、云计算知识产权创新联盟、诊断试剂知识产权创新联盟、高技术服务业（钢铁行业）知识产权创新联盟、北京食品安全检测产业知识产权联盟）。东部的专利联盟包括 2010 年 6 月成立的中国地板专利联盟。中部河南有一个 2007 年 3 月成立的电磁感应加热专利联盟。西部有一个 2012 年 12 月成立的四川广汉石油天然气装备制造产业专利联盟。从行业技术领域看，我国专利联盟集中在以下几个领域：数字音视频编解码、电压力锅、彩电、地板、LED、电声、天然气装备、陶瓷、接木机等。

随着业界对专利运营的重视逐步加强，近几年，各地对专利联盟这种高端的知识产权运营方式愈加重视，专利联盟在各地加速涌现。2014 年 7 月 LED 产业专利联盟在广东成立，宣告中国首个全国性 LED 产业专利联盟正式成立，这也标志着中国 LED 产业知识产权工作迈入新的阶段，对中国 LED 产业跻身世界之林产生了深远的意义。2015 年 4 月由深圳市专利协会与深圳市医疗器械行业协会共同发起的"深圳市医疗器械行业专利联盟"正式成立。2015 年 8 月，半导体照明产业专利联盟在江苏省成立。2017 年初由天津市高新技术企业协会、中国化学与物理电源行业协会、天津中科先进技术研究院等单位和企业共同发起的天津市绿色电池专利联盟在天津高新区成立。据不完全统计，在专利联盟的大省广东省，已有二十多个专利联盟，涵盖了多个产业集群。

从我国专利联盟组建情况来看，我国缺乏在专业的专利联盟管理公司主导下组建的专利联盟，现有的专利联盟多是在政府部门或者行业协会的支持下，基于不同的需要，分别由相关行业的龙头企业或利害相关企业发起设立。主要包括：

（1）出于解决专利纠纷的需要，由互相有专利纠纷的企业发起。例如，上文中提到的顺德电压力锅专利联盟；2000—2006 年，湖南株洲科力通用设备有限公司和洛阳索瑞森电子科技有限责任公司两家企业在研发的新技术上未经许可使用了对方的专利技术，2006 年双方爆发专利冲突，基于解决电磁感应领域专利纠纷的需要，2007 年，在两地专利执法人员的调解下成立了电磁感应加热专利联盟。

（2）出于应对国外专利联盟或跨国公司专利挑战的需要，相关企业发起。例如，2005 年，TCL 公司、北京海尔公司、创维集团研究院、华为公司、海信公司、浪潮公司、联合信源公司、浦东移动多媒体技术协会、四川长虹公司、上海广电（集团）中央研究院、中兴公司、中关村高新技术产业协会等 12 家企事业单位出于应对国外 MPEG 系列标准下的专利联盟不断向我国收取高额的专利许可费的需要，发起成立了 AVS 产业（专利）联盟；2005 年，长虹、康佳、创维、海信、海尔、厦华、熊猫、上广电、TCL 等 9 家中国彩电企业基于应对汤姆逊、索尼及 ATSC 专利联盟的专利打压的需要，发起成立彩电专利联盟；2010 年，深圳燕加隆实业发展有限公司和江苏德威木业有限公司出于应对国际地板巨头荷兰的 Unilin 公司和西班牙弗奥斯利用专利手段对中国地板企业进行专利围剿，推动我国强化木地板产业健康有序的发展需要，成立了中国地板专利联盟；2010 年，深圳雷曼光电科技有限公司、深圳市 LED 产业联合会、国家专利技术深圳展示交易中心等单位基于应对国际知名企业，如日本日亚公司、荷兰飞利浦公司、德国欧司朗公司等的专利挑战、保护深圳 LED 企业合法权利的需要，发起成立了深圳 LED 专利联盟。

（3）为了促进行业产业升级，企业和科研院所共同发起。例如 2009 年，永强木工机械厂、成业公司、新径力厂、威德力厂、新马木工公司、力腾公司为保障行业共同利益，促进行业发展，发起成立了广东伦教梳齿接木机专利联盟；2012 年，宏华集团公司、宝石机械公司石油装备企业，及川庆钻探工程公司钻采工程技术研究院、中国石油西南油气田分公司采气工程研究院、川庆钻探工程公司安全环保质量监督检测研究院等科研院所为提高产业的综合竞争力，促进石油天然气装备技术推广，发起成立了四川广汉石油天然气装备制造产业专利联盟；2013 年，恩平电声行业协会多家企业为凝聚战略性新兴产业和优势产业的行业力量，提升知识产权对行业竞争力的支撑作用，发起成立了广东省恩平市电声行业专利联盟。

3）我国专利联盟的运作[①]

（1）从我国专利联盟运作情况来看，多数专利联盟没有独立的联盟管理实体。我国专利联盟中只有深圳彩电专利联盟采用公司制的形式——深圳中彩联科技有限公司——管理专利联盟；AVS 专利联盟管理采用了民间非企业单位的形式——

[①] 我国专利联盟发展现状. [EB/OL].2013-12. http://www.xzbu.com/2/view-4658786.htm.

AVS 专利池管理中心——管理专利联盟；深圳 LED 专利联盟采用了社会团体的形式——深圳 LED 社会团体——管理专利联盟，这些拥有独立的联盟管理实体的专利联盟占所有专利联盟总数比例不足 20%，没有独立性专利联盟管理实体的专利联盟占了我国专利联盟的大多数。比如顺德电压力锅专利联盟，2006 年至 2008 年联盟工作机构挂靠于顺德知识产权协会秘书处，2008 后由顺德知识产权协会秘书处兼任联盟秘书处，由秘书长指派专人担任联盟执行专员协助秘书长负责执行联盟具体工作，委托广州粤高专利代理有限公司作为代管机构，全面负责联盟的法律事务，形成了以秘书处为核心的内外兼备的管理、运营架构。其他专利联盟，比如洛阳株洲电磁感应加热专利联盟，由两家公司共同管理；广东伦教梳齿接木机专利联盟由六家公司共同管理；中国地板专利联盟由两家公司共同管理；四川广汉石油天然气装备制造产业专利联盟由多家公司共同管理；广东省恩平市电声行业专利联盟由多家公司共同管理；北京成立的八个细分行业知识产权联盟，各自由多家公司共同管理。

（2）多数专利联盟没有正常开展专利许可项目。例如，AVS 专利联盟 2005 年制定了一元的专利费收取办法，即在中国，向使用 AVS 标准的编解码器的生产商每台编解码器收取 1 元专利许可费。然而实际上 AVS 专利池管理中心成立至今没有向外发放过一次专利许可，中心对外声称现阶段 AVS 标准下的专利依然属于免费使用阶段。2006 年 10 月至 2008 年 5 月，顺德专利联盟采取的是封闭式许可模式，即只在联盟内部，不对外进行专利许可，自 2008 年 6 月起，联盟开始对外进行专利许可。许可协议中有特别条款：即联盟有权对获得许可的企业按照 ISO9001、3C 认证等标准严格进行审核，对企业的质量保证系统和技术安全系统进行评估，对其产品开展抽检，发现不合格的，联盟下达整改通知书要求进行整改，整改后仍然不合格的企业将被取消许可资格。2008 年 6 月到 2013 年 1 月，北京市共引导成立八个细分行业知识产权联盟，这八个知识产权联盟现在主要工作内容是促进技术吸收再创新、发挥预警功能、建立培训机制、加强联盟成员间的合作与交流，进行企业知识产权战略规划，提升专利数量和质量。联盟成员之间较少进行内部交叉许可或外部许可。深圳中彩联科技有限公司管理的彩电专利联盟，主要集中在与美国 ATSC 专利联盟的谈判上，成立 6 年来也很少开展专利许可业务。深圳 LED 专利联盟也较少开展专利许可业务，其管理章程仅规定专利联盟负责搭建国内首家 LED 专利数据库，为企业技术查新提供方便快捷服务；搭建企业知识产权管理系统，避免每个企业单独开发，重复建设，降低企业运营成本；定期举办知识产权培训，更新国内外知识产权动态；以联盟名义集体进行知识产权谈判，降低企业费用支出，根据联盟会员的需求，搭建其他共享信息平台，避免重复开发。国内其他专利联盟更是几乎没有开展许可业务。

（3）我国专利联盟的入盟标准普遍较复杂。例如，2006年10月至2007年5月，顺德电压力锅专利联盟不对外招募新的联盟成员，从2007年6月份开始，联盟开始对外邀请电压力锅领域的其他专利权人加入专利联盟，并随后制定了入盟条件：必须拥有自主品牌；有至少10项电压力锅专利；生产条件达到ISO9001、ISO140001标准；产品的外观设计与联盟成员和联盟已许可的其他企业产品有明显差别；经半数以上联盟成员同意加入；交纳10万元入盟费和联盟产品标识使用费等。同时入盟协议中规定：联盟有权对新入盟的联盟成员企业按照ISO9001、3C认证等标准严格进行审核，对企业的质量保证系统和技术安全系统进行评估，对其产品开展抽检，发现不合格的，联盟下达整改通知书要求进行整改，整改后仍然不合格的联盟成员企业将被取消成员资格。截至2013年4月，顺德电压力锅专利联盟已有13家联盟成员，包括美的、怡达、创迪、爱德、擎能、欧宁、乐邦、鑫丰、顺科键、金广、雅乐思、韩派等公司及容桂万龙燃具电器厂。依据《深圳市LED专利联盟章程》规定，核心入盟标准有：在LED产业具有一定的代表性和影响力；企业有知识产权业务需要。

4）我国专利联盟的未来发展

（1）走向全球化

我国专利联盟从出现到数量上初具规模只有十年多一点的时间，还处于萌芽阶段，我国在专利联盟的组建方式、运作和管理等方面作了一些有益的探索。我国的专利从无到有至今不过三十年左右的时间，已经出现了数量庞大但质量不高以及运用、运营、转化率偏低的问题。我国专利联盟的发展应汲取我国知识产权事业发展的经验，走向高质量和稳健化发展的道路。高质量的专利联盟首先来自高质量和国际化的专利。在经济全球化、知识产权保护日益国际化的背景下，企业竞争力的强弱不再取决于资本、劳动力，也不是企业的厂房、机器设备，而主要取决于企业的核心技术优势。一个专利联盟的建立首先要有核心专利技术，其是整个专利联盟的骨架，并决定了企业在未来专利联盟中的话语权。我们的企业应该积极将领先的核心专利技术进行国际化的申请，这是我们能建立和加入具有全球影响的专利联盟的第一步。

发达国家的跨国公司过去通过以核心专利技术为后盾的技术优势构建了多个具有影响的专利联盟。遗憾的是，以往国际化的专利联盟鲜有中国企业的身影，国际化的专利联盟的一个重要特点是其成员企业不只是来自一个国家,如前面提到的 DVD 6C 联盟。经济全球化背景下,技术的合作和竞争也走向全球化,靠过去那种打价格战的方法,效果已十分有限。这是因为,离开了专利技术的保驾护航,即使通过价格竞争获得了短期的竞争优势,这种竞争优势也不会长久。因此,我国企业要想挺进国际市场并获得持续发展,就应当精心培育企业自主专利技术,利用专利对其产品和技术进行保护,以技术垄断权和市场垄断权作为武器,排挤竞争对手,从而获得可持续的竞争优势。在此形势下,我国企业要阻止国外企业的专利进攻,改变过去疲于应付他人专利大棒的被动局面,就必须大力发展自主核心专利技术,并积极地进行国际化申请,争取在未来的国际高科技新品的技术竞争中占有一席之地,可以平起平坐地跟其他跨国公司巨头展开专利联盟的合作,甚至在专利联盟中起领导作用。

千里之行始于足下,我国专利联盟的发展来源于扎扎实实的技术研发和专利申请。我国企业发展的最终目标不仅仅是守住中国市场,同时也要积极进攻国外市场。鉴于专利权的保护是有地域限制的,在制定自主技术标准、围绕其构建专利联盟的过程中,我国企业也要积极地走出去,到美国等发达国家大量部署技术标准的核心专利。企业在积极进行国际申请时,申请地域可包括出口市场、潜在市场及原料供应国。近期,中兴通讯加入 Avanci 专利联盟就是一个我国企业加入国际化著名专利联盟可喜的突破。

案例 中兴通讯加入 Avanci 专利授权 G5 联盟,全球物联网将迎加速期[①]

近日,中兴通讯和爱立信、高通、InterDigital 等 5 大科技创新领先企业联合推出新的无线专利授权平台——"Avanci",旨在使全球物联网企业能够"一站式"在其连接设备中嵌入通信技术。据悉,Avanci 现阶段将侧重于针对于全球互联汽车和智能电表的 2G/3G/4G 通信技术授权,未来则将涉及其他更广泛的物联网产品领域。越来越多的设备正在互联互通。未来几年,连接在物联网上的传感器、家电和机器的数量将超过手机,成为最大类别的连接设备。到 2021 年,全球 280 亿台连接设备中有近 160 亿台将是物联网设备,遍及智能城市、智能汽车和智能家庭到移动健康护理和诊断设备。Avanci 平台将使物联网设备制造商通过一个单一授权,只需支付一笔统一费用,便可依据 FRAND 条款获得上述公司所持有的所有标准必要无线专利的使用权。这样避免了物联网设备制

---

① 中兴通讯加入 Avanci 专利授权 G5 联盟,全球物联网将迎加速期.[EB/OL].2016-09. http://fiber.ofweek.com/2016-09/ART-210022-8140-30044582.html.

造商逐一与各家企业签署许可协议所带来的企业内部成本浪费，以及潜在的许可费叠加，这种专利授权方式业界称之为"一站式购物"。

Avanci 的创始人及首席执行官 KasimAlfalahi 强调："我们从今年 4 月份开始创立这个平台，物联网设备厂家和专利所有权人两方都对我们这个最新型的许可解决方式给予了高度评价，相信 Avanci 这个平台将会在未来的几个月内快速将更多的企业囊括进我们的市场中来。"中兴通讯首席知识产权官申楠表示："通过该平台一揽子授权许可模式将显著提高知识产权成本可预见性和透明度，满足迅速增加的网络链接公司需求，使物联网制造企业能够便捷使用全球最先进的无线技术，缩短产品上市时间，迅速扩大规模，并专注于推广新的物联网产品，从而加速物联网在全球范围内的发展。"

作为 Avanci 全球五家初创成员之一及唯一的中国面孔，中兴通讯在 4G/5G 以及物联网专利上已进行前瞻性布局并居行业领先地位。中兴通讯拥有 4GLTE 标准必要专利超过 815 件，全球占比超过 13%，以及近千件涉及 5G 关键技术相关专利布局。物联网专利方面，咨询公司 LexInnova 发布的物联网专利报告显示，2016 年中兴通讯的物联网专利持有量居全球前三。"英国知识产权办公室"报告显示，2004—2013 年，中兴通讯物联网专利持有量排名第一。中兴通讯认为物联网正在引发第四次工业革命，应用场景多样、前景广泛，并提出万物互联 M-ICT 战略以及物联网 IoT 整体解决方案。目前，中兴通讯在四大垂直领域"工业互联网、车联网、智能家居和智慧城市"已有完善的解决方案和应用。

中兴通讯的成功，会让越来越多的技术型企业重视技术创新、重视知识产权保护、重视专利运营，期待很快出现下一个与国际巨头企业并肩推出专利授权平台的中国企业。

（2）发展防御性质的专利联盟

专利联盟是个舶来品，对外我们应积极地参加和融入国际专利联盟这种国际技术竞争的形式，以他人制定的游戏规则在全球化的专利技术竞争中有所斩获。对内我们积极发展具有自身特色的专利联盟，重点打造防御性质的专利联盟。有一种声音认为发展专利联盟就应该朝着获取高额专利许可费的方向发展，最好能在全球收到跨国公司的专利许可费。这种愿望是好的，但现实情况是我国已经是全球制造业活力最高、产业集群最丰富、成本较低的制造中心。一旦我们掌握了核心技术，组建了由中国公司主导的专利联盟，产品可以由联盟成员在我国生产，并通过出口满足全球的需求，不需要大量的对外许可，特别是在全球高新技术发展的 IT 和通信等热点领域，历史上和现今都有多个重要的专利联盟，我国在上述领域的制造能力和成本优势已经独步全球。我们来做个假设，如果当年的 DVD 技术是由我国的主要几个家电巨头发明的并以此组建了专利联盟，以这几个巨头的生产能力和成本优势，全球的 DVD 机需求完全可以由这几个巨头满足，基本没有许可给其他跨国公司的需要，其他跨国公司也多会选择 OEM 的方式而不是获得许可自己生产。同时，这几大巨头也不会倾向于以较低的许可费许可给国内的厂家，以防冲击了市场，大幅拉低了利润，虽然这有垄断的嫌疑。这也是我国目前的专利联盟普遍存在新加入成员困难、且对外许可不积极、许可费收入不高的根本原因。专利联盟的成员仍主要靠产品生产获得创新产品的利润而不是靠收取许可费。存在的即是合理的，更何况这种存在是合法的和符合市场规律的存在。所以这种由国内专利组成的由国内企业组建的专利联盟主要还是防御性质，联盟企业通过各自专利互惠互利抱团取暖，对外共同打击专利侵权，获取稳定的专利技术垄断利润是这些企业的主要目的，也是我国制造业生态圈的必然选择。

前面讲到我国 2005 年的专利联盟大发展很大一部分是出于应对国外专利联盟或跨国公司专利挑战的需要。我国的制造业大而不强，就单一领域的产品来讲，我国在众多领域的产品产量都位居世界第一，但是这些产品却出自于众多的厂商。纵观我国现今热门的制造领域，这种情况比比皆是，比如我们常用的智能手机，虽然经过这些年的淘汰，知名的国内手机厂商品牌仍有十多家；乘用汽车领域，我们自主品牌的汽车也有十多家之多。而发达国家经过上百年的大浪淘沙，很多领域都被个位数的巨头瓜分，形成跨国行业巨头。所以在与跨国公司出现知识产权纠纷时，我们单个企业的技术、资金实力等相比弱势，容易被对方各个击破。所以在政府部门和行业协会的牵头下成立和发展防御性质的专利联盟在可见的未来仍会非常必要。比如我们已经建立的 LED 产业专利联盟，众多周知 LED 的核心技术主要掌握在欧洲的几个照明产业巨头手上。按照专利联盟历史发展规律，我国成立 LED 产业专利联盟好像意义不大。因为国内厂商投入 LED 产业专利联盟的专利严格来讲多属于外围专利，难以与核心专利抗衡。但是聚少成多，众志成城，通过专利联盟集合的众多专利也可以在与跨国巨头的专利竞争中争得一点地位和话语权。

（3）专利联盟与专利保护环境

从全球角度来看，不论专利保护环境好还是一般，专利维权都是一个耗时耗力的过程。在我国，由于专利维权成本高、赔偿低，专利联盟管理分散，鲜有专利联盟的重大维权案例。长远来看，专利联盟将专利池专利汇总在一个联盟管理实体中，可以有效地对专利进行统一管理，统一对外进行许可和维权，可以有效减少专利维权的成本。我国目前的专利联盟中鲜有采用这种形式的，随着我国专利保护制度的完善和加强，这种统一管理的专利联盟将会受到青睐。

我国目前专利制度最被人诟病的是对专利的保护力度不足，这在一定程度上也影响了我国国内专利联盟的建立和发展。目前正在执行的《专利法》已经近十年没有修订，其中关于知识产权保护和侵权赔偿方面的规定已经远远跟不上经济的发展、货币贬值、市场变化以及目前专利侵权的新形势。国家知识产权局已经将《中华人民共和国专利法修订草案（送审稿）》（2015年12月2日）交给立法机构讨论，这是我国《专利法》的第四次修订，本次修订的一个内容是加强了专利的行政和司法保护力度。长远来讲必定为我国的专利联盟的发展起到促进作用。

政府部门在我国专利联盟的过往发展过程中发挥了重要作用。目前我国的专利联盟已初步走上正轨，并逐渐形成自己的体系和特色。未来，政府部门需要转变职能，出台和完善专利联盟相关政策法规，从制度上保障专利联盟的健康发展，并进行科学、适度引导和助推，不应急于求成，拔苗助长，市场能解决的事情交由市场解决，为我国专利联盟的健康有效运行和长远发展保驾护航。

第三部分
企业视角看技术转移

第4章 市场命脉：技术转移看企业

在创新驱动发展战略大背景下，技术转移成为二次创新的重要推力，技术交易市场持续高速增长，企业、科研机构与高校是我国技术转移的主要核心主体。科学技术部规划发展司与中国技术市场管理促进中心对我国的技术转移进行了持续详尽的统计，并纳入全国技术合同认定登记系统。本章采用了其公布的部分数据，来分析国内技术转移主体发展情况。

4.1 企业的技术转移概况

4.1.1 企业技术转移现状

1. 企业是我国技术转移的绝对主力

根据科技部中国技术市场管理促进中心《2016年全国技术市场统计年度报告》的数据，2015年，我国共登记技术合同307132项，成交额为9835.79亿元，同比增长14.67%，平均每项技术合同成交额为320.25万元，同比增长10.91%。

企业在创新中的主体地位和主导作用在技术交易中表现明显。各类技术交易主体中，企业既有对新技术的渴望，也有发展新技术的动力，技术输出和技术吸纳持续走高，双向交易额均大幅领先其他主体。2015年，近50%的技术交易发生在企业与企业之间，成交额占全国近70%，其中涉及知识产权的技术合同成交额逾50%。全国技术市场登记注册的技术卖方企业已达98271家，买方企业有628570家，比科研机构及高校的参与数量高出一个数量级。相比其他交易主体，企业在全国技术输出与技术吸纳市场交易情况如图4.1所示。

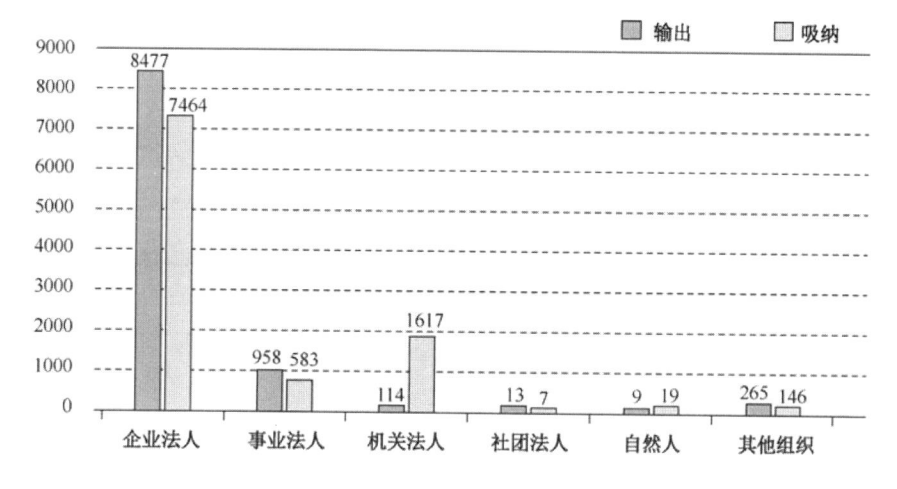

图 4.1 2015 年全国技术输出与技术吸纳市场交易情况（单位：亿元）

企业输出和吸纳技术居各类交易主体首位。企业输出技术 196517 项，成交额为 8476.92 亿元，同比增长 12.78%，占全国技术合同成交总额的 86.18%。其中，内资企业是技术交易的主要力量，共输出技术 182410 项，成交额为 6853.13 亿元，占全国技术合同成交总额的 69.68%，单份合同平均成交额为 375 万元。外商投资企业以重大技术合同占全国约 10% 的市场份额，输出技术 8462 项，成交额为 1011.29 亿元，单份合同平均成交额达 1195 万元，是内资企业的 3 倍，如图 4.2 所示。

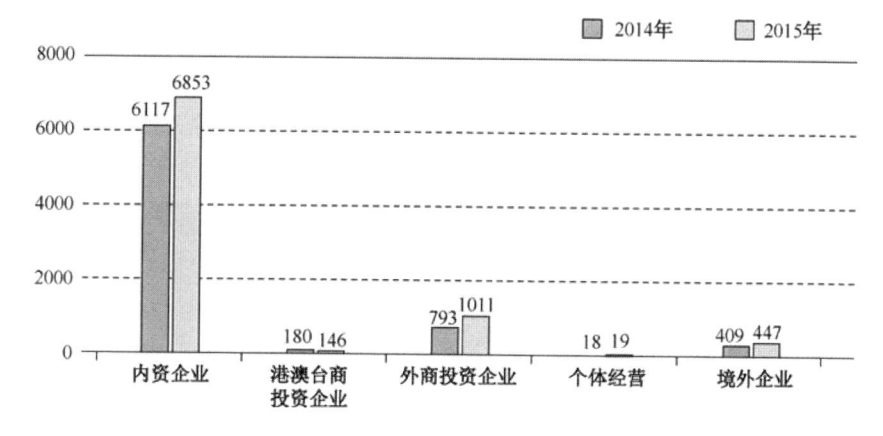

图 4.2 2014～2015 年企业输出技术交易情况（单位：亿元）

企业吸纳技术 209342 项，成交额为 7463.91 亿元，同比增长 12.93%，占全国 75.89%。在技术输出与技术吸纳双向交易中，企业都是绝对的主力。其中，七成以上为内资企业，共购买技术 189879 项，成交额为 5305.64 亿元，占全国技术合同成交总额的 53.94%，境外企业技术吸纳交易额高于外商投资企业。如图 4.3 所示。

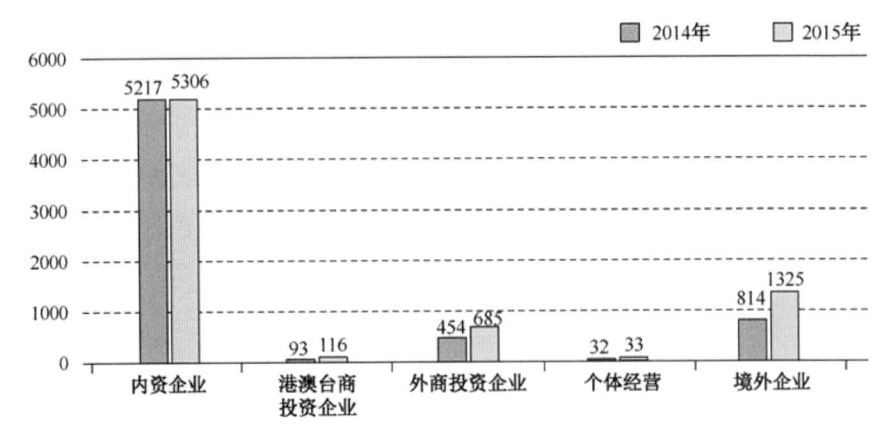

图 4.3 2014~2015年企业吸纳技术交易情况（单位：亿元）

2. 参与我国技术转移活动的企业比重非常低

我国技术转移的主体是企业，但全国参与技术转移活动的企业并不多。截至2015年12月底，全国实有企业2185.82万户。其中技术卖方企业98271家，技术买入方企业628570家，即使不考虑买卖双方统计重叠部分的数据，全年参与技术转移交易企业合计仅726841家，占全国企业总数的3%。也就是只有3%的企业有技术转移相关活动，比重非常低。如图4.4所示。

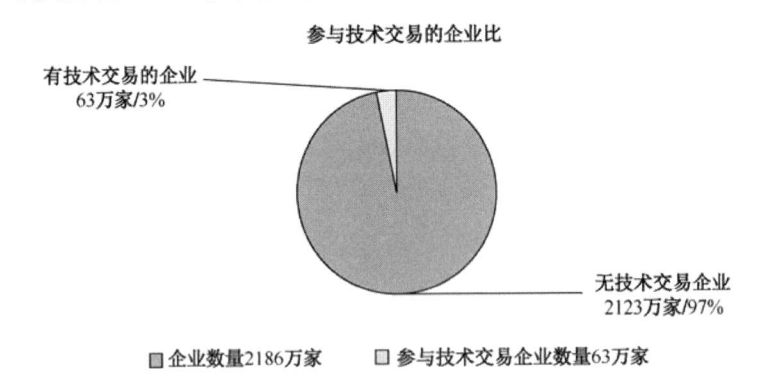

图 4.4 参与技术交易的企业占比

有97%的企业没有参与技术转移，是否意味着绝大多数企业不需要技术转移？笔者认为这个问题的答案是显而易见的，绝大部分企业需要技术转移。技术转移是除自主研发外企业最重要的技术来源，技术是企业参与市场竞争的核心竞争力。没有技术，企业就没有核心竞争力；没有先进技术，企业就没有未来。之所以如此多的企业未参与到技术转移中来，一个原因是企业不够重视技术转移，但最主要的问题还在于企业不知道如何进行技术转移，市场环境未让企业对技术转移引起足够重视,技术转移举步维艰让企业难于感受到技术转移的利与弊,制约了企业推动技术转移工作的主观能动性。

3. 技术交易中的知识产权占比持续下降

创新成果中的先进技术、有重要市场价值的技术,创新主体会申请知识产权,通过法律手段来保护和强化自己对该技术的独家使用权,因此知识产权好比技术交易王冠上的明珠。2012~2015年,我国技术市场中涉及知识产权的技术交易额持续增长,从3600亿元增长至4108亿元,但是,涉及知识产权的技术交易额占比却持续走低。如图4.5所示。

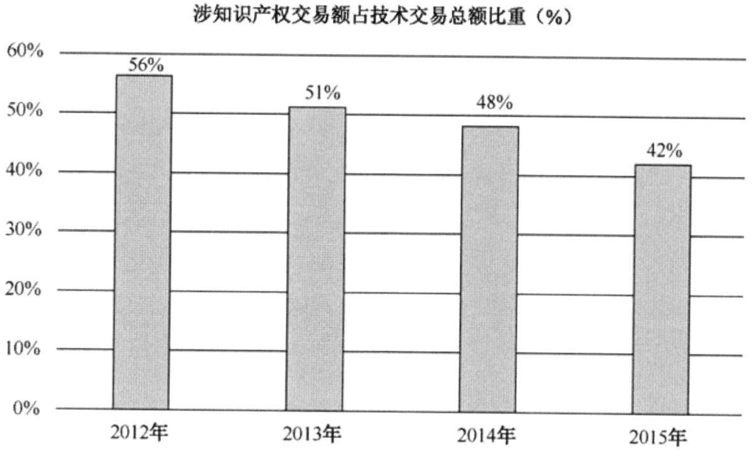

图 4.5　2012~2015 年涉及知识产权的技术交易额占技术交易总额比重

自2008年《国家知识产权战略纲要》发布至今,知识产权在我国获得了空前的发展,特别是专利、商标等知识产权申请数量持续多年位居世界第一。但与此同时,我国的知识产权保护力度不足,司法制度不够健全,知识产权侵权成本低廉,企业对以知识产权交易的形式进行技术转移并不信任等诸多原因导致涉及知识产权交易额占技术交易总额比重持续下降。

涉及知识产权的交易中,又以技术秘密的形式进行交易的为主。2015年涉及知识产权的技术交易额为4108亿元。其中,技术秘密合同成交86266项,交易额为2534亿元,占涉及知识产权技术交易总额的61%以上,超过以专利为代表的其他所有知识产权交易的总和。

专利的交易额持续上涨,但每年的涨幅不大。2015年全年涉及专利的技术交易额为675亿元,其中发明专利交易额则下降17%,至357亿元,实用新型专利成交额增长 41%，达到 307 亿元，已经接近发明专利的交易额。外观设计专利成交 11 亿元，占比较低。如图 4.6 所示。

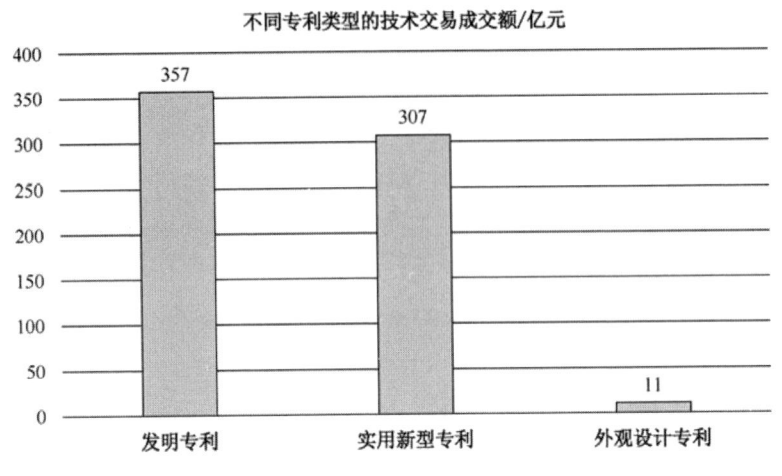

图 4.6　2015 年涉及不同专利类型的技术交易成交额

实用新型专利涉及的技术交易金额大幅上涨，其与发明专利涉及技术交易金额相差已经不大，两者共同支撑我国专利技术交易市场稳定发展。按照目前的发展趋势，未来实用新型专利交易额有可能会反超发明专利交易额。

4.1.2　企业技术转移瓶颈

技术转移在国内没有在企业中广泛应用和推广，原因众多。从技术层面来看，技术转移存在显性技术转移和隐性技术转移，显性技术转移好比新引进的技术生产线，投产后显性技术转移就全部完成；隐性技术转移则类似技术生产线设计原理等，在进行生产线的维修、改良、扩建或模拟新建生产线时，没有隐性的原理性知识支撑，只能是表面模仿，不得其法。技术转移的不完整经常使得转移技术不能发挥应有的作用。每一项技术都是一个与其他支持技术和关联技术共同实施的有机知识系统，一个知识系统由许多个相互作用的子知识系统构成，彼此之间相互依存，是共生关系，技术转移的完整性是发挥技术效能的重要保障。技术转移的过程本身也是一个重要的技术再创新的过程，在技术转移落地实施周期内及技术连续转移过程中，技术在不断进化，具有不间断的特点，形成连续的知识体系，而技术转移的原始知识缺失可能造成后面的技术再创新中断。

从技术转移的参与主体来看，技术转移是一个"四高"活动，即技术含量高、成本高、风险高、回报高。技术含量高，即技术转移要求参与双方都具有相对的技术知识储备，技术输出方一般会掌握更多的技术知识信息，而技术吸纳方对技术的先进水平、发展前景、技术预期、转化效果、转化难易程度等相关信息了解甚少。技术知识大部分是技术权利人的专有知识，当技术转移发生之后，如果技术吸纳方不具备相当的技术储备来接受和消化吸收，甚至再创新发展以使技术为我所用，则很可能意味着技术转移的失败。成本高，包括资金成本、人力投入成本等，技术转移多依附于商品或服务，成本不仅包括技术商品本身的价值、交易过程中发生的费用，还包括吸纳方在技术消化吸收过程中的技术学习、技术转化、技术整合和再创新的费用，以及技术提供方技术的传授费用等，由于技术转移过程中各种不确定因素，为克服各种风险因素付出的成本也很高。风险高：一是技术风险，当技术不成熟或有新技术产生时，技术不能达到预期的性能、成本高于预计目标值或特定的技术方法引起其他的副作用等，都会导致技术成果不能如期转化；二是市场风险，在技术成果的商业化过程中，市场机会难于把握，市场需求不仅是模糊和变化的，而且经常是多样的和不全面的，使技术转化成果的性能、质量达不到要求；三是资本风险，技术转移资金的不足使技术转移与创新工作停滞、延期甚至中止；四是管理风险，技术转移是一个复杂的过程，大量彼此相互影响的各种因素，企业经常采用多种方式克服困境，但对技术转移的很多因素和最终结果无法完全控制，这些风险的累积使得技术转移失败的风险骤增。回报高，是技术转移能够在困难重重但仍然被企业不断尝试、政府鼓励、政策支持的核心原因，技术转移一旦取得成功，就可能改变生产方式、提升生产效率、降低生产成本，新技术的引进可能直接为企业带来新的利润增长点，更有甚者，一种技术的引进直接改变企业的发展步伐和未来。就整个社会来说，技术转移是解决重复研发的主要途径，通过技术转移实现现有技术资源的再分配，盘活现有技术，让技术输出方获得经济收益，让技术吸纳方快速获取技术。

除上述技术转移的技术层面、转移主体层面的因素外，技术转移还受客观环境影响。技术发展有其自身规律，企业技术引进与输出受主观能动性影响，而技术转移所处的客观环境，整体上决定着在实际操作中，技术转移实施的难易度。国内技术转移之所以只有3%的企业参与，主要受制于客观环境的三个瓶颈影响：技术转移资源流转不畅、技术转移市场配套资源不完善及缺乏第一推力。

1. 技术转移资源流转不畅

我国技术资源流转不畅，在不同市场主体的表现惊人的一致，不论出于主观因素还是客观环境，都抱紧了技术不撒手。

高校与科研机构的技术研发主要是课题研发、自主研发，以及与企业的合作研发。项目课题研发取得的技术成果一般会通过论文、专利等形式发表和公开，高校与科研机构对技术研发团队（课题组）的考核一般也是论文影响因子、专利数量等，这直接导致高校与科研机构的技术开发止步于此，完成课题任务是研发的最大目的。技术研发团队与管理者均没有主观能动性进一步推动科研成果通过技术转移的形式，让其他对技术有需求的企业来实施，导致技术资源闲置。当有需求的企业希望引进此类技术时，会发现科研技术与产业化应用还有一段距离；企业无能力在科研基础上进一步研发，推动技术发展到产业化阶段，而高校与科研院所已经完成课题任务，没有动力再进一步研发技术；我国的高校与科研机构的技术成果属于国有资产，在转移过程中存在诸多禁锢，也影响着学校和科研机构对技术的进一步研发和推广。种种原因，导致课题研发技术止步于项目结题。这也是目前国家大力推行《促进科技成果转化法》的原因。

高校与科研机构自主研发的项目与课题研发项目在方向上类似，都多为探索性前沿科技，或是基础性课题研发，一般只能取得一些理论性成果。成果距离产业化应用具有一定距离，而要跨越这段距离则困难重重，该类技术成果的资源转移流通非常难。少量具有产业化前景的技术成果，高校与科研机构会通过类似校办工厂等形式自主实施或技术入股，但该类技术占比不高。

高校、科研机构与企业合作开发的技术，应该是最容易实现技术转移和产业化的技术。产学研合作就是针对这一类技术合作开发而设。若这一类技术能够产业化成功，则参与的企业会通过该技术的产业化实施获利，技术的归属权根据约定不同而定。但一般为高校与科研机构所有或三方共有，很少会由企业获得归属权，但企业一定会获得使用权。这种情况下企业不会允许高校和科研机构再将该技术流通转让给其他竞争对手实施。一旦产业化失败，则由于权利归属较复杂，要将该技术成果流通转让给其他企业产业化或二次研发，也存在诸多障碍。因此合作开发的技术虽然提高了技术产业化的成功率，但其实阻断了技术向大市场流通的路。

国内企业的技术研发集中于解决当下的技术难题和新产品的研发，其技术研发成果的自主实施率会比较高。但是，无论企业自主实施效果如何，企业的技术成果也止步于此，不会再向外部扩散转移。当企业自主实施效果较好时，外界还可以通过其技术实施后的产品、工艺等侧面了解其技术成果，而一旦实施效果不好导致技术被放弃或冷藏，则该技术会被完全闲置。虽然企业觉得自己的技术是有价值的，但并不会乐见行业内的竞争对手买走该技术，而跨行业技术转移需要的投入会更大，也阻碍了企业推进技术转移的动力，导致企业的技术资源很难流转。这一部分被闲置的技术是最有可能被产业化的技术，如果流入技术转移市场让其他有需求的企业来产业化或二次研发，将会极大提升技术的产业化效率。

企业因战略转型而不得不舍弃的技术、对企业贡献不高的技术、可以预见的期限内企业不会应用的技术、未达到产业化条件但企业无意继续研发的半成品技术、企业内部淘汰的技术，均是企业可以通过技术转移为企业带来经济效益的技术。同时，即使是企业正在使用的技术，也可以在企业暂时触及不到的地域市场进行技术转移。也就是说，企业的绝大部分技术都是可以技术转移并为企业带来经济效益的。然而企业并没有有效推广运用自有技术来获利，2015年全国只有3%的企业有参与技术转移活动，大部分企业除了主观上没有重视技术转移导致技术资源流转不畅外，客观环境也是制约企业技术转移不畅的重要原因，技术交易市场不成熟、配套辅助不完善、司法保护力度不够等客观因素都导致技术转移投入成本增高和风险加大，影响企业推广技术的积极性。

2. 技术转移市场配套资源不完善

技术转移需要什么样的市场配套资源？或者说什么样的市场环境及相应的配套资源，更有利于技术转移的进行？在这里，笔者重点列出四大配套资源。在笔者看来，中国的技术转移若要取得长足的发展，能够在创新创业大潮中对中国经济产生积极重大的影响，还需要多方面的辅助市场资源支持，其中尤以这四个方面的配套资源不可或缺。

1）技术转移的专业服务机构

强调"专业"两个字，是为区别于目前市场上普通的中介机构，如律师事务所、知识产权服务机构、信息服务机构及一些政府性质的提供技术转移服务的机构等。这些中介机构均有可能涉及技术转移服务，但涉猎不深。通过对比，可以清楚看出技术转移专业服务机构的作用。

服务周期不同。中介机构一般服务至双方签署技术转移合同，而专业的技术转移服务机构服务技术转移的整个周期，直至技术落地，技术需求方完全吸收消化技术。可以说，签署技术转移合同，是技术转移通过前期技术信息匹配服务、技术质量分析、技术价值评估与技术转移谈判工作取得了阶段性成果，是技术转移迈出了坚实的第一步。技术转移的重点工作是技术转移实施过程，输出方的指导与需求方的吸收消化是不对称的，这是一个长期的，有可能存在反复博弈的过程，技术转移的主要时间是在这一阶段。

参与程度不同。中介机构参与程度较浅，主要提供信息匹配和撮合服务，以及整合各方资源共同促进技术转移谈判成功，双方达成技术合作协议。目前市场上的技术转移中介机构，与房地产、招聘等中介机构类似，除运作标的外，并无本质区别。技术转移专业服务机构参与技术转移程度更深，在技术层面会熟知技术的发展背景历程、输出方与需求方对技术的预期、技术转移的可行性、技术转移的每一个技术细节、技术转移过程中的转变与二次开发等；在技术转移实施层面，技术转移专业服务机构会跟踪技术转移实施并能将技术转移分解成多个可考核的小阶段，并对每一个阶段，作为第三方进行监控，在发生纠纷时能够以第三方的角色根据制定的考核标准评判技术转移的成功与否，确保供需双方能够公平地推进技术转移。

人员配置不同。中介机构的人员配置一般是市场营销人员加后勤人员，营销人员负责技术供需征集与匹配，后续出现问题一般由后勤人员处理。对人员技术方面的要求是涉猎广泛但不需要太专业，进行技术匹配后由供需双方自行商谈细节技术。技术转移专业服务机构的人员配置应该是按每个技术领域，配备行业内的技术专家加技术转移服务专业专员。对人员的技术水平要求极高，行业专家能够对技术转移的可行性做出准确评判，这不仅要求专业水平，还需要懂得产业化技术。而技术转移服务专员将成为技术转移的核心推动人群，大量分布于各行各业的技术转移服务专员是最前线的技术转移推动者，他们具备某一行业的专业技能，参与技术转移前后的所有工作，对供需双方对技术转移的预期能够准确把握，并推动双方朝着预期发展，有能力监管和考核技术转移的每一阶段的成果，同时具备一定的商务谈判能力。我国以深圳为代表的多个地区，已经着手培养技术转移服务专员多年。可以预料，未来数年时间，技术转移服务专员将成为推动地区乃至全国技术转移、提升地区技术创新能力的重要推动力量。

技术转移专业服务机构的运作特点，是人力成本高、盈利周期长，在技术转移市场并不繁荣的当下，这样的机构并不多，即使是以深圳为代表的有专门培养技术转移服务专员的土壤，培训出的人才也基本流向企业和中介机构。但是，人才培养已经在进行，市场在发展，当局部地区出现技术转移热潮时，技术转移专业服务机构必将催生，并从局部地区扩散和影响全国的技术转移。

一个成熟的、能为地区技术转移市场发展提供完备的支持条件，以推动和活跃一个地区的技术转移市场的专业技术转移服务机构，必须能够提供技术转移过程中所需的各项配套服务，或者能整合各方资源为技术转移提供各项配套服务，如配套融资渠道、法律服务、技术价值评估、地区政策支持等。归纳起来，专业技术转移服务机构应具有如下基本功能：

（1）掌握广泛的技术供需市场资源，建立或能够调用可公开查询、展示的技术供需数据库；

（2）提供技术供需双方的定向匹配与撮合服务；

（3）熟知地区或行业的最新技术转移政策，与政府科技部门有良好的合作基础，对重大技术转移项目，能引入政府扶持推动项目实施；

（4）能为资金不足的技术需求方引入技术转移项目的银行贷款或风险投资，熟知技术转移相关的银行贷款、政府补助、工商财税等政策；

（5）具有良好的资金周转能力，以应对技术转移前期的项目投入和市场培育的资金风险，若能对预期收益良好的项目直接投资，更可以增强市场信心；

（6）能提供或整合跨国技术转移服务中的法律服务、知识产权服务、项目评估与分析服务、项目可行性分析、税务服务等。

在具备如上功能的基础上，专业技术转移服务机构更重要的服务功能体现在如下三个方面。

（1）熟悉研究最新进展与研究计划（特别是一些重要科研机构和企业）与产业技术发展趋势，并据此匹配供需双方，使技术需求方与技术输出方在研发阶段即达成合作，既可减轻技术供给方单独研发的资金压力，也便于研发技术后期的产业化。

（2）市场上提供的技术与企业需求的技术，一般都存在一定的差距，专业技术转移服务机构需能够通过自己的专业经验，对存在的技术差距做到可控或二次研发弥补差距，以此提高技术对接成功率，提升技术转移服务的科技含量。

（3）技术咨询增值服务。通过特定行业的资深专业技术人员，提供技术咨询，协助产业化项目顺利实施；知识产权的金融化，将专利、技术秘密等知识产权组合为金融商品，直接流通盈利，盘活地区闲置知识产权，从而拓宽专业技术转移服务机构的盈利模式。

2）技术供需资源库

技术转移市场不繁荣的一个重要原因就是资源缺失。或许大家会觉得，技术就在那里，企业就在那里，怎么会缺失呢？这可以从一个企业的接触面来说明。一个有技术输出需求的企业，其能够接触的潜在需求方是有限的，即其在行业内熟知的关联企业，这是一个非常狭小的接触面，一旦在这一接触面无法顺利完成技术输出，企业想要扩大接触面推动技术输出将成倍地提高运作成本，绝大部分企业的技术输出都止步于此。有技术吸纳需求的企业与之类似。若能够建立技术供需资源库，技术转移供需双方的潜在客户将成几何倍数的增长，这将极大提高技术需求匹配数量和促进技术转移成功实施。以往的普通中介机构手中掌握几百件技术资源就算较大的机构了，很难做到建立技术供需资源库。现在，随着互联网技术与大数据的发展，建立技术供需资源库成为低成本可实现的事情。国内发展比较早的一些技术交易平台，都凭借互联网技术带来的便利，建立了自己的资源库。虽然还无法做到类别齐全多样，但动辄上万的供需数据，已经与以往不可同日而语。相信随着技术转移的发展，技术供需资源库会越来越大，最终会形成全国范围内所有技术供需资源数据的收录与查询匹配大数据。

技术供需资源库是整个技术转移成熟市场的基础和前提，有了这个前提，技术转移的许多工作和各关联方的工作将变得明确和简单。如图4.7所示。

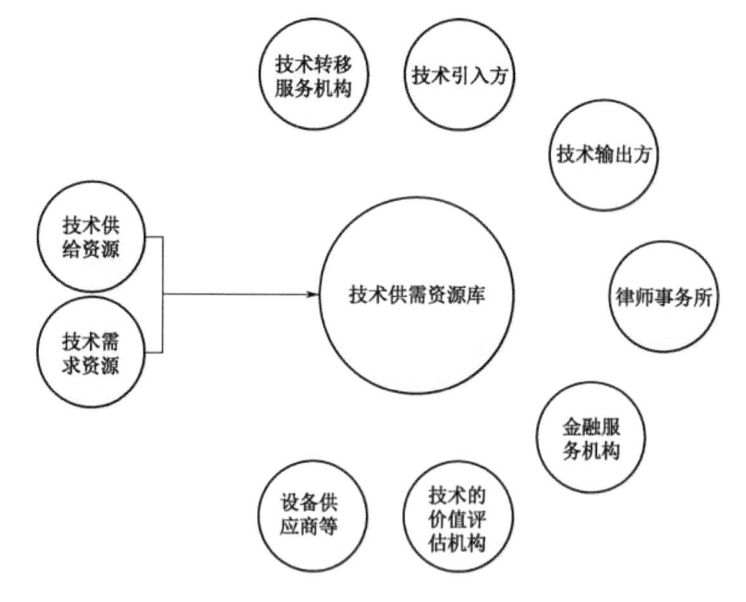

图4.7 技术供需资源库是各方推进技术转移的基础

从图中我们很容易看出，技术供需资源库极易发展成为一个大数据服务平台，技术转移的关联各方围绕资源库扮演各自的角色，共同服务于技术转移。

技术供给资源和技术需求资源是资源库运行的基础数据，同时资源库在运行过程中还会不断收录技术转移成功案例及失败案例，以及技术转移全服务周期的所有数据。技术转移全服务周期大数据将为后续的技术转移项目提供全面的数据参照，对技术转移服务各方来说，有数据参照的技术服务项目无疑更加容易判断和预估。

技术转移服务机构依据资源库，可以在对供需双方进行机选匹配的基础上，进一步实现更专业和精准的人工二次匹配，大大缩减了匹配数量、匹配时间并提高了匹配精准度。

技术引入方根据资源库可以方便获得自己所需的技术，同时考虑到引入技术在资源库中被同类技术的可替代性，将使技术引入方引入成本极大地降低。

技术输出方在资源库中可以接触更多的引入方，技术输出转移成功率将极大提高，同时转移成本降低，并且通过将技术输出给更多的引入方，可以获得更大的经济利益。

律师事务所在技术转移过程中扮演重要角色。在以往的技术转移中律师事务所有时会身兼技术转移中介的角色。由于技术转移的周期较长环节多，以及技术转移双方对技术理解的差异，导致技术转移极易中断甚至失败。律师事务所在为双方提供法律援助的过程中，要对可能发生的纠纷起到前期有准备后期有应对的作用。技术交易大数据能够极大地帮助律师事务所对技术交易的风险点进行预判并为纠纷提供数据参考。

金融服务机构对技术转移提供资金支持，在技术交易大数据作为数据支撑的情况下，可以更大胆和准确地为技术转移项目提供资金支持。

技术价值评估机构借助技术交易大数据，通过市场法对技术的价值进行精确评估，而在没有大量技术交易数据做参考的现在，无法采用市场法，评估机构不得不被动采用未来收益法来评估技术价值，而未来的收益本身就具有极大的不确定性，不易准确评估。

设备供应商等在技术转移过程中提供其他支持的供应商，在技术供需资源库的基础上，可以更精准地预判潜在客户，以及在技术转移过程中提供全程的供应服务。

3）技术转移的法律服务

从技术转移的谈判、合同拟定、技术转移实施落地、技术转移过程与结果监管、技术转移成功判断，以及伴随技术转移全流程所有的纠纷乃至转移失败的判断与退出措施等，都需要法律服务。好的法律服务能够帮助技术转移供需双方，无论是在技术转移成功还是失败退出过程中都能够顺利完成，让整个技术转移过程出现的不顺利状况或纠纷都有据可依，避免后期双方陷入诉讼中去。而目前绝大多数对技术转移的法律服务，都是在纠纷出现之后才介入的，没有提前就技术转移中的细节通过法律文书的形式规范，为后期技术转移的落地实施留下了隐患。

对于技术转移的法律服务，普通的律师事务所就可以完成，而之前的法律服务没有渗透进技术转移的全周期，只在发生纠纷时才产生法律服务，是因为技术转移的供需双方由于立场的不同，对过程的预判不同，特别是在无法掌控和了解对方对过程和结果的预判时，以自己的理解来判断技术转移的过程和结果并签署合同，过多的潜在风险不能在合同中体现出来，双方也很难意识到这些潜在问题，甚至有意隐瞒。笔者认为导致此结果的原因是中间缺少了一个能统筹整合各方资源，预判一项技术转移全流程的发展趋势、导致技术转移失败的因素、可能存在的潜在纠纷的中间角色。对于这个角色，大家很容易联想到技术转移服务机构，但目前现有的技术转移中介由于种种原因还做不到，这也是技术转移专业服务机构缺失的原因。

必须强调，法律服务不仅仅提供双方诉讼服务，技术转移还应该让律师提前介入。在双方的谈判、签署技术转移合同的过程中就应该有律师的建议和指导，对可能存在的纠纷做出解决预案。也就是说，技术转移方案可以不仅仅是一个单一方案。

4）金融服务机构

绝大多数企业没有参与技术转移的一个重要原因，是资金不足。解决资金问题主要靠技术需求方，技术需求方依靠其他方面的资金补充需要引进技术的业务板块。由于技术转移项目的前景未知，而对其他方面进行资金抽离，整体上看企业处于相对困境，金融机构没有太大意愿接下来满足这种状态的企业的资金需求。

金融对技术转移的重要性是显而易见的。有金融机构的参与，更多的技术转移才有可能启动和实施。但如此做会不会提高金融机构的投资风险？这里我们必须探讨一下在整个技术转移过程中容易被金融机构忽视的技术的价值。

技术能够被转移交易已经证明该技术具有经济价值，但这并不足以说服金融机构认可该技术的价值。只有能够被更广泛的群体接受和认可，金融机构才会认可。在后面的"互联网+崛起并影响技术转移"部分我们可以看到，互联网的影响让技术的价值有了被更广泛群体关注和认可的可能，并能够被市场法准评估定价，技术在繁荣的市场中可以快速变现并有相对稳定的市场价格。因此，金融机构是可以为技术转移投入更多资金支持的。

3. 缺乏第一推力，导致技术转移成功落地难

美国在20世纪六七十年代，面对日本、欧洲等发达国家的经济崛起的严峻挑战，出口额下降、技术产品的全球化受阻，甚至国内市场份额均开始下滑，工厂倒闭情况加重。面对经济下行压力，美国从国家立法层面，将科技成果推广转化及技术转移作为提振美国经济的重要手段，帮助美国经济走强。

德国在二战后百废待兴，急需采取措施复苏经济，因此大力推行和支持科技创新与技术转移，我们熟知的史太白基金会就是国家作为公益机构重建的，用以为各州立大学的技术转移提供技术咨询服务。

日本同样是在二战后通过科技振兴加速了日本的崛起。日本政府把大量引进技术作为基本国策，并且为了使技术转移适应国民经济发展的总目标，还制定了一系列相关法律保障技术转移实施。从20世纪50年代日本引进技术发展本国经济开始，到1980年共引进36758项技术[①]，为日本经济的快速崛起奠定了坚实的技术基础。

美国的技术转移是政府主推的，德国、日本在二战后技术转移也都是由政府一手促成的，我国目前政策导向上已经明确对技术转移的支持，并配套有财税方面的优惠。笔者认为政府的支持力度应该更大，配套政府专项资金作为第一推力，推动技术转移打破信任危机，顺利进入实施阶段非常重要。

当技术转移信息匹配完成，双方谈成合作意愿，在进入付款阶段时就进入了一个困局中。技术拥有方希望先收钱后交付技术，原因不外乎两点：第一，我的技术很高科技，交付给你，无论技术转移成功与否就已经是严重的技术外泄行为；第二，我的技术很简单，只是一个技术诀窍，交付出来你立刻就会模仿。两种情况都使得技术供给方不愿意在收到技术转让费之前交付技术。同样的道理在技术需求方处也适用，而且更加简单明了。需求方对技术转移的要求，主要在技术转移成功这一结果上，对还没有交付的技术进行付款是不可接受的，即使是对技术转移已经进行落地实施了99%进度的情况，对技术需求方来说都是比较困难的。技术需求方想要看到技术落地实施并且成功运行为自己带来效益，才会乐于付款，而这对技术输出方来说是不公平也是不可接受的。

在技术转移全周期内，技术供需双方对付款的时间差导致双方陷入一个死结，只靠双方很难破解，这个时候需要外界力量来推动双方将技术转移推动下去，这就是本文定义的第一推力。前面说的几个国家，在技术转移的初期，第一推力都是由政府来推动的。政府在将技术转移制定为国家经济发展的重要推动时，会从政府层面配套资源推动更多企业参与技术转移，政策、资金等都会有相应配套。通过政府

---

① 张阳，余菲菲，施国良. 国际技术转移战略[M]. 北京：科学出版社，2013：42.

的配套资金来打破技术转移双方对付款时间差的死结，是一个非常有效的方式。在技术转移周期开始由政府的配套资金来支付一定比例的技术转移费用，在技术转移实施成功后由技术需求方支付技术转移费用，政府的配套资金即可收回，用以支持其他技术转移项目。

政府配套技术转移专项资金来打破技术供需双方的信任困局，从而启动技术转移的落地实施，即解开了双方的死结，而政府本身的投入并不大，仅仅是专项资金的一次错时调配，最终也可以收回资金。如此做可以盘活整个技术转移市场，让停滞不前的技术转移项目顺利落地，并带动更多技术转移落地。政府配套技术转移专项资金存在的风险主要在于技术转移失败，而提高技术转移成功率可以从多个方面来解决。

4.1.3 破局待解：当经济转型遇上互联网+

互联网+技术转移成为不可逆转的发展趋势。互联网对技术转移的影响是全方位的，许多目前存在的技术转移难题，在互联网+背景下变得迎刃而解。

1. 互联网+崛起并影响技术转移

1）降低需求方获取技术资源的成本

互联网的出现，让技术需求方可以获取几乎无限的技术资源，方便引进技术的同时极大地降低技术引进成本。特别是对于一些跨行业技术引进者来说，当需要短期内引进吸收新行业的重大技术时，通过互联网搜索或主动征集能够让企业在较短时间内获取新行业的几乎所有技术及知识产权，技术的供给方可能是来自全世界的个人、企业、高校等，而这是通过自主研发无法做到的。对于技术持有人来说，可以将技术交给更多公司实施，来为自己获取经济利益。互联网可以聚集全社会的闲置技术资源，而闲置是相对的，一家企业的闲置技术，在其他企业看来有可能具有重大经济价值。

2）扩大供给方的技术运营受众

目前技术转移运营比较好的均为跨国巨头公司，如高通、三星等。高通将其技术挨家挨户地许可给国内的主要手机生产商和相关企业，应该说其技术转移运营得非常好，但应注意高通也是经过多年的技术发展和巨大的研发投入之后，在确立了自己的技术标准之后成为技术领袖，才能实现较好的技术输出和盈利的。而绝大部分企业，特别是中小企业，是很难做到像高通这样的。

互联网技术的出现，让技术转移的主动权真正回归到普通技术权利人手中。任何技术权利人推广运营其技术，都有与行业寡头相同的竞争环境。权利人的市场占有率和行业影响力不会对互联网下的技术推广运营产生影响，推广运用的价值核心直接体现运营客体，即技术本身的价值，而非权利人的影响力、运营者的运营能力或其他。在这里必须说明一个前提，也是在互联网时代一定可以实现的前提，那就是技术的价值在一个成熟的互联网市场中可以被快速精准地定价。

权利人在技术推广运用过程中，将自有技术共享出来供其他有需求的个体有偿实施，呈现于需求者面前的都是技术，需求者也只在乎技术。通过计算机可以实现技术转移过程中其他信息的透明化和程式化，需求者只需专注技术本身，合则用，不合则弃，大数据带来的海量数据使得需求者拥有几乎无穷的选择，绝大部分技术都有替代选择。互联网真正实现了技术的无差别推广，让所有有兴趣、有能力实施知识产权的人有了获得技术的渠道，真正有机会实现技术的价值最大化，并且为权利人带来收益。对技术需求形成的大数据，又使得绝大多数技术都有几乎无穷需求者来选择，技术的大规模推广与实施产业化将成为大概率事件。

3）提升技术的质量

互联网让技术的供需双方匹配加速，技术被快速流转、交易、运营、产业化，市场让技术有了被快速检验的机会，好的技术被快速流转、交易、运营及产业化并为各方带来获利，劣质技术在流转、交易、运营及产业化中无法获利，终将被放弃。市场法引导下，由于获取劣质技术无利可图，大众会更倾向投入资源研发和获取优质技术，由此提升市场的整体技术质量。

4）技术大数据解决小众需求

如果市场出现对某一技术领域的小众技术交易、许可、引进等需求，在过去是很难找到技术供给方的。如果需求方找高校与科研机构开发，属于定制需求，价格昂贵，而且小众技术不具有广阔的应用场景，使得研发该技术与其他技术脱节，高校与科研机构也不愿投入资源进行此类技术开发。而在互联网时代，小众需求通过网络聚集后将形成大众群体多样化需求的一部分，由于可以聚集庞大的技术需求量，高校与科研机构就会将此作为解决大众问题的研发机会，整合科研资源，去专门开发技术去满足这些需求。小众需求通过网络聚集后将形成大众群体多样化需求，看似需求定制，但实际上已经大不相同。类似这样的技术转移交易、许可、引进需求，在互联网化之前只是小众声音，而随互联网化，这些小众声音积少成多最终可能发展成为技术转移与技术研发的新模式、新产品、新方向。

5)"市场法"成为技术转移价值评估的主流

目前的技术价值评估多采用成本法与未来收益法，极少采用市场法，其中的重要原因就是没有市场数据进行参考。互联网有望彻底盘活技术的商品化流通，流通共享成为技术转移的基础，以此为基础将产生无数细分大数据，技术的交易大数据因此建立。技术交易大数据将是"市场法"的理想市场环境，所有的技术交易都有大量同类交易数据作为参考，技术的所有优点、缺点也都有具有相同优点与缺点的大量交易数据作为比对，在技术交易大数据环境下，技术的价值将变得有参考、可估算、准确度高，就如同目前我们给一处房产估价一样，只需要简单输入房产在市区的位置等数据，就能获得较准确的估值，而不用对房子进行细致入微的检验一样。技术价值的评估甚至通过计算机就可以完成，而无需人力资源投入，"市场法"将成为技术转移时对其进行价值评估的首选方法。

如果将交易的大数据根据技术流向，向前后扩展，技术的研发、获取、维护、交易（或其他运营）、产业化等所有环节都可以建立大数据模型，所有环节的成本、利润，在大量同类数据对比下都将变得透明。这里非常重要的一点是技术转移的产业化落地实施，一项技术产业化的利润，通过市场大数据分析同样可以准确评估，通过计算机即可完成，这是技术转移市场成熟的表现。

6)有助于技术的价值实现

技术转移是将技术价值有形化、经济化和最大化的过程，而衡量一项技术价值的最简单办法就是看该技术被实施后能够通过产品、服务来改善人类的生活质量，以及产生多大的社会效益，并通过经济效益直接表现出来。技术的价值最大化与技术权利人的利益最大化统一而矛盾。权利人的利益最大化是通过独家实施其技术获取利润，技术的价值最大化则是全球所有需要该技术的个体，都可以实施该技术，让更多的人通过该技术获益，让技术最大化地服务于社会并被社会吸收再创新。

目前已被创造和使用的技术，绝大部分只发挥了部分价值，没有被最大化使用，可以理解为技术的价值被闲置或部分闲置，这类似一辆汽车只运输了一个人，而汽车本身是有五个座位一样。此处所说的技术为已经被权利人实施并发挥效益的技术，那些未被产业化的技术或未通过运营产生效益的技术，被闲置的更多。

技术许可、技术标准化都是将技术转移推广给更多人使用的过程。目前的技术通过许可进行转移更多地集中在线下，由少数权利人许可持有的少数技术，更多的技术及其权利人并没有参与到知识产权许可中来，更没有获利。而通过互联网，技术许可能够惠及更多权利人。

下面以许可这种技术转移方式为例,阐述在互联网环境下转移方式的转变和技术价值的实现。

技术权利人(这里排除中介机构,是因为互联网共享经济的去中心化效应,不再需要普通中介机构)将自有技术通过互联网平台进行许可邀约,并明确许可的条件、方式、适合的被许可方条件等。技术需求方通过对互联网上发出的技术许可邀约信息进行分析,整理汇总出技术许可组合考虑到互联网带来的无限技术许可资源,整合过程中会形成无数种组合。核心的技术(如标准必要专利)会出现在几乎所有的组合中,重要功能性辅助技术,技术需求方可以通过对比筛选获得,外围技术则通过价格等其他条件进行筛选或机选。如此,被许可人可以通过条件筛选简单快速地获得自己所在行业的整套技术的授权许可。过程中,技术的许可与被许可更多地由双方自由决定。在大数据背景下,许可方和被许可方都有无数选择。在互联网许可模式下,会最大限度地避免一个专利组合垄断一个行业的情况发生。

互联网许可的方式降低了许可方和被许可方的投入成本,任何普通人都可以在网上完成技术的对外许可或获得自己需要的技术许可组合的授权。大数据会导致市场竞争更趋向于公平竞争和自由选择,一旦一件较低价值的技术被高价许可必然会带来较差的客户体验和评价,影响该技术进一步许可转移。而在更趋于公平竞争的互联网经济下,信息更加透明,相互竞争的技术的其他属性被计算机化筛选后,客户体验、评价、为客户带来的实际价值收益等,将成为被许可人选择技术组合的重要依据。因此,被许可技术的许可价值会在市场经济调节下自然回归其应有的价位。这是互联网大数据经济带来的竞争规则,即公平的市场化竞争。

7)互联网加速技术商品化①流通速率

互联网+的崛起为技术商品化流通提供了快车道,互联网+技术转移则将改变技术的权利主体的转移运作思维,让随时随地都在发生的技术商品化流通,成为技术转移的基础运营方式。

技术的权利人通过互联网平台转移推广自有技术,其技术就像电商的商品一样,借助互联网技术在全国甚至全球流通。包括许可、交易、入股、联盟、产业化在内,技术的每一次运营操作都可视为一次流通。与普通商品类似,流通速率越快其价值越容易彰显,越有可能实现知识产权的产业化。技术流通经手的市场主体越

---

① 技术商品化是指技术本身具有使用价值和升值潜质,与普通商品相似,可以进行类似普通商品的买卖、投资等市场行为.

多，技术的价值越容易实现，直至该技术被全社会普遍接受和使用，成为普世技术，其价值得到最大化彰显。

技术在市场中的商品化流通越快速与频繁，数量基数越大，其市场的价格波动就越小，发展越稳定。在形成技术商品化流通大数据基础上，市场对技术的定价将客观与准确，这也是本章前文提到的"市场法"评估技术价格的理想市场环境。目前国内由于没有技术商品化流通大数据，该方法无法有效实施，未来随着互联网+技术转移经济发展与大数据累积形成，"市场法"评估技术的价值将成为便捷有效的评估方法。

技术商品化流通的过程是技术转移的形式，也是结果，技术在流通中创造财富，在流通中增值财富。互联网将极大地提高技术的商品化流通速度，技术的流通顺畅，技术需求者的获取顺畅，技术转移转化之路才更加顺畅。

8）商品化流通有利于提高技术的产业化率

互联网加速技术商品化流通，技术有了被更多的需求者接触、了解、评价、对比的机会，有能力有产业化需求的企业有更多机会获得自己所需的技术，这极大地提高了技术产业化的可能性。让更多的企业有机会了解和产业化该技术，为技术的高产业化率奠定基础。特别需要说明，技术的获得与技术的产业化在多数情况下是由不同的市场主体进行的，技术的原始研发获取可以只有一家企业，但技术的实施可以由无数企业来完成。技术的获得需要大量的科技研发，高校和科研机构在这方面投入较多，而技术的产业化能够最快速地实现经济效益，是企业追求所在，这也是企业更注重成熟应用技术而科研机构更深入技术前沿探索新兴技术的原因。

互联网在提高技术的产业化率过程中，将技术的获取与产业化模块化对接，让科研者更专注科研，让产业化者更专注技术成果转化。科研者的巨量技术成果，通过合适的产业化者来将其转化成生产力。互联网时代供给和转换都是巨量的，被产业化的、被暂时闲置的和无法转化被淘汰掉的技术都大量存在，技术在快速的优胜劣汰中推陈出新。在技术产业化大数据中，单项技术的产业化转化途径是明确的和可控的，一项技术在研发阶段就可以准确预估未来的产业化前景与收益，研发者和产业化者都能准确、清晰地预判技术的价值。

互联网，特别是以互联网为基础的共享经济，对技术产业化的促进作用，除了加速供需双方的匹配效率外，还在产业化的具体实施过程中发挥巨大作用，在技术实施的人才、设备、创意、服务、金融等方面，起到积极的促进作用。

9）高产业化率有助降低社会重复研发投入

互联网在提高技术产业化率的同时，还降低全社会的整体重复研发率。重复研发对社会资源造成巨大浪费，我国每年的 R&D 经费支出为 1.4 万亿元，未统计的研究经费更多，巨大的研发投入不可避免地导致重复研发。

互联网技术及大数据经济的崛起，可以有效解决全社会的重复性研究浪费。互联网经济可极大繁荣技术的流通和产业化转化市场，产业化大数据可以客观和准确地评价一件技术产业化带来的利润。因此随着互联网+技术转移经济的发展，通过技术转移获取利润成为与通过产业化获取利润同等重要的盈利方式。研究者在可以获取合理回报的情况下会更多地选择将技术通过知识产权加以保护，然后在互联网上公开共享出来获取利润，自己则专注于新的研发。技术转移必然带来技术爆发增长，新技术的迭代将更快速，通过新技术获利的最好方式是申请专利保护后通过产业化或其他商业化运营方式让其他人产业化来获取收益。科技成果只需要通过知识产权保护，就可完全开放地共享给社会，而且是整套技术无保留的共享（也必须是无保留的共享）。

互联网时代技术转移的特点包括：技术快速产业化，否则被淘汰有可能成为常态；知识产权制度必须完善，为互联网+技术转移的有效实施护航；按照技术发展脉络，从技术的研发、技术实施或转移实施、技术产业化直至技术被淘汰，所有环节均能够通过大数据准确预判；买技术，而不是自己研发技术将成为常态。

2. 技术转移网络平台的运作模式

互联网发展开启了新经济时代，特别是移动互联网、云计算、大数据应用等新兴信息技术的发展，以及互联网思维盛行给经济和社会形态带来的积极影响，使市场形态及公众消费行为发生显著变化。目前正广泛流行的电子商务、互联网金融、家庭服务 O2O 已充分证明传统行业正在被互联网颠覆，也给包括技术交易服务业在内的科技服务业注入了新活力。

目前，我国技术转移交易仍以线下洽谈、签订合约、网上登记、合同履约的传统交易流程为主，尚未有基于互联网的完整生态。但是，互联网+技术转移的雏形已经显现，特别是技术转移平台网站的出现，将有望一举打破目前企业技术转移存在的两大瓶颈。通过平台这个点的技术转移市场活跃，提高供需双方的匹配率，同时聚集技术转移辅助配套资源增加技术转移实施的成功率。以点带面，通过局部技术市场活跃的示范效应影响全国，最终通过线上线下联动带动全国的技术转移发展壮大。

技术转移平台多方资源汇聚，可以使技术输出方实现技术盈利，技术吸纳方迅速引进先进技术，辅助配套方通过产品和服务技术转移实现获利。可以毫不夸张地说，技术转移平台作为一个多方共赢的服务方，将成为技术转移的一大助力。但目前国内的技术转移平台还处于运行探索阶段，特别是自身的盈利模式依然不清晰，也制约着技术转移平台的快速发展。现有的技术转移平台根据各自探索的运行方式不同，大体可以按照普通互联网平台的分类方式，分为 B2B、B2C 和 O2O 三种模式。

1）技术转移的 B2B 模式

以技术交易导向的 B2B 模式的价值体现在信息成本、搜寻成本降低条件下的集聚功能，在平台上汇集海量的技术产品信息，吸引技术需方进入；技术需方进入后推动技术交易需求和技术服务活跃，吸引更多的技术供方提供更多的技术产品信息，引来更多的技术需方，如此循环发展，使得在平台这个局部市场形成活跃、成熟、技术转移高效匹配与实施的完整的技术转移交易与实施生态圈。国内目前大多数技术转移服务平台属于 B2B 模式，交易的核心是专利等知识产权，发展至今出现了一些有代表性的互联网平台。在这些互联网交易平台上，知识产权被摆放上来并标明价格，买方可以通过网上快捷支付完成购买，也可以发出购买需求，以便权利人联系。表 4.1 列举了基于 Alexa 全球排名[①]的国内十大涉及技术转移的互联网交易平台（统计日期：2016-05-25），这些平台上的交易品种类主要以商标、专利、著作权为主，其交易资源大多数来源于国内，少量资源来源于国外。

表 4.1 国内主要知识产权互联网交易平台（参照 Alexa 全球排名）

序号	平台名称	网址	Alexa 全球排名
1	汇桔网	http://www.wtoip.com	3883
2	重庆猪八戒网络有限公司	http://www.zbj.com/	7271
3	北京知识产权交易所	http://www.cbex.com.cn	38886
4	中国技术交易所	http://www.ctex.cn	44218
5	中华商标超市	http://www.gbicom.cn	45196
6	超凡网	http://www.chofn.com	66777
7	高航网	http://www.gaohangip.com/	67393
8	91 企业资源网	http://www.91zy.com	166385
9	应用技术网	http://www.aptchina.com	194977
10	北京尚标知识产权代理	www.86sb.com	320713

---

① Alexa 全球排名：基于访问量的全球网站排名.

从表 4.1 中也可以看出，虽然还处于发展起步阶段，但国内知识产权交易平台的市场竞争力已拉开差距，目前汇桔网处于领跑地位，遥遥领先其他平台。

技术转移的 B2B 平台的盈利模式包括会员+广告模式、门户+联盟模式、搜索引擎+电子商务模式、垂直搜索引擎与社区化等。

会员+广告模式是通过建立第四方平台聚集技术供需双方、技术服务方等，通过会员系统为客户提供注册、信息发布、产品和服务营销等服务。该系统运营初期盈利模式可以采取"会员+广告"模式，以"会员+广告"的简单模式获得资金和现金流，以提取技术交易佣金、广告收入为主，网站发展壮大后可以开展人才认证、技术能力推介，宣传和定制增值服务。

门户+联盟模式可满足客户"一站式"服务需求。这其中不仅涉及技术供需方之间的商业交易，更要深入技术需方企业的生产和经营服务当中，了解真实需求，制定服务方案，通过门户网站和技术转移服务联盟，为客户提供完整的解决方案和集成服务。

搜索引擎+电子商务模式可在线交易技术设计产品、技术咨询服务产品、技术产品等。该模式的核心取决于对客户把握能力、对产业发展趋势的分析判断能力和资金的实力。可以通过平台的导航引擎系统，发布用户搜索查询所需技术、服务、资金、人才、设备等；通过搜索引擎，"让有需求的客户找到你"，形成专而精的技术交易服务引擎。

垂直搜索引擎与社区化除了搜索技术产品、了解技术产品说明等基本信息外，还可以进行技术产品成熟度、价格比较，并且可以对产品和在线网站进行评级。用户（包括服务提供商）不仅可以用多种方式进行检索，如产品名称、专利名、网站名称等，还可以对产品进行评比，可以发表自己的意见，这些信息也可以被其他用户参考。技术交易参与方可以利用搜索引擎网络推广自身的服务，增加被用户发现、认知的机会，从而达到技术供需对接、促销的目的。

2）技术转移的 B2C 模式

以技术产品或服务交易作为主要收入来源是多数 B2C 网站采用的模式。其主要类型包括营销平台模式、自主交易模式、广告收益模式、会员制模式、数字内容服务及交易服务收益模式等。

技术转移营销平台式模式并不直接销售产品，而是为技术产品、服务供方提供 B2C 的平台服务，通过收取虚拟店铺出租费、交易手续费、加盟费、服务费和保证金等来实现盈利。目前国内的技术转移交易平台中，汇桔网有涉及此类 B2C 的服务。

自主交易模式直接经营技术和服务产品，与交易平台相比运营成本较高，需要自行开拓技术、服务产品供需渠道，并发展第三方支付供应商，将第三方支付服务外包。国内目前绝大多数校办技术转移平台属此模式，如浙江大学知识产权与技术转移公共服务平台、清华大学国际技术转移中心平台等。

目前国内多数 B2C 网站通过免费向客户提供服务吸引足够的"注意力"，从而吸引广告主投放广告，通过广告费盈利。例如，通过招聘广告吸引广告商投入，采用搜索引擎为广告主提供目标市场，当一个访问者对技术转移的职位表示兴趣，搜索结果的页面上就可加入收费的横幅广告，以此广告直接针对一个特殊的受众市场。

国内多数 B2C 网站对注册会员提供便捷的在线加盟注册程序、实时的用户购买行为跟踪记录、准确的在线经营统计资料查询及完善的信息保障等。收费会员是网站的主体，会员数量在一定程度上决定了网站通过会员最终获得的收益。可以通过举办各类服务和优惠活动，给予收费会员更优惠的服务和价格，吸引更多的长期客户和业内客户。

数字内容服务盈利模式是利用网络高效分销特性为客户提供技术交易信息、交易指数信息、专利数据库、投融资信息及技术能力服务信息等实现盈利。同时，可以让拥有知识产权的个人、机构和企业通过系统平台来订阅这种服务，也可以以电子邮件形式向订阅者提供感兴趣的专题新闻和数字视频。

目前国内技术交易服务业正在从公益性为主向公益和有偿相结合的方向发展。交易服务费用的收取规则要根据交易量或交易形式确定，有些服务费用适合网上收取，则在线支付；有些业务需要网上查询、匹配、线下洽谈交易，交易服务费需谈判商定。除了能够将自身创造的价值变为现实的利润，还可以通过价值链的其他环节，如网上支付服务收益、网站物流收益、大数据分析服务收益，以及有关的社区培训学校等实现盈利。

3）技术转移的 O2O 模式

线下和线上相结合的交易平台将技术交易服务与线上资源相融合，使网络成为实体经济连接线上与线下技术交易的桥梁，是一种新兴技术交易服务模式，使网络成为实体经济延伸到虚拟世界的"前台"。O2O 模式为技术产品交易和服务产品交易开拓了市场，把技术交易全过程的服务通过网络"快递"给客户，而其在线营销、线下服务展示了广阔的市场前景。线上技术供需大数据资源可以非常高效地解决技术供需匹配的难题，促使供需双方从陌生快速进入意向、技术转移可行性评价、洽谈、谈判、技术转移合同签署阶段。而考虑到技术转移实施是一个实施周期长、影响因素多、人力财力投入大、实施效果难预控的事情，在此过程中单纯的线上平台将显露出运作的不足，O2O 模式方便平台将服务的触角延伸至技术转移落地实施阶段，从而实现技术转移的全流程服务，有效提高技术转移成功率。国内 O2O 模式运行比较成功的是汇桔网，该平台在全国线下分布有 36 家分支机构，通过线上、线下联动的方式，为技术转移提供全流程服务。

在线上营销方面，O2O 模式将线下信息线上化。技术转移的"线下到线上"模式的实现可以利用自身线下的优势，把线下客户群带到线上来，使线下活动与线上推广相互映射，从而达到推广与营销的最大化、交易规模的扩大化。

O2O 模式将扩大输出技术的应用宽度。技术需求方可以根据线上展示的技术成果和团队研究方向，向技术研发团队预定研发或定制类似技术。技术研发团队的初衷是解决某类技术问题，但许多技术是可以跨领域应用的，对研发团队来说，对技术的一些小改动就可以使技术应用于不同的领域或场景，扩大技术的应用宽度，实现技术应用的价值最大化。

随着移动互联网高速发展，移动互联的应用为技术交易深度、精准营销和建立客户群体提供更为广阔的发展空间，包括将所有业务逻辑、数据存储、设计技术、数据挖掘汇集到云端，完善技术交易服务供应链管理；将技术市场交易海量个性化需求、海量个性化产品和服务，与移动互联这种便利化、低成本的方式聚合起来，通过网络，定制产品、定制服务，获取客户，黏住客户；对于公开发布的技术转移链条上的难题，借助云计算技术找到云后的解决者和寻求者，实现线上与线下的联动，共同推进技术转移的对接与落地。

4.2　企业的技术转移策略

企业根据自己的经营战略制定自己的技术转移策略，个体之间差异巨大，但也有共同点可循。从企业的成长轨迹来看，处于相同发展阶段的企业，其采用的技术转移策略有更多的相似性。基于此，本节通过分析初创期、成长期、稳定期三个阶段的企业，在技术转移策略上所采取的方式的不同，来说明企业在成长过程中的技术转移策略的转变。

4.2.1 创业期企业的技术转移策略

初创期企业一般拥有自主技术等特有核心竞争力，这是创业的基础之一。那些模仿他人的创业者，可以认为在使用别人的技术等核心竞争力创业，不等于他没有技术，只是这样做存在一定的风险。

创业的过程，可以看作技术产业化、技术扩散、技术经济化的过程。而技术经济化，可以是持有者自己产业化该技术，或者让其他人产业化该技术。因此创业期企业的技术转移策略至少有"技术价值的自主实施"和"技术价值及时变现"两种不同策略。这里不分析初创企业的技术引进，因为这种情况比较少见。

1. 技术价值自主实施

创业者创立公司，产业化自己掌握的技术，是技术落地的最有效途径和最广泛方式。技术依附于创业者及其所创立的公司，体现在公司的产品与服务上，最终通过用户的使用将技术的价值转化为服务社会，这是技术价值的总体实现方式。

技术与公司或权利人是相互独立的关系，技术一旦被创造，其价值最终将会服务于整个社会。无论是谁创造，无论是哪个公司去产业化实施，无论是否权利人更替或公司倒闭，都不影响技术本身，虽然不同的公司看待同一技术的价值不同。创业者应该清楚技术的这种属性并重视，即创业失败与否只影响创业者看待自己技术的价值，而其他企业对该技术的价值判断并不会改变。由此，即使创业企业倒闭，你的技术依然是你的宝贵财富，应该重视并慎重处理。同时你的技术在其他的公司同样可以发挥作用，在适当的时候，应该考虑及时将技术变现以便让其他企业实施该技术，而不是在技术发展的整个生命周期内都由自己来实施。

2. 技术价值及时变现

1）见好就收——技术价值及时变现

大多数在一个新技术领域发展较好且有巨大发展前景的公司都会面临一个问题，当公司面对其他公司提出的希望获得其技术许可、购买其核心技术，或者直接对其公司发起邀约收购的时候，应该怎么做？

对其他公司来说，当捕捉到一个新兴增长型行业并计划进入该行业，而行业内已经有创业型小公司存在并掌握一些行业关键技术时，同样面临着自己加大投入技术研发去追赶行业内现有的创业型小公司、获取创业型小公司的专利许可、采购引进其技术或收购该创业公司的选择。企业必须从投入的经济成本、时间成本和公司对未来的战略规划多个维度来考虑这一问题。

创业公司在对外授权专利技术时，一定要从公司长远战略出发，技术授权不能与自己公司的战略规划冲突，不能因贪图当下的资金回报而损失未来。如果公司的技术产品具有地域特性，则对短期内公司不计划介入的市场，可以考虑对当地企业进行授权换取一定的现金流。

对于技术交易应更加谨慎，相比于专利授权可以通过授权时间来约束对方，避免未来可能的竞争。技术交易一旦完成，对方的发展则完全不受自己控制。因此在做技术交易时，不但要明确自己的战略规划，还要了解对方的未来战略规划，要确保在不会给自己的未来增加一个强劲的竞争对手的前提下，才考虑将技术交易给对方。

然后我们要谈一谈本节的核心，面对收购邀约如何处置。创业公司对收购邀约必须要认真考虑而不是一概拒绝，理由有三。

第一，创业公司太多，最终成长为伟大公司的则太少，对于绝大部分创业公司来说，被收购都是一个较为不错的结果。

第二，公司被收购，影响最大的只是创业者对公司控制权的转移，对一家公司的前景、所掌握技术的推广并不会推倒重来，实际上绝大部分公司被收购后依然会沿着其原有的发展方向前行。

第三，被邀约收购意味着有大公司计划通过收购快速进入这一行业并兼并潜在的竞争对手（被收购方），若收购失败，大公司只能收购其他公司或自己组织技术力量从头开始在该行业的技术研发与市场推广，收购其他竞争对手意味着其他竞争对手借助大公司的资金优势对自己产生更大的威胁，大公司自己从头组织技术力量研发与市场推广也至少意味着整个行业多了一个重要的竞争对手，而且这个对手不可避免地在该行业要进行一轮人才挖墙脚。实际情况是大部分的创业公司最终会因为大公司的介入，在多次行业洗牌中慢慢垮掉。因此无论哪种情况，拒绝邀约收购，对被邀约收购来说都将产生一定的负面影响。

慎重考虑邀约收购，也不意味着就需要接受。大公司邀约收购一般都是看重一个公司的技术优势和未来前景，希望收购后跟你一起发展，而不是收购其他公司跟你竞争。所以被邀约收购意味着你肯定是这个行业内发展的比较好的公司之一，较行业内绝大多数公司都要好，有巨大发展前景。

创业公司考虑被收购的时机选择非常重要，将自有技术的潜力发挥出来，明确技术的先进性及未来的市场空间等都有助于提升公司估值。

公司被收购也是技术转移的常见方式。对于许多创业公司来说，其核心就是掌握的技术资源，而这些技术资源也需要通过目前公司的技术人员才能更好地发挥效益，这种情况下对收购方来说对技术加人才的整体收购才是上策。

2）技术变现案例之"刷机精灵"——创业才刚开始你就变现了

深圳瓶子科技有限公司成立于 2011 年，主要经营产品是国内智能手机用户熟知的"刷机精灵"。该公司创业初期进入了一个后来巨头必争但当时还不那么显眼的行业——刷机。由于 Android 手机其自身的机制，用户使用一段时间后会出现手机卡顿、死机、耗电等问题，需要重装系统解决这些问题，刷机行业应运而生。深圳瓶子科技有限公司的"刷机精灵"一经推出市场，就在极短的时间内聚集了千万级别的用户。

刷机由于更换手机系统，并且更换相应的预装应用软件，成为了手机应用的上游，被称为移动互联网的入口，行业发展迅猛，很快就成为了互联网大鳄们的必争之地，百度、腾讯、阿里和 360 先后进入该行业抢夺移动端入口。深圳瓶子科技有限公司的核心技术产品"刷机精灵"在当时属于最好用的刷机软件，被多家大公司看好，奇虎与腾讯对深圳瓶子科技有限公司进行了直接争夺，最终深圳瓶子科技有限公司在成立不到一年的时间内，以 6000 万元的价格被腾讯收购。2014 年，在计算机端刷机软件产业中，"刷机精灵"以 63.6%的市场份额排名全国第一，发展良好。

深圳瓶子科技有限公司创立数月即整体高价卖给腾讯，无疑是非常成功的一次技术变现，其核心技术全部通过"刷机精灵"这一款产品体现。深圳瓶子科技有限公司面对腾讯的高价收购邀约，及时变现让技术的价值获得了较高的收益。试想按照当时的情况，刷机行业成为当时互联网大鳄的必争之地，如不变现离场，深圳瓶子科技有限公司就将与这些大鳄直接展开竞争，依照腾讯等大鳄拥有的巨大用户群体，深圳瓶子科技有限公司与其竞争实在胜算不大，变现离场是这个创业仅数月的小公司的最佳选择。从该行业后来的一系列发展来看，变现离场几乎是唯一的选择，后来的"刷机大师"也被腾讯战略投资，"卓大师"被百度投资，奇虎 360 则自己开发了刷机软件。2014 年行业发展至最高点。

从深圳瓶子科技有限公司技术变现的时间看，2011 至 2012 年变现是一个较为不错的选择，当然再推迟一年变现可能收益更佳。刷机从 2011 年开始，市场用户大概千万级别，2012 年预计在五六千万，2013 年进入 Android 手机爆发期，攀升到 1 亿左右，2014 年持平。但是，随着手机硬件和手机系统整体质量的不断提高，不管是小米还是华为、酷派等，特别是 Android 4.0 以后，手机的操作系统体验比之前优化了很多，2.3 版本之前的系统，用户不刷机用起来很困难，但到了 4.0 以后，问题就没有那么严重了。根据刷机大师的统计，2014 年 Android 4.0 以上的用户覆盖率将近 90%，4.2 到 4.4 已经占到 60%以上。现在出厂的手机系统普遍都是 5.0 以上。越往后，刷机可能会保持一个年均用户在四五千万左右的市场规模[①]。若深圳瓶子科技有限公司当时选择与各家巨头直接竞争死磕，即使坚持到 2014 年，随着行业天花板的出现，整个行业进入衰退期，没有其他生态关联产业支撑的单一刷机软件，很可能被市场淘汰。

3）企业倒闭的技术处置变现

中国企业的平均寿命是 2.5 年，而一项技术的寿命要长很多，专利法给予一件专利技术的独家实施权利是 20 年，技术本身的声明周期则更长。因此，如果创业公司因经营不善而倒闭，其掌握的技术依然具有很长的生命周期，可以转化为经济价值。

在创新创业成为时代发展主旋律的今天，创业公司的成立与倒闭均大量存在。倒闭的公司在做最终的破产清算时，其掌握的技术的价值在以往是被低估的，甚至很多创业公司破产清算会忽略掉自己掌握的技术的价值，以为自己公司倒闭，技术价值也随之清零，这是对技术资源的巨大浪费，也会给创业者带来巨大经济损失。

创业企业在倒闭时该怎么做？方法其实与普通的技术处置方法并无不同，如交易转让、许可、质押融资等。但考虑到倒闭企业一般会更需要迅速变现来解燃眉之急，因此，就需要对自有技术做到提前管理和规划。其实不光初创期企业，其他阶段的企业，也应该对自己的技术资产做到精细管理和规划，这是企业的无形财产，不应随意处置。

技术的管理和规划最早可以同创业的规划同时进行，在做一个创业项目的市场调研时，其中最重要的一块内容就是所持有技术的先进性的分析，这本身就是对技术在市场中的价值进行分析。所以从一开始创业，企业就已经做了类似技术市场调研工作，只是没有系统化和重视。分析技术的市场先进性、同类技术的比较、技

[①] 人民网，手机刷机行业秘辛，http://gd.people.com.cn/n/2014/1128/c123932-23040536.html 2014 年 11 月 28 日。

的市场空间、竞争性技术、技术产业化之后的市场规模、技术对竞争对手的意义，这些分析都是技术管理与规划的一部分。根据这些分析，企业制定自己的技术管理办法，并且能够随时明确技术处置的潜在买家及大致的市场价值。做到这些，在企业经营陷入困境时技术迅速变现才有可能实现。

在创业经营过程中，随着市场与技术发展趋势的变化，技术的潜在买家和市场价值也会随之变化，这需要随时了解市场变化与行业发展。当然这与企业正常经营并不矛盾，所以并不是额外的企业经营工作，只是大多数企业并没有注意到这一点。

创业企业能够根据市场变化和技术发展趋势来对自己的技术进行价值判断和长远规划，将有效帮助企业实现技术的经济效益，无论是产业化还是处置变现。同时，创业公司的技术一旦引起其他大公司的注意，并向公司发起收购邀约时，公司能够提前准备。

4.2.2　成长期企业的技术转移策略

成长期企业相比创业企业，在技术引进与输出上拥有更多选择。技术的研发、采购、输出、许可、质押等几乎所有的技术转移方式，在成长期的企业中都可以被广泛应用。在这里不一一详叙，笔者只就成长期企业技术引进与输出必要性进行分析。虽然每个企业的情况各有不同，但在一些情况下，企业的技术引进与输出是刚性的，必须去推进。

1. 技术引进的优势——企业技术引进的刚性需求

当企业的技术产业化、市场化推进顺利，市场价值突显，经济回报丰厚时，企业进入快速成长期，技术投入进入收获期。经过技术研发、推广、收获阶段的企业更懂得技术的经济价值获取的两个特点：第一是技术投资收益巨大；第二是技术投资收益需要漫长过程。在企业发展最好的时间段，继续加大技术投资力度，为企业下一个产品、下一个市场、下一轮增长投资技术是所有成长期企业都会考虑的问题。而这个阶段的企业也都拥有了自己的研发能力，来自主研发新技术，同时又有能力来从外部引进技术来快速获取技术红利，而从外部引进吸收技术，在之前被大多数企业忽视，成为制约企业持续快速增长的一个诱因。

企业从外部引进技术可以通过技术许可、技术采购、人员引进、企业并购等各种方式来达成。技术的外部引进较内部研发有四大优势。

1）获得新的经济增长点，技术获利快

直接引进成熟技术省去了冗长的研发时间，同时引进的技术是看得见的成型技术,其技术参数、先进性、使用效果等已经有数据参考。可以快速将技术应用于产品和服务,对技术产品的市场影响有清晰的判断,因此可以通过技术实现快速获利,增加公司新的盈利增长点。比快速获利更大的收益是可以更快速地占领市场,先于竞争对手将产品推入市场抢占先机,将极大地获得市场关注度,收获客户的第一印象。其他竞争者再推入产品时已经处于后发位置,需要投入更大的市场运营成本去竞争。

2）时间投入少

从外部引进技术直接跳过了技术研发阶段,是将成熟的技术直接转移实施,或者是已经产业化实施的技术通过企业的现有平台扩大化,省去研发时间为企业节约了极大的时间成本。在技术更新迭代加速的今天,时间就是最宝贵的竞争资源。先一步推出产品面向市场,获得市场第一印象,将在竞争中占据有利位置。

在一些领域,产品的技术构成非常复杂,例如手机。没有一个企业有能力掌握所有的产品技术,必须依靠外部技术引进或技术许可才能够实施。同时由于产品的更新迭代快,市场不会等待一个企业慢慢研发去掌握所有技术再去推广产品,此时企业也必须引入外部技术。

3）资金投入少

这可能是大部分企业对技术引入的一个误解,以为引入技术需要很多资金。相比从零开始组建研发团队开发技术,无论是获得技术许可还是一次性技术采购都在大多数情况下需要更少的资金投入。将现有研发团队直接用来开发新技术的费用可能会更低,但这会打乱现有团队的研发计划,对企业来说并不一定合适。特别是一些只为暂时获取的用以开拓末端市场的技术,只需要获得技术许可就可以使用,待末端市场更迭后即无多大使用价值,这一类技术如果能够直接获得,企业完全没必要自主研发来获取。

成长期企业需要迅速推出产品,扩大企业规模,在这一过程中对技术的高投入是可以被接受的,因为随着企业快速增长和市场规模快速扩展,引入的新技术可以为企业带来更大的经济回报。

4）避免研发资源的注意力扩散

技术研发是每个企业的核心,研发资源即核心资源,对任何一个企业来说,投入研发资源解决最有价值的技术难题都是当务之急。并且由于技术研发在技术获利之前都是纯资金投入,企业对研发的资源控制是比较紧凑的,将有限的研发资源投入核心技术研发是最合适的。而随着核心技术公关，从核心技术衍生到不同产品都会有相应的辅助技术，市场需求不同产品不同，辅助技术也各不相同，甚至有可能脱离原有研发团队的研究领域，企业若将研发资源继续投入这些辅助技术的研发，颇有大材小用之嫌，将研发资源开拓下一个核心技术似乎更佳。例如潍柴集团最早是做发动机的，其企业核心技术也是发动机技术。在其发动机市场获得空前成功后，潍柴通过技术并购，获得变速箱、车桥乃至整车技术，彻底打通了一条汽车产业完整产业链，并掌握这产业链中盈利能力最强的环节。掌握核心技术，辅助技术若能从外部获取，既可以保证自己的核心竞争力，又能够快速将核心技术推广至产品端，同时保证了研发资源的聚焦。

2. 并购之王——思科的成长历程

思科成长期的历史，就是一部技术并购史。1984 年成立的思科，依靠创始人的路由器技术筹得第一桶金，并成功成为一个上市小企业。依靠路由器产品，思科可能也会持续盈利，但掌舵人钱伯斯期望能够加快思科的成长，并且是可持续的成长，为此制定了思科的基本法则——技术并购。1993 年开始，思科开始从外部收购技术来扩展自己的市场业务，1993 到 2000 年七年间，是思科快速发展的七年，这七年中思科共并购了 71 家处于成长阶段的小企业。仅 2000 年一年就并购了 23 家，并且与多家有实力的 IT 企业结成战略联盟。

对于这么多次的并购行为，思科有个一贯的策略。通过收购来构建新技术并加快其产品上市的节奏，并且只收购那些自己有能力收购的公司。这些被收购的公司通常不会太大，理想的收购目标是，大约只有 100 人，产品为 IT 产品，技术非常新，离推出产品还有一年左右的小公司。思科可以利用这段时间将并购目标的产品整合到自己的产品系列当中。通常网络设备新一代产品开发周期是 18 到 24 个月，收购可以赢得半年到一年时间。虽然，思科并不排除在小规模的收购之外有一些较大的手笔和特殊的处理方式，但它看重的依然是拥有特殊技术的小型公司，这些公司要么直接和思科处于同一市场，要么邻近思科的产品。

思科的大部分产品线都是由思科收购其他小公司后再由思科的工程师创造的。实际上，思科的竞争优势很大程度上来自该公司保留收购所得的外来人才的技巧。一般而言，思科的竞争者们完成一宗收购后，40%到 80%的高层管理人员和顶级的工程师会离开，但在思科，这一比例只有 7%。不难看出，对于思科而言，整合技术的关键就在于整合人才。从公司规模、人员、营业额做初期测算，思科认为用平均每人 50~300 万美元的代价兼并一家公司，实际上买的是科技力量和市场份额，这是一种有效的投资，因为在留住并购企业核心员工的同时，也为自己减少了一批潜在的竞争对手，同时还可以通过兼并网罗高级工程技术人才和节省研发投资。现在思科 70% 的产品靠自己研发，另外 30% 则是靠兼并得来。

思科于 1993 年首次收购了交换机厂商 Crescendo，作为对其路由器业务的技术补充。由于收购非常成功，当年思科的销售收入达到 6.5 亿美元，参与此次收购的钱伯斯被提升就任思科公司首席执行官。钱伯斯认为，谁也无法发明所有的技术，以此为信条，开启了其 20 余年的思科并购生涯。

1996 年年底，思科收购 StrataCom 公司。钱伯斯当时说："思科联网技术与 StrataCom 技术的结合将会让思科系统公司一跃而成为第一家为 Intranet 和 Internet 环境提供先进网络基础设施的厂家，而且会成为提供公用、专用或混合网络端对端联网解决方案的唯一厂商。"该次收购，使思科公司在转换器业务领域年收入近 70 亿美元，确保了思科在这一领域的领先地位。

1999 年，思科收购 Cerent 光纤网络设备公司，是思科公司进入光纤通信领域最大的手笔。当时光纤技术与设备对于信息传输越来越重要，思科没有光纤的专门技术，面临被挤出市场的危险。而拥有 Cerent 的技术产品就可以进入每年 200 亿美元的光纤网市场，于是思科决心收购 Cerent 公司。开始，思科只购买了 9% 的股份，观察这家公司的发展情况。1999 年 5 月思科开始与 Cerent 总裁接触，并开出 40 亿美元的天价，Cerent 要价 63 亿美元。鉴于光线通信的前景，钱伯斯决心与之成交。收购之后，9 月 25 日思科的融合小组与 Cerent 负责人聚会，决定原公司的销售和产品设计部门保持独立，其销售人员仍然保留原有的账号，只有制造部门被并入思科的生产部门。他们还决定，没有 Cerent 总裁的同意，员工中没有任何人会被解雇。一年后，原公司 400 个员工中只有 4 人离开，而光纤产品的销售额增长了一倍多。以 Cerent 为平台，思科整合了前后收购的近 10 家公司，使思科进入了具有战略意义的光纤领域。

通过快速发展阶段的技术引进与吸收，思科将自己的业务横向扩展，扩充产品线的同时更加强化了自己的核心竞争优势，为思科未来做大，迈向"互联网之王"的宝座奠定了坚实的技术基础。

3. 技术的更替淘汰与许可转让

成长期发展速度快，技术转化快，同时技术的更新与技术线路转变也快。无论是自主研发还是引进技术，一旦确定某项技术前景不乐观，或者随着企业战略调整其技术线路随之调整，都会放弃一些技术。这一类被放弃的技术并不意味着是失败技术，一些技术可能依然很有前景，只是不适合企业的战略方向被迫舍弃，还有一些在企业当时看来前景不乐观的技术，随着时间推移和周边技术的发展可能会成为很有用的技术，或者企业自己认为不乐观的技术在其他企业看来则会非常有价值。

在处理这一类被舍弃的技术时，大部分企业没有采取任何措施。无论这些技术已经具备产业化条件还是研发中期，或者已经取得专利权，最终都被大多数企业束之高阁后不再提及。少数企业会将这类技术归档并列为非核心可对外资源，但不会专门投入精力去运营这部分技术，依然导致这部分技术资产被闲置。

企业应该认识到这一类技术，无论企业是否应用，都是有价值的企业资产，并且由于技术的特殊性，这一类资产随整个社会的技术发展和时间推移，其价值是会发生变化的。因此，对这一类技术资产及时进行处置，使其能够为企业带来经济效益或及时变现增加企业现金流，是非常必要的。

案例

国内某汽车配件企业在2009年受国外技术影响，计划开发车用调光玻璃，后因企业战略调整遂放弃调光玻璃改为开发半透明玻璃，原来投入资金开发的调光玻璃技术被搁置。但企业并未让研发投入白白浪费，而是通过企业知识产权部门的调研推广，确定该技术在一些高端、定制性汽车企业中具有市场开发潜力，遂与国内外多家高端汽车制造企业推广车用调光玻璃技术。最终，企业的该技术被许可给三家车企使用，三家车企则按照发货量这一基数，按比例向企业缴纳技术许可费。企业通过收取许可费的收入远超当初对该技术的研发投入资金。

深圳某药企，在研发生产过程中，由于需要对原料进行大重量和高精度称量，市售的普通称量设备无法满足需求，该药企最终自行研发了一款称重设备来满足自身的生产需要，并对该称重设备申请了专利。该企业根据之前的市场调研，确定这一称重设备在包括医药在内的许多行业都有推广价值，有一定的市场空间，希望将该称量装置的生产技术许可给有需要的企业，但发现大多数企业只希望获得这样一套称重装置，而不是引进该制造技术。最终，该药企将推广目标转变到称量设备制造商处，成功将该称量设备的制造技术独家许可给一家设备称量设备制造商，并派遣技术人员指导制造商顺利产业化了该称量设备。该设备制造商引进该技术拓宽了其市场广度，而该药企获得了百倍于称量设备研发投入的许可费用。

4.2.3 稳定期企业的技术转移策略

1. 布局未来技术——稳定期企业的主动竞争策略

稳定期企业在发展到一定阶段后，随着市场天花板的出现，其发展将受到限制，公司的命运将与整个产业命运相关联。如柯达之于胶片相机，微软之于计算机，诺基亚之于2G手机，这些即使在行业内处于领先地位的领跑者，也不能幸免于行业的兴衰更替。要保持企业长久的竞争力，稳定期的企业必须在运行状况良好的时期，居安思危，筹划未来，在这一过程中，预测市场走向，掌握技术发展脉络，提前布局未来技术无疑是抓住了未来竞争的核心。

技术的成熟是一个长期过程，并且普遍还需要其他辅助资源同时跟进。以微软为例，计算机从航天军工技术走向民用并普及的过程本就漫长，而微软的Windows系统从研发到最终统治计算机系统20年，其间一路与之相伴的以英特尔处理器为代表的各类计算机硬件制造商是功不可没的。微软创业之初，当时的计算机还是以IBM为主导的向巨型计算机发展的思路，微软则开始研发适用于个人计算机的操作系统，并且最终在个人计算机普及过程中成为了行业霸主。在这一过程中，只有在计算机还没普及阶段就投入资源研发操作系统，才有可能享受计算机普及之后的红利，等到计算机普及市场成熟之后再进入计算机操作系统无疑为时已晚。这是Linux携免费和开源两大法宝都被Windows全面压制的重要原因。以中国的麒麟为代表的各国自主研发的操作系统，都是在计算机产业井喷之后才重视并开始研发，无法形成市场竞争力。

稳定期企业对下一代技术的渴望是毋庸置疑的，其中表现最抢眼的，是Google对人工智能技术的重视。

2016年，Google的AlphaGo在围棋领域横扫人类顶尖高手，震撼世人。像电影桥段一样，人工智能就这样突然的出现，碾压人类顶级智慧，同时也让公众意识到，原来Google的人工智能技术已深耕至此。那么Google是如何从一家搜索引擎公司迈向了人工智能领域呢？

2. 制胜未来——Google提前布局人工智能技术[1,2]

2011年Google成立AI事业部，标志着Google正式进军人工智能领域，但其

---

[1] 搜狐科技；你知道吗——Google已经收购了这么多家人工智能公司；http://it.sohu.com/20161114/n473074692.shtml；2016-11-14。
[2] 百家；买向未来——苹果谷歌们的人工智能收购竞赛；http://zhangguoren.baijia.baidu.com/article/595361；2016-08-22。

实在更早之前，Google 已经着手布局人工智能技术，并且至少在人脸识别、计算机深度学习、语音识别控制技术领域，已经取得了竞争优势。

1）Google 在图像与人脸识别技术领域

2006 年，图像识别技术公司 Neven Vision 被 Google 收购，是 Google 初次涉足人工智能领域。Neven Vision 公司的核心技术是能自动从图片里提取信息并且辨认图片的内容，被收购前其技术主要应用于手机，以及美国政府和执法部门的计量生物学应用中，被收购后主要应用在 Picasa 及 Google Goggles 中。

2011 年 7 月 23 日，PittPatt 被 Google 收购。PittPatt 是一家由卡耐基梅隆大学孵化的专注于人脸识别和模式识别的公司，其开发了一项能在照片、视频和其他媒介中识别匹配人脸的技术，创造了一系列人脸检测、跟踪和识别的算法。PittPatt 的人脸检测和跟踪的软件开发工具包（SDK）能在照片中确定人脸的位置，在视频中跟踪人脸的移动情况。PittPatt 被 Google 收购后主要应用在 Android 中。

2012 年 10 月 1 日，Viewdle 被 Google 收购。Viewdle 是一家成立于 2006 年的乌克兰公司，被收购前主要做的是增强现实和面部识别。Viewdle 曾经推出的应用包括 SocialCamera 和 Third Eye，Social Camera 是其推出的首款应用，用户只需通过 Faceprint 教会你的相机识别好友，此后只要照片中出现了这些好友 SocialCamera 就可以自动为他们打上标签。Viewdle 被 Google 收购后主要应用在 Android 中。

2014 年 8 月 17 日，Jetpac 被 Google 收购。总部位于旧金山的 Jetpac 通过 Instagram 等社交图片分享工具制作城市导游服务。通过分析食品、装饰和人物图片，Jetpac 的软件便可对城市的各种特点进行分析。Jetpac 被收购前有三款智能手机应用，包括一款城市导游助手、一款图片分析器和一款图片探测工具，被收购后并入 Picasa 中。

2016 年，Moodstocks 被 Google 收购，是 Google 对图形识别技术的再度出手。收购前 Moodstocks 公司以图像识别技术为主，并推出了智能手机的图像识别应用程序 Moodstocks Notes。在加入 Google 在巴黎的研发团队之后，他们将继续研发自己的视觉图像识别工具。

2）Google 在计算与深度学习领域

2010 年 7 月 16 日，Metaweb 被 Google 收购。Metaweb 是一家从事语义搜索（Semantic Search）技术开发的风险企业，目标是开发用于 Web 的语义数据存储的基础结构。Metaweb 被 Google 收购后主要应用在 Google Search 中。

2011 年 12 月 13 日，Clever Sense 被 Google 收购。Clever Sense 是本地推荐应

用 Alfred 的开发商。Alfred 的独特之处在于它将人工智能和机器算法有机结合，为用户提供个性化的场所推荐，推荐的场所包括附近的餐馆、咖啡厅、酒吧和夜店。Clever Sense 被 Google 收购后主要应用在 Android 中。

2013 年 3 月 12 日，DNNresearch 被 Google 收购。DNNresearch 公司是由深度学习大师 Geoffrey Hinton 与他的两个研究生 Alex Krizhevsky 和 IlyaSutskever 发起成立的。由于 Google 在本次收购中没有获得任何实际的产品或服务，所以本次收购实际上属于人才收购，收购的主体是为了这三人的团队。

2013 年 10 月 2 日，Flutter 被 Google 收购。Flutter 2010 年年底由 NavneetDalal 和 MehulNariyawala 创办，利用计算机视觉技术结合手势监测识别技术，使得用户可以用简单的手势来操控计算机和移动设备。Flutter 被 Google 收购后主要应用在 Android 及 Google X 项目中。

2014 年 1 月 26 日，DeepMind 被 Google 收购。Deepmind 可以说是近年最火的人工智能初创公司，虽然被 Google 收购，但是 DeepMind 一直是独立运营的，他们的目标是开发能够"独立思考"的软件。为了能够开发这种类型的人工智能软件，DeepMind 在海量数据集合的帮助下使用机器学习等技术训练自己的人工智能去完成某些工作任务。根据目前可查阅到的资料，Deepmind 主要用于游戏、医疗、计算等领域。从雅达利游戏到星际争霸，DeepMind 在打怪升级的路上一直不断进步。此外，DeepMind 开发的 AlphaGo 在 2016 年 3 月与李世石的围棋对战中 4∶1 一战成名，也展现了 DeepMind 在这方面的实力。DeepMind Health 还开发了利用机器学习系统改善医疗和诊断流程项目。第一个项目是与伦敦北部的 Royal Free NHS Trust 合作的，他们开发了一款可以为临床医生提供尖端分析的移动应用；第二个项目是在 Moorfields 眼科医院实施的，这个项目希望开发一套机器学习系统，以便利用对眼部的数字扫描来识别危害视力的眼病；第三个项目是 DeepMind 与英国国家健康系统 NHS 最新的研究合作，处理头部和颈部肿瘤问题。计算方面，DeepMind 的技术目前可应用于搜索、机器人和物联网等领域，Google 甚至使用 DeepMind 帮助其减少大型数据中心的耗电量。

2014 年 10 月 23 日，Google 收购 Dark Blue Labs。Dark Blue Labs 是一家深度学习公司，主要从事数据架构及算法开发工作，被收购后并入 DeepMind。

3）Google 在语音识别技术领域

2010 年 12 月 3 日，Phonetic Arts 被 Google 收购。Phonetic Arts 公司是一家位于英国的语音合成技术厂商。被 Google 收购前 Phonetic Arts 公司的语音合成技术主要用在游戏中，但 Google 希望将该技术用于其计算机声音自动输出系统，以使机器合成的人声更像人类的声音并更加流利。Phonetic Arts 被 Google 收购后主要应用在 Google Voice 和 Google Translate 中。

2011 年 1 月 25 日，SayNow 被 Google 收购。SayNow 是一家成立于 2005 年的语音识别公司，总部位于美国加州帕罗奥托（Palo Alto）市。SayNow 的平台可将语音通信、一对一通话和集团通话整合到 Facebook 和 Twitter 等社交网站，以及 Android 和 iPhone 手机应用中。SayNow 被 Google 收购后主要应用在 Google Voice 中。

2013 年 4 月 23 日，Wavii 被 Google 收购。Wavii 是一家成立于 2009 年 3 月的自然语言处理技术公司，总部位于西雅图。主要做的是扫描网络、寻找新闻，然后进行总结，并附上文章来源的全文链接。Wavii 被 Google 收购后主要应用在 Google Knowledge Graph（Google 知识图谱）中。

2014 年 8 月 6 日，Emu 被 Google 收购。Emu 是一个类似语音助手 Siri 但却是"通过文本消息服务的内置助手"。它整合了类似 Siri 个人助理的功能，将会根据你的聊天记录，自动执行移动助理的任务。比如自动建立日程、设置时间提醒，甚至还能帮你预定餐馆。Emu 被 Google 收购后主要用于 Google Hangouts 及 Google Now 中。

2016 年 9 月 19 日，Google 收购 api.ai。api.ai 的 API 可以透过语音辨识、意图辨识和上下文语境理解等技术，让计算机理解人类语言并转换为行动，协助开发者打造类似 Siri 的对话式智慧助理，可用于聊天机器人、App、智慧家电等。api.ai 已经证明他们可以协助开发者设计、开发和不断改进会话式界面。超过 6 万名开发者正使用 api.ai 的工具开发会话式体验。api.ai 提供了业界领先的会话式用户界面平台，能够协助 Google 指导开发者持续开发优秀的自然语言界面。

在通往人工智能的路上，Google 一直在不停地买买买。通过收购、孵化、再研发，发展至今，Google 在 2011 年成立 AI 部门，目前已经有 100 多个团队用上了机器学习技术，包括 Google 搜索、Google Now、Gmail 等，并往其开源 Android 手机系统中注入大量机器学习功能（如用卷积神经网络开发 Android 手机语音识别系统）。Google 目前的产品和服务主要依靠 AI 技术驱动，如 Google 使用深度学习技术改善搜索引擎、识别 Android 手机指令、鉴别其 Google+社交网络的图像。通过布局人工智能科技，Google 瞄准未来 20 年甚至 50 年的人工智能市场，这是一个需要巨大资源投入与孵化的技术市场，人工智能技术的发展与应用，有可能颠覆现有的许多技术和产业。未来的技术与市场还无法确定，但 Google 似乎已经通过提前布局人工智能，来到了这场即将开启的技术盛宴的最前沿。

第四部分
技术转移服务的操作指南

第 5 章　技术转移的服务进程

5.1　信息服务：资讯是服务的来源

　　随着大众创新万众创业事业的迅速发展，先进技术成果持有人越来越多，但是其中很大一部分却无法将所拥有的技术成果很好地产业化。为了使技术得以扩散，以及使技术价值最大化，这些持有人渴望将所拥有的技术成果以合理的价格转让给企业或个人。当然，也有很多的技术需求者，希望寻找到合适的项目进行投资或者使其产业化。但是，由于人们的认识能力、知识储备、信息环境、技术水平等存在差异，其拥有的信息资源也不尽相同。同时，由于经济发展程度不同，对信息资源开发的能力和水平也不同，导致国家之间、地区之间和企业组织之间信息资源的分布不均衡。而技术转移需要供需双方的对接匹配，技术只有在需要它的人手里才能体现出价值，对于没有对应技术需求的人而言，即使技术很好，他也不会在意。从这方面讲，技术转移的过程中需要庞大的信息资源，以将最合理的技术呈现给最需要的人。

　　技术转移的技术资源信息主要源自技术研究开发机构和技术开发人员，他们是技术资源信息的基础源头。很多技术开发机构和技术开发人员不仅是技术信息的重要掌控者，也是该技术的知识产权拥有者。总体来看，在我国，国有的高等院校、研究机构和企业掌握了大部分的技术资源信息，而随着民营经济的发展和民营机构技术创新能力的迅猛提升，民营机构掌握的技术资源信息量呈现出快速增长之势。

5.1.1 影响技术转移的信息因素[①]

在科学技术飞速发展的时代,信息成为了一种宝贵的资源,谁能迅速获取大量信息,谁就能够在交易与合作中获得主动权。技术转移客体的隐性特征和保密性,使得技术资源信息的获得在技术转移活动中变得更为重要。

1. 信息的不对称性对技术转移的影响

在技术转移双方进行技术交易磋商和谈判时,除经济实力之间的差距影响磋商结果外,双方所获取的相关信息也将对磋商结果产生重大影响。对于高等院校和科研机构来说,由于受到其运行机制和功能定位的影响,学校的主要精力还是在教学与人才的培养上,对于技术市场的信息并不能够完全掌握,或者说知之甚少,在谈判的过程中就会因为不了解市场行情而陷入被动。而对于企业来说,作为技术的接受者,对将要接受的技术并非完全了解,也很难获得其他技术信息。技术信息和技术市场信息对于技术转移的双方来说至关重要,它将引导双方进行技术转移活动。此时,作为技术提供方的高等院校和科研机构就成为了技术信息优势方;作为技术接受者的企业就成为了技术市场信息的优势方。在技术转移活动中,信息成为合作各方合作谈判中的关键筹码。企业与高等院校和科研机构各自存在信息短板和劣势,造成信息的不对称性。在利益的驱使下,信息优势方就有可能通过隐藏信息或者提供误导信息达到获利的目的,这样就损害了信息劣势方的利益,有碍于技术转移活动的顺利进行。所以,拓宽各自获取信息的渠道,增加信息来源,减少信息不对称性,对于技术转移的供需双方都至关重要。

2. 技术转移信息的分析、筛选

信息本身并不足以让获得者取得直接利益,只有将获得的信息进行分析、筛选、去伪存真和去粗取精后,对技术转移信息进行有效而又正确的分析、提炼,才能实现信息的价值,更好地指导技术转移活动,否则将妨碍技术转移主体各方做出正确的判断,从而导致技术转移活动不能顺利进行。

5.1.2 技术转移信息传播的方式

信息是技术的载体。无论完全或不完全,关于技术的信息都是技术转移的重要载体。事实上,技术转移和技术传播的大部分内容都是通过信息传递来完成的。即

[①] 许云,李家洲著,技术转移与产业化研究 以中关村地区为例=Study on technology transfor and industrialization take Zhongguancun area as an illustration,北京:人民出版社,2015.11.

便是在前面提到的各种技术转移方式中，也包含了许多信息传递的环节。例如，通过进口技术设备转移技术，人们需要通过各种信息来了解和掌握何种机器工具可用，并且它们都是用来做什么的；市场上何种商品可供选择，以及其各自的特色。在这个过程中，人们通过信息了解技术，也通过信息流动传递技术。

技术信息可以通过面对面渠道，以及通过学术会议、技术交流会、科技期刊或大众传播媒介（包括报纸、杂志和网站等）、各种研究报告等方式获取。世界上每年出版商业、科技方面的图书30余万种，发行工商科技方面的期刊10万种，各种专利论文、研究报告等更是难以计数。面对如此巨大的情报资料矿藏，各国政府和民间普遍建立了工商业技术情报收集研究机构，以获取和处理有价值的技术信息。可以将互联网技术的出现作为分水岭，将技术转移信息的传播媒介分为传统的和新兴的两种方式。传统的方式仍是技术转移信息传播方式的重要组成，并未被取代；而互联网化的技术转移信息传播方式是对传统的技术转移信息传播方式的重要补充和提升。即当前的技术转移信息传播媒介是传统和新兴传播媒介相结合的形式。媒体的发达并未取代面对面的技术信息传播方式，面对面的技术信息传播仍是重要组成部分，而各种媒体传播方式是面对面技术信息传播的重要辅助和不可或缺的部分。以下我们来分析这些常见的技术转移信息传播形式。

1. 传统媒体

媒体传播是技术转移信息传播的一种常见方式。报纸、杂志、期刊等传统媒体通过单一的视觉、单一的维度传递信息，称作平面媒体。20世纪出现的电视、互联网等通过视觉、听觉传递信息的媒体称为多维度或立体媒体。平面媒体和立体媒体没有非常严格的区分和定义，只是从信息传递、传播的维度和方式上加以区分的。平面媒体主要以纸张为载体发布单维度信息，如报纸、杂志、期刊等。

在多维度媒体兴起之前，平面媒体是技术转移信息传播的主要载体和途径，技术转移相关信息通过印刷的纸张得以传播。即使在今天，平面媒体仍是技术转移信息传播的重要途径，在一些细分的领域和专业领域的期刊、杂志等纸媒，仍会大量登载技术转移方面的技术信息和供求信息。同时，传统的平面媒体也是各种面对面技术转移活动的补充信息载体，如在各种会议上以会刊、目录等形式分发的资料。平面媒体虽缺乏立体性和互动性，但对于专业技术人员来讲，其仍是传递技术信息的传统方式，各类技术都有在平面媒体上记载和描述的规范，如机械图纸，电路图等。对于专业人员来讲，理解和使用通过平面媒体记载的技术信息不存在障碍。因此平面媒体历来都是技术创新信息的重要载体，各种技术创新信息仍会首选通过印刷品发表，或者与其他媒体同时发表，如论文等。相比之下，单独的声音媒体与平面媒体相比，较少用来作为传播媒介，这与其在传播技术细节方面的先天不足有关。

活动影像这种多维度媒体的出现已有百年，其中电视是广泛普及的传统多维度媒体，其在技术转移信息传播中与平面媒体相比具有独特的优势，主要表现在多维度和动态，多维度表现在视觉和听觉同步，给人更直观的感受，便于理解技术；动态则体现在活动图像对过程和立体展示方面有直接和直观的诠释能力。电视在技术转移信息传播效果上的优势主要是直观，便于理解。非专业技术人员对于记载在平面媒体上的技术信息细节理解有难度，而通过电视视频播放则让更大范围的受众可以清晰直观地了解技术原理和细节。其传播效果接近现场亲眼观看，对抓住企业经营方或投资方的兴趣尤其重要。电视与平面媒体的相互结合推动了20世纪中叶技术转移信息的快速传播，促进了全世界范围内技术创新的飞速发展。

2. 新兴媒体

20 世纪末，以计算机和网络技术为代表的技术革命为各行各业带来了翻天覆地的变化，任何信息领域如果说完全不使用计算机，几乎已经是不可能的事情，信息传播同样被深刻地变革。以计算机和网络为载体、以数字化处理和电子传播为特点的新兴媒体改变了技术转移信息传播的方式。

与技术转移信息通过传统媒体传播相比，数字化的新兴媒体借助快速大量的数据处理和传播能力，为技术转移信息的处理、展示、分析匹配提供了传统媒体无法企及的能力，打破了技术信息传播空间和时间的界限，很大程度上抹平了大众对技术信息方面获取能力的不平等。任何人通过连接在互联网上的一台终端电脑，即可以查找、发布和获得各种技术信息；这对于技术需求方的意义尤其重大，技术需求方可以通过互联网查找自己所需的技术转移信息和解决方案，或者相关技术转移信息的供方资料，技术信息获取的能力和效率与传统媒体时代相比，有着天壤之别。

互联网化的新兴媒体还具有即时的信息交互通信能力，这也是传统媒体无法比拟的。技术转移的供求双方可以通过互联网建立联系，即时通信和传送资料，甚至可以不用见面直接在网上完成技术转移的交易，大大便利了技术转移的供求双方，降低了交易成本。新兴媒体除了可以整合和传播传统的信息，如文字、图片、视频和声音等，还可以传送和展示新型的信息形式，如 3D 图像和电脑动画等，一些创新技术可以借助这种新型的信息展示形式更好地演示技术构造、原理和过程等，更直观快速地与观者沟通，引起观者的兴趣。由于潜在买家往往只有短暂时间去了解一个技术，这种新型的技术信息展示形式往往更加直观和便于理解，对技术转移的供方推广技术、找到潜在买家往往能够起到关键作用。

在这个信息爆炸和快节奏的时代,通过各种媒体远程进行技术信息的交流是一个必然选项,但这种非面对面的技术信息交流方式不能完全取代自然和亲切的人与人面对面的交流。各种面对面形式的技术转移信息交流活动近些年来在我国非但没有式微,还如火如荼地开展起来,而借助各种媒介的辅助是这些面对面交流活动不可或缺的选项。

3. 技术市场、技术交易会及技术推介会

技术市场、技术交易会是以科技成果为交易内容的一种集市性质的面对面技术交易活动。这两种技术交易活动形式随着我国20世纪的改革开放和经济发展,交易活动的规模和范围在不断扩大,已从一个行业发展为多个行业的综合性技术交易;技术交易活动内容从工业发展到农、林、牧、副、渔;技术交易活动形式从临时举办发展到固定场所定期举办,如每年在深圳举办的中国国际高新技术成果交易会。

案例　中国国际高新技术成果交易会

中国国际高新技术成果交易会(以下简称"高交会"),是经国务院批准举办的高新技术成果展示与交易的专业展会。高交会由多家政府部门、科研单位和深圳市人民政府共同主办,由深圳市中国国际高新技术成果交易中心承办,每年的11月16日至21日在深圳举行。至2016年,中国国际高新技术成果交易会已经在深圳成功举办了18届。

高交会是目前中国规模最大、最具影响力的科技类展会,有"中国科技第一展"之称。高交会集成果交易、产品展示、高层论坛、项目招商、合作交流于一体,重点展示节能环保、新一代信息技术、生物、高端装备制造、新能源、新材料、新能源汽车等领域的先进技术和产品。经过多年发展,高交会已成为中国高新技术领域对外开放的重要窗口,在推动高新技术成果商品化、产业化、国际化,以及促进国家、地区间的经济技术交流与合作发挥着越来越重要的作用。

相对于技术交易会和技术市场,技术推介会是一种推介技术数量较少但技术相对成熟的小型技术交易活动,参会的技术往往数量不多,且多来自有限个技术领域或地区,通常推介会主办方会有针对性地发出参会邀请,或者对进场人员有所筛选,以保证参会人员的质量,避免无关人员占用技术推介方太多的时间,影响推介会的效果。目前比较多见的是某技术领域的技术推介会和某技术来源地区的技术推介会。近年来我国制造业

发达地区对海外的先进技术非常渴求，促进了海外技术推介交流会的兴起和发展，这类推介会一般是与某技术来源国的政府部门（如其在中国的使领馆）合作。目前此类技术推介会的合作方已不仅限传统的技术先进地区，如美国、日本、德国等；一些技术底子较厚，技术积淀较扎实的地区也纷纷合作在我国沿海城市举办海外技术推介会，如俄罗斯、瑞典等国。

4. 技术学术交流会议

学术会议是一种以促进科学发展、学术交流、课题研究等学术性话题为主题的会议。学术会议往往具有国际先进性、权威性、高知识性、高互动性等特点，其参会者有科学家、学者、教师、产业技术人员等具有高学历的研究人员。由于学术会议是一种交流、互动的会议，因此参会者会将自己的研究成果较为深入、细致地展示出来，使得技术信息传递的效果更好。技术学术交流会议的技术往往具有前瞻性，预示技术发展的方向，为行业的技术发展提供了重要借鉴和参考；但另一方面，学术交流会议的技术有时也存在技术不够成熟，或者仍未找到产业化方法的情况，需要技术需求方仔细甄别和考量，谨慎投资和投入。

案例

2017年4月20日-21日，由上海交通大学农业与生物学院与荷兰驻上海总领事馆共同主办的上海交通大学和荷兰瓦赫宁根大学"中荷土壤修复技术学术研讨会"在上海举办。会议围绕土壤污染的影响与风险分析技术、土壤修复技术和农业土壤治理与食品安全开展了深入的学术交流。

大会特邀荷兰瓦赫宁根大学环境与气候研究所所长、瓦赫宁根大学食品质量与安全研究所高级研究员，以及上海交大农业与生物学院教授分别做题为"污染物沉积物可持续修复"、"基于风险的土地管理（RBLM）与优化农业土壤修复技运作"、"农业土壤治理与食品安全检测"、"木霉菌去除农化物质污染机理及在土壤修复中的应用"、"生物碳修复土壤应用技术"的报告。

来自黑龙江、江苏、浙江、四川、福建、湖南、河南、河北、山东、上海等国内10余个省市的100多位专家、代表出席了会议。会议期间，中外专家还考察了上海合井生物科技有限公司在浦东区合庆镇土壤修复的示范现场，现场展示了陈捷团队"木霉菌-植物联合修复土壤技术"、"修复植物秸秆净化与再利用技术"和沈国青"利用生物碳修复土壤技术"的应用效果，中外专家对生物修复技术应用效果给予了充分肯定，专家认为，上述技术不仅修复土壤效果明显，而且修复成本低，具有很可观的应用前景。

4月21日，"土壤和水污染修复专题讨会"在上海交大农生学院举行，陈捷做"环境生态保护与修复技术需求与合作途径"报告。来自瓦赫宁根大学、上海交大农生学院和环境学院、上海市多家企业代表进行了热烈讨论，荷兰专家介绍了土壤和水污染修复的最新技术，以及商业化应用与合作途径。

5. 技术推广活动

在我国，技术推广活动通常是指由国家相关部门发起并推动的技术推广活动，多见于节能环保领域和农业技术领域等；技术推广活动的技术较为成熟，技术信息全面丰富，是高质的技术转移信息。技术推广活动一般会有活动资金的支持，并且会对采用技术的用户提供一定的资金扶持或优惠的金融服务等，助力新技术的顺利实现和产出预期效益。

案例：农业技术推广

我国的农业技术推广是指通过试验、示范、培训、指导及咨询服务等，把应用于种植业、林业、畜牧业、渔业的科技成果和实用技术普及应用于农业生产的产前、产中、产后全过程的活动。

农业技术推广遵循的原则是：有利于农业的发展；尊重农业劳动者的意愿；因地制宜，经过试验、示范；国家、农村集体经济组织扶持；实行科研单位、有关学校、推广机构与群众科技组织、科研人员、农业劳动者相结合；讲求农业生产的经济效益、社会效益和生态效益。

我国农业技术推广的范围是指应用于种植业、林业、畜牧业、渔业的科研成果和实用技术，包括良种繁育、施用肥料、病虫害防治、栽培和养殖技术，农副产品加工、保鲜、储运技术，农业机械技术和农用航空技术，农田水利、土壤改良与水土保持技术，农村供水、农村能源利用和农业环境保护技术，农业气象技术及农业经营管理技术等。

6. 科技成果拍卖会

科技成果拍卖会就是通过市场竞价交易的方式来实现科技技术成果转移，具有技术交易转移简单、快速、规范化等特点，对于有意转让科技成果的人与潜在的受让人，是一种很好达成技术转移的方式。它以科技成果作为标的，通过单个卖方与多个买方进行现场或者网络交易,使不同的买方围绕同一标的应价竞拍,以出价最高的原方式决定最终买方。科技成果拍卖会的技术成果一般是比较成熟的技术,可以稳定地产出效益。科技成果拍卖会上的项目通常会经过严格筛选,拍卖项目在拍卖之前一般会做相应的技术评估和经济评估,以确保技术的先进性和实用性。对技术需求方来讲,通过参加科技成果拍卖会,避免了大海捞针式的项目筛选,有利快速上马项目,快速产生效益,但另一面也会承担较大的资金投入风险。

案例

2016年4月28日,浙江省2016年年度的春季科技成果竞价(拍卖)会举行。拍卖会共征集到参拍项目139个,经审查最终有103项科技成果上拍,上拍项目数量同比有较大增加。103个项目中,70项为省内外高等院校科技成果,31项为省内外企业科技成果,1项为个人科技成果,1项为海外(日本)科技成果。

全省共240多家企业参加竞拍,最终成交101项科技成果,总起拍价1.0525亿元,成交金额为1.50367亿元,总溢价率为42.87%。成交金额最高的科技成果"新药银黄丸技术",最终以1100万元的价格由浙江圣博康药业有限公司竞得;溢价最大的科技成果"大处理量环保除尘器",溢价率达960%,项目从10万元起拍,最终以106万元的价格由浙江大森亚环保有限公司竞得。

在此之前,省级竞价(拍卖)会已经成功举办6届,累计成交634项,金额11.6亿元。前5届成交的521个项目中,已有204项成功实现产业化,新增销售额88.16亿元、利税5.67亿元。

以上列举了常见的面对面技术转移信息交流活动,并未穷尽所有的技术转移信息交流活动形式。在这类面对面技术转移信息交流活动中,PPT形式的技术转移信息展示已经成为不可或缺的技术转移信息传播形式。尽管目前大众对过于炫目、浮夸和空洞的PPT技术路演已颇有微词,但不可否认的是,一个好的技术转移项目如果没有一个制作精良的PPT,很可能会被淹没在众多项目中而未引起潜在合作方的注意。PPT在面对面的技术转移信息交流活动与纸媒相比具有很多优势,首先它可以聚集观者的注意力,引导观者根据讲者的思路行进,而纸件在这方面有其先天不足,看纸件时可能会去翻看不同的页面;PPT的另外一个主要优势体现在"动",具有纸件所不具备的动态展示能力,它可以集成多维信息展示方式,基本上所有主流的展示方式都可以使用在PPT上,如声音、视频、动画等,可以根据不同的项

目对各种展示方式取长补短综合设计使用。故 PPT 在面对面技术转移信息交流活动中具有非常好的宣介能力，技术转移推介方应重视相关 PPT 的制作，争取在 PPT 讲演或路演的短时间内引起在场潜在合作方的兴趣，获得进一步交流和沟通的机会。当然 PPT 件演讲者的演讲能力和技巧也是非常重要的，这已超出本书的范围，在此不做讨论。

5.1.3 技术转移信息服务[①]

信息系统是企业核心竞争力的一部分，信息服务是技术转移机构的核心业务，技术交易、技术转移、投融资、科技咨询等技术服务行业已成为工业、农业、以及消费服务类企业不可或缺的业务支持。随着互联网信息时代的到来，信息技术对科技咨询服务业产生了深远影响，促进了科技咨询服务业从传统方式到以信息技术运用为基础的现代方式的转变。计算机网络化的信息系统对技术创新业务和活动的重要支撑作用，已扩展到技术研发、设计、生产、组织、营销，以及客户服务等一系列的业务流程，成为技术创新服务行业可持续发展的基础要素。其中，技术转移信息服务也借助互联网技术实现了信息服务方式的升级换代。目前网络化的技术转移信息服务已成为几乎所有技术转移中介服务机构的标配。网络化的技术转移信息服务从根本上升级了技术转移信息资源交流的渠道。网络化的技术转移信息服务与之前传统媒体时代相比具有多方面的优势，具体如下。

1. 信息服务覆盖面广

传统的技术交易场所如果不借助互联网，其辐射范围和聚集度相对会比较狭小。所以，网上技术转移信息的纷纷兴起，打破了技术交易的时空限制。互联网信息传递的同步性和互动性带来的时间和空间效应，使人们可方便地利用分散在全球的科技信息资源。如果技术转移的供求双方通过自己的网站发布技术转移供求信息，其信息达至的受众非常有限；而通过技术转移中介服务机构的网站或网络平台发布，则可以借助这个机构和网站已有的知名度和聚集效应，使得更大范围和数量的相关科技人员、科研机构、企业等通过该网站浏览和获取有用信息。

2. 信息量大，时效性强

利用传统媒介的技术转移信息服务在信息容量、时效性等方面存在着明显不足。而网络化的技术转移信息服务基本不受信息容量困扰，高校科研机构、企业等

[①] 张晓凌，耿志刚，侯方达，刘会强编著，技术转移信息服务平台建设，知识产权出版社，2011.05.

可以利用网络实时发布技术转移信息。供需双方通过互联网的信息发布，可以实时快速更新，时效性强。

3. 提高技术信息查询效率

在互联网时代之前，技术转移供需方很难实现对信息的查询检索；一方面，企业或技术的需求方难以找到合适的技术；另一方面，高校或科研院所大量的科技成果因找不到对口买家而被迫束之高阁。借助网上技术转移信息服务可实现技术转移信息的快速精准查询检索，从而提高技术转移信息查询的效率。

4. 降低交易成本

机构或个人可以快速地对网上发布的技术信息进行查询，在短时间内实现信息的准确定位，从而有效地减少信息的搜寻时间，降低技术信息搜寻成本。另外，利用技术转移信息服务网站的实时通信功能，技术转移供需双方可以实现网上的技术信息交流和交换，减少了沟通成本。例如，双方可利用点对点即时通信、网络会议等功能就相关技术信息进行沟通和交流。

网上技术转移信息服务系统可以帮助技术转移供需双方实现技术转移信息的粗筛和初步的匹配，但若要大幅度提高技术转移信息匹配的成功率，还要借助技术转移服务网站配备的专业服务人员。技术转移的专业人员对技术转移项目有较深入的了解，某种程度上类似媒人，如果一个媒人对撮合对象没有深入了解，只靠简单的信息，则匹配成功的机会很小；只有对自己的服务对象有深入了解，才能更好地选择与之匹配的对象，有的放矢，一击而中。专业人员借助先进的互联网技术、设备和软件，并发挥自己的专业技能和工作经验特长，可以更好地为技术转移供需双方提供高效的技术转移信息匹配服务，比起技术转移供需方自己在服务网站上去寻找合适的技术往往事半功倍。期待技术转移供需方把信息放到技术转移信息服务网站上，然后由设备进行匹配并引导洽谈就可以成就很高的匹配成功率，往往结果并不能如人们所愿，技术转移服务提供方也难以借此实现可靠的盈利，长远来讲是不可持续的。即技术转移信息服务领域同样适用线上线下 O2O 的服务模式，通过线上提供技术转移信息的初步查找和匹配服务，借助线下专业人员提供进一步的筛选、匹配和撮合服务，可以提高技术转移交易成功率。

5.2 技术评价：技术含金量知多少

5.2.1 技术评价的概述

技术也具有两重性，它可能能够帮助解决某些问题，也可能带来新的问题甚至麻烦，技术往往可能是有利的，也可能是不起作用甚至是不利的。为了使得技术转移收获有益的效果，往往需要先对技术进行选择。可以说技术转移在一定程度上决定技术选择。这是因为，技术选择方向对头，技术的转移率就可能高。而技术选择的关键又在于技术评价。

1. 技术评价的定义

"技术评价"这一专门术语在 1966 年由美国人 PhilipYeager 第一次使用。20 世纪 60 年代，世界科学技术迅速发展，为人类社会创造了大量的物质财富，加速了社会发展。与此同时，也给人类带来了一系列的危害和弊端，如公害、污染、交通事故等。也就是说科学技术是把双刃剑，给人类社会带来利益的同时也造成了负面影响。这种情况下，为趋利避害，使得科学技术朝着有利于人类和社会进步的方向发展，美国众议院科学技术委员会开发分会于 1966 年在研究报告书中首先提出要开展技术评价。此后，技术评价相继引入西欧和日本，目前已成为许多国家科技管理部门的一项重要研究任务。

目前对技术评价的具体定义各不相同，各个国家的学者和研究机构对技术评价的定义众说纷纭。

美国技术评估办公室（Office of Technology Assessment，OTA）第一任主任 EmilioQ.Daddario 在描述技术评价时称："技术评价是政策研究的一种形式，它为政策制定者提供了一个综合的评价。在理想的情况下，它是一个能够提出适当问题并能获得正确和及时的答案的系统。它能够识别政策问题，评价多种替代行动方案的影响，并且提供研究结果。它是一种系统地评价技术发展的性质、作用、地位和利害得失的分析方法。""在某一技术系统建立前、建立中和建立后，有必要鉴定和研究它的作用和后果，目的是为了改进对整个技术社会的管理，包括把未曾意料到的、不是预期的和不需要的后果减少到最低限度。评价包括预测和预见、回溯评价及当前的监测和分析;测量包括非经济的、主观的价值,以及直接的可触知的定量。最重要的是,评价要求在建议新技术扎根于人类组织的社会经济复合体以前要预测新技术的灾难性后果,预测和避免不可逆的不良后果"。美国 OTA 认为:关键的问题是技术应用的结果要尽最大可能地被预先认知、理解与做出关于现存和新兴国家问题的公众政策。

美国国家科学基金会阐述技术评价的基本原理为:技术评价有助于满足社会对信息的需要,以提供技术应用中的决策依据。

美国国会图书馆的国会研究服务机构对技术评价的定义是:技术评价是一种有目的的监视技术变革种种后果的过程。它包括初期的只限于某些局部地区短期效益、费用的平衡,但它远不只包括这一点,它还包括在尽可能宽的范围内、在尽可能长的时间范围内来识别受影响集团和那些未预期的影响。

日本科学技术厅认为:技术评价是综合检查和评价技术的直接效果、负效果和潜在的可能性,将技术控制在整个社会希望的方向。技术评价除了要评价技术的可行性和经济效果外,还要评价技术应用对人、社会、自然等人类生存环境带来的好的和不好的影响,综合多角度的预测评价,提出必要的对策。因此,不单纯是技术的评价,而且还要用人类的手来控制狂奔的现代技术。

加拿大科学院研究所对技术评价给出的定义为:技术评价是提供社会应用和扩散一项技术给物理、社会、经济和政治系统带来的内部和外部结果(短期的、中期的、长期的)的信息并系统分析的活动。这些信息和系统分析被结构化并用于帮助被委任操作那些系统(物理、社会、经济和政治)的决策制定者。

德国技术哲学家拉普区分了三种类型的技术评价。一种是作为为政治目标做辩护的技术评价,如政客用来获得公众的支持而进行的技术评价;第二种是作为一种决策工具的技术评价,即通过对最大量的信息进行描述、阐明,确定先设目标的选择方式,预测某种技术活动的后果及这种后果的相关价值;第三种是作为约定的技术评价,即用以做出"适当"、"好"一类的判断。一般而言,技术评价体现了一种精神:试图以系统的方法来预测、辨别、评价,由于新技术的引进和应用,已有的技术新应用和技术应用规模的巨大变化所带来的广泛影响,帮助政府、团体、企业或其他机构的决策者做出更加明智的决策。[1]

上述均是国外研究机构或学者对技术评价进行的定义,国内的研究机构和学者

---

[1]张恒力. 技术评价的伦理整合[J]. 科技管理研究,2004, 5: 107-108.

对技术评价的定义也百家争鸣。

清华大学仝允桓教授的研究组给出面向公共决策的技术评价的定义是：它是一种有组织的研究活动，采用实证（行为）研究、价值研究、规范研究、评价研究等政策研究方法论体系，按照科学的技术评价流程，在公众和利益相关者的参与下，动态系统地识别、分析和评价技术开发、引进、应用、推广等技术生命周期的前、中、后各阶段可能带来的社会、政治、经济、环境、文化等方面各种有利的和不利的影响，包括合意的、不合意的和不确定的，尤其强调那些非预期的、间接的、高阶的、累积性和滞后产生的影响，分析该技术的投入、产出，确定其价值与风险，并进行权衡，通过建构型的过程提出技术发展替代路径或问题解决的政策选择集，并分析这些政策措施在促进或问题解决的政策选择集，同时分析这些政策措施在促进或控制技术发展、增强或消除技术带来的影响方面的作用，从而进行政策分析与制度安排，为决策机构正确的决策提供参考。①

教育部高等学校社会科学发展研究中心韩秋明②等人结合当前的创新驱动发展战略，给出了创新驱动导向的技术评价：由政府发起，专业评价机构实施的有组织的技术研究活动，通过采用对比分析、价值分析等方法体系，按照系统的技术评价流程，在政府、企业、高校、科研院所、技术中介及社会公众等利益相关者的参与下，动态地分析、评价和识别技术研究与技术实践中的生命周期、发展趋势、利弊得失及对社会各方面的影响，并且在评价过程中提出技术替代、发展的可能路径与行动方案，为提高技术创新能力、构建技术创新体系、促进科技体制改革提供参考。

综上所述，目前国内外对技术评价的定义存在多种表述，但这些表述并行不悖，且基本精神大体一致，均是采用科学的方法预先从各个方面系统地对技术实践的利弊进行综合评价的活动。

2. 技术评价的功能

技术评价的功能主要分为四个方面：一是政策的早期预警；二是为决策制定所需知识做准备；三是促进公众参与和理解科技发展和决策；四是知识积累。

其目的主要包括：尽量减少错误的投资；识别非直接的或通常不可见的不能直接认知的影响；指出一些可行的可替代方案；评价具体结果；认知相关经济趋势；提高技术和产品的接受度。这些目的作用将在技术转移的过程中体现得淋漓尽致。

---

① 王海政，谈毅，仝允桓. 面向公共决策技术评价的多维融合方法体系[J]. 科学学与科学技术管理，2006, 5: 7-9.
② 韩秋明，袁立科. 创新驱动导向的技术评价概念体系研究[J]. 科技进步与对策，2015, 32(24): 100-105.

除此以外，技术评价还可使得社会需求能更早、更好地被认知，同时便于维护公众的利益，还可为以后的技术发展及其评价提供有价值的信息。

值得注意的是，目前公众在技术评价中真正深入的参与实践还不多，因此这方面的功能体现得不够。

3. 技术评价的原则

技术评价是自然科学、预测科学、社会科学、政策分析、经济学等领域的交叉产物。与传统学科相比，技术评价有自己独特的"科学模式"。例如，它的研究领域不是集中于科学，而是集中于问题；它的研究方法不是简化、纯化，而是对角度分析，整体处理；它的活动方式不是自由探索，而是定向探索；它的研究成果不是精确的公式、定律，而是或然性的预报、预警；尤为重要的是，传统自然科学不包含价值观念，而技术评价特别是技术转移过程中的技术评价必然包含内容广泛、丰富的价值观念。为了客观、公正地进行技术评价，技术评价应遵循以下基本原则。

1）全面原则

由于事物之间的普遍联系和相互转化，技术及其作用效果往往涉及领域广泛、影响深远。因此，在评价过程中，应全面考虑技术在各方面、层次、时段甚至各种条件下的影响，既要看到它的正效应、近期效应、直接效应，也要看到它的负效应、远期效应、衍生效应，尽可能多地选择元维度数量，客观真实地综合出技术价值。目前所倡导的社会效益、经济效益和环境效益三者兼顾协调的原则，也体现了这一原则的精神。

2）定量原则

技术评价作为对技术及其作用效果的综合性价值认识活动，仅有定性认识是不够的，还必须使这种认识进一步深化，进行定量分析。从这一点来看，技术的"内评价"较为成熟，已进入定量认识阶段，而技术的综合性评价尚处于定性认识阶段，有待于进一步量化。定量原则要求应尽可能地把各维度上的价值刻度厘定的精细一些，以便精确衡量技术的价值。

3）时效原则

由于技术及其作用效果的可变性、价值观念的主观性，以及主体认识的相对性等因素的影响，在确定时刻所得出的技术评价结果总是相对的，具有一定的时效性。因此，不存在一劳永逸的评价活动，应根据变化了的评价条件，适时进行技术的再评价，及时反映技术的真实价值。

4）实用原则

技术评价的目的在于指导技术实践活动，因此在一定条件下所进行的技术评价活动应迅速、准确地反映当时的技术价值。这就要求在进行技术评价时，既要兼顾全面原则，又要适当舍弃影响不大的技术次级效应，简化评价过程，迅速得出评价结果。

4. 技术评价的参与者

技术评价的参与者应包含政府、企业、专业技术评估机构、高校和科研机构、社会公众以及技术中介。丰富的人员组成有助于广泛吸纳各方观点，形成多角度、多层面的评价认知，增强评价的中立性、客观性和公正性。

首先，政府在整个技术评价活动中具有发起、组织和协调的功能。根据国外技术评价经验，技术评价制度化是通行的做法。政府通过政策引导、制度设定、资金支持、资源配置等调控手段，为技术评价和创新活动营造良好的环境，从而提高技术评价和国家创新系统效率。

企业是国家创新系统的核心，也是技术创新的主要承担者，其对市场中的技术发展情况具有相对直观的了解和把握，企业参与技术评价活动有助于反映技术市场状况，也有助于其自身进行技术需求选择和技术项目确定。

高等院校和科研机构是重要的技术创新源，从事技术发展的基础研究、应用研究和产业化研究，始终站在技术研究最前沿，为创新活动提供智力保障，也为进行客观技术评价活动提供智力支撑。

社会公众也是技术评价活动中不可忽视的参与主体。早在 20 世纪 80 年代，欧洲国家就出现了公众参与式技术评价（Participatory Technology Assessment，PTA），其以"共同发现解决办法"或"建立对话机制"为目标。在当前"大众创业、万众创新"的环境下，公众参与技术评价被认为是一种解决技术评价中不平等、不确定问题的互动式新途径。

技术中介是连接创新主体的桥梁，是促进科研部门与企业之间知识流动的重要环节，也是政府推动技术扩散的重要途径。技术中介的参与有助于为技术评价建立更顺畅的交流渠道，并充分发挥创新系统内部各要素之间的协同作用。

在技术转移的过程中，通常重要的技术评价参与者一般为企业、高等院校科研机构和中介机构。

5.2.2 技术评价流程与方法

1. 技术评价的流程

技术评价是一个系统、完整的评价，目前尚无统一的标准程序，但大体上可分为以下几个流程。

（1）查明技术的基本情况。包括该项技术的主要技术参数、各种实施方法、现在或将来的应用和发展、开发所需投资（直接的和间接的），以及可替代的技术等。

（2）查明影响。包括现在和将来对经济和社会（生活、环境、教育、就业和政治等）的各种影响，还包括对社会各方面的个人、组织和集团的影响。其中既有对各种决策机构的影响，也有对将来使用者及公众的影响；既可以是直接的和间接影响，也可以是潜在的影响。

（3）影响分析和处理。影响分有利的或不利的，通过分析找出不利的影响，确定影响的大小，以及影响之间的相互关系，并估计它们的相对重要性，以便采取对策加以消除或减轻。

（4）研究对策。比较各种策略，讨论其利弊，选择可能的规划和行动方案。

（5）完成分析，进行综合评价，确定评语。

2. 技术评价方法

技术评价方法区别于其他的专业技术研究方法，其特点是方法诸多，没有统一或唯一的方法，它往往需要把多种技术和分析工具组合起来应用。此外，技术评价并没有其独有的方法，所采用的方法借鉴于其他学科领域业已成熟的方法。常用的技术评价方法大体可以分为三类，分为定性评价方法、定量评价方法和综合评价方法。其中定性评价方法又主要包括同行评议法、案例与回溯评价法；定量评价方法主要包括文献计量法和经济计量法；综合评价方法包括多指标综合评价法和定标比超法。

1）同行评议法

同行评议（Peer Review）是充分依靠科学家群体对科学技术活动（包括科研活动、科研资助、科研管理等）进行民主管理的一种方法（或制度）。

具体而言，同行评议是指某一领域或与其邻近领域的专家采用同一种评价标准，共同对涉及相关领域的某一事项进行独立的价值评议的过程，其评价结果为有关部门的决策提供依据。

同行评议是科技评价中应用最广泛和可信度较高的评价方法，尤其是对用定量方法难以测度和判断的科研活动的价值评估（Merit Review），具有其他方法不可替代的优势。美国政府对同行评议法具有高度评价。美国经济发展委员会称"美国基础研究体系的一个基本优势就是，通过一种认真和具有竞争性的同行评议过程来分配经费拨款"。美国国家科学技术理事会基础科学委员会称"在对单个政府部门当前计划的评审中，以同行评议为基础的价值评价将继续是主要工具"。美国 GPRA 确定的评价原则更是将同行评议设为基础："为确保世界级研究水平而对科学事业进行管理，同行评议是基础。研究项目要由专家来评定其价值，资金的配置也必须以研究项目的科学价值为依据。潜在的科研项目和科研计划要根据知识前沿领域卓越的研究活动的标准进行评价。同行评议的价值评估同样可以被用来对一个机构的基础科学项目做回顾性评价"。

同行评议可广泛应用于各类科技评价活动：科学出版物（论文、著作等）的评审；学位、荣誉和职称评定；科研项目评审；科研成果的验收与评奖；科研机构评价；科技政策和科技计划评价。同行评议一般采取的方式包括通信评议（函评）、会议评审（会评）、函评和会评结合、现场评议。

由于同行评议由同行专家对项目进行质量与水平的评价，其优点在于客观且有深度，但也存在一些缺陷，"熟人关系网"、崇尚权威、"马太效应"、不利于支持创新性的非共识项目、剽窃行为等。

2）案例与回溯评价法

案例与回溯评价法是对关键事件或典型案例进行回顾和剖析，分析导致关键事件发生的科学内外部因素，分析研究工作环境和资助机制对取得重要成果的作用与影响，总结成功经验与不足，预见技术可能产生的影响，提高科学技术的显示度。

案例与回溯评价法的优点是可以清晰描绘技术的关键及其价值，以及内外因素对技术的影响。其缺点是其评价结果难以反映整体，结论不具普适性，且成本高、研究周期长。其一般适用于投资周期长、投资强度大的重大科技计划（项目）、大科学工程及特定项目的回顾或跟踪调查评定等。

3）文献计量评价法

文献计量评价法是利用科学技术产出的文献计量指标的定量数据，采用数学和统计学方法，对技术及其影响进行研究与分析的一种方法。

文献计量评价法基于《科学引文索引》（SCI）和专利数据库，采取论文指标、引文指标、专利引文指标等从宏观层面研究技术前沿发展趋势、技术的水平及影响具有统计学意义上的合理性和可信度。

文献计量评价法较多应用于宏观层面（如国家间的比较）和中观层面（如同质机构间的比较）的科技评价。评价某一个人（或某一个项目）的科研产出质量及影响，应以"同行评议"方法为主，文献计量指标仅作为参考指标。

4）经济计量评价法

经济计量评价法是基于投入-产出模型或生产函数模型对科技活动效率或效益进行评估的一种方法。包括：成本效益法，成本、效益、净现值、收益率等指标；生产功能法，利用资本、劳动力、研究经费支出来测度科研活动对产品附加价值的边际贡献；投入产出法，经济系统投入-产出的相互依存关系。

由于其产出指标主要采取生产要素和经济效益指标，该方法一般仅适用开发类研究活动或科技产业化的评价，不适合基础研究和应用研究。

针对宏观层面的基础研究和应用研究的绩效评估，有时可以采用投入产出统计指标来测度科研活动的投入产出效率，如单位投入产出的论文数、引文数、专利数、获奖数等，或产出单位论文数、引文数、专利数、获奖数所需的投入成本。

5）定标比超法

定标比超法是经济活动领域中应用最广、影响最大的竞争情报方法之一。由美国施乐公司对日本公司竞争时最早使用。

最早将定标比超方法用于科学技术活动评价的是美国科学院科学、工程与公共政策委员会（COSEPUP）。1997年和1998年美国科学院分别出版了两份研究报告：《美国数学研究国际定标比超》和《美国材料科学与工程研究的国际定标比超》。

定标比超法一般多应用于学科领域的国际比较及科研机构的诊断和战略性评价。

6）多指标评价法

多指标评价法基于评价目标和评价对象的特点，确定评价原则（评价准则），构建定性指标和定量指标相结合的递阶多层的指标体系及评价模型。不同类型技术的指标选取一般各不相同，指标一般可概括为：①技术因素指标，如技术先进性、成熟度、时效性、复杂性和可替代性等；②经济效益指标，围绕投资规模、经济评价、回收速度三个方面，包括应用与生产直接经济效益（如节约原料、劳动和设备投资、缩短生产和试验周期、提高工效和产品质量、增加产量、简化流程等）、间接经济效益（如管理规范、提高劳动生产率、合理分配人力资源、减少管理费用等）和市场经济价值（如市场容量、产品寿命周期、市场竞争力、市场接受能力、市场份额、市场需求变动情况、规模效益等）；③社会效益指标，指技术对当前或潜在的社会技术经济的影响程度，包括对产业结构优化升级和实现技术跨越的作用；对社会生产力的发展及对生产关系变革的影响；对环境改善、资源合理利用的作用；对社会群体健康、文化、知识结构水平的影响。

采取 Delphi 专家调查法和层次分析法（AHP），构建各层次指标权重判断矩阵，并计算各指标的权重赋值。通过专家咨询、论证，确定各指标的评分标准和评分范围。专门的评价小组依据评分标准和评分范围，对各项指标评分，经过加权总和，得出总平均分值。

7）综合指标体系评价法

综合指标体系评价法也称综合评价法，其结合了定性评价与定量评价的特点，其关键是如何构建科学、合理的评价指标体系，如何对评价结果做合理的分析，如何正确有效地利用评价结果。

对于不同类型、不同层面、不同阶段的技术评价，评价的方法和程序各不相同，几乎可以认定没有一种方法是在技术评价的全过程中都可以通用，只是分别适用于评价过程的一定范围。上述方法中综合指标体系评价法在基于技术转移的技术评价过程中应用较为广泛。

5.2.3 纳米漆技术评价实证研究[①]

吉林大学博士沈滢在 2007 年时对长春红光高分子纳米材料有限公司的水性嵌段型纳米结构漆（以下简称"纳米漆"）进行了技术评价。

1. 技术分析

1）技术简介

水性嵌段型纳米结构漆采用分子自组装改性丙烯酸聚酯类聚合交联技术制备水性纳米聚合物乳液，并利用此乳液添加部分无机颜料制备高性能水性嵌段型纳米

---

①沈滢. 现代技术评价理论与方法研究[D]. 2007, 6.

结构漆。水性嵌段型纳米漆的成膜材料是利用分子自组装的二嵌段聚合物或共聚物和成核技术制备的高分子纳米结构乳液。相对于某一分散介质（如水），这些聚合物可形成球状胶束（纳米尺度内，50～90nm），在这种胶束中极性链段构成胶束的壳，而非极性链段构成胶束的核，所以乳液体系得以分散稳定。另外，这些聚合物中有可进行氧化交联或热交联的链段结构，这些纳米级的聚合物微粒像小分子表面活性剂一样，在适当的条件下可进行组装，即在不使用乳化剂的情况下利用成核技术和分子自组装聚合交联技术制备纳米聚合物乳液。该乳液在正相反相的转变过程中经过一种特殊的双连续结构，在连续的转相过程中体系始终保持相同性。该纳米级聚合物乳液平均粒径尺寸可达 72nm，可常温下自交联，并且自由分散于水，不沉淀，与颜料的分散性能好，因此可制备出可研磨不破乳、可冻融不破乳的水性嵌段型纳米结构漆。

2）技术的成熟度与可靠性分析

由吉林大学与长春红光高分子纳米材料有限公司开发的水性嵌段型纳米通用钢结构防护底漆和汽车底盘用水性嵌段型纳米漆现已在长春红光高分子纳米材料有限公司进行中试生产。其产品在生产过程中的质量稳定性高，成品率达到 98%以上。由于产品具有无溶剂环保，性价比高，使用安全性好，得到用户的一致好评。并已在 2003 年年底通过一汽集团技术中心的使用认可，与采购部签订了供货 3000 吨的意向性协议。

3）技术产品的主要用途和需求分析

该技术产品的主要用途：主要用于石油化工、汽车、火车、船舶、冶金等工业领域。目前长春红光高分子纳米材料有限公司生产的产品主要用于汽车底盘用漆和汽车面漆。

需求分析：发展中国家的建筑市场大多并未饱和。当地人口增长带来建材需求增多，进而促成了油漆涂料市场的发展。当前全球工业漆年消费量正逐年迅速增加。有关机构预测全球工业漆需求量将以每年 3.7%的速度增长，并将于 2020 年达到 5470 万吨，而届时市场价值将达到 1930 亿美元。而其中水性环保型漆的占比将高达近 60%。而水性嵌段型纳米结构漆正是水性环保型漆，它的市场前景是不可估量的。

4）技术的经济效益分析

预测该技术未来五年的现金流量如表 5.1 所示（2007 年时预测）。

表 5.1 现金流量表（单位：万元）

序号	年份 项目	1	2	3	4	5
1	现金流入	1612	3490	4110	4730	4730
1.1	产品销售收入	1603	3410	4010	4610	4610
1.2	回收流动资金	9	80	100	120	120
2	现金流出	2029	3480	3996	4180	4180
2.1	固定资产投资	280	110	10		
2.2	流动资金投资	100	260	340		
2.3	经营成本	1590	2959	3459	3959	3959
2.4	销售税金及附加	5	10	13	14	14
2.5	所得税	54	141	174	207	207
3	净现金流量（税前）	-471	151	288	757	757
4	净现金流量（税后）	-417	10	114	550	550
5	累计净现金流量（税后）	-417	-407	-293	257	807
6	复利现值系数（P/F, 0.12, t）	0.8929	0.7972	0.7118	0.6355	0.5674
7	净现金流现值（税后）	-375	8	79.8	349.5	312.07
8	累计净现金流现值（税后）	375	367	287	62.5	374.6

由表 5.1 得出本技术项目的财务评价指标如下：投资回收期（税后）T=4-1+287/349.5=3.82 年；预测水性嵌段型纳米结构漆未来五年实现的累计财务净现值 FNPV=347.6 万元；预测该项目的经济寿命期为十年，同时预测项目在未来十年的经济效益，计算出项目的财务内部收益率。

5）技术的环境效益分析

随着人们环保意识的不断提高和环保法规的日趋严格，环保型漆势必成为本世纪漆料市场的主角。据统计，我国每年工业漆的有机溶剂挥发量约为 80 万吨，资源浪费约人民币 30 多亿元，不仅带来巨大的环境危害，也浪费了大量的资源。如果用纳米环保工业漆替代传统油漆量的三分之一，可节省资源浪费约 10 亿元。环保工业漆的开发与推广，不仅具有环境效益，也将具有巨大的经济效益。

水性嵌段型纳米结构漆在整个生产过程中使用的冷却水为循环用水，生产过程中无气、水的排放，项目进行过程中无环境污染。水性嵌段型纳米结构漆本身又是一种环保型漆。综上分析可得，无论在生产过程中还是产品本身，对环境、对人类健康都没有危害，具有很好的环境效益。

6）技术的社会效益分析

漆料本身具有十分广阔的市场前景（千亿级人民币/年的市场），而漆料质量的好坏又直接影响汽车、建材、机械、石油化工、电子产品、船舶、飞船导弹等产品的质量档次和市场竞争力。

水性嵌段型纳米结构漆具有高性能、功能化、环保型、低成本的特点和优势，其产品将有利于全面提升我国漆料工业的技术水平和相关产品在国际市场上的竞争力。

吉林省作为老工业基地，具有良好的制造业基础和丰富的资源，其中最具代表性、最具优势的就是汽车制造业。省内拥有中国第一汽车集团公司、长春客车厂等涂料需求量巨大的巨型企业，以一汽为例，2003年各种汽车产量达到60万辆。这样首先在吉林省范围内形成了巨大而稳定的汽车用漆市场需求。但是工业用漆的性能需求较高，国产漆料无法满足具体要求，基本上使用进口漆。无论是进口工业漆，还是国产工业漆料，基本为有机溶剂漆，有机溶剂漆污染环境，进口漆价格昂贵并且冲击国产工业用漆。该项目研制的水性嵌段型纳米漆的生产工艺简单，生产成本明显低于有机溶剂漆，而且各项性能优异，市场前景极好。如果用水性嵌段型纳米漆替代普通的有机溶剂型汽车用漆，替代进口工业用漆，必将带来巨大的经济效益和社会效益。如果将一汽集团在全国范围内的专业车辆制造厂、配套厂、子公司等计算在内，那么水性嵌段型纳米漆的产业化必将带动我国整个国产用漆行业、涂装行业的发展和升级换代，若能抓住机遇，积极开发相关产品，形成产业规模，就一定能抢占市场，取得巨大的市场利润回报。

该技术可以带动相关行业的发展，增加新的经济增长点，使地区经济再上新台阶，增加就业机会，起到稳定社会的作用。

2. 纳米漆技术评价指标体系的构建

构建水性嵌段型纳米结构漆技术评价的指标体系如表 5.2 所示。

表 5.2 水性嵌段型纳米结构漆技术评价指标体系

水性嵌段型纳米结构漆技术评价指标体系	技术性指标（A_1）	产值能耗消耗率（A_{11}）
		全员劳动生产率（A_{12}）
		技术差距（A_{13}）
		技术可靠性（A_{14}）
		技术后发展度（A_{15}）
		技术的科研成果影响能力（A_{16}）
	经济性指标（A_2）	投资利润率（A_{21}）
		内部收益率（A_{22}）
		销售收入增长率（A_{23}）
		市场前景（A_{24}）

续表

环境性指标（A_3）	生产清洁度（A_{31}）	
	产品可回收利用率（A_{32}）	
	节约资源程度（A_{33}）	
	资源替代率（A_{34}）	
	对环保产业的促进度（A_{35}）	
社会性指标（A_4）	新增就业机会（A_{41}）	
	对人健康的影响（A_{42}）	
	对相关产业的促进度（A_{43}）	
	对本产业的促进度（A_{44}）	

1）技术性指标

技术性指标是指该项技术与所在领域国内外最新的成熟技术相比的优势程度，技术消耗能源水平和技术可持续发展等方面的水平，主要反映"高技术"、"可持续"和"低消耗"水平。

①产值能源消耗率（A_{11}）=能源消耗量/总产值。此指标衡量技术的消耗能源水平，越低越好。我国传统制造业的能源消耗很高，造成能源浪费。新型制造业企业技术要向节能、低耗的方向发展，此指标是衡量技术先进性的一个方面。

②全员劳动生产率（A_{12}）=新技术产品净产值/平均职工人数。

③技术差距（A_{13}）。该指标衡量技术的先进性和实用性，可以在时间维度上标定，定义为该技术使用时间与所在领域国内外最新的成熟技术投入使用时间的差距。可以根据具体技术周期情况对相差的年度数划分等级给分。

④技术可靠性（A_{14}）。该指标同上一个指标相补充，一项技术仅有新颖先进还不够，还应该有一定的成熟性。即使技术在研究领域很领先，如果在运行使用中却因各种因素而时常出现故障，也会使技术不能正常发挥作用，这样的技术也不能称为先进技术。这一指标可以用正常使用时间内故障出现概率、可维修和改进的程度综合考虑。可按行业来制定标准分等级来衡量。

⑤技术后发展度（A_{15}）。考察技术自身进一步持续发展的能力，主要包括技术的可延展性和可改进性。本指标需要专家的定性衡量。

⑥技术的科研成果影响能力（A_{16}）。此指标主要考察本项技术的科研成果对其他技术进一步发展的影响情况，也是一个定性的指标。

2）经济性指标

经济性指标是对技术带来的收益情况的衡量指标。它是技术方案、技术措施、技术政策经济效果的数量反映。技术的经济性指标可反映各种技术经济现象与过程相互依存的多种关系，反映生产经营活动的技术水平、管理水平和经济成果。

①投资利润率（A_{21}）=新技术带来的利润增长总额/技术总投资。属于财务评价指标，是衡量技术是否有利的指标。可以和行业特点和企业原技术情况比较，分等级分值化。

②内部收益率（A_{22}），是财务和技术经济指标，用来衡量新技术的经济性。一般而言，内部收益率越大越好。同时也需考虑行业平均的内部收益率，进行比较分等级分值化。

③销售收入增长率（A_{23}）=（新技术平均年销售收入-原技术平均年销售收入）/原技术平均年销售收入。

④市场前景（A_{24}），主要指企业市场容量、市场需求、市场份额、市场接受能力、市场竞争力、产品生命周期、市场需求变动等情况。

3）环境性指标

技术的环境性指标考察技术活动对环境造成的后果的衡量，考察其对环境的影响和可持续发展水平。

①生产清洁度（A_{31}）。新型制造业企业在发展技术时对生产清洁度方面应进行评判。本指标以单位产出的排污、排废量与同行业标准或国家标准比较进行分等级分值化来衡量。

②产品可回收利用率（A_{32}）。产品回收利用对于对减少环境污染和构建节约性社会都有意义，也是新型制造业企业的价值方向。本指标以新技术的原材料投入与回收的比值来衡量。

③节约资源程度（A_{33}）。主要指新技术与同类技术或替代技术相比在资源消耗方面的差异化程度，尤其指节约资源的水平。

4）社会性指标

技术的社会性指标主要是指新技术对当前或未来社会的影响程度，包括对社会群体健康、文化、知识结构水平的影响；对社会生产力的发展及对生产关系变革的影响；对产业结构优化升级和实现技术跨越的作用。

①新增就业机会（A_{41}）。新型制造业企业技术"广就业"的特点使得在评价技术时要关注就业方面的社会效益。

②对人健康的影响（A_{42}）。是技术社会影响的一个重要部分，尤其水性嵌段型纳米结构漆技术的应用有汽车面漆，它和人的接触很多，因此对人健康影响水平的评价很重要。

③对相关产业的促进度（A_{43}），技术的发展对相关产业的促进水平越高，越有利于产业结构的优化和产业协调发展。

④对本产业的促进度（A_{44}），技术的发展对本产业的促进水平越高，越有利于产业结构的优化和产业协调发展。

3. 技术评价方法的确定和评价结论

1）确定评价指标权重

根据技术的所在层面和特点采用结合 Delphi 专家调查法和层次分析法确定权重。首先将采用 Delphi 专家调查法，通过调查专家给出的初始权重运用层次分析法进行处理。层次分析法的信息基础主要是人们对每一层次各个元素的相互重要性给出的判断。这些判断通过映入适当的标度进行量化，形成判断矩阵。相对重要性的值是根据专家意见和分析人员的认识经过反复研究后确定的。经综合分析，给出相应的判断矩阵，如表 5.3～表 5.7 所示。

表 5.3　A 判断矩阵

	A_1	A_2	A_3	A_4
A_1	1	1	1	1
A_2	1	1	1	1
A_3	1	1	1	1
A_4	1	1	1	1

表 5.4　A_1 矩阵

A_1	A_{11}	A_{12}	A_{13}	A_{14}	A_{15}	A_{16}
A_{11}	1	3	1/7	1/7	1/5	1/3
A_{12}	1/3	1	1/9	1/9	1/7	1/5
A_{13}	7	9	1	1	3	5
A_{14}	7	9	1	1	3	5
A_{15}	5	7	1/3	1/3	1	3
A_{16}	3	5	1/5	1/5	1/3	1

表 5.5　A_2 矩阵

A_2	A_{21}	A_{22}	A_{23}	A_{24}
A_{21}	1	3	5	1/3

续表

A_2	A_{21}	A_{22}	A_{23}	A_{24}
A_{22}	1/3	1	3	1/5
A_{23}	1/5	1/3	1	1/7
A_{24}	3	5	7	1

表 5.6　A_3 矩阵

A_3	A_{31}	A_{32}	A_{33}	A_{34}	A_{35}
A_{31}	1	5	3	7	7
A_{32}	1/5	1	1/3	3	3
A_{33}	1/3	3	1	5	5
A_{34}	1/7	1/3	1/5	1	1
A_{35}	1/7	1/3	1/5	1	1

表 5.7　A_4 矩阵

A_4	A_{41}	A_{42}	A_{43}	A_{44}
A_{41}	1	3	5	5
A_{42}	1/3	1	3	3
A_{43}	1/5	1/3	1	1
A_{44}	1/5	1/3	1	1

其次，进行层次单排序，是指根据判断矩阵计算对于上一层某元素而言本层次与之有联系的元素重要性次序的权值，它是对本层次所有元素针对上一层次而言的重要性进行排序的基础。利用方根计算各判断矩阵的特征向量、最大特征根，见表 5.8 所示。权数分配是否合理需要进行一致性检验，检验公式为：CR=CI/RI，式中 CI 为判断矩阵的一般一致性指标，CI=$(\lambda_{max}-n)/(n-1)$，n 为判断矩阵的阶数；RI 为判断矩阵的随机一致性指标，CR 为随机一致性比例。CR<0.1 时，认为判断矩阵有满意的一致性。一致性检验指标如表 5.9 所示。

表 5.8　层次单排序计算结果

判断矩阵	各因子权重	λ_{max}	CI	RI	CR	一致性
A_1	（0.0442，0.0248，0.3401，0.3401，0.1660，0.0849）	6.2777	0.0555	1.26	0.0440	是
A_2	（0.2623，0.1175，0.0553，0.5649）	4.117	0.0390	0.89	0.0438	是
A_3	（0.5140，0.1223，0.2580，0.0529，0.0529）	5.1361	0.0340	1.12	0.0304	是
A_4	（0.5595，0.2495，0.0955，0.0955）	4.0435	0.0145	0.89	0.0163	是

表 5.9　平均随机一致性指标表

矩阵阶数 n	1	2	3	4	5	6	7
RI	0	0	0.52	0.89	1.12	1.26	1.41
矩阵阶数 n	8	9	10	11	12	13	14
RI	1.46	1.49	1.52	1.54	1.56	1.58	1.59

然后，进行层次总排序，是利用同一层次中所有层次单排序的结果，计算针对上一层次而言本层次所有元素的重要性权值。根据以上结果，得到各评价指标的权数分配，如表 5.10 所示。

表 5.10　层次总排序计算结构

一级指标	权数	二级指标	权数	综合权重
B_1	0.25	B_{11}	0.0442	0.0111
		B_{12}	0.0248	0.0062
		B_{13}	0.3401	0.0850
		B_{14}	0.3401	0.0850
		B_{15}	0.1660	0.0415
		B_{16}	0.0849	0.0212
B_2	0.25	B_{21}	0.2623	0.0656
		B_{22}	0.1175	0.0294
		B_{23}	0.0553	0.0138
		B_{24}	0.5649	0.1412
B_3	0.25	B_{31}	0.5140	0.1285
		B_{32}	0.1223	0.0306
		B_{33}	0.2580	0.0645
		B_{34}	0.0529	0.0132
		B_{35}	0.0529	0.0132
B_4	0.25	B_{41}	0.5595	0.1399
		B_{42}	0.2495	0.0624
		B_{43}	0.0955	0.0239
		B_{44}	0.0955	0.0239

计算总排序一致性检验指标：$CR_Z = CI_Z/RI_Z$，Z 表示总排序。

$CI_Z = 0.25 \times 0.0555 + 0.25 \times 0.039 + 0.25 \times 0.034 + 0.25 \times 0.0145 = 0.0358$

$RI_Z = 0.25 \times 1.26 + 0.25 \times 0.89 + 0.25 \times 1.12 + 0.25 \times 0.89 = 1.04$

$CR_Z = CI_Z/RI_Z = 0.0358/1.04 = 0.0344 < 0.1$，总排序一致性检验满意。

2）技术综合评价

前面对方法的研究已经说明，不同层面和类型的技术所适用的评价方法各有不同。根据水性嵌段型纳米结构漆的技术特点和评价的目的我们选择模糊综合评价方法对技术进行评价。

前文对技术评价方法的叙述已经表明技术评价没有统一或唯一的方法，它往往需要把多种技术和分析工具组合起来应用。对于不同类型、不同层面、不同阶段的技术评价，评价的方法和程序各不相同，根据水性嵌段型纳米结构漆的技术特点和评价的目的我们选择模糊综合评价方法对技术进行评价。

评语确定为 V＝{优秀，良好，一般，差，很差}。对水性嵌段型纳米结构漆技术评价成立专家组，由十位专家组成。每个专家对水性嵌段型纳米结构漆技术评价指标体系的 19 个指标分别根据评语集进行评价，根据评价结果得到模糊转换矩阵，表 5.11 为专家对技术的评价情况。

表 5.11 专家评价表

一级指标	二级指标	专家人数					专家人数占专家总数的比重				
		优秀	良好	一般	差	很差	优秀	良好	一般	差	很差
A_1	A_{11}	5	3	2	0	0	0.5	0.3	0.2	0	0
	A_{12}	2	5	2	1	0	0.2	0.5	0.2	0.1	0
	A_{13}	2	4	4	0	0	0.2	0.4	0.4	0	0
	A_{14}	3	4	3	0	0	0.3	0.4	0.3	0	0
	A_{15}	2	4	3	1	0	0.2	0.4	0.3	0.1	0
	A_{16}	2	3	3	2	0	0.2	0.3	0.3	0.2	0
A_2	A_{21}	3	4	3	0	0	0.3	0.4	0.3	0	0
	A_{22}	3	5	2	0	0	0.3	0.5	0.2	0	0
	A_{23}	2	5	2	1	0	0.2	0.5	0.2	0.1	0
	A_{24}	2	5	2	1	0	0.2	0.5	0.2	0.1	0
A_3	A_{31}	3	5	2	0	0	0.3	0.5	0.2	0	0
	A_{32}	3	4	2	1	0	0.3	0.4	0.2	0.1	0
	A_{33}	3	3	3	1	0	0.3	0.3	0.3	0.1	0
	A_{34}	2	4	3	1	0	0.2	0.4	0.3	0.1	0
	A_{35}	2	4	3	1	0	0.2	0.4	0.3	0.1	0
A_4	A_{41}	2	4	3	1	0	0.2	0.4	0.3	0.1	0
	A_{42}	1	4	3	2	0	0.1	0.4	0.3	0.2	0
	A_{43}	2	3	4	1	0	0.2	0.3	0.4	0.1	0
	A_{44}	2	2	5	1	0	0.2	0.2	0.5	0.1	0

根据表 5.11 计算一级模糊矩阵。

$$R_1 = \begin{bmatrix} V_1 \\ V_2 \\ V_3 \\ V_4 \\ V_5 \\ V_6 \end{bmatrix} = \begin{bmatrix} 0.5 & 0.3 & 0.2 & 0 & 0 \\ 0.2 & 0.5 & 0.2 & 0.1 & 0 \\ 0.2 & 0.4 & 0.4 & 0 & 0 \\ 0.3 & 0.4 & 0.3 & 0 & 0 \\ 0.2 & 0.4 & 0.3 & 0.1 & 0 \\ 0.2 & 0.3 & 0.3 & 0.1 & 0 \end{bmatrix}$$

$$R_2 = \begin{bmatrix} V_7 \\ V_8 \\ V_9 \\ V_{10} \end{bmatrix} = \begin{bmatrix} 0.3 & 0.4 & 0.3 & 0 & 0 \\ 0.3 & 0.5 & 0.3 & 0 & 0 \\ 0.2 & 0.5 & 0.2 & 0.1 & 0 \\ 0.2 & 0.5 & 0.2 & 0.1 & 0 \end{bmatrix}$$

$$R_3 = \begin{bmatrix} V_{11} \\ V_{12} \\ V_{13} \\ V_{14} \\ V_{15} \end{bmatrix} = \begin{bmatrix} 0.3 & 0.5 & 0.2 & 0 & 0 \\ 0.3 & 0.4 & 0.2 & 0.1 & 0 \\ 0.3 & 0.3 & 0.3 & 0.1 & 0 \\ 0.2 & 0.4 & 0.3 & 0.1 & 0 \\ 0.2 & 0.4 & 0.3 & 0.1 & 0 \end{bmatrix}$$

$$R_4 = \begin{bmatrix} V_{16} \\ V_{17} \\ V_{18} \\ V_{19} \end{bmatrix} = \begin{bmatrix} 0.2 & 0.4 & 0.3 & 0.1 & 0 \\ 0.1 & 0.4 & 0.3 & 0.2 & 0 \\ 0.2 & 0.3 & 0.4 & 0.1 & 0 \\ 0.2 & 0.2 & 0.5 & 0.1 & 0 \end{bmatrix}$$

根据一级模糊转换矩阵，进行一级模糊评判。

一级模糊评判：

$S_1 = A_1 \times R_1 = (0.0442, 0.0248, 0.3401, 0.1660, 0.0849) \times R_1$
$\qquad = (0.2473, 0.3896, 0.3271, 0.0361, 0.0000)$

$S_2 = A_2 \times R_2 = (0.2623, 0.1175, 0.0553, 0.5649) \times R_2$
$\qquad = (0.2380, 0.4738, 0.2262, 0.0620, 0.0000)$

$S_3 = A_3 \times R_3 = (0.5140, 0.1223, 0.2580, 0.0529, 0.0529) \times R_3$
$\qquad = (0.2894, 0.4256, 0.2364, 0.0486, 0.0000)$

$S_4 = A_4 \times R_4 = (0.5595, 0.2495, 0.0955, 0.0955) \times R_4$
$\qquad = (0.1751, 0.3714, 0.3287, 0.1250, 0.0000)$

根据一级模糊评判结果，进行二级模糊判断。

$A = (0.2500, \ 0.2500, \ 0.2500, \ 0.2500)$

$$\text{二级模糊转换矩阵 } \boldsymbol{R}_4 = \begin{bmatrix} \boldsymbol{S}_1 \\ \boldsymbol{S}_2 \\ \boldsymbol{S}_3 \\ \boldsymbol{S}_4 \end{bmatrix} = \begin{bmatrix} 0.2473 & 0.3896 & 0.3271 & 0.0361 & 0.0000 \\ 0.2380 & 0.4738 & 0.2262 & 0.0620 & 0.0000 \\ 0.2894 & 0.4256 & 0.2364 & 0.0486 & 0.0000 \\ 0.1751 & 0.3714 & 0.3287 & 0.1250 & 0.0000 \end{bmatrix}$$

$$\boldsymbol{S}_1 = \boldsymbol{A}_1 \times \boldsymbol{R}_1 = (0.0442, 0.0248, 0.3401, 0.1660, 0.0849) \times \boldsymbol{R}_1$$
$$= (0.2473, 0.3896, 0.3271, 0.0361, 0.0000)$$

根据技术的特点对评语集 V={优秀，良好，一般，差，很差}，赋值为（100，85，60，40，20），得出评价的分值为：0.2374×100+0.4151×85+0.2796×60+0.0679×40+0.0000×20=78.52。由结果可以看出专家对水性嵌段型纳米结构漆技术的评价结论是基本良好。

5.3 技术价值评估：变"无形资产"为"有形资本"

5.3.1 技术价值评估的概述

无形资产价值评估在国外发展有较长的历史，在国内，1926 年杨汝梅先生发表了他的博士论文—《无形资产论》，此文成为了我国最早的无形资产理论研究。7 年后，此文以"Goodwill and Other Intangibles"这一书名在美国出版。但是由于当时旧中国正处于动荡时期，对无形资产的研究一直处于停滞状态，直到新中国成立后无形资产才逐渐得到重视。特别是在改革开放后，无形资产评估随无形资产的发展而得到了重视与发展。

改革开放时期，我国企业改制，开始引进外资。在此过程中，我国企业还没有评估意识，往往在合作过程中，国有资产不经过评估就直接与外商合作，这导致了我国大量无形资产流失，由此才引起了国人对无形资产的关注。1984 年《中华人民共和国专利法》出台，以及一系列专利法律法规体系的构建和完善，使专利评估有了法律依据。但直到《关于国内联营企业若干财务问题的规定》于 1986 年由财政部颁发，规定中表明允许企业以先进的技术成果、商标权、专利权作价向联营企业投资后，人们才开始关注投资过程中无形资产的价值评估问题。

20 世纪 90 年代，我国经济体制不断深化改革，随着质押、拍卖、租赁、兼并的出现，产权交易市场也开始活跃起来，无形资产评估条例陆续出台，无形资产评估行业也由此诞生。在服务机构方面，1993 年我国第一家无形资产评估机构在深圳成立，此后相继在其他地区又成立了 20 多家无形资产评估机构。2017 年 2 月 27 日，中国首个国家级知识产权评估认证机构——国专知识产权评估认证中心在北京宣布成立并投入运营。在法律法规方面，2008 年《资产评估准则——无形资产》、《专利资产评估指导意见》出台，无形资产评估有了准则的依据。如今，随着经济全球化和技术的发展，企业为了生存与增长，越来越注重创新活动，无形资产投资为创新活动的主要形式，从而使得无形资产成为企业价值的体现及企业价值增长的驱动因素。

由于无形资产在企业活动中扮演的重要角色，理所应当的无形资产评估成为了企业经营管理与决策的组成部分之一。

据中国国家知识产权局公布的数据显示，2016 年，我国发明专利申请受理量达 133.9 万件，同比增长 21.5%，连续 6 年居世界之首，是继美国、日本之后在世界上第三个拥有超过百万件国内发明专利的国家。然而，在专利爆发式增长的新时期，中国在科技成果向现实生产力的转化方面还处在初级阶段。

技术是重要的无形资产，同时更是实现经济持续发展的核心要素。要推动技术成果的有效应用，首先必须实现技术成果的产业化，而只有通过市场解决技术的价值评估问题才能有效地推广技术，实现技术价值的最大化。技术价值评估涉及经济、法律、科技等多个领域，影响因素也很多。

技术的价值评估，即根据特定目的，遵循公允、法定标准和规程，运用适当方法，对技术进行确认、计价和报告，为技术提供价值尺度的行为。

21 世纪初，技术价值评估已经初步形成雏形，理论和实践不断丰富和完善，如今无形资产评估，尤其是技术价值评估已经形成了以三大方法（成本法、市场法、未来收益法）为主，延伸出来诸多的方法，如 B-S 定价模型、实物期权评估模型等。

1. 技术价值评估的目的

议价是企业与技术占有方进行友好协商，在双方均为统一标准的模式下口头协定技术的价值，这种方法的好处是避免了评估作价中烦琐、复杂的作价程序，能灵活解决实务上的操作问题，便于通过市场进行资源合理流动和优化配置。但是此种方法存在较大弊端，不能在实际情况下进行有效的凸显技术的价值，对于发明人的劳动更是一种不公平的对待，且其法律效力低于评估作价。

因为无法形成一个公允的价值体系，且不能在市场上找到相类似的技术进行对比价格，双方于几个确定方式中，往往忽略了技术在未来时间内能给企业带来的经济效益。另外，企业获得技术后可以对同行业企业进行许可与授权，所获得的这部分额外收入也很难量化后计入协商内容当中。对于技术持有方很难形成有效的价值确认。

而评估式即以第三方辅助性公司介入的形式对技术做出即时的技术价值评定，通过对技术的未来收益，企业现行的产业化能力做出技术的量化标准。

技术价值评估主要是为技术交易双方提供一个成交价格的参考交易价格。由于交易双方当事人缺乏技术定价的知识和经验，同时又各自从自身的利益出发，难以在交易过程中体现客观、公平的原则。技术评估是通过特定的评估机构和评估人，以客观、公正的原则，通过专业评估的眼光，为进行交易的技术提供一个公正的价值尺度，以便在维护交易双方当事人合法权益的基础上，保证技术转让或投资等行为的资产运营顺利进行。[①]

2. 技术价值评估的必然性

1）专利交易、许可与转让

专利交易是指将专利以有偿的方式在不同的经济主体间的转移，买方取得专利使用权或所有权，卖方获得超额经济利润。专利许可与转让是较为常见的技术转移方式，却是其他技术转移推进方式的基础。在这种方式下，专利不再只是作为一种技术，不再是一张专利证书，而是将专利物化为一种商品参与市场竞争，从根本上拓宽了专利价值的实现渠道。

2）作价入股

作价入股是指专利权人将专利资产作为资本入股，由此作为股东获得股权收入的方式。反过来，接受专利权人将专利权作价入股也属于转移的一种方式。以这种方式进行转移的前提是对专利资产的价值做出合理的评估。

3. 技术价值评估的现实需求[②]

党的十八大明确提出"加强知识产权保护和运用"，可以看出，我们对知识产权的认识正不断深化，知识产权工作重点正在实现从单一的"保护"到全面"运用"

[①] 张晓满. 专利技术评估研究[D]. 成都：四川大学. 2002.
[②] 张朝君. 企业专利资产价值评估影响因素与对策及研究[D]. 重庆：重庆理工大学. 2014.

的新跨越。对知识产权尤其是专利的有效运用，其实质就是要实现技术的产品化、产业化、资本化、市场化。技术价值评估的目的在于客观地确定技术的价值，使技术的价值在经济活动中得以确认，这也对技术的价值评估提出了要求。

首先，以专利价值评估为例，专利价值评估是专利权充分行使的必要前提。专利权具有垄断性，而根据知识产权的理论研究，通常认为这种垄断性是合理的，其依据在于专利权的垄断性是专利权作为无形资产私有合法化的表现。根据我国《物权法》第39条，"有形财产的所有权人依法享有占有、使用、收益和处分的权利。"而专利资产是无形财产，它的占有、使用、收益和处分都和动产和不动产所有权的权能表现出不同的特点。专利权的充分行使还应当包括允许专利权人转让、许可专利权，使之资产化；允许专利权人以专利权出资、质押、作价入股、引入风险投资等，使之资本化，随着专利制度的不断完善和发展，还会包括保险、债券化、证券化等实施形式。而专利权的充分行使必须借助专利权的商品化、资产化和资本化，还依赖侵权纠纷时的行政保护和司法保护。所以，有时要确定专利权本身价值，如转让、出资和股权变更等；有时需要确定专利权的部分价值，如许可和质押等；而这些场合下，专利价值评估都是必要且必不可少的。

其次，专利价值评估是实现专利资产价值的重要参考。技术交易市场的构建，需要搭建包括专利评估服务在内的服务平台。对于专利的许可转让、交易、出资入股等来讲，利益的相关方都需要对专利权的价值有一个较为准确的了解，都需要有一个科学、合理的专利权价值评估体系为其提供一个可靠的依据，只有这样才能使专利资产变现的渠道变得畅通有序。专利权有着作为无形资产的特殊性和复杂性的特点，其资产价值难以用社会必要劳动时间衡量，而是用在其寿命周期内给权利人带来超额利益来衡量。

最后，专利资产价值评估是企业实施知识产权战略的迫切需求。截止至2016年，我国拥有有效发明专利突破百万件，进一步表明国内专利申请和授权结构不断优化，企业知识产权创造主体地位逐步稳固。在知识产权创造不断增加的过程中，也暴露了一些问题。一方面，据相关数据显示，我国专利只有5%左右的实施率，大量的专利并没有得到有效运用，而是成为了"沉睡的资产"。另一方面，专利质量还不高，专利维持时间短，有效发明专利不多，专利的市场潜能和价值需要进一步挖掘等一系列问题未得到根本解决。其中一个主要原因就是包括专利评估在内的知识产权中介服务体系还不够成熟和规范，使得专利与市场脱节，缺乏顺畅的产业化渠道。因此，建立一个成熟的专利中介体系，发展专利资产价值评估势在必行。

5.3.2 技术价值评估的方式方法

1. 技术价值评估流程[①]

1）确定评估目的

技术的评估首先必须了解委托方的评估目的，并且对资产的合法性进行验证，确定产权变动的性质。确定评估目的是评估工作的起点。

2）收集评估材料

根据评估目的和技术的分类收集相关资料。由于我国许多企业目前对技术的管理规范性差，增加了资料收集的难度。所以，在收集资料的时候，要尽可能收集更多的相关资料。

3）技术的判断与评价

在鉴别完收集到的资料的真实性后，根据这些资料对被评估的技术做出判断，确定出其种类和名称，以及其是否具有价值。

4）评估假设

技术的评估是通过分析得出的价值，分析是有一定的假设前提的，评定估算前要提出评估的假设前提，包括：

（1）一般性假设。是指评估应该具备的基本条件，可从委托的企业提供资料的真实可靠性，企业所处的社会经济环境有无变化，企业所遵照的法律、政策、法规有无变化，企业能否持续发展等方面进行假设。

（2）特殊性假设。是指直接影响评估计算的假设条件。例如，评估计算考虑的范围、预测实现的程度、经济收益计算年限、基本参数的选择等。特殊性假设需要根据被评估的技术的特性、资料占有情况和评估的计算方法来假定，这类假设可以帮助我们了解从分析到产生估值的因果关系，有利于合理的辨识评估价值。

5）评定估值

根据评估目的、收集的资料，选取最合适的评估方法，在进行评估基础数据的处理和参数正确选用的基础上，得到评估价值的初步结果。

---

①路君平. 资产评估理论与案例分析[M]. 北京：经济科学出版社. 2008.

6）评估结果分析

评估结果分析主要做两方面的工作：

（1）评估结果的一致性分析。主要检查评估目的、所得到的资料、判断评价、评估假设、评估计算这一系列工作在处理上是不是连贯、是否存在相互矛盾和有没有错误和遗漏。

（2）评估结果的数值分析。包括敏感性分析和概率分析。前者是指选取评估计算可能较大的数据与参数为敏感性因素，确定变化范围计算评估结果的敏感性程度；后者主要是对评估结果的可信程度做出概率评价。

7）评估报告

评估报告要对评估价值给出建议和意见，做出恰当说明。技术评估过程是一个动态过程，要反复论证、修改、调整，要加强评估过程中的信息反馈，通过必要的循环，使评估结果尽量科学客观。

2. 技术价值评估方法[①]

学术界依据无形资产形成的三个不同时间阶段，即过去、现在和未来，建立了三种不同的评估方法，分别是成本法、市场法和未来收益法。

1）成本法[②]

所谓的成本法，是在评估资产时，首先估测评估资产的重置成本，即为取得该技术成果所产生的必要费用，如设备购置费、材料费、资料费、加工费、管理费、工资和其他费用，然后再估测被评估资产已存在的各种由于技术更新换代后所导致的功能性和经济性贬值因素，并将其从重置成本中予以扣除而得到被评估资产价值的评估方法。

其基本评估计算公式如下：

被评估技术资产价值 = 重置成本*（1 - 贬值率）

根据企业取得技术的来源情况，技术的获得可以分为自创技术和外购技术。不同来源的技术其重置成本和评估方式不同，需要分别进行估算。

[①]谢旭辉，郑自群. 知识产权运营之触摸未来[M]. 北京：电子工业出版社，2016.
[②]苑泽明. 无形资产评估[M]. 上海：复旦大学出版社，2005.

（1）自创技术重置成本的计算。

自创技术的成本是由创制该资产所消耗的物化劳动和活劳动费用构成，可采用以下方法进行重置成本的计算：

重置成本 = 直接成本 + 间接成本 + 交易成本 + 机会成本

①直接成本一般包括：材料费用，即用于技术开发研制过程中所耗费的材料费用；工资费用，即付予技术开发研制的科研人员和相关人员的费用；专用设备费用，即为技术开发研制所购置的专用设备的费用；资料费，即为技术开发研制所需的图书、资料、文献和印刷等费用；咨询鉴定费，即为完成该技术开发研制过程中产生的技术咨询、技术鉴定的费用；协作费，即为完成该技术开发研制过程中某些零部件需要外加工及使用外部单位资源所产生的费用；培训费，即为完成该技术开发研制过程中委派相关人员接受技术培训所产生的费用；差旅费，即为完成该项技术开发研制过程中所产生的差旅费用；其他费用，如实验样品的邮寄费用、仪器设备的维修费用等。

②间接成本一般包括：管理费用，即为管理和组织该技术开发研制所发生的费用；专用设备折旧费，即采用通用设备或其他设备所产生的费用；应分摊的公共费用及能源费用，即为完成该技术开发研制所产生的办公用房或土地的租赁和应分摊的水电气等费用。

③交易成本，是指发生在交易过程中的费用支出，主要包括：技术服务费，即技术持有方为技术输入方提供专家指导、相关技术培训、对设备仪器进行安装调试及进行市场开拓的费用；交易过程中产生的差旅费及管理费，即谈判人员和管理人员参加技术的洽谈会及在交易过程中发生的食宿和交通等费用；手续费，指的是有关的公证费、审查注册费、法律咨询费等；税金，即技术交易过程中应缴纳的营业税。

④机会成本，是指由于技术交易而使技术持有方失去在技术输入方所在国或地区的全部或部分产品投资或销售机会而造成的损失。

（2）贬值率的计算

技术贬值是由于技术相对落后或发生了经济性贬值。一来，技术创新的成果，通过各种形式扩散后，使得技术所有者垄断性减弱，技术价值将发生贬值。其次，新的技术的产生会使生产效率有所提高，旧技术则相对落后，效益低下使得技术的价值部分甚至全部丧失。这两种形式的贬值都随着时间的推移而产生，因而技术贬值率的计算可采用与经济寿命周期有关的方法，主要有直线折旧法、年数比例折旧法等。

①直线折旧法，采用在技术资产的经济寿命期内，将成本平均分摊的方法计算。其计算公式如下：

技术资产的贬值率 = 已使用年限 / 经济寿命期

经济寿命期是从经济角度看技术资产最合理的使用年限，其确定方法可以采用或参考法定年限作为确定其经济寿命的依据。需要指出的是，经济寿命可能不等于法定年限，有些专利可能由于新发明、新技术的出现，在未达到法定年限之前实际上就已经过时了，此时其经济寿命小于法定年限。

②年数比例折旧法，对技术进步速度较快领域的技术资产的评估是比较合适的。其计算公式如下：

$S = 1 + 2 + \cdots + N$

每年的贬值率 = 使用期的逆顺序 / S

其中，S 为使用的年数和；N 为该项技术的经济寿命期。

由于成本法的弱对应性，其研发成本并不能真实反映研发产品的市场价值，如曲别针发明专利，其发明成果的效用和价值不菲，但其发明只是灵机一动，若此发明采用成本法进行评估，其估值并不能很好地表达此项技术的市场价值。所以，成本法较少用于技术的价值评估中。但国资委要求国企、院校采用此法。除此以外，成本法评估更多应用于尚未产业化的技术交易定价。以下列举一些使用成本法进行评估的情况：

- 处于研发期，尚未产业化的技术。

技术研发成果具有强烈的不确定因素，处于研发初期，尚未产业化，如某种新型疫苗、有效药品的开发研制。

- 计算机软件。

未开发完成软件，软件成本主要体现在工资成本上，一般以工作量或程序语句行数为软件成本的度量；嵌入式软件，不存在市场或市场需求量少，难以通过销售软件使用权获得收益；专用（即用户只有一个或若干个）软件，以及虽属于通用软件但尚未投入生产和销售。

2）市场法

指利用市场上同样或类似技术成果的近期交易价格，经过直接比较或类比分析（包括对交易时间、交易因素、交易目的、资金成本、经济寿命等因素的分析）来估测专利资产价值的评估方法。

使用市场法进行评估需要具备两个基础条件：一是需要一个活跃的公开市场；二是公开市场上要有可比的资产及交易案例。使用市场法要求以类似资产成交价格信息为基础来判断和估算被评估资产的价值。使用已被市场检验了的结论评估被评估对象，显然是被相关交易方所接受的。市场法是技术价值评估中最为直接的评估方法。但是，由于我国现阶段还远未形成成熟完善的知识产权交易市场，市场上可寻找到的类似交易案例少之又少，因素修正非常困难。因此，现阶段，很少采用市场法进行评估。而国外发达国家由于技术交易市场比较发达、可交易案例比较容易获取，市场法是一种被经常用到的评估方法。而目前国内使用市场法进行评估多用于土地或房地产的评估中。

3）未来收益法

一般情况下，技术类知识产权主要以未来收益法进行操作，因为考虑技术的收益主要体现未来产业化后所实现的部分，并可能出现的技术许可与授权等内容的考量。收益现值法，是在企业持续经营的条件下，通过估算技术经济寿命期内的合理预期收益，并以适当的折现率折算成现值，借以确定其价值的一种评估方法。其核心是收益额、折现率、收益年限。

使用未来收益法进行评估需要具备以下三要素。

（1）预期收益额

技术产品未来预期收益可以预测并可以用货币计量。收益额可以因评估目的不同而采用不同的计算口径，如采用净利润、净现金流量等。技术实施产生的收益预测情况包括：

①未来产品市场及可能的市场份额；

②产品生命周期的变化；

③企业有形资产的相关配套能力；

④企业提供的历史数据并结合业内其他企业的相关历史资料和数据做出分析和判断；

⑤对于尚未实施的技术参考技术实施的可行性研究报告、商业计划、财务预测等并结合收集到的行业内其他企业的相关数据做出分析和判断。

（2）折现率

企业获得预期收益所承担的风险也可以预测并可以用货币计量。折现率需要考虑的因素有无风险报酬率、投资回报率、通货膨胀因素、与所选收益额的计算口径相匹配，还要能够体现资产的收益风险。而主要使用加权平均法、风险累加法和行业平均资产收益率法来确定折现率。

（3）收益期限①

企业技术产品预期获利年限可以预测。根据产品技术应用领域平均更新速度、技术先进性、成熟度、垄断程度、法定保护年限、技术产品寿命期、有关的合同约定期限等合理确定待估技术的剩余经济寿命。而在通常情况下，技术经济寿命要短于技术的法律剩余保护年限。

一般采用的评估模型如下：

$$V = \alpha \cdot \sum_{t=1}^{n} F_t \cdot (1+i)^{-t}$$

其中，V，被评估技术资产价值；α，技术分成率，结合相关市场及技术资料，同时考虑该项技术的先进性和创新性梯度，综合得出的数值；F_t，技术产品第 t 年收益额，由预测的未来销售收入、主营业务成本、主营业务税金及附加、管理费用等综合得出技术产品的未来收益；i，折现率，通常与投资于该项技术的其他资产，如设备、房屋等一同产生，技术、市场、资金、管理的风险系数及不可预测风险等进行计算；n，评估技术经济年限，由法定保护期（技术授权后的保护期限）和该项技术的经济寿命（该项技术在行业发展过程中被淘汰的年限），综合确定评估技术的经济年限；t，序列年期，以评估基准日为基础，如基准日为 2016 年 4 月 30 日，则第一年度为 2016 年 5 月 1 日到 2017 年 4 月 30 日，以此类推。

①待估技术经济年限（n）。

- **法定寿命**。根据中国专利法有关保护期限的规定，发明专利技术保护期为 20 年，实用新型专利技术保护期为 10 年，专利技术自专利授权后，从申请日起保护，在超过保护期后，技术便成为公知技术，不受专利法保护。

---

①佚名. 专利技术评估案例[DB/OL]. https://wenku.baidu.com/view/a9503fec856a561252d36f78.html.

如待估的发明专利技术申请日为 2014 年 8 月 1 日，授权公告日为 2015 年 11 月 1 日，若评估基准日为 2016 年 11 月 30 日，该专利技术的剩余保护期为 17.83 年。

- 技术经济寿命。技术作为一种知识和技巧，会因技术进步、市场变化等原因被先进的技术所替代。作为技术本身，一旦成为一项公认的使用技术，它就不存在无形资产价值了。因此，需根据该领域技术发展情况、国家对该项技术所处的支持力度、市场需求情况、竞争情况、技术的更新换代及技术保密情况进行分析，综合确定待估技术的经济适用年限。

- 剩余经济年限的确定。通过以上分析，考虑待估的技术随着市场需求的变化及相关技术产品的出现，以及法律保护期满后待估技术便成为公知技术。综合考虑确定技术自评估基准日起取剩余的经济年限。

②未来收益额（F_t）。

未来收益额是以该项技术产品化后未来可实现的净利润为计算口径。

- 未来销售收入的预测。未来销售收入主要考虑了采用该项技术生产的可靠性、连续性，以及生产产品的市场需求情况、产品生产成本、相关税费等。

- 主营业务成本的预测。主营业务成本主要包括原材料、动力等生产所需的直接成本，以及相关人员的工资及福利费、折旧费、修理费等。

- 期间费用的预测。期间费用主要为营业费用、管理费用及财务费用。

营业费用是企业产品销售中所产生的费用，它们与企业的销售结构有关。因此营业费用主要为销售人员工资和广告费、销售折价和折扣等。评定待估技术实施企业进入评估基准日后可进入的产业化阶段，未来年度前期属于企业发展的阶段，营业费用支出占主营业务收入的比重等进行分析论证，并参考技术实施企业未来预测数据，确定产业化后未来营业费用取主营业务收入的比例。

管理费用是企业生产中所产生的管理人员的工资及福利费、差旅费用、办公费、折旧、研发等其他费用。评定待估技术实施企业未来年度属于企业发展的阶段，管理费用支出占主营业务收入的比重等进行分析论证，并参考技术实施企业未来预测数据，确定产业化后未来管理费用取主营业务收入的比例。

财务费用指企业在生产经营过程中为筹集资金而发生的各项费用。包括企业生产经营期间发生的利息支出、汇兑净损失、金融机构手续费，以及筹资发生的其他财务费用，如债券印刷费、国外借款担保费等。财务费用本是债务资本利息，作为债务成本本身为整个公司资本成本的一部分，所以在技术价值评估中，往往只考虑技术本身在企业生产经营活动中对企业最后形成的净利润的贡献额大小而不考虑企业的资本结构，因为资本结构仅仅是企业筹资决策的结果，因此在计算中不考虑财务费用，而只考虑其他期间费用。

- 主营业务税金及附加。技术实施单位所涉及的税项一般有增值税税率、城市维护建设税税率、教育费附加税率、地方教育费附加税率。
- 所得税。根据我国于2007年3月16日颁布的《中华人民共和国企业所得税法》（中华人民共和国主席令第六十三号）有关规定，企业所得税税率为25%。

③折现率（I）。

采用国际上通用社会平均收益法模型估测评估中的折现率，计算公式为：

折现率 = 无风险收益率 + 风险报酬率

- 无风险收益率的确定。国债收益率通常被认为是接近无风险的，因为持有国债权到期不能兑付的风险很小，可以忽略不计。当预测期为五年或五年以上时，可采用五年国库券利率或五年期定期存款利率。可选取从评估基准日到国债到期日剩余期限超过5年期的国债，并计算其到期收益率，取所有国债到期收益率的平均值作为评估的无风险收益率。
- 风险报酬率的确定。对于技术资产，风险系数由技术风险系数、市场风险系数、资金风险系数、管理风险系数和不可预见风险之和确定。根据对待估技术的研究及目前评估惯例，各个风险系数的取值范围为0%~5%，根据各项风险的分项评测计算（评测分值为0~100，分数越高，说明风险越大），计算公式如下：

某项风险报酬率 = 分项加权分值 / 100 * 5%

技术风险，评测说明如下。

技术转化风险：工业化生产（0）；小批量生产（20）；中试（40）；小试（80）；实验室阶段（100）。

技术替代风险：无替代产品（0）；存在较少替代产品（50）；替代产品较多（100）。

技术保护风险：经过撤销及异议的发明专利（10）；发明专利（60）；还处于申请阶段的专利（80）；未申请专利的专有技术（100）。

技术整合风险：相关技术完善（0）；相关技术在细微环节需要进行一些调整，以配合待估技术的实施（30）；相关技术在某些方面需要进行一些调整（60）；相关技术的开发存在一定的难度（80）；相关技术尚未出现（100）。

市场风险，评测说明如下。

市场容量风险：市场总容量大且高速增长（0）；市场容量大，但发展平稳（20）；市场容量大，但发展前景不平稳（40）；市场总容量一般且发展平稳（60）；市场总容量小，呈增长趋势（80）；市场总容量小，发展平稳（100）。

市场现有竞争风险：市场为新市场，无其他厂商（0）；市场中厂商数量较少，但这些厂商实力无明显优势（10）；市场中厂商数量较多，且其中有几个厂商具有较明显的优势（60）；市场中厂商数量众多，且这些厂商具有明显优势（100）。

规模经济性：市场存在明显的规模经济（0）；市场存在一定的规模经济（50）；市场基本不具规模经济（100）。

投资金额及转换费用：技术的投资金额及转换费用高（0）；技术的投资金额及转换费用中等（50）；技术的投资额及转换费用低（100）。

销售网络：产品的销售依赖固有的销售网络（0）；产品的销售在一定程度上依赖固有的销售网络（50）；产品的销售不依赖固有的销售网络（100）。

资金风险，评测说明如下。

融资风险：项目的投资额低（0）；项目的投资额中等（50）；项目的投资额高（100）。

流动资金风险：项目的流动资金低（0）；项目的流动资金中等（50）；项目的流动资金高（100）。

管理风险，评测说明如下。

销售服务风险：已有销售网点和人员（0）；除利用现有网点外，还需要建立一部分新销售服务网点（20）；须开辟与现有网点数量相当的新网点和增加一部分新人力投入（50）；必须开辟比现有网点多的新网点和增加大部分新人力投入（80）；全部是新网点和新的销售服务人员（100）。

质量管理风险：质保体系建立完善，实施全过程质量控制（0）；质保体系已建立但不完善，大部分生产过程实施质量控制（40）；质保体系尚待建立，只在个别环节实施质量控制（100）。

技术开发风险：技术力量强，研发费用投入高（0）；技术力量较强，研发费用投入较高（40）；技术力量一般，有一定研发费用投入（60）；技术力量弱，研发费用投入少（100）。

其他不可预见风险，主要指不可抗拒因素对技术实施带来的风险。

风险报酬率，风险报酬率＝技术风险＋市场风险＋资金风险＋管理风险＋其他不可预见风险。

折现率的确定，折现率＝无风险收益率＋风险报酬率。

3. 技术价值评估的影响因素[①]

影响技术价值评估的主要因素，就专利而言，主要涉及到的影响因素有法律因素、技术因素、经济因素、产业因素、特殊因素、资金因素等，技术秘密还应考虑保密因素对价值的影响。

1）法律因素

（1）权属的完整性，即该委托人所拥有的技术权属的完备程度。权属越完整，保护的范围越大，则其评估价值就越大。

（2）法律的保护程度。

①技术所处的状态。技术所处的状态指技术在专利申请中所处的状态，是处于初审阶段还是实质性审查阶段或是获得专利证书阶段，越是在后面的阶段稳定性越高，其价值也就越大。

②技术的类型。技术的类型不同，保护程度也不一样，发明专利由于通过实质性审查，具有原创性。相对于实用新型和外观设计专利而言，其技术含量较高，申请的周期较长，权利人承担的风险也较大，因此价值相对较高。

③权利要求的完整性。权利要求的完整性是指专利申请权利要求书所提出的需要保护的技术的范围，也体现了权利要求书的质量，有的权利要求完整，较好的保护专利权人的权利。有的权利要求不完整，仅仅保护专利权人的一部分权利。

④剩余经济寿命。经济寿命的长短直接影响企业技术产品获得垄断收益时间的长短，经济寿命越长其价值越大。一般要采取待估技术的经济寿命与法定使用年限孰短的原则确定剩余经济寿命。例如，现在评估两个同类型且均已下证的实用新型

---

① 谢旭辉，郑自群. 知识产权运营之触摸未来[M]. 北京：电子工业出版社，2016.

专利，一个是 2010 年申请的，一个是 2015 年申请的，其剩余法定保护期的差异，导致经济寿命不一样，评估估值也会有所差别。

2）技术因素

技术因素主要包括专利的创新程度，即技术的先进程度、发展阶段、竞争优势。

技术实施过程中存在关键的技术点，技术复杂程度高，该技术不易被分析、试验、模拟，则设置了较高的技术壁垒，很难被替代，技术就越具有竞争优势，其垄断程度也越高，技术产品的市场占有率也会相应较高，所获得的超额收益、垄断收益也越大，估值也越高。

3）经济因素

经济因素主要包括该技术的收益能力、市场占有率、市场规模前景、市场应用情况、竞争情况。

（1）收益能力。技术的价值是由未来收益期限内技术可实现的收益额折现而成的。一项技术在环境、制度允许的条件下，获利能力越强，其评估值越高；获利能力越弱，评估值相对越低。

（2）市场占有率。技术产品所占据的市场份额将对此项技术所能获取的收益产生影响，市场占有率越高，评估值相对越高。

（3）市场规模前景。技术产品在市场上已经达到的市场规模，以及未来所能达到的规模对此项技术产品的获利能力产生了约束，市场规模及前景越好，评估值会相对越高。

（4）市场应用情况。技术产品在市场上得到越广泛的应用，则市场越依赖于此项技术产品，而技术产品获利能力将相对稳定，则此项技术评估值相对较高。

（5）竞争能力。技术产品在市场竞争中处于越有利的位置，则其获利能力越高，此项技术评估值会相对越高。

4）产业因素

（1）产业化难易程度。就尚未投产的专利而言，该技术可进行产业化的难易程度，实施的条件要求是否苛刻。进行产业化越容易，实施技术越容易进行，技术实施的可能性就越大。

（2）产业化程度。现有达到的产业规模化水平，技术的产业化进程情况如何，相关工艺、技术标准、质量标准、检测手段及标准配套程度。

（3）国家政策适应性。即该技术实施所在的产业与国家产业政策一致性。只有技术所属行业与国家产业政策一致起来，才会得到国家及地方的支持，该项技术才会迅速形成产业，越是国家鼓励发展的行业，技术实施的价值越能够较快地发挥出来。

（4）产业应用范围。主要是指技术产品现在和未来可能应用领域的大小，应用的范围越宽广，其价值发挥的程度和范围越大。

（5）市场需求。产品被市场所接受的程度，市场越需要的技术产品，其中的技术所体现的价值就越大。产能过剩、没有市场需求或需求很小的专利产品其价值可想而知。

5）特殊因素

部分行业的特殊因素，如医药行业的药证、临床试验、网络安全技术的有关批准证书，对技术价值的影响也较为重大，因为这些特殊因素是技术产业化实施的必备要条件。

6）产业化规模

同一项技术处在不同的实施阶段，实施技术所需要的资金实力和产业化规模、有形资产配套能力将对其价值产生重大影响。

7）保密措施

当评估对象为技术秘密时，还应考虑保密性，其中包括技术秘密保护和人才保护两个方面。企业是否具备严密、完善、科学的技术保密制度，防泄密、防扩散性体系和防止同业竞争导致人才流失，职业道德风险、技术队伍稳定性、长期性等对人才管理的措施，这些都将对技术收益多少和经济寿命长短产生较大影响，进而影响技术评估价值。

5.3.3 技术价值评估的案例

1. 成本法案例

A 有限公司因管理不善，导致近两年经济效益下滑，亏损严重，将要被同行 C 有限公司进行兼并，现需要对 A 有限公司的资产进行评估。调查核实后发现 A 有限公司有一项实用新型专利，在 2013 开始研发，并于 2015 年 1 月取得实用新型专利证书的。根据考察、分析和测算，此项专利技术的机会成本为 3.5 万。该项实用新型专利技术其法律保护期限为 10 年，根据专家鉴定及分析预测，该项专利的剩余经济寿命为 5 年。经专家讨论确定，此项专利技术使用成本法进行评估。

具体资料如表 5.12 所示。

表 5.12 具体资料

费用项目	金额（元）
材料费用	50000
工资费用	22000
专用设备费	80000
资料费	2000
咨询鉴定费	5000
培训费	2500
差旅费	3600
管理费分摊	3000
非专用设备折旧费分摊	12000
专利费及其他	3600
合计	183700

由上述材料可得：

重置成本 = 183700 + 35000 = 218700（元）

贬值率 = 2 / 5 = 0.4

专利资产评估值 = 218700 * （1-0.4）= 131220（元）

2. 收益法案例

B 有限公司因管理不善，导致近两年经济效益下滑，亏损严重。此时，有投资商对 B 有限公司在 2013 年研发的一项技术产生兴趣，此项技术已在 2015 年 1 月获得实用新型专利证书。此项技术已进行小批量产业化生产。此时需对此项专利技术资产进行评估。根据专家考察、分析和测算，确定其专利有效技术经济年限为 5 年、技术分成率为 20%、折现率为 12.6%，并根据企业状况做出如表 5.13 所示的预测。

表 5.13 预测表

项目/年份	第一年度（万元）	第二年度（万元）	第三年度（万元）	第四年度（万元）	第五年度（万元）
主营业务收入	1000	2500	3000	3500	4500
主营业务成本	160	330	410	500	580
营业费用	25	35	46	52	59
管理费用	87	96	110	113	125
所得税（%）	182	509.75	608.5	708.75	934

计算:

净利润=主营业务收入-主营业务成本-营业费用-管理费用-所得税,由上述数据可得第一到第五年度净利润如表5.14所示。

表5.14 净利润

项目/年份	第一年度(万元)	第二年度(万元)	第三年度(万元)	第四年度(万元)	第五年度(万元)
净利润	546	1529.25	1825.5	2126.25	2802

根据专家考察、分析和测算,折现率为12.6%,而折现系数=$(1+i)^{-t}$,则可得第一到第五年度折现系数如表5.15所示。

表5.15 折现系数

项目/年份	第一年度	第二年度	第三年度	第四年度	第五年度
折现系数	0.89	0.79	0.70	0.62	0.55

根据专家考察、分析和测算,技术分成率为20%,则可得第一到第五年度此项专利资产的价值如表5.16所示。

表5.16 专利资产价值

项目/年份	第一年度(万元)	第二年度(万元)	第三年度(万元)	第四年度(万元)	第五年度(万元)
专利资产价值	96.98	241.23	255.74	264.54	309.60

则该项技术资产的总价值为:

96.98+241.23+255.74+264.54+309.60=1168.09(万元)

5.4 技术转移谈判:如何做到"最低成本最大效益且双方共赢"

5.4.1 技术转移谈判概述

技术转移谈判是指当事人就专利权转让、专利申请权转让、技术秘密转让、专利实施许可等问题明确各自权利与义务的协议过程。

技术转移谈判有如下特点。

①技术转移谈判的问题内容广泛,一般有多个议题(即冲突目标),每个议题又有若干离散的议题值,非价格条款的议题值是离散的,价格条款因为一般包括支

付方式、计价方式、成交价格等一揽子条款,所以一般也是离散的。实际谈判情况也是如此,谈判双方并不是对连续的价格值讨论,而只就一些典型的价位谈判。

②技术转移谈判问题具有非结构化或半结构化特点。技术转移谈判问题没有明确的定义和结构,具有较强的模糊性,需要决策者大量的经验判断,谈判过程伴随着决策者对问题及其结构的认识逐渐清晰、深入和细化。

③技术转移谈判过程具有不规范性。谈判没有固定的模式,谈判的过程就是双方在可行方案集中反复移动的过程,直到在某一方案上双方达成妥协一致,宣告谈判成功,否则谈判破裂。谈判的过程和结果都与双方的行为模式紧密相关,受其观念、性格、文化、心理、谈判策略与技巧等因素的影响。由于这些因素的作用,方案移动的轨迹是他们各自权衡局势变化,统筹考虑的结果,我们无法用一个数学过程精确模拟。

④技术转移谈判结果具有不确定性。由于谈判双方对技术特征、技术后果,以及对方意志的估计有较强的不确定性,导致协商谈判结果的不确定性。在谈判中不可避免地会出现片面、谬误、混乱,往往需要多次试验和反复以达到对问题认识的深入和精确。

5.4.2 技术转移谈判的方式方法

1. 技术转移谈判流程

1)谈判前的准备

谈判前的充分准备是谈判取得成功的关键所在,对谈判的顺利进行起着至关重要的作用。

(1)组织准备。

技术转移项目的谈判涉及技术、经济、法律等多方面的问题,为了保证谈判成功,获得预期的经济利益和社会效益,除了靠本企业的产品质量、企业的信誉外,在谈判准备中对谈判班子的组成和谈判人员的分工及配合做出恰当的安排也是一项十分重要的内容。一个高效的强有力的谈判小组,人员之间应该形成各种能力的互补,以使个人的能力和素质得到最大发挥,并形成新的集体力量,其应该包括:

①项目主持人,即项目和谈判的负责人,通常由企业的领导人担任。

②主谈人,由政策水平高、熟悉业务的谈判专家担任。

③技术人员，参加谈判的技术人员应精通技术，在技术设计、工艺流程、工作效能等方面有较高的水平和丰富的经验，能负责有关技术条款的谈判。

④律师，谈判班子应该配备精通技术转移业务、熟悉该技术领域的律师。

⑤译员，在国际技术转移谈判中，翻译人员对谈判的效果起着非常重要的作用。

⑥记录人员，记录人员在谈判中也是必不可少的，一份完整的谈判记录既是一份重要的资料，也是进一步谈判的依据。

除以上几类人员外，还可适当配置礼宾人员、心理专家、情报人员和一些其他的辅助人员，但数量应根据谈判规模、内容设置，避免人浮于事。

（2）信息准备。

谈判信息对于谈判活动的影响是极其复杂的，有的信息直接决定谈判的成败，有的信息则间接地影响谈判的成败。因此，在谈判之前应当收集有关谈判的目标、范围和环境的情报，并仔细分析情报内容的正确性和可靠性，并在此基础上评估自己和对方的目标及预期的利益，确定自己的最终目标和应采用的谈判策略和方法。谈判信息收集的主要内容包括：

①市场信息，是反映市场经济活动特征及其发展变化的各种资料、数据、消息和情报的统称。总体来说市场信息包括：市场分布情况，其主要包括与贸易相关的商品市场的政治经济条件、分布的地理位置、运输条件、市场辐射的范围、市场潜力和容量，以及某一市场与其他市场的经济联系等；市场商品需求信息，包括与贸易谈判有关的商品的市场容量、消费者的数量及其构成、消费者的家庭收入及购买力、潜在需求量及其消费趋势、消费者对该商品及其服务的特殊要求，以及本企业产品的市场覆盖率、市场占有率及市场竞争形势对本企业销售量的影响等方面；市场商品销售信息，包括与贸易谈判有关的商品的市场销售量、商品的销售价格、商品的发展趋势及市场寿命周期、拥有该类产品的频率、季节性因素、消费者对新老产品的评价及要求等；市场竞争方面的信息，主要包括竞争对手的数目，竞争对手的经济实力，竞争对手的营销能力，竞争对手的产品数量、种类、质量及其知名度、信誉度，消费者偏爱的品牌与价格水平，竞争性产品的性能与设计，各主要竞争对手所能提供的售后服务的方式，各主要竞争者所使用的销售组织的形态等。

②技术信息，技术方面应收集的资料主要有该产品生命周期的竞争能力，以及该产品与其他产品相比在性能、质地、标准、规格等方面优缺点方面的资料，同类

产品在专利转让或应用方面的资料，该产品生产单位的工人素质、技术力量及设备状态方面的资料，该产品的配套设备和零部件的生产与供给状况，以及售后服务方面的资料，该产品开发前景和开发费用方面的资料，该产品的品质或性能鉴定的重要数据或指标及其各种鉴定方法，以及导致该产品发生技术问题的各种潜在因素方面的资料。

③金融信息，金融方面的信息也是非常重要的，双方要尽量随时了解各种主要货币的汇兑率及其浮动现状和发展趋势，以及进出口地的主要银行对开证、议付、承兑赎单或托收等方面的有关规定，特别是有关承办手续、费用和银行所承担的义务等方面的资料等。

④政策法规信息，在谈判开始前，应当详细了解有关的政策、法令，以免在谈判时因不熟悉政策、法令而出现失误。了解谈判双方有关谈判内容的法律规定，以及有关国家或地区各种关税的税率及其关税的税则和征税方法方面的资料等。

⑤谈判对手相关资料，在信息收集过程中，对谈判对手情况的资料收集是进行调研与分析的一项非常重要的工作。在举行技术、商务业务洽谈之前，必须对对方企业的资格、信誉、注册资本、法定营业地点和谈判者本人等情况进行审核。这些都是进行谈判的基础，必须予以审查或取得旁证。如果在许多问题尚未弄清楚之前就开始谈判，其结果势必会给工作带来麻烦乃至经济损失。

（3）谈判方案的准备

谈判方案是谈判双方为实现自己的目标，争取自己的最大利益所做的战略和战术性安排。主要是理清谈判的议题，按由易到难的原则，安排好各谈判议题的顺序，特别是对双方分歧较大的问题，必须逐个研究掌握的分寸尺度，哪些是必须据理力争的，哪些是可以让步的，让步的程度，让步的时机和方法等，写成书面文件，必要时报上级批准。需要每个谈判人员对所磋商的所有交易条件心中有数，并根据客观情况分析出，哪些交易条件易于达成一致，哪些条件不容易达成一致，进而制定针对性较强的谈判目标。一套完整的谈判方案应该包括谈判的目标体系、谈判的相应策略、谈判的期限和谈判议程等要素。

①谈判目标，它的确定是指制定方案时，对所要达到的结果的设定，是谈判者本次谈判的期望水平。商务谈判的目标是指导贸易谈判的核心。在贸易谈判的整个过程中，从策略的选择、策略的准备到策略的实施，以及贸易谈判的一系列其他工作，都是以谈判目标为依据，为总体目标的实现服务的，必须认真而慎重地考虑。

②谈判策略，明确谈判目标以后，就要拟定为实现这些目标所采取的基本途径和策略。谈判策略包括顺应策略、对抗策略、合作策略、掌握主动策略、掌握好休会的时机策略、利用竞争逼对方让步策略、出其不意策略、最后通牒策略、调和策略和撤退策略等，要根据谈判过程可能出现的情况，事先有所准备，在谈判中灵活运用。针对不同的谈判主题或对手，可以设计出不同的策略。例如，在某一特定条件下，可采取拖延时间策略、长期施加压力策略；而在另一特定条件下，可采取速战速决的闪电策略。

③谈判期限，关系到谈判的效率，因此谈判方案的制定应对谈判期限做出规定。谈判期限一般来说是从确定谈判对手并着手进行各种准备开始至谈判结束的日期。时间的长短主要依据谈判双方时间的充裕程度和正常进行所需要的时间来定。

④谈判议程，它的安排对谈判双方非常重要，其本身就是一种谈判策略，必须高度重视这项工作。谈判议程一般要说明谈判时间的安排和谈判议题的确定。谈判议程包括通则议程和细则议程。

2）询价

（1）询价的概念。

对外询价就是技术受方（技术需求方）公开地把自己的购买意图告诉技术供方（技术拥有方），要求对方在指定的时间内，根据询价的要求向询价人提出项目的报价。

一般比较正式的询价，如国际技术贸易，必须采取书面形式，统称询价书。询价书写好后，将其送达或邮寄给选择的公司或企业。

（2）询价书的内容。

一份正式且完整的询价书一般包括三部分内容。

①基本情况介绍。这主要介绍技术引进企业的一般情况和技术状况。一般情况包括厂址、人员结构、交通、公用设施、环境和能源供应等；技术状况包括现有的技术来源、生产设备、主要产品种类、生产规模和技术水平等。

②技术条件要求。这包括拟引进的技术名称、范围，拟采用的工艺、产品应达到的数量和质量标准，总体经济技术指标及对环境保护的要求等。

③商务条件要求。这包括要求转让技术的方式、支付方式和计价、产品销售范围等。

3）比价

比价是指技术受方收到技术供方的报价以后，将其中的技术条件和商务条件换算为同一基础加以比较，同时与本身掌握的资料进行比较，以确定报价的合理程度、条件优劣、价格高低的一种平衡选择过程。在此过程中不仅要比较价格，而且要对交易条件进行综合分析、选择。进行比价通常有以下几种方法。

（1）直观法。

直观法又称简易比价法，即把各企业的报价换算为统一的基础，直接对比各报价的价格高低、条件优劣，从中选出价格低、技术条件优者作为商谈的对象。

【例1】甲公司报价，总付80万美元，3年内分5次支付。乙公司报价，入门费30万美元，提成率为销售价的5%，提成年限与合同有效期相同，为7年。产品预计销售1万台，每台1000美元。假设其他条件均相同，比较甲公司和乙公司的报价。

解：乙公司总的使用费为

[30+(1000×1×5%)]万美元=(30+50)万美元=80万美元

结果是甲公司和乙公司的报价均为80万美元。这里得出的结论是，乙公司的报价比甲公司的报价对技术受方有利，因为与甲公司成交，在3年内需付完使用费；而与乙公司成交，7年才付完使用费。

（2）类比法。

类比法是指利用历史资料或其他类似技术协议条件，与现有的报价进行对比。这种做法通常用于技术供方只有一家的情况下。由于类比法使用的资料差距较大，不便进行直接比较。因此要求技术供方报价时，应该把技术分解为若干技术单元，分项进行报价，这样再将其与历史资料或类似技术的合同进行对比，找出可比内容或条件的价格水平，也可以得出报价条件优劣和价格高低的一般结论。

（3）经济效益评价法。

经济效益评价法是指将报价中估计的经济效益与技术受方本身估计的经济效益或本身研究拟引进技术估计的投资进行对比，以得出报价是否合理，能否作为谈判基础的结论。这种方法属于一种比较合理的方法，前两种方法只能使技术受方选择可能的技术供方，只有此种方法才能真正决定有无技术转移的实际可能，以及可能的技术供方的报价降低到什么程度才能达成交易。

【例2】技术受方目前每件产品成本为9美元。利用新技术后，可使生产成本每件降低2美元。如年产产品1万件,可获增值利润2万美元。如合同期为6年,可得增值利润总额12万美元。如把其中20%作为使用费给技术供方,则应支付2.4万美元。而现得到的报价为6年提成率5%。问:受方能否接受,实际差距又是多大呢?

解:已知提成率$R=5\%$,假设$S=$供方在受方所获新增收益中的比率,$C_1=$原生产成本$=9$美元/单位产品,$C=$利用技术后生产成本$=7$ 美元/单位产品,那么由提成率的定义$R=S\times(C_1-C)\div C$可知

供方在受方所获新增收益中的比率为$S=R\times C\div(C_1-C)=5\%\times 9\div(9-7)=22.5\%$

所以受方支付的使用费为120000美元$\times 22.5\%=27000$美元

这说明提成率为5%的报价,供方在新增利润中占22.5%,比原估计的20%多2.5%。实际使用费金额比原预计24000美元多3000美元,相差不大,因此供方的报价是基本可以接受的,能作为谈判的基础。

4)技术谈判与商务谈判

技术转移谈判的实质内容一般分为两个阶段,即技术谈判与商务谈判。一般情况下先进行技术谈判,后进行商务谈判,二者不能截然分开,有时需要交叉进行。谈判人员既要互相分工,又要密切配合,这样才能保证谈判顺利进行并达到预期的目标。

(1)技术谈判。

技术谈判是指双方当事人就解决技术条件的不一致所进行的协商过程,在这个过程中,技术受方进一步说明询价书中的技术条件,技术供方说明报价书中的技术条件,并对存在的不一致之处进行协商,阐明各自的理由。

技术谈判的内容包括有关技术和设备的名称、型号、规格、技术性能、质量保证、培训、技术使用权和使用领域、试生产验收问题等。

①技术内容:指该项技术的名称、运用条件及范围、工艺流程、技术加工对象等。

②技术性能:在技术贸易中,技术性能的规定相当于技术商品的质量要求,它可以通过提供一系列的技术参数、指标反映技术在工艺加工生产上的水平和特点。

③技术资料的交付:技术资料用于表达并说明所转让技术的实际价值,向受方表明技术运用的方法。技术资料是技术的载体,供方应保证其完整、可靠,并及时送达受方。

④培训：培训包括技术咨询和人员培训，是技术供方为保证所转让的技术被受方所掌握而必须承担的义务和责任。在谈判中双方应对技术咨询、人员培训中双方的义务和责任做出具体明确的规定。

⑤技术考核与验收：只有考核合格、通过验收以后，才能表明供方已经完成其责任。因此，技术考核与验收是技术谈判的重要内容。

技术谈判时先由供方的技术人员介绍技术的性能、工艺流程和管理办法等。如对供方的介绍有疑问，受方的谈判人员应及时提问，必要时可要求对方示范操作，也可以进行实地考察。

供方介绍的技术内容必须以书面或其他文字形式为基础。如果发现讲解的内容与技术资料有矛盾，受方应要求供方修改技术资料，并以书面形式确认。经过双方反复多次介绍、提问，逐项澄清技术内容，最后由双方通过书面文件确定，以作为下一步商务谈判的依据。

（2）商务谈判。

商务谈判是在技术条件和范围确定的条件下，双方就有关的商务条件进行磋商的过程。在这个过程中，双方就交易的各项商务条件，特别是对双方承担的权利、义务、价格（使用费）进行磋商。通过磋商，使各项条件均达到双方均可接受的程度，并取得一致谅解。

商务谈判的内容一般包括价格、支付方式、税费、履行条约保证、适用法律、仲裁、索赔、侵权和保密、不可抗力、合同生效及技术硬件的包装、运输保险等内容。

（3）谈判策略与方法。

谈判策略是指谈判人员根据谈判预期目标的要求和谈判情况的变化，灵活地贯彻实施谈判战略方案所采取的措施的总和。谈判策略是为了实现谈判目标而制定的，并随谈判形势发展而修改的关于谈判全局的行动方针与决策，以及斗争方式。

①区别对待：在谈判过程中，鉴于各国、各地区语言文化、风俗习惯及经营作风的不同，应采取区别对待的谈判策略以达成对自己有利的方案。例如，有的供方报价"水分"多，准备让受方讨价还价，如果受方不清楚行情或有求于他，"水分"就会加得很多，对于这种报价要特别小心，以免上当。又如，有的供方喜欢速战速决，有的则希望多谈深谈，把交易建立在相互了解、信任的基础上。技术受方面对

慢节奏的供方，不能操之过急，面对快节奏的供方，又要高效灵活。

②利用竞争：巧妙地利用商家之间的竞争，掌握时机，及时成交，是谈判取得成功的一种很有效的策略。例如，采用招标的形式，邀请各方公司，在他们竞争的过程中达到自己的目的，争取以较低的价格和较优惠的条件达成技术转让交易；与数家商家同时谈判，使他们产生危机感，利用他们之间的竞争从中选择对自己最有利的对象。

③声东击西：在谈判的过程中虚虚实实，迷惑对方，然后声东击西，让对方捉摸不定，往往可以起到意想不到的效果。例如，某公司在技术转移谈判中，为了摸清对方的情况，在技术交流后，先派一谈判小组前来试探。谈判时，对对方提出的条款全都不同意，其真实意图是看对方到底有几套方案，让步到什么程度。结果对方漏了底，该公司有针对性地研究了对策并另派新的谈判人员与对方再谈。由于掌握了对方底细，很快以对他们有利的条件谈成了项目。

④公共关系策略：在谈判中利用公共关系策略是谈判成功的方法之一。在实际中，谈判本身除了就各自的权利和义务进行讨价还价之外，还有相当一部分时间是相互交换意见或闲谈的，以加强了解，增进感情，增加信任感。一个好的谈判者，必须善于利用人类正常的心理状态，把人际关系和经济关系结合起来，这样更容易获得成功。公共关系策略实质上就是利用人们心理上的缺陷和弱点，如逆反心理、超常好胜心理、超常的自尊心、个性贪婪等去控制对方，达到自己的目的。

⑤满足对方的需求：在谈判的过程中，满足对方的需求会使整个谈判过程进展顺利。例如，选择性建议运用，即允许对方考虑数种选择中最适合对方需要的建议，其有助于达成双方都能够接受的协议；提供"额外奉献"，即为了打破僵局向对方做一些对方意想不到的让步。但"奉献"内容和提供时间的选择必须慎重考虑，而且提供时应要求对方做相应的让步以作为交换条件；最后"报价"，即经过一段时间的谈判后，提出一个最后报价，要求对方能接受。[①]

2. 技术转移谈判需要注意的问题

1）明确转让技术合同产品的型号、规格、性能

这是对转让技术的具体内容、技术参数、质量指标的要求。所谓合同产品，就是利用转让技术设计制造出来的符合合同规定的转让技术水平的产品，具有使转让

---

① 薛伟贤. 国际技术贸易[M]. 西安：西安交通大学出版社，2008：第五章，国际技术贸易程序.

技术的内容价值具体化，使人们明白无误地看到技术的客观存在和经济效益的作用，它是今后考核验收的依据。

确定合同产品的型号、规格、性能，主要取决于市场对该产品的需求。因此，要在调查研究的基础上，对市场需求进行预测，看合同产品具有多大的竞争能力，能获取多大的市场份额。

2）考虑转让技术的先进性、适用性和可靠性

所谓先进性，是指从转让技术的发展水平来看，虽不一定是尖端的，但对技术受方来说，应该是一流的，高水平的，有利于缩短企业与行业先进水平的差距。所谓适用性，就是转让的技术要适合技术受方，要与技术受方的消化吸收能力、资源状况、设施配套能力、现有技术体系等相适应。所谓可靠性，是指转让的技术是经过生产验证的，具有可靠的成效，可以直接应用于生产实践。谈判准备工作中可通过调查该技术在实际生产中存在的问题，以此作为谈判过程中讨价还价的依据。

3）转让专利技术要注意的问题

（1）注意专利技术的地域性。

专利技术是受法律保护的，但是任何专利法都是国内法，因此专利的保护是有地域性的。我国已实施《中华人民共和国专利法》，因此，准备购买的专利技术应该是已在我国专利主管机关提出申请并经授权且有效，或虽未在我国申请，但应用此项技术生产的产品要向一些国家出口，而在其中一些国家，专利权所有人享有专利，才有必要购买此专利。

（2）注意专利技术的时效性。

专利权具有时效性，专利转让前，受让人需要核实该专利是否有多个专利权人，专利的状态是有效的还是无效的，距离保护期满还有几年，专利是否已经在银行或是其他地方质押等，这些都影响着购买决定及转让价格的谈判。

4）确定许可方授权的范围

授权范围是指许可方授予被许可方使用权的种类、范围和性质等。

（1）使用权的种类：包括技术的使用权、产品的制造权、产品的销售权。应明确确定许可使用上述哪几种权利。

（2）使用权的范围：包括使用、制造和销售的地域范围。

（3）使用权的性质。

使用权的性质指许可证的种类的性质。如前所述，许可证的种类按其性质不同可以分为普通许可证、排他许可证、独占许可证、分许可证、交叉许可证。应明确确定采取哪种性质的许可证。

就转让技术的价格而论，普通许可证＜排他许可证＜独占许可证。选择专利技术实施许可证种类时，主要考虑许可地区的市场性质、容量和专利技术所具有的技术特点。容量不大的市场和使用不广的专利技术，以排他许可比较合适；反之，具有固定的大量需求的相应产品的专利技术，即使存在着几个技术受方，也不会妨碍产品的销售，所以不一定要排他许可，可选择普通许可。在市场竞争非常激烈的情况下，为了排除竞争，则可选择排他许可甚至独占许可。

5）技术的升级与改进

现代技术更新换代极快，因此双方在谈判时最好对改进和发展后的技术的归属问题进行约定。

6）后续的技术支持

大部分技术交易都需要技术供方进行技术培训或技术指导来帮助技术受方交易后能够真正生产出符合要求的产品。通常，技术供方只会将一部分技术用作专利申请，而更多的技术细节则作为技术秘密保护起来，技术受方应有相应的心理准备，并在谈判时尽可能将这部分未披露的技术细节，涵盖于技术交易合同中"后续技术培训"或"后续技术支持"部分中，还可协商如果非因供方原因，受方仍未掌握该部分技术细节，如人员流失导致技术失传，那么受方还可以通过后期技术咨询等方式掌握这部分技术细节。

7）转让次数对技术转让费的影响

每一次转让都意味着产品市场的缩小和竞争对手的增加，当然也反映了技术供方开发费用的回收情况。因此，通常情况下转让次数越多，技术的价格越低。技术转让次数较多，对于技术受方并不完全是坏事。转让次数多，说明市场对产品的需求看好，也说明技术比较成熟可靠，投资的风险较小；在经过若干次转让之后，技术供方收回了开发成本或获得了期望利润之后，也愿意降低转让费。在这种情况下，只要存在市场机会，技术受方不应轻易放弃选择该技术的机会，并应理直气壮地压低价格。

5.4.3 技术转移价格讨价还价模型

谈判和讨价还价是密切相关的，一般来说，谈判或讨价还价两种称呼并没有太大的区别，称讨价还价时主要强调其动作或过程，称谈判时则强调其状态或结果，有时称讨价还价可能更正式一些。在经济学意义上，所谓"讨价还价"（Bargaining），也称为议价，即双方（有时是多方）关于可能达成合作协商一致的过程，或者说通过商谈方式解决利益在不同主体间的分配与协调的问题。

我们在此引用一个技术转移价格讨价还价模型①，以反映技术商品价格的形成过程，并为实际的讨价还价行为提供理论上的指导。

1. 模型的基本要素

（1）参与人，即技术的供受双方，也就是讨价还价的主体，假设称为技术受方 B 和技术供方 S。

（2）行动（Action），也就是每个参与人相应的出价，每出价一次，称为一次行动。

（3）贴现率（Discount Rate），是讨价还价标的额减少的比率，贴现率的大小一般与参与人的折现率、机会成本及耐心相关。

（4）支付，即参与人 i 从所得的份额 x_i 中得到的效用，记为 $u_i = U_i(x_i)$。

（5）破裂风险，也就是参与人对谈判破裂的主观概率，参与人 i 的主观概率记为 $P_i = 1 - e^{-\lambda_i \Delta}$。

（6）破裂点，即参与人要求的最低支付，记为 (b_1, b_2)。

（7）僵持点，也就是谈判陷入僵局状态时，两个参与人长久意见不一时可得的支付。在考虑贴现因素的情况下，一个具有破裂风险的讨价还价问题的僵持点与破裂点是不同的，记为 (I_1, I_2)。

（8）子博弈完备均衡（SPE），即参与人双方达到均衡状态时的唯一解。

2. 技术转移双方的价格构成要素

1）技术供方的价格构成要素

（1）供方的研发成本 $C_S^{R\&D}$：指供方为研究开发此项技术及持有其所有权的成本，也称为沉没成本，主要是指研发投入的人力、物力和财力等，包括技术开发的专项投入，以及其他分摊的成本等。

---

①张国琪. 国际技术转让价格讨价还价模型研究[D]. 长春：吉林大学，2007.

（2）供方的技术转让成本 C_S^T：是指供方为转让技术而发生的费用，也就是直接成本，通常包括技术服务费、技术转让费、技术资料费、项目联络费、技术培训费、税金费。

（3）供方的机会成本 C_S^O：指供方因技术转让而使其在受方的实施地域失去的全部或部分销售机会可能导致的利润损失。

（4）预期收益的净现值 R：也就是供方对受方预期收益的净现值，也称为预期净收益，是指供方预期的，由于技术的使用给受方带来的新增的预期收益减去生产的直接成本后的净现值。

2）技术受方的价格构成要素

（1）受方的直接成本 C_B^T：指技术转让过程中产生的直接成本，通常包括谈判过程中发生的联络费、人工费、差旅费、管理费，以及其他相关费用等。

（2）技术引进成本 C_B^I：是指受方消化吸收技术的成本，主要包括对原有的设备进行技术改造或更新所进行的投资，购置生产用地或建设新厂房所需的投资，以及招聘员工、对员工进行培训的费用等。

（3）受方的机会成本 C_B^O，是指受方因购买该项技术而失去的将资金用于次优项目的收益。

（4）预期收益的净现值 R：为简化起见，假设这里的预期收益净现值与供方的相同，统一记为 R。

一般来说，机会成本很难进行精确计算，只能是大致的估算和预测，并且很难得到对方的认可，至少不会全部承认，而只作为谈判中的一种参考。为了简化模型，不考虑双方的机会成本。

3. 模型的构建

在技术转让过程中，技术受方 B 和技术供方 S 就某一技术的价格进行讨价还价，也就是说，对技术预期收益净现值的分成进行讨价还价，实际上也就是对有效的讨价还价区间 $T = P_B^{\max} - P_S^{\min} = R - C_B^T - C_B^I - C_S^T - C_S^{R\&D}$ 进行谈判，两个参与人的贴现率分别用 r_B 和 r_S 表示，则协议的达成被拖延的每个时期，他们的支付都会被贴现。

技术预期收益净现值为 R，技术价格为 P，则技术的成交价格 P 是技术供方获得的均衡份额，$R-P$ 为技术受方获得的均衡份额。

假设，在技术供方与技术受方谈判的过程中，通过相关渠道发布技术转让信息，并且其最低的保留价格（Reservation Price）为 P_S^R，在一段时间内，不同的买者向供方发出购买信息，这一过程服从参数 λ_S 的独立的泊松分布，其中 $\lambda_S > 0$ 表示单位时间内接受价格 P_S^R 并与供方 S 进行谈判的买者的数目。类似地，技术受方发布技术购买信息，并且其最低的保留价格为 P_B^R，在一段时间内，不同的卖者向受方发出转让信息，这一过程服从参数 λ_B 的独立的泊松分布，其中 $\lambda_B > 0$ 表示单位时间内接受价格 P_B^R 并与受方 B 进行谈判的卖者的数目。P_S^R 和 P_B^R 分别小于等于 R。

技术受方 B 对谈判破裂风险的信念，并不是技术受方 B 对自身退出谈判而引起的谈判破裂的主观概率，而是技术受方 B 对技术供方 S 退出谈判而引起的谈判破裂的可能性的评价。也就是说，若参与人长久地意见不一，对于技术受方 B，从任一时点 $t\Delta$ 之后的每个 Δ 时段内，技术受方 B 相信谈判破裂的概率是 $\lambda_S \Delta$，而不是 $\lambda_B \Delta$。因此，以下凡涉及技术受方 B 的主观概率假设之处，均按 $p_B = \lambda_S \Delta$ 进行修正，同理有，p_S 均按 $p_S = \lambda_B \Delta$ 进行修正。也就是说，在 $\Delta > 0$ 的时段内，不同卖者与受方联络的概率为 $\lambda_B \Delta$，不同买者与供方联络的概率为 $\lambda_S \Delta$。

从任一参与人在任一时点 $t\Delta$ 拒绝任一出价之后的时刻起，存在着四种可能发生的事件：

①以 $\lambda_B \lambda_S \Delta^2$ 的概率，不同的卖者与 B 联络并进行谈判，不同的买者与 S 联络并进行谈判；

②以 $\lambda_B \Delta (1 - \lambda_S \Delta)$ 的概率，不同的卖者与 B 联络并进行谈判；

③以 $\lambda_S \Delta (1 - \lambda_B \Delta)$ 的概率，不同的买者与 S 联络并进行谈判；

④以 $(1 - \lambda_B \Delta)(1 - \lambda_S \Delta)$ 的概率，谈判继续进行到时点 $(t+1)\Delta$。

如果前三种情况发生了，则 B 和 S 之间的谈判因为外部因素的影响而破裂。若第一种情况发生了，则 B 和 S 都与另外的谈判对手以保留价格成交，双方的支付分别为 $R - P_B^R$ 和 P_S^R。若第二种或第三种情况发生了，谈判破裂，但只有一个参与人与另外的谈判对手成交，另外一个参与人继续等待，并从长久的意见不一中得到的支付为 $I_i = (\lambda_j b_i) / (r_i + \lambda_j)$。

若第四种情况发生了，即谈判持续进行下去并最后达成协议，在这种情况下，谈判中潜在的破裂风险并没有发生，但其发生的可能性却是客观存在的，并在讨价还价过程中一直影响着谈判双方的判断和出价。在考虑贴现和破裂风险的情况下，此极限的僵持点为 $(I_B, I_S) = [(\lambda_S b_B) / (r_B + \lambda_S), (\lambda_B b_S) / (r_S + \lambda_B)]$。当达到均衡状态时，参与人接受和拒绝均衡出价是无差异的，假设 S 首先出价，唯一的子博弈完备均衡价格就是 P_S^*，假设 B 首先出价，则唯一的子博弈完备均衡价格就是 P_B^*。因此，可以得到如下方程：

$$R - P_S^* = \lambda_S \Delta (R - P_B^R) + \lambda_B \Delta (1 - \lambda_S \Delta) I_B + (1 - \lambda_B \Delta)(1 - \lambda_S \Delta)(1 - r_B \Delta)(R - P_B^*)$$

$$P_B^* = \lambda_B \Delta P_S^R + \lambda_S \Delta (1 - \lambda_B \Delta) I_S + (1 - \lambda_B \Delta)(1 - \lambda_S \Delta)(1 - r_S \Delta) P_S^*$$

当 Δ 趋近于无穷小时，这两个方程的唯一解 P_S^* 和 P_B^* 收敛于 P^*，则 B 和 S 的均衡份额分别为：

$$x_B^* = R - P^* = I_B + \frac{r_S + \lambda_B}{\lambda_B + \lambda_S + r_B + r_S}(R - I_B - I_S)$$

$$x_S^* = P^* = I_S + \frac{r_B + \lambda_S}{\lambda_B + \lambda_S + r_B + r_S}(R - I_B - I_S)$$

该模型的解表明，技术的价格 P^* 就是供受双方对技术新增收益 R 的分成。对于技术的供方来说，技术的价格 P^* 就是它从新增收益中分得的份额 x_S^*；而对于技术的受方来说，其分得的份额 x_B^* 为技术的新增收益减去技术的价格，即 $R - P^*$，也就是技术供方分得的那部分份额。

从模型的解的形式可以看出，供受双方得到的份额首先要补偿技术转让双方各自的直接转让成本，同时还要包括分摊的研发成本和技术引进成本，然后按照双方贴现率、对谈判破裂风险的主观概率及破裂点的不同，按比例对预期收益的剩余部分进行分配。

4. 模型的应用及谈判案例

1）中国 A 印刷机械厂技术引进项目价格谈判案例[①]

中国 A 印刷机械厂（简称 A 厂或中方）为国内著名的印刷机械厂，从 1990 年开始，由于国际印刷行业的不断发展，中国印刷行业遇到了前所未有的困难，A 厂为提高产品质量，扩大市场规模，决定引进国际先进的印刷机生产线技术和设备。当时国际上共有 5 家企业可以提供该技术和设备，在 1992 年年初，A 厂经过与这 5 家国际著名的印刷机械制造公司接触后，初步决定从德国海德堡 B 印刷机械有限公司（简称海德堡公司或德方）引进五色套色印刷机生产线关键设备和技术（简称技术），并重点与海德堡公司进行谈判。德国海德堡公司是世界一流的印刷设备制

[①] 丁建忠. 商务谈判教学案例[M]. 北京：中国人民大学出版社，2005, (6): 170～173.

造企业，其技术和产品在世界同行业中首屈一指，并曾经向国际多家企业转让其先进的生产线技术和设备。海德堡公司在与 A 厂进行谈判的同时，也同时与中国另外一家企业进行接触，在两个厂家之间寻求比较理想的价格和合作伙伴。

1992 年 6 月左右，A 厂与海德堡公司进行了多次的接触，并通过其他多种渠道，对该公司的技术做到了基本的了解和掌握。当年 9 月初，德方派一个三人洽谈小组到中国与 A 厂进行了初步的洽谈，在技术谈判的基础上，也对技术价格进行初步的协商，并且将其定在 218 万美元左右，作为双方技术合作的依据和参考。但中方认为，该技术价格应该在 200 万美元以内，所以报价 180 万美元，以便有谈判的余地。中德双方都认为，双方的报价虽有很大的差距和分歧，但存在达成协议的可能，有继续谈判的可能和必要。德方回国时，邀请中方于当年 11 月去德国参观和考察，并继续进行谈判工作。

1992 年 11 月中旬，A 厂一行 5 人在厂长的带领下，到德国进行为期 10 天的技术项目考察和谈判工作，德方派一位技术总监专程陪同中方谈判代表团，并参观和考察了德方在欧洲的主要生产厂和产品用户。在对海德堡公司的下属生产厂和其他几家用户企业考察的过程中，针对该技术总监的自信，中方采取了心理战策略，对该公司制造厂家的生产手段、产品和技术水平等，不做任何肯定和赞扬的表示，而是多提疑问迫使其忙于解释和介绍，中方在此过程中更多地掌握了公司产品和技术的性能、特点、质量，以及制造使用和维护等技术问题，包括产品和技术存在的问题等，同时也对该技术总监的自信心形成一种压力。中方人员还经常将该公司的技术与其他国家同类技术产品的技术水平和市场价格情况进行比较，使其感觉中方与其他国家的企业也有许多接触，其他国家的同类生产线和技术设备也是其潜在的竞争者，并通过该技术总监将中方的态度间接反馈给该公司。

中方在技术考察的过程中，重点了解和掌握该公司技术存在的问题和不足。例如，中方在一家名为迈菲尔的印刷车间向管理人员了解生产线，以及设备的使用情况，得知该企业生产出来的印刷机在使用过程中，在每次换纸后裁刀都会出现运行不稳和印刷辊转速不同步的问题，需要重新调整，影响印刷的质量和效率。可见，该公司的设备制造技术和产品水平虽属世界一流，但并非完美无暇。中方对这些情况的了解，为以后的谈判增加了筹码。

考察结束后，中德双方开始了正式的谈判。第一天进行的是技术谈判，由于双方都是行业内的企业，对本行业情况比较了解，因此，只用了一天的时间，技术谈判就结束了。从第二天开始，双方进入到实质性的商务谈判阶段。

第二天，中方出场 5 人，德方也出场 5 人，以德方副总经理为主谈。谈判开始后，德方首先强调了第一次报价 218 万美元的理由：

（1）海德堡公司的技术是世界一流的，技术水平处于成熟阶段，经济效益显著，按现值计算，在使用期内预计可以给中方带来 500 多万美元的利润，按照国际惯例，德方理应分得一部分技术设备带来的收益。

（2）海德堡公司在开发该生产线的技术时，花费了大量的人力、物力和财力，仅研发成本一项，就高达 150 万美元左右，应该得到部分补偿。

（3）该公司是第一次与中国公司合作，对中国企业的情况不是很了解，该公司的技术和设备要移植到中国，其技术服务的次数和人员都要比其他地方多一些。并且德国和中国路途遥远，交通及联络费用较高，技术服务费、技术培训费、税金，及差旅费、联络费等费用总计达到 30 万美元左右。

（4）中国是一个潜力巨大的市场，海德堡公司对中国企业转让这种生产线技术和设备，就等于给自己扶持了一个有力的竞争对手，也失去了这个巨大的市场，其机会成本很高。

（5）德方在之前转让给其他国家的企业，相同的技术和设备报价也都在 200 多万美元以上。因此，德方认为，218 万美元的报价对于该公司来说，已经是很低的水平。

对于德方提出报价的理由，中方事先已经充分估计到。因此，中方依据事先掌握的资料，提出了 170 万美元的报价。这个报价不仅低于德方可能接受的水平，也比中方的心里价位低许多。但中方这样做的目的，是谈判的需要，以便中方在与德方的讨价还价中给自己留出谈判的余地。在中方提出该报价以后，也针对德方提出的理由，给出了适当的反驳意见：

（1）海德堡公司的技术虽然是世界一流的，但也有其缺陷。而且，该技术给中方带来的收益并不是确定的，要看生产线的运行情况，要受到诸如技术供方的转移战略、技术本身的状况、技术的转让状况、技术受方本身的状况，以及市场和行业状况的影响，预计可以给中方带来的利润达不到德方估计的程度，需按照中方的具体情况进行修正，根据中方的测算并征得国内行业内专家的意见，设定修正系数为 0.8，即中方认为最多能达到 400 万美元。另外，中方为引进该项技术，耗费的直接成本也在 10 万美元左右，为引进技术而做的相应的投资大约为 50 万美元，这些都要在预期收益中扣除。

（2）该技术的研发成本确实达到了 150 万美元左右，中方对此给予承认。但中方也强调，该技术在德方工厂已经使用多年，并且也转让给了其他国家的公司，因此这些研发成本应该多次分摊，让中方完全承担这些费用是不合理的，中方最多可以承担 20%左右。

（3）对于德方提出的直接成本较高的问题，中方认为本企业完全有能力配合德方做好该生产线的安装调试工作，费用会控制在一个很低的水平。

（4）中方与德方签订的是非排他的许可合同，合同的签订并不影响德方向中方销售产品，而且由于中方产品在质量上与德方产品还有一定的差距，所以对德方在中国市场的利润影响并不是很大。

（5）德方转让给其他国家或企业的技术价格都在 200 万美元以上，中方予以承认，但中方同时认为，中方引进的技术比其他公司要晚 1～3 年，预期收益的水平也要比其他公司的收益少得多，并且分摊的研发成本也要少得多，所以价格要比其他公司的价格要低一些。

对于中方提出的理由，德方在预期收益方面基本上得到认可，因为德方所提出的预期收益本身就存在虚高的成分，这一点他们本身也是很清楚的。对于成本分摊等问题，也在一定程度上部分地承认。但德方坚持认为自己公司的技术是一流的，无可挑剔，这个价格是不可想象的，报价 218 万美元不能减很多。针对他的这一说法，中方随即使用生产企业迈菲尔的生产线存在的问题予以反驳。沉寂了一段时间以后，德方又提出了 210 万美元的报价，而中方又回报了 175 万美元……就这样，双方争执了半天时间，还是未能达成一致。

至此，按照中方预先研究的方案，已经达到了使德方动摇其初始报价的目的。为了扩大战果，中方决定暂时中止谈判，提出休息一下，另外确定谈判时间。鉴于德方在价格方面已经也有所松动，中方已经取得了一定的主动，因此决定进一步施加压力，不再主动提出续谈的要求，使其误以为我方不愿再谈及有可能转向其他厂商，以加强谈判地位。整整两天，中方除自行研究外，未向对方约谈。

到了第四天下午，德方终于沉不住气了，主动找到中方住处，提出进一步谈判的要求，中方同意继续谈判。德方谈判代表首先明确地表明了态度：我们双方可以合作，向双方都能接受的方向努力。而且还非常客气地请中方先提一个接近的报价。中方看到对方的价格防线已经动摇，即按照预定方案提出 185 万美元的新报价。对方研究以后，对中方的报价未置可否，却由销售经理提出了一个 200 万美元的新报价，告诉中方这是最后也是最低的报价了，请中方予以考虑。中方人员感觉对方让了一大步，毕竟是 10 万美元，但感觉对方的报价确实已经接近了底线，只能有最后一次讨价还价的机会了，否则谈判将陷入僵局。中方立即进行了研究和磋商，决定抛出最后报价，并争取主动。于是中方明确表示，对于 200 万美元的报价不能接受，但为了表示合作的诚意，中方强调最终可接受的报价将不会超过 190 万美元，而且条件是增加部分易损备用备件，否则将不再谈了。

中方最后的坚决态度无疑给对方造成了一个不小的震动，经过了短暂的沉默之后，德方谈判代表说道："尊敬的客人，我讲了我们的合作一定会成功的，我觉得我们双方都能接受的报价应该是 193 万美元，不要再争了，你们认为可以吗？"他的话一锤定音，应该说是最后的不可再争的价格，也确实在中方此次价格谈判的理想目标的 195 万美元之内。中方人员在相互交换意见之后，欣然接受了这个报价。

这个报价在原价的基础上比中方的预期价格要低 2 万美元，而且也低于海德堡公司以前任何设备和技术转让的价格。与拥有世界一流的设备技术水平的德国公司谈判取得了这样一个成果，中方也感到满意。剩下的时间，中德双方就备品备件，以及其他一些事宜进行了友好的磋商，并顺利地签了约。

2. 模型计算

（1）预期收益净现值。

预期收益净现值，即是中方引进该技术后在技术使用期限内预期利润的净现值，根据德方的观点，$R=500$ 万美元；而按照中方的观点，需要根据技术供方的转移战略、技术本身的状况、技术的转让状况、技术受方本身的状况，以及市场和行业状况等相关因素，对预期收益净现值进行修正，$R=0.8\times500=400$ 万美元。

（2）谈判破裂的比率。

从双方的初步谈判算起，到最后签订合同为止，双方谈判的时间长度为三个月（90 天）。有两家企业具有购买该技术的意向，即受方的数量 B 为 2，而当时国际上共有 5 家企业可以提供该技术和设备，即供方的数量 S 为 5。假设市场是无摩擦的，通过概率论知识可以算出，受方在三个月内与谈判对手动态匹配成功的概率为 100%，供方在三个月内与谈判对手动态匹配成功的概率为 40%。假设每一期的期间长度 $\varDelta$ 为 1 天，在精确程度要求不高的情况下，可以认为供受双方在谈判期间内动态匹配成功的概率就是每一个期间长度内动态匹配成功概率的和。

设 α 为受方在每一期间长度内与供方动态匹配成功并达成协议的概率，β 为供方在每一期间长度内与受方动态匹配成功并达成协议的概率，则可以得到

α=100%/90，β=40%/90。$\lambda_B=\alpha/\Delta$，$\lambda_S=\beta/\Delta$。由于Δ=1，因此可得，$\lambda_B=1/90$，$\lambda_S=0.4/90$。

（3）受方贴现率。

技术转让时，技术的供受双方都要对技术的应用所带来的未来收益进行预测，并折算为转让时的现值。因此，贴现率是将未来收益折算为现值的比率，其本质就是投资回报率。因此，可以用行业平均利润率作为贴现率，既可以反映市场整体系统风险的程度，也反映了行业自身的特定风险报酬率。因此，对于受方来讲，其贴现率r_B可以简单地看作行业的平均收益率。为简化起见，这里直接用行业收益率代替贴现率。设当时国内印刷机械行业的年平均收益率为10%，即在期间长度Δ为1天的时段内，r_B=0.1/365。

（4）供方贴现率。

对于技术的供方，即德国海德堡公司来讲，由于市场的饱和、生产成本的上升等原因，其继续利用该技术在本国或附近地区生产的预期收益率要逐渐变小，要小于受方的预期收益率。因此，将技术变现是供方的最优选择。对供方来讲，变现后资产用来偿还银行贷款收益最大，所以可将其贴现率r_S看作银行贷款利率。德国马克当时的银行贷款利率为9.5%。则在期间长度Δ为1天的时段内，r_S=0.095/365。

（5）破裂点。

按照破裂点(b_B, b_S)的定义可知，讨价还价双方的最低成本就是双方谈判的破裂点，即$b_B=C_B^T+C_B^I$，$b_S=C_S^T+C_S^{R\&D}$。此案例中，中方的技术引进成本C_B^I为40万美元，技术引进的直接成本C_B^T为10万美元；德国海德堡公司分摊的技术研发成本$C_S^{R\&D}$为30万美元（中方承担150万美元的20%），技术转让的直接成本C_S^T为30万美元，即$b_B=C_B^T+C_B^I$=50万美元，$b_S=C_S^T+C_S^{R\&D}$=60万美元。

（6）僵持点。

按照僵持点(I_B, I_S)的定义可得：

$$I_B=\frac{\lambda_S b_B}{(r_B+\lambda_S)}=\frac{0.4/90\times50}{0.1/365+0.4/90}=47.1$$

$$I_S=\frac{\lambda_B b_S}{(r_S+\lambda_B)}=\frac{1/90\times60}{0.095/365+1/90}=58.6$$

即供受双方谈判陷入僵持状态的最低要求分别是47.1万美元和58.6万美元。

根据以上数据，可得。

$$x_B^* = I_B + \frac{r_S + \lambda_B}{\lambda_B + \lambda_S + r_B + r_S}(R - I_B - I_S) = 255.1 \text{万美元}$$

$$x_S^* = I_S + \frac{r_B + \lambda_S}{\lambda_B + \lambda_S + r_B + r_S}(R - I_B - I_S) = 144.9 \text{万美元}$$

即通过上述模型计算出的技术价格为144.9万美元，而实际交易价格为193万美元，一方面是由于模型进行了一定的简化，模型参数是在一定的合理假设的基础上设定的，而现实情况往往比模型复杂得多，另一方面，该案例中的技术供方在该技术领域具有一定的垄断地位，必然要利用其垄断地位，提高技术的转让价格，尽可能多地转移其技术研发的成本，尽可能多地分享受方的收益，获取超额垄断利润。因此，此模型对于终局报价即讨价还价结果的形成，具有现实的指导意义。从理论上来说，与技术的成交价格相比，技术的价格还有讨价还价的余地和可能。

5.4.4 中介服务机构在技术转移谈判中的作用

在达成协议、签订合同之前，技术供方和受方都要在技术和商务方面进行大量的接触和磋商，对技术的可行性和经济的合理性做出评价，这是一个双向选择的过程，中介机构由于其地位中立，具有此方面的专业特长，往往同时为供受双方提供技术评价、经济评价方面的服务，有时中介服务机构或作为中介方参与供受双方谈判，或直接代表供方或受方谈判。

《技术创新转让扩散的价格博弈研究》[1]借助讨价还价博弈模型从经济收益的角度，对"到底需不需要中介机构的帮助、什么时候需要、要付出多少报酬、对中介机构来说怎样获取最大的收益"等问题进行了研究，得出如下结果。

（1）对供方来说，是否需要中介机构的参与，关键在于潜在受方的耐心程度和技术创新自身的贬值速度。如果潜在受方毫无耐心或者技术创新本身不贬值，那么盈利性中介机构的存在对供方来说就是完全不必要的；反之，则中介机构的参与是有必要的。

（2）对潜在受方来说，是否需要中介机构的参与，关键在于供方的耐心程度和采纳技术创新带来的收益大小。如果供方拥有足够的耐心或者采纳技术创新不会带来收益，那么盈利性中介机构的存在对潜在受方来说就是完全不必要的；反之，则中介机构的参与是有必要的。

---

[1] 常悦. 技术创新转让扩散的价格博弈研究[D]. 哈尔滨：哈尔滨工业大学，2014.

（3）如果中介机构的参与能够减少供方和潜在受方之间讨价还价博弈回合数，那么供方和潜在受方的收益都将增加，盈利性中介机构的存在对供方和潜在受方来说就是必要的。

（4）不管是供方还是潜在受方，能够付给盈利性中介机构的报酬都是有其上限的：

对盈利性中介机构来说，如果其要求的收益大于此上限，就会使得供方或者潜在受方的收益降低，从而影响其存在的必要性。这就要求盈利性中介机构掌握足够的技术创新信息，从而使自己的报价尽可能贴近该上限值，使得自身的利益最大化且又不影响自身的存在必要性。

所以说，中介机构能够获得多少收益也要看其能为供需双方带来多大的经济效益。从这个角度来说，中介机构的利益与供方和潜在受方的利益是一致的。中介机构以其专业的知识、专门的技能，与技术转移各类参与人的紧密联系，在技术转移活动中发挥着不可替代的关键作用。

5.4.5　技术转移中介服务机构的报酬形式与支付方式

1. 报酬形式[①]

技术转移中介服务机构的经纪活动报酬为佣金。佣金的支付办法、标准和方式有如下原则规定。

（1）佣金的支付时间。

佣金的支付时间在中介机构完成约定的经纪业务之后，买卖双方已订立技术交易合同并且合同已生效。一般在中介机构撮合的技术交易成交前不支付经纪活动佣金，但不排除有特别的约定。

（2）佣金形式。

①比例提取：佣金额=技术转移成交额×佣金提取比例。

②包价确定：即以包价的形式确定佣金。如果委托人是卖方，则由委托人确定成交的最低价后委托经纪人代理交易，交易成功后，超出最低价格的那一部分收入，经委托人认可后，即作为经纪人的经纪活动佣金；如果委托人是买方，则由委托人确定最高价后委托经纪人代理交易，交易成功后，低于最高价格的那一部分收入，

[①]张晓凌，侯方达. 技术转移业务运营实务[M]. 北京：知识产权出版社，2012：122-124.

经委托人认可后，即作为经纪人的佣金。

佣金=实际成交额-委托最低价（卖方委托）

佣金=委托最高价-实际成交额（买方委托）

③比例提取+包价确定：由委托方（买方或卖方）确定一个最高价（买方委托）或最低价（卖方委托），之后委托经纪人代理交易，交易成功后，按照事先达成的约定，分别对包价内和包价外的部分使用不同比例提取经纪佣金。

（3）佣金支付标准。

在按包价方式计付佣金的情况下，交易成功后包价外的部分金额，即为佣金的支付标准。如果采用按比例提取方式，在确定支付标准时，则应该考虑按级次差别采用不同的提取比例标准（参考标准如表5.17）。

表5.17 经纪佣金的提取比例参考标准

经纪中介成交额（万元人民币）	提取比例（%）
小于100	5万元
100～500	4～5
500～1000	3.5～4
1000～3000	3.0～3.5
3000～5000	2.5～3.0
5000～8000	2.3～2.5
8000～12000	2～2.3
大于12000	240万元

当然，除了从成交额的级次考虑，还要根据中介参与服务的深度来调整佣金提取比例。例如，实际案例中，某些中介服务机构采取如下佣金提取比例：仅提供供需信息发布平台的，免费或成交后提取1%；帮助匹配对接买卖双方的，成交后提取5%；进一步提供深入的调研、咨询、协调谈判，以及草拟文件等服务的，成交后提取10%～20%的比例不等。

（4）佣金的支付人。

佣金的支付原则上按技术交易买卖双方"谁委托谁支付"的办法确定支付人；经协商达成共识后，也可由交易当事人双方按事前商定的办法及比例共同成为佣金的支付人。

（5）成交后未实现的交易佣金。

由经纪中介撮合而订立交易合同的，如果合同因故未能履行，只要不是由于经纪人原因造成的，经纪人获取的佣金不应该受到影响，支付人应照付佣金。

2. 支付方式

经纪业务费用数额较大的，前期可以考虑向经纪人适量预付部分佣金以支持经纪人的工作，剩余部分，待经纪业务完成，交易双方签订合同后结清。另外，根据具体情况也可以采取费用和佣金分开计算并支付的办法，经纪人经纪活动中实际支付的差旅费、办公费、公关支出、通信费、外聘专家咨询费等费用由委托人随时报销，佣金在经纪业务完成后按成交额比例提取。

5.5 技术实施：将技术转化为生产力

5.5.1 技术转移之技术实施概述

前文分析过，技术转移的需求方即买方购买技术的用途有时不是为了自己实施，或者说并不急于实施。常见的、如一些企业购买专利后，并不打算自己实施，而是用来通过继续转让或者收取许可费来获得商业利益。例如，在一些发达国家，特别是美国，存在专门囤积关键领域专利，通过诉讼或威胁诉讼来收取专利许可费的公司，这类企业被称为Patent Troll，我国民间翻译为"专利流氓"。由于美国较高的专利许可费，并且即使专利权利人自己没有实施或不打算实施专利都可以获得侵权赔偿，这种对专利较严格的保护环境使得这类公司可以通过囤积核心专利获得高额的收益，以此为生并发展壮大。近些年来，我国一些高新技术领域的大企业也出现了收购和囤积专利但不直接实施的现象，其目的多是为了获得交叉许可的机会。专利技术在我国日渐成为交易的热点，而购买不立即实施的现象也日趋普遍。

除了上述不以实施为目的的技术交易，大部分技术在交易后，买方会将其投入实施，将转移的技术产业化和商业化，以获取收益，即进入科技成果转化阶段。技术实施过程可以有技术供应方（卖方）的参与，也可以由技术需求方（买方）单独进行实施。部分技术转移在交易阶段完成后技术供方的义务即告完成，此类技术一般不涉及复杂的生产工艺。例如，某些属于新设计的技术转移，如新的设计对生产工艺和生产设备没有特别的要求，仍可以沿用已有的生产工艺和设备，此类技术转移在交易时如技术的供方完全无保留地教会技术的买方，买方已经完全掌握相关技术，后续实施则不需要技术转让方的参与，这类技术包括电子线路的设计和软件设计等。电子线路设计方面，技术的购买方根据图纸和零部件参数的要求，用现有的生产工艺即可以完全无误地复制原始设计；软件设计方面，只要卖方将软件代码和软件功能架构设计无保留地交于买方，买方就可以根据自身需要对软件进行适应性的修改和调整来满足相应的应用需要，一般也不需要卖方参与相关软件的后续实施和服务。

除了成熟、稳定和可靠的技术卖方可以及早抽身而出，一些不成熟的技术有时也不需要卖方参与实施。例如，一些处于试验室阶段的技术和工艺，未经历大规模生产的考验和验证，但买方有能力在购买技术后自行进行后续研发，以使得技术更加成熟并适应大规模生产的要求，而技术的卖方又缺乏相关的经验和能力，此时买方会选择排除技术卖方参与技术的实施。

1. 技术转移的后续研发与技术实施

转移的技术很少可以无须经过调整或后续研发直接投入生产，后续研发或二次研发可能是个漫长和耗费大量资金的过程，也有可能无法达到预期的效果而最终无法产业化和商品化。随着技术创新向着纵深和复杂化发展，单次的技术转移获得的技术往往是碎片化的，本身不能自成体系形成产出，需要跟现有的成熟技术，以及众多的其他相关的技术相结合，并经过创造性的智力劳动才能最终产业化和商品化，这也是这个时代技术创新的特点。对于大众来讲，技术创新应是产业化和商品化一项新技术，该项技术首先应具有实用价值，由于技术创新过程往往需要众多的技术转移作为基础，这就决定了单次技术转移的后续研发常常不只限于这次转移的技术本身，而是为了达成某个实用的目的对多次技术转移获得的技术进行综合性的研发。这种为了最终产业化和商品化的技术转移的后续研发，也是技术实施。而对于任何企业的研发部门来讲，根据上述的创新理论，很难挑出不属于技术转移后续研发的研发工作，即所有企业的研发都可以看作是技术转移的后续研发，因为企业的每次创新基本都离不开技术转移这个基础元素。简而言之，企业的研发活动是企业通过技术转移方式获取的所有技术的后续研发，也是这些通过技术转移方式获取的所有技术的技术实施过程，同时也是科技成果的转化过程。

广义上的技术实施贯穿于以制造和生产为核心的技术产业化和商品化的整个过程，包括技术研发，原料采购、生产，以及销售和售后过程的技术支持等。围绕生产制造和销售过程的技术实施，已有众多文章记述和讨论，本书重点讨论企业技术研发活动相关的技术实施，或者称为企业技术研发项目实施。

2. 技术实施的风险和不确定性

由于技术研发项目实施存在众多的风险和不确定性，很多企业不愿意购买不成熟的技术或者碎片化的技术，然后再进行后续研发，特别是中小企业在研发方面投入较为保守，倾向购买可以无须后续研发或者后续研发投入很少即可以投入生产的技术，即我们日常所说的"短平快"技术项目。技术研发的风险和不确定性因素主要表现在以下几个方面。

（1）研发的资金投入和结果产出的不可预测性。

企业在投入一个技术研发项目时，往往都要做技术研发项目的立项，项目立项时会规划项目研发的周期、投入的资金和预期的结果产出。在此过程中，研发的周期和资金投入相对可控，但是由于技术研发的不确定性，研发结果常常达不到最初的预想。造成要么继续追加投资、延长研发周期，要么放弃项目。例如，近些年热门的技术创新领域——无人驾驶汽车领域。无人驾驶汽车技术是在智能技术、互联网技术和通信技术等相关技术日益成熟的背景下兴起的。德国、日本、法国及中国等国的著名车企，以及谷歌、苹果、百度等互联网巨头纷纷进军无人驾驶汽车领域的研发。到目前为止，以谷歌为代表的一些企业在无人驾驶试验中取得了可喜的进步，在规范化设计的道路和道路使用者都规范化使用道路的情况下，其稳定性和安全性可以超过人类驾驶；但是对于非规范的情况和意外情况的处理仍不能令人满意，无人驾驶测试车事故时有发生，部分企业知难而退，放慢了研发的投入。

（2）其他取代技术出现的风险。

一些技术研发项目按照当初的立项规划在进展，在此过程中有时会出现更好的技术，而使得技术研发项目在研发过程中，或者在研发完成可以投产之日，却被其他更好的技术超越而取代。例如，这些年公共自行车的发展，公共自行车陆续解决了耐用性、网络自动收费、停车桩自动锁车等技术难题，正迎来大规模生产和普及的契机；但是几乎在一夜之间，其被新出现的共享单车技术取代，共享单车具有无需停车桩、随处可停、无线网络定位、手机无线网络付费等优势。技术更新的加快和新技术层出不穷使得技术研发项目的投入常常遇到未有产出回报即过时的尴尬。

（3）技术泄露和被抄袭的风险。

技术研发项目在研发过程中被抄袭，会令技术研发项目的市场含金量大打折扣，这也使得部分企业不愿投入巨资进行研发。研发中的技术被抄袭有多种原因，包括保密措施不严、个人疏忽等造成的信息泄密，技术秘密被蓄意偷窃，或者技术人员离职后交付给其他竞争企业。对于前两种情况相对比较好防范，只要加强保密制度的建立和贯彻执行一般可以大大减少这方面的风险，同时各国的法律对偷窃技术秘密的行为都有比较严厉的惩罚制度，客观上起到阻吓的作用；但对第三种情况则普遍存在着取证难的问题。在我国，还存在着现有法律体系对此种行为处罚较轻的问题，对带走技术的科技人员和利用这些科技人员复制技术的企业的惩罚力度都远远不够，使得部分企业的技术研发仅仅停留在模仿，而不愿投入重金进行创新技术的研发。对于通过反向工程容易破解的技术，可以借助专利、软件著作权等知识产权法律通过公开技术来换取保护；而大量的技术仍是以技术秘密的形式存在，对其进行有效的保护仍是技术研发项目的难题。

（4）政策风险。

一些处于研发过程的技术研发项目可能会由于损害了他人的利益而被相关政府监管部门出台的新政策限制了市场准入，从而使得技术研发投入无法得到预期的回报。例如，网约车领域，其技术经过在我国大中城市的推广和试验证明是可行的，但是由于其冲击了现有的出租车市场秩序，并且在遵守交通法规、服务质量、安全性、收费透明规范性等方面均存在严重不足，而最终被纳入了政府相关监管体系并进行严格规范，网约车的技术和商业模式创新，如动态定价、网络加价议价、网络地图里程计价等由于绕过了监管部门也在一定程度上被限制。

5.5.2 技术实施实务

由于技术研发过程投入巨大、其存在的风险和不确定性，企业对技术研发过程一般都采用项目化管理，通过严格的项目立项、项目执行管理和项目验收制度来提高技术研发的计划性和可控性，通过对人员使用、经费使用、管理体制的提前规划确保项目的有序运行，将风险减到最低。对于企业来讲，获利是其生存的根本，对于科技研发，首先考虑的是承受能力，表现在根据销售和获利的情况量入而出，有计划的投入，以免影响企业的总体运作，甚至拖垮企业。我国的高新技术企业认定工作中，其中一个重要考量就是企业的研发投入占同期销售收入的比例，根据销售收入来调整研发投入可以保证高新技术企业在研发方面有足够的投入，以利于企业保证其竞争优势，但目前仍有很多中小科技创新企业根据企业的获利情况来确定研发方面投入的力度。

在确定了企业的整体研发投入方针和企业的总体研发方向后，有能力的企业应搭建常设的技术研发部门，配备硬件和相应的专职人员，并制定总体的研发管理制度和体系，包括企业研究开发的组织管理制度，研发投入核算体系，编制研发费用辅助账；建立对内对外联络和合作机制，建立对科研人员的研发成果和科技成果转化成果的激励奖励制度，建立科技人员的培养进修、研发部门职工技能培训、优秀人才引进，以及人才绩效评价奖励制度等。

1. 技术研发项目的立项

在建立了研发部门并配备了相应的硬件、管理制度和人员后，应根据不同的技术研发项目单独立项，并明确职责，划分和控制研发经费的使用。技术研发项目的立项既是技术研发项目的规划过程，同时也是技术研发项目的审核和修订过程，经过审核批准的技术研发项目立项书，是指导和监督日后技术研发项目实施的重要参照文本。

技术研发项目立项时一般应明确以下内容：项目名称、项目技术领域和目标、项目负责人及其他人员安排、项目计划起止时间、具体实施方案、项目技术来源、研发经费总预算、研发经费预算支出细节等。项目目标不一定都是最终投产，可以根据项目的目的设定中间成果目标，如制成实验样机、解决某一技术难题、实现某个技术突破等，并制定具体的实施方案。

实施方案应列明项目的技术来源、明确哪些是属于自有技术、哪些是需要外部获得的技术以及外部技术的获得方式等；通过知识产权分析及市场调研相结合，明确该产品潜在的合作伙伴和竞争对手；分析该项目所涉及的知识产权信息，包括各关键技术的相关专利、地域分布和专利权人等专利信息；进行知识产权风险评估，并将评估结果、防范预案作为项目立项与整体预算的依据。

研发经费预算应分为内部研究开发费用和委托外部研究开发费用，并尽可能地列出各项费用的预算支出，如人员人工费用、设备购买费用、技术购买的费用等。

2. 技术研发项目的实施

技术研发项目实施管理的核心是过程管理和资金管理，另外还包括人员管理和知识产权管理等细分管理，企业可以制定总体的组织管理制度，对资金、人员、对外合作、成果转化等制定管理的框架，指导企业所有技术研发项目的实施；然后再针对每个技术研发项目具体细化或/并出台专门管理方法。技术研发项目实施管理一般实行项目负责人制，由项目负责人组织、实施及控制项目的实施。对规模较大、参与人员较多的技术研发项目应设立分级的管理机构，按级设置负责人；规模较小且参与人员较少的项目可采用项目负责人统管的形式。

1）过程管理

项目负责人应统管技术研发项目过程管理的各个方面并向上级汇报。技术研发项目立项后，为保证项目顺利完成，应执行严格的项目推进情况报告制度。项目负责人应对整个项目进行分段的过程管理并定期向企业上级报告项目的进展情况。项目负责人可以根据项目的总体目标，将项目的执行过程分成若干目标段，每段制定相应的目标要求和检查项；或者根据立项时预计的时间跨度，在项目的执行过程中，按照时间段对项目进行评估检查；时间跨度短的项目也应进行中期评估检查。项目负责人通过阶段性的目标确认和检查，可以指导和监督项目的执行情况，控制项目经费的使用等。

项目负责人还承担着项目对外合作的管理工作，包括技术转移的工作。技术研发过程常常需要通过吸收消化外部的技术才能完成，这些技术转移主要是以技术引进和技术委托开发等形式实现。项目负责人应参与和管控技术转移的工作，及时向企业上级请示和汇报。

日常管理方面，项目负责人应详细了解项目进展情况和实施过程，包括项目参与人是否到位和工作情况，用于研发的物料是否及时补进以及是否符合要求，研发设备是否处于正常运转状态，研发活动是否按照规定记录并存档，人员是否按照安全规程进行试验操作，经费的使用是否符合项目经费管理方面的规定，有无不符合项目管理制度的情况和行为等。对日常管理中发现的问题，项目负责人应尽量使用自己的职权及时纠正处理，防患于未然，必要的时候向企业上级请示和汇报。

项目负责人还应及时报告项目执行过程中出现的重大事项和突发情况；如遇目标调整、研发方案重大调整、重大人员变动、研发经费短缺等严重偏离当初立项规划和预算的情况，或者项目遇到难以推进的困难时必须及时向企业上级报告。技术研发项目的过程管理没有万能的、统一的管理方法模板，企业应根据不同的行业、不同的研发领域和研发规模制定相应的技术研发项目过程管理方法。

2）资金管理

项目资金管理，即项目经费管理，企业技术研发经费的财务管理一般由企业财务部门统管，项目负责人起到统管项目资金的申请，以及监督、检查和控制项目资金使用的作用。项目负责人应按照立项时的项目预算规划，并结合过程管理的阶段性计划和目标，控制和规划项目资金的申请和使用。项目经费的日常使用申请和管理方面，项目负责人应当对经费的支出进行审核，了解经费使用的时间、用途、经手人等信息，并严格执行企业相关的财务制度，配合财务部门严格执行经费申领和报销制度。

对于大额的商品或物料的采购，如设备等，项目相关人员应积极配合企业的采购部门和人员，提供采购物品或服务的详细要求、技术规格、供应商情况等，尽量使得采购部门可以掌握所需要采购的商品或服务的规格、要求、用途等，以便采购部门可以货比三家，用尽量低的价格购入合适的商品或服务。

为了便于申报国家高新技术企业，或者其他科技项目；同时也利于企业对照当初的立项预算，了解和控制项目经费的使用，企业应按照目前我国高新技术企业研发经费的归集分类规范，做好研发费用辅助账，具体包括以下几项归集。

（1）人员人工费用。

包括企业科技人员的工资薪金、基本养老保险费、基本医疗保险费、失业保险费、工伤保险费、生育保险费和住房公积金，以及外聘科技人员的劳务费用。

（2）直接投入费用。

直接投入费用是指企业为实施研究开发活动而实际发生的相关支出。包括直接消耗的材料、燃料和动力费用；

用于中间试验和产品试制的模具、工艺装备开发及制造费，不构成固定资产的样品、样机及一般测试手段购置费，试制产品的检验费；用于研究开发活动的仪器、设备的运行维护、调整、检验、检测、维修等费用，以及通过经营租赁方式租入的用于研发活动的固定资产租赁费。

（3）折旧费用与长期待摊费用。

折旧费用是指用于研究开发活动的仪器、设备和再用建筑物的折旧费。

长期待摊费用是指研发设施的改建、改装、装修和修理过程中发生的长期待摊费用。

（4）无形资产摊销费用。

无形资产摊销费用是指用于研究开发活动的软件、知识产权、非专利技术（专有技术、许可证、设计和计算方法等）的摊销费用。

（5）设计费用。

设计费用是指为新产品和新工艺进行构思、开发和制造，进行工序、技术规范、规程制定、操作特性方面的设计等发生的费用。包括为获得创新性、创意性、突破性产品进行的创意设计活动发生的相关费用。

（6）装备调试费用与试验费用。

装备调试费用是指工装准备过程中研究开发活动所发生的费用，包括研制特殊、专用的生产机器，改变生产和质量控制程序，或制定新方法及标准等活动所发生的费用。

为大规模批量化和商业化生产所进行的常规性工装准备和工业工程发生的费用不能计入归集范围。试验费用包括新药研制的临床试验费、勘探开发技术的现场试验费、田间试验费等。

（7）委托外部研究开发费用。

委托外部研究开发费用是指企业委托境内外其他机构或个人进行研究开发活动所发生的费用（研究开发活动成果为委托方企业拥有，且与该企业的主要经营业务紧密相关）。委托外部研究开发费用的实际发生额应按照独立交易原则确定，按照实际发生额的 80%计入委托方研发费用总额。

（8）其他费用。

其他费用是指上述费用之外与研究开发活动直接相关的其他费用，包括技术图书资料费、资料翻译费、专家咨询费、高新科技研发保险费，研发成果的检索、论证、评审、鉴定、验收费用，知识产权的申请费、注册费、代理费，会议费、差旅费、通信费等。

项目还应计算在中国境内发生的研究开发费用。在中国境内发生的研究开发费用，是指企业项目开发活动实际支出的全部费用与委托境内其他机构或个人进行的研究开发活动所支出的费用之和，不包括委托境外机构或个人完成的研究开发活动所发生的费用。受托研发的境外机构是指依照外国和地区法律成立的企业和其他取得收入的组织；受托研发的境外个人是指外籍个人。

3）知识产权管理

21 世纪以来，随着中国加入世贸，我国专利等知识产权数量增长迅速，相比之下，企业对知识产权管理重视不够，投入少，被动管理的情况较普遍，造成企业知识产权运用和保护能力不强。不重视知识产权管理，轻则影响效率，重则给企业造成巨大的经济损失。完善的知识产权管理制度是企业自我保护、迎接市场挑战和提升创新能力的重要保障，有助于提升企业领导和广大职工知识产权意识，调动职工在工作中发明创造的积极性，推动产生高附加值的具有自主知识产权的新产品、新技术，为企业带来丰厚的中长期经济收益；同时也有利于提高企业市场地位，使企业拥有自主知识产权的产品在销售市场的地位更加稳固，生命力更强。企业构建完善的知识产权管理制度，还可以提供企业知识产权工作与外部的接口，有助于企业跟政府相关部门沟通，申报政府各种科技项目；同时为企业对外有关知识产权内容的沟通提供一个标准化的接口，有助于高效的对企业进行无形资产评估，提升企业无形资产价值，在企业融资上市、投资并购及企业出售等资产运作上提高效率并获取更大的收益。

对企业来讲，知识产权管理应该上升到企业的经营战略层面，而不是停留于后勤保障层面，知识产权管理应贯穿于企业的整个经营过程并成为一个管理子体系，即知识产权管理体系。企业知识产权管理体系总体上讲是将知识产权放在企业管理的战略层面，将企业知识产权管理理念、管理机构、管理模式、管理人员、管理制度等方面视为一个整体，界定并努力实现企业知识产权使命的系统工程。企业知识产权管理体系首先应该具有系统性，企业知识产权管理体系是一个整体系统，不仅是研发或生产某一个方面的事，而且是作为企业管理的一个子系统，贯穿于企业研发、生产、采购、销售、进出口等所有环节；不仅仅是知识产权管理部门的职责，而是涉及企业各个方面、每一位员工的事。例如，知识产权中的企业技术秘密就是企业每一位员工需要进行有效管理的事务。另外，全民皆兵式的企业知识产权管理体系不仅需要多个部门参与知识产权的挖掘与部署，而且需要全体员工投身知识产权保护和风险规避工作。

除了全员参与，知识产权管理体系还应具有专业性。迄今为止，专利制度在我国也不过三十余年历史，很多企业知识产权意识薄弱、管理能力不强。另外，在知识产权文化理念、制度规范、经营管理模式等方面都还有待提升专业水平。在经济发达、科技实力强的国家和地区，如美国、日本和欧洲，企业的知识产权管理主要由专业人士来承担。因此，我国企业知识产权管理体系应以专业机构、专业人士为主进行建设和管理。大中型企业可以设置独立的、专门的知识产权管理机构，配置专业人员进行管理。中小企业可以安排专人进行知识产权的管理，形成小规模的知识产权管理体系。企业可以委托外部专业知识产权代理服务机构承担部分管理相关事务，但管理的主动权仍应牢牢地抓在企业手中。目前我国中小企业仍有很大一部分没有建立专门的知识产权管理体系，在遇到知识产权重大问题时才临时组织相关部门的人员进行紧急处理，往往因协调不畅，基础不扎实而不能高效高质地进行相应处置，甚至做出错误的决定贻误了商机或造成企业的经济损失。

技术研发项目实施过程中的知识产权管理是企业知识产权管理体系中非常重

要的一环，技术研发项目实施过程中知识产权管理的重要性体现在此期间既涉及知识产权转让或许可、知识产权运用，还涉及新知识产权的产生。技术研发项目实施过程会伴随有技术转移，而技术转移的过程往往会伴随有知识产权的转让或许可，企业应对转让或许可的知识产权进行针对性的有效管理，对技术秘密采取严格保密措施，减少泄密的风险。对公开性质的知识产权，如专利等，可交由企业知识产权部门或人员办理转让、许可等法律手续，并定期维护，避免知识产权的流失和失效。有效的知识产权管理与明确的人员职责划分和文档管理是密不可分的，需明确项目中每个接触到项目知识产权的人的相关职责，以及项目与企业知识产权管理人员在对接人方面的安排。严格有序的文档管理是实行有效的知识产权管理的保障，文档包括纸质的和电子的，应严格执行企业既定的知识产权文档管理规定或制定施行更严格的管理规定。

技术研发项目实施过程中知识产权运用方面的知识产权管理包括：对技术研发项目领域的知识产权信息、相关文献及其他公开信息进行检索，对项目的技术发展状况、知识产权状况和竞争对手状况等进行分析；在检索分析的基础上，制定知识产权规划；跟踪与监控研究开发活动中的知识产权，适时调整研究开发策略和内容，避免或降低知识产权侵权风险；一般来讲，技术研发项目研发阶段的研究、实验和试制样机没有知识产权侵权风险。《专利法》第六十九条第四款规定，"专为科学研究和实验而使用有关专利的"不视为侵犯专利权。技术研发项目研发过程中的实验和样品不视为侵权，不意味着将来的生产和产品不侵权，所以在技术研发项目研发过程中，要及时调整研究开发策略和方向，避免或降低未来生产和产品的知识产权侵权风险；无法规避他人专有技术时，可适时同知识产权人接洽，通过技术转移获得相关技术。技术研发项目研发过程会产生创新技术，形成新的知识产权，对这些知识产权的申请、维护和保护对企业来讲尤为重要，研发过程中应保留研究开发活动中形成的记录，并实施有效的管理，督促项目研究人员及时报告研究开发成果；及时对研究开发成果进行评估和确认、明确保护方式和权益归属，并适时选择通过申请或者备案获得知识产权保护。

4）人员管理

技术研发项目应根据项目的具体情况和规模规划组织架构，规模较大的项目应采用分级管理结构，设分管负责人，负责分管业务的管理和向上级报告。较小的项目也可以由项目负责人直管，项目人员各自负责自己的工作，向项目负责人汇报。技术研发项目的研发人员构成应以全职全工作量的人员为主，如果项目中兼职或投入部分工作量的人员比例过大，会使得项目的进展不可控。有些研发人员可能会有其他项目工作或其他重要任务，对这部分人员应该确认其投入的时间段、时间比例和总量，以便更好地安排和控制项目的进展。技术研发项目应根据实际需要配备技术研发前线人员和管理支持人员，力求做到比例合理，职责分明；对于一些偶尔用到的辅助和支持工作应交由企业的相关部门人员配合，而不是安排专项人员但又工作量负荷很轻，造成人员浪费和机构臃肿。

技术研发项目人员的薪酬管理对整个项目的顺利运行非常关键，总体来讲，人员薪酬结构的规划应重点反映项目参与人员对项目的贡献。技术研发项目的人员常常会由各部门抽调而来，一般会有对应的级别工资，不适合仅仅由于参加研发项目而做大的调整。而工资外的较为稳定的收入应按其在技术研发项目中担负的责任和发挥的作用进行规划，而不是单纯以其在企业的行政级别作为工资外收入的评定标准，必要的时候可以设定绩效工资，根据实际表现按比例发放。另外还可设奖金等现金激励，根据研发项目的运行情况定期或不定期发放，奖金应反映项目中每个人实际的贡献大小，而不应主要以行政级别、专业级别予以评定。在一些技术研发项目中，技术研发上的突破往往是实验室一线人员做出，在奖金发放时应该充分体现这些人员的创造力价值，使得他们在奖金收入方面能有与上级持平甚至超过上级人员的机会。除了物质回报方面，在技术成果的署名方面也应如此，应能如实反映对技术成果的实际贡献，对于法律有奖励规定的技术成果，如专利的发明人奖励规定，应严格予以执行。

总之，技术研发项目在人员薪酬设计管理、功劳评定方面应能反映出实际贡献和创造力的价值，论功行赏，论功留名。官僚化、行政化和僵化的项目人员薪酬设计和实施，会影响参与人员的工作积极性，会造成工作效率和质量低下，人员流失率高，项目进展缓慢或停滞不前的困境。

3. 技术研发项目的结项和验收

1）技术研发项目的结项

技术研发项目结束时应经过项目结项或项目的验收，项目结项有时又称为项目结题。技术研发项目的结项报告或者说项目总结报告一般应对照立项书，以及在项目执行过程中对立项书的修改，来总结和评判技术研发项目实现目标的情况，以及过程中资金经费使用情况等。技术研发项目的结项报告或总结报告应至少包含两大核心内容，分别是技术成果及分析和经费使用情况；另外根据不同的需求，项目的结项报告或总结报告还应分析总结项目执行过程情况、形成知识产权情况、人员参与和贡献情况、项目执行过程中遇到的困难，存在的问题和经验教训等内容。对于仅在企业内部使用的技术研发项目通过项目结项或结题可即告完成，重大的内部技术研发项目可通过组织内部人员，可视情况邀请外部专家人员协助来进行验收结题，具体操作可参照下文的"科技项目验收实务"。

2）技术研发项目的验收

（1）技术研发项目验收概述。

对于对外合作或使用外部资金或资助的技术研发项目，常常需要通过验收来结题，如目前常见的各种申报外部资金和资助的科研项目和科技项目，应按照资金或资助提供方既定的程序和标准进行验收，一般需要邀请外部的行业专家对技术研发项目的技术成果部分进行评价验收，并依照立项当初的计划任务书中有关任务条款和技术指标等，对技术研发项目的执行情况、研究成果，以及得出的结论进行总体的认定和评价。验收意见一般只对项目是否完成原定任务、技术指标是否达到要求等做出结论，一般不对其技术成果的水平进行直接的定量评测，而是要求项目的执行方通过提供相关评测报告等证明材料或样品等来证明技术研发成果的水平和结果。简单地说，常见的技术研发项目的验收是检查任务是否按计划完成并达到预期的目标，而不是单纯的技术水平鉴定。

目前在鼓励创新和产业转型升级的大环境下，各级科技部门都设有科技项目支持和资助资金，科技项目的申报在我国达到了空前的热度。积极的申报科技项目，申请科技项目资金可以帮企业减轻从事技术研发的资金负担。政府资金支持或资助的科技项目包括项目立项时可以申领政府部分资金拨付的科技项目，以及在项目立项时向政府部门申报并通过结题验收申请相关资助资金的科技项目。不论科技项目的种类和项目的级别，如国家级、省级、市级或各地方政府的项目，在项目验收方面会存在一些共性和规律，以下将总结这些科技项目验收的常见要求或规范。

（2）科技项目验收实务。

科技项目验收的总体要求是以立项时的计划任务书约定的内容和确定的考核目标为基本依据，对项目产生的科技成果水平、应用效果、实施的技术路线、攻克关键技术的方案和效果、知识产权的形成和管理、项目实施的组织管理经验和教训、科技人才的培养和队伍的成长、科研经费使用的合理性等应做出客观的、实事求是的评价。常见的操作细节和要求包括：项目的主办者在完成技术、研发总结的基础上，提出验收申请并提交有关验收资料及数据；资金支持资助部门收到申请后，组织人员或机构进行验收，验收有时可委托有关社会中介服务机构对研究开发成果完成客观评价或鉴定后进行；项目验收工作要求项目的主办者在一定期限内配合完成；资金支持资助部门最后确定项目的验收结果。

项目主办者申请验收时一般应提供以下验收文件、资料，以及一定形式的成果（样机、样品等），供验收组织或评估机构审查：项目立项书、计划任务书等；对项目的批件或有关批复文件；项目验收申请表；权威部门的科技成果鉴定报告、测试报告或检测报告等；项目研发工作总结报告；项目研发技术详情报告；项目技术成果所获的知识产权清单（如登记号、专利申请号、专利号等）；项目产生科技成果后，应当按照科学技术保密、科技成果登记、知识产权保护、技术合同认定登记等有关规定和办法执行；研制样机、样品的图片及数据；有关产品测试报告或检测报告及用户使用报告；建设的中试线、试验基地、示范点一览表、图片及数据；购置的仪器、设备等固定资产清单；项目经费的决算表；项目参加人员信息表。

项目产生科技成果后，应当按照科学技术奖励有关规定和办法对科技成果直接贡献人员进行奖励。

资金支持资助部门在组织项目验收时，可临时组织项目验收小组，有关专家成员由资金支持资助部门审核批准后聘任。项目验收小组应由熟悉了解相关专业的专家组成，专家人数一般不少于3人。验收小组的全体成员应认真阅读项目验收全部资料，必要时，应进行现场实地考察，收集听取相关方面的意见，核实或复测相关数据，独立、负责任地提出验收意见和验收结论。参与项目验收工作的评估机构，应遵照《科技评估管理暂行办法》有关规定执行。

项目验收方式和验收活动安排，应尽量提前由组织验收部门通知被验收者。被验收者应对验收报告、资料、数据及结论的真实性、可靠性负责。验收小组/评估机构，应对验收结论或评价的准确性负责，应维护验收项目的知识产权和保守其技术秘密。资金支持资助部门根据验收小组/评估机构的验收意见，提出"通过验收"或"需要复议"或"不通过验收"的结论建议，并以正式文书方式下达，对通过验收并负有资助资金拨付义务的应尽快拨付资助资金。

被验收项目存在以下问题的，往往不能通过验收：完成计划任务书所设定的工作任务不足的；预定成果未能实现或成果已无科学或实用价值；提供的验收文件、资料、数据不全，不真实的；未报备得到同意，擅自修改计划任务书考核目标、内容、技术路线；超过项目规定的最迟完成期限，未申请延期并未事先做说明的。

未通过验收的项目，有时可经整改完善有关项目计划及文件资料后，再次提出验收申请。

(3) 科技项目验收专家聘任和管理。

专家的咨询和指导贯穿了科技项目的立项、执行、评估、项目验收等多个环节。在科技项目验收工作中，专家的咨询意见是科技项目验收的重要参考依据，尽管企业可以提供权威部门的科技成果鉴定报告、测试报告或检测报告、研制的样机等，但对整个项目成果的解读和评价方面专家仍起到举足轻重的作用。因此，只有重视专家的筛选和管理工作才能更好地发挥专家的参谋和评价作用，提高项目验收工作的科学性、公正性及社会参与程度。

应在聘请专家时向专家阐明咨询的目的、咨询的工作原则、咨询专家的职责与权利，明确咨询的任务与要求。专家同意后，方可聘为咨询专家，正式参与咨询活动。咨询专家的群体组成应具有代表性和互补性。人数、年龄和知识构成应具有相对合理性。专家群体应熟悉相关领域或行业的发展状况，掌握技术、经济、市场、产业政策等方面情况，并具有一定综合分析判断能力。作为科技项目验收的咨询专家，还应具备以下基本条件。

①具有良好的科学道德和职业道德，能够客观、公正、实事求是地提出咨询意见。所以个人修养、道德水平和人品口碑是排在学术水平之前的重要考量项目。

②咨询专家一般应具有高级技术职称，并具有相关技术领域内专业背景和实践经验，对该技术领域的发展及市场状况有较全面的了解，了解科技活动的特点与规律，在本领域或行业内具有较高的权威性。

以下人员不宜作为项目验收咨询专家选聘：与验收对象有利益关系或者有过矛盾的人员；咨询对象因正当理由而事先正式书面申请希望回避的人员；有违法、违反诚信等不良记录的人员。

科技项目验收专家管理方面，管理者应向咨询专家提供与咨询工作相关的资料、信息和数据，提供必要的工作条件和费用，对有关咨询内容和项目背景做必要的介绍与说明，还应当对咨询专家的具体意见负有保密责任。管理者不向咨询专家施加倾向性影响，不故意引导专家的咨询意见。不得伪造、修改咨询专家意见，不向验收对象和无关单位或个人扩散专家咨询意见。采用咨询专家意见后的验收决策责任由决策者承担。

管理者应监督咨询专家遵守以下规范：

①咨询专家应坚持实事求是的原则，独立、客观、公正地提供个人负责任的意见，不受任何影响公正性因素的干扰，应按照管理者的要求按时按质地完成咨

询任务。

②应维护验收对象的知识产权和技术秘密,不披露、使用申请企业的技术经济信息和商业秘密,应妥善保存咨询材料并在验收活动结束后按要求将其全部退还管理者,不复制与验收有关的材料,不向管理者以外的单位或个人扩散咨询有关情况,不泄露评审结果。

③在验收期间,未经管理者允许,咨询专家不就咨询事项与验收对象及相关人员进行单独接触。

④在验收期间,不收受申请企业给予的好处和利益。

项目验收管理者应对专家咨询活动的重要内容进行记录存档,其主要内容包括咨询任务、内容、方式、程序、咨询专家意见使用方法和规则、咨询专家名单、咨询专家个人意见、综合分析结论、组织咨询活动的机构和人员,以及其他需要特别说明的事项等。必要时,可根据实际需要建立咨询专家动态数据库,根据咨询任务的需要,聘任若干较为稳定的咨询专家群体参与项目管理全过程的活动,以增强咨询专家的责任和提高咨询工作质量。在咨询活动中若咨询专家存在违规行为,可视情节轻重,采取记录其信誉度、专家意见无效直至公开取消专家咨询资格等方式处理;触犯法律的,应交由司法部门依法追究法律责任。

5.5.3 技术实施相关服务

企业在技术研发项目实施时,会谨慎衡量资金的投入和产出,很少有企业可以不计成本地投入。对于众多的企业,特别是中小企业来讲,将研发所需的人才和设备都引进和购入做储备需要高额的投入,在不能保证引进人才和设备的使用率的时候,就会造成巨大的资金浪费,使得企业难以负担,此时企业往往需要寻求外部服务,这些外部服务主要包括人才和设备,以及人才与设备软硬件结合的专项服务。

单纯的人才服务包括专业人员提供的临时或兼职服务,可以帮助企业解决技术研发过程中急需解决的技术难题、管理问题及验收方面的问题。这些专业人员的来源渠道包括技术转移的提供方,中介渠道,主动去高校研发机构寻找,或者托人寻找推荐等。一些技术转移中介机构会在自己设立的网络平台上提供相关专业人员资源库供检索查找,比起企业自己打听、托人寻找更加高效和精准。除了技术类专业人才,还可以寻求管理类和财务审计类的专业人员来协助技术研发项目的立项、运作、结题验收等,如前面提到的知识产权管理人才。总体来讲,技术研发项目对科研技术类的临时专业人才需求更多一点,因为这类人才更专、更加稀缺,付出的酬劳也较为高昂。企业在不长期持续需要此类技术专业服务时，出于人力投入成本的考量，不倾向长期雇用此类人才；而财务和管理类的专业人才对企业来讲是长期持续需要的人员，需要量大，需要的部分多；他们的知识和能力共性较强，人力市场供应量大，稀缺度较低，其劳动力成本与特定领域的技术专家相比较低，更适合招募长期的全职人员。

企业在技术研发过程中，常常需要用到各种实验设备，有些设备对某些企业来讲使用率不高，这时为了节省成本，租用实验设备就成了一个较为合理的选择。目前部分技术转移服务机构可提供实验设备的共享服务，设备的拥有方将可以共享的设备的清单提供给技术转移机构，技术转移服务机构将各个单位提供的设备汇总放在网上供设备需求方查询。价值高的高端设备一般要跟专业操作人员一起租用，高端设备的拥有者很少会放心地让租用方自行使用。设备和人员的共同租赁，其实质是购买专项的技术服务。企业在技术研发的过程中，常常需要各种技术、财务和管理等方面的专项服务，常见的包括数据管理和应用服务、检测服务、设备保养维修服务、人员培训服务等。越来越多的技术转移服务机构与这些服务的提供方进行合作，为技术转移后的技术实施提供专项服务资源的中介服务。

近些年来，随着我国双创和产业升级事业的推进，国家对企业科技研发扶持力度不断加大，各种科技项目遍地开花，为企业的科技研发提供了越来越大的资金支持。由于此类可申报资金支持和资助的科技项目来自各级科技部门，种类多样，规则多且更新较快，申报填报流程和材料要求繁杂，很多企业没有精力和人力从事科技项目的申报，科技项目咨询服务行业应运而生并不断发展壮大，从事技术转移服务的民营机构已全面铺开此项业务，这些机构为科技项目申报提供了规模化和专业化的服务，总体上降低了科技项目申报所花的经济成本，提高了申报的成功率，为众多企业获取了实施技术研发项目急需的资金支持。科技项目咨询服务业将随着我国对科技研发扶持力度的不断提高而进一步成长壮大。

第 6 章 技术转移服务机构

6.1 我国技术转移服务机构的产生和发展：市场经济的呼唤

6.1.1 技术转移服务机构概述

技术转移服务机构又称技术转移机构，是促进和加速技术从供给方向需求方转移并提供技术转移过程中所需相关服务的机构。第 5 章我们分析了技术转移服务的全链条，可以看出技术转移服务的全程需要各种跨领域的服务，需要多个技术转移服务机构的参与来完成，这些技术转移服务机构可分为技术转移中介服务机构和技术转移相关专业服务机构。技术转移相关专业服务机构是指接受技术供方、需方或技术转移中介服务机构的委托，为技术转移的某环节提供相关专业服务的机构，这些专业服务包括资产评估、技术评估评价和其他技术服务，以及法律服务、金融服务、产权交易登记等专业服务。一些技术转移中介服务机构自身也具有部分技术转移相关专业服务的能力和资质，能提供部分技术转移相关专业服务。近年来，技术转移服务有日趋平台化和整合化的趋势，涌现出将技术转移的相关专业服务整合在一起，为技术交易主体提供全方位、一站式技术转移服务的技术转移中心或平台。

技术转移服务机构也可按照其是否主要为某机构设立，分为自设的技术转移服务机构和独立的技术转移服务机构。自设的技术转移服务机构一般由企业、高校、研究机构或行业协会等设立，主要为这些机构提供技术转移代理服务和综合服务，如高校的技术转移办公室。这些自设的技术转移服务机构有时也对外提供不涉及母机构的技术转移服务。自设的技术转移服务机构一般规模较小，其服务对象、技术领域和服务内容比较窄；相比之下，独立的技术转移服务机构一般规模较大，技术转移服务的对象、技术领域、服务内容等比较广。

技术转移服务机构还可根据其是否有政府和国资机构的背景，分为政府主导的技术转移服务机构和民间自发成立的市场化运作的技术转移服务机构。政府主导的技术转移服务机构包括大学和科研院所的技术转移机构、生产力促进中心、各种孵化器和技术转移中心等，这些机构一般会在人财物方面得到来自政府方面的支持和资助，并且受政府部门的监督和指导；而市场化运作的技术转移服务机构由民间机构发起和实际控制，多为营利性质的机构。

6.1.2　我国技术转移服务机构的产生和发展

技术转移服务机构的产生是市场经济的呼唤。新中国成立以来，我国很长一段时间实行的是公有制的计划经济，在此体制下，技术转移由政府各部门主导和规划，技术主要在公有体制内流动，缺乏成熟稳定的跨单位技术转移回报补偿机制，技术的转移和扩散比较缓慢，没有成立技术转移服务机构的土壤。自从改革开放以来，我国的经济体制逐渐由计划经济向市场经济转变，并且随着民营企业的产生和发展，出于市场的需求，20 世纪 80 年代我国逐渐出现了技术转移的中介服务。20 世纪 80 年代到 20 世纪末为我国技术转移机构的萌芽阶段，而 21 世纪的最初十年为技术转移服务机构的快速发展阶段，从 2011 年开始，我国的技术转移服务机构进入成熟、整合和高速发展的阶段。

1984 年，武汉、沈阳等地举办了技术成果交易会，出现了技术市场的雏形；如今各种由政府推动或民间组织的技术市场遍布全国，蓬勃发展。1987 年，我国出现了第一个科技企业孵化器——武汉东湖创业服务中心；现在，创业孵化服务已经遍布中国大中城市，特别是自 2014 年李克强总理提出"双创"的号召以来，各种创新创业服务中心、创客空间等如雨后春笋般遍布神州大地。1992 年，山东省威海市成立了第一家生产力促进中心；生产力促进中心是国家科技行政主管部门指导下的科技服务机构，如今在我国大部分城市都有设立，它为我国科技成果的转移转化发挥了重要作用。2000 年，科技部、教育部决定首批认定清华大学科技园等 22 个大学科技园为国家级大学科技园，支持它们开展科技成果的落地和转化；2001 年 11 月，清华大学、上海交通大学、西安交通大学、华东理工大学、华中科技大学、四川大学的技术转移机构被认定为国家技术转移中心；到目前为止，各大重点高校基本都设立了技术转移服务机构。2002 年，经科技部批准的全国首家网上技术市场"中国浙江网上技术市场"上线，开启了永不落幕的技术转移交易市场，如今各种线上的技术转移市场或技术转移交易中心已经初具规模，并与线下服务相结合，更加高效地为技术转移的供需双方提供便利的技术转移服务。

自从我国 2001 年底加入世界贸易组织以来,我国的经济和科技迅猛发展,伴随着国内外贸易的增长和制造业的腾飞,对技术转移的需求迅速增加,技术转移服务机构遍地开花。为了探索不同的技术转移模式,选择和扶持技术转移服务的领军机构,带动全国技术转移工作的深入开展,科技部于 2008 年根据《国家技术转移促进行动方案》和《国家技术转移示范机构管理办法》,确定清华大学国家技术转移中心等 76 家机构为首批国家技术转移示范机构。截至 2015 年,科技部先后批准了 6 批共 455 家国家技术转移示范机构,为技术转移机构的健康持续发展指明了道路。

从"十二五"开始,为了满足互联网时代技术转移市场对资源整合和高效服务的需求,在科技部的指导下,2013 年在北京建成了第一个国家技术转移区域中心——以中关村为核心的国家技术转移集聚区。截至 2016 年 5 月,我国已陆续建成了 11 个国家技术转移区域中心,各中心吸纳了众多知识产权服务机构,可以为技术转移的供需双方提供一站式的综合服务,这些中心几乎覆盖了我国所有经济大区,形成了技术转移大数据信息和综合服务的区域覆盖。而为了进一步打破界限,汇聚、共享各地域的信息数据、服务能力等创新资源,技术转移联盟这种跨区域的技术转移服务机构在这一时期也得到了快速发展,例如 2016 年 5 月,由上述 11 家国家技术转移区域中心在上海成立的中国技术转移联盟,构建了技术转移服务跨区域合作和无缝对接的技术转移架构,契合了时代发展的脉络。

6.1.3 技术转移机构发展的里程碑——国家技术转移示范机构

我国具有政府背景的技术转移机构自产生以来就具有较大的影响力。在民用科技方面影响力较大的主要分属三个体系,分别是科技部系统、教育部系统和中国科学院系统,其中绝大部分高校的技术转移机构属于教育部系统,这三个体系下属的研究机构长期以来是我国科技特别是民用科技的主要贡献者。2007 年年底,为了积极发展技术市场,大力推进自主创新,加快建立以企业为主体、市场为导向、产学研相结合的技术创新体系,引导和支持创新要素向企业集聚,促进科技成果向现实生产力转化,科技部、教育部、中国科学院决定实施"国家技术转移促进行动",提出了《国家技术转移促进行动实施方案》(后文简称《方案》)。在促进技术转移中介机构的发展方面,《方案》提出"进一步发挥大学科技园、科技企业孵化基地、生产力促进中心、技术转移中心、技术交易市场等科技中介服务机构的作用,探索和创新服务模式,提升专业服务能力,树立服务品牌,整合多方资源,为技术转移提供全过程服务",既肯定了当时主要技术转移服务机构的地位和作用,又为技转移机构的未来发展提出了"整合"和"全过程服务"的要求，为技术转移中介服务机构的发展指明了方向，同时打破了画地为牢的三个体系各自发展的技术转移机构之间的壁垒，将这三个体系的技术转移机构置于统一标准之下，接受统一的监督和指导。

同样在 2007 年年底，为贯彻落实《国家中长期科学和技术发展规划纲要（2006—2020 年）》，配合"国家技术转移促进行动"的实施，开展技术转移示范工作，加强技术转移机构建设，科技部研究制订了《国家技术转移示范机构管理办法》（后文简称《办法》）。《办法》将可以成为技术转移示范机构的范围限定为"为实现和加速上述过程提供各类服务的机构，包括技术经纪、技术集成与经营和技术投融资服务机构等，但单纯提供信息、法律、咨询、金融等服务的除外"。这些机构提供的技术转移服务应包括以下的一项或多项。

1）对技术信息的搜集、筛选、分析、加工；

2）技术转让与技术代理；

3）技术集成与二次开发；

4）提供中试、工程化等设计服务、技术标准、测试分析服务等；

5）技术咨询、技术评估、技术培训、技术产权交易、技术招标代理、技术投融资等服务；

6）提供技术交易信息服务平台、网络等；

7）其他有关促进技术转移的活动。

《办法》第六条提出"大学和科研机构应建立技术转移机构或机制，整合大学和科研院所的内部资源，将其承担的国家重大科技计划、竞争前技术与共性关键技术研发、引导战略产业的原始创新和重点领域的集成创新所形成的成果，尽快转移和扩散到企业"。在此之前，只有少数重点大学建立了技术转移机构，在此之后，全国各大理工类的重点大学和科研机构纷纷开始建立技术转移机构和机制，《办法》第六条的提出还促进了产学研这种优秀的技术转移模式的迅猛发展。《办法》第七条提出"现有的综合性技术交易服务机构应发挥区域技术交易枢纽的作用，利用公共信息服务平台，提供覆盖技术转移全程的一站式、网络化的技术转移公共服务"。此条款指出了综合性的技术转移和交易服务机构的发展方向，即通过建立互联网平台构建区域技术转移交易枢纽，并提供技术转移全程一站式的综合服务。技术转移机构自 2007 年后的发展轨迹与《办法》的这个条款的指导方向高度相符。在提出技术转移机构向区域化、综合化和集成化的方向发展同时，《办法》第八条兼顾了专业化发展的方向，提出"为提高技术转移服务的专业化水平与质量，鼓励建立专业性技术转移机构，支持现有技术转移机构向专业化方向发展，围绕一个或几个特定技术领域开展技术转移服务"。由此可见，《办法》既吸纳综合性的技术转移机构，也吸纳专业性的技术转移机构，包括机构自设的具有技术转移代理性质的技术转移机构。

《办法》提出通过综合考核评价，"评定一批服务能力强、业绩显著、模式明确的国家技术转移示范机构，使其发挥示范带动作用，并培养其成为国家技术转移的骨干机构。"《办法》在第十条中列出了申报国家技术转移示范机构应当具备的条件。特别值得赞赏的是，《办法》对技术转移示范机构的申报持开放的态度。高校、研究机构附设的技术转移机构都可以申请，技术转移机构不论是国有性质的还是民企都可以申请。技术转移机构可以是独立的法人机构或法人的内设机构。国务院科技行政部门对国家技术转移示范机构的技术转移行为进行补助以支持其能力建设，并要求"地方和行业科技行政部门要将技术转移机构的管理工作纳入当地及本行业的科技发展计划，为技术转移机构的建设和发展提供必要的经费和条件支持。"

2008年3月，科技部根据《国家技术转移促进行动方案》和《国家技术转移示范机构管理办法》，正式组织开展技术转移示范机构评选工作。通知书下达后，各地技术转移机构报名踊跃，申报名额达到157家。科技部火炬高技术产业开发中心组织有关专家进行评审，依据评审意见最终确定清华大学国家技术转移中心、华东理工大学国家技术转移中心、浙江大学技术转移中心等76家"国家技术转移示范机构"，并于2008年8月7日予以公布。截至2015年，科技部共批准了6批共455家国家技术转移示范机构，第二批到第六批分别为58家、68家、74家、95家和84家。入围的国家技术转移示范机构有多种，主要包括高校设立的技术转移机构，科研院所的技术转移机构，企业的技术转移机构，综合性的技术转移机构（包括技术市场和技术交易所等），以及技术转移相关的科技服务机构（包括孵化器、科技服务中心、促进中心等）。

国家技术转移示范机构择优录入，申报条件限定为：机构成立两年以上；符合国家产业政策，发展方向明确，有符合本机构实际情况和发展要求的经营理念；有适合机构本身发展要求的独特商业模式、特色经营项目和核心竞争力；有符合条件的经营场所；有满足经营要求的办公设备和条件；有稳定的客户群及长期合作伙伴；机构主要领导者具有较强的开拓创新精神、丰富的实践经验及较高的管理水平；有符合规定的专职技术人员，综合性技术转移机构专职人员在 20 人以上，大学、科研院所及专业性技术转移机构专职人员在 10 人以上；人员结构及部门设置合理，管理人员中具有大专以上学历的占 80%以上，科技人员的比例不得低于本机构从业人员总数的 60%；管理规范，规章制度健全，有明确的从事技术转移服务的章程、客户管理服务规范和程序、健全的内部管理制度、科学合理的员工激励和惩处制度；有较显著的服务业绩，经营状况良好；独立法人机构上年度营业收入不低于 100 万元，法人内设机构上年度促成技术交易额不低于 1000 万元；在行业内有较高的认知度和知名度；连续两年无投诉、无诉讼，或有投诉但机构无责任，有诉讼但从未败诉。

目前，国家技术转移示范机构已在全国 30 个省区市和新疆生产建设兵团全面布局，国家技术转移示范机构的示范、引领和带动作用正在充分显现，国家技术转移示范工作带动了地方技术转移体系的全面构建，使技术转移和技术交易进一步活跃，使得产学研相结合的新型技术转移体系日趋完善；国家技术转移示范工作还带动了区域与行业技术转移服务能力的提升，加速了技术转移机构的成长壮大，我国技术转移机构总体服务能力得到了提升，为创新驱动发展战略的实施做出了重要贡献。

6.2 政府主导的技术转移服务机构

在我国技术转移服务机构的产生和发展的过程中，政府推动和牵头设立并指导监督的技术转移机构占据了主导位置。在改革开放的初期，民营机构还比较弱小，缺乏科研资金的投入，此时技术和先进科技主要掌握在高校、科研院所和国有企业等国有机构内。经过数十年的发展，民营机构包括民营的企业、高校和研究机构得以壮大，出现了很多引领某领域科技发展的民营机构，但总体来讲，在科技研发能力和先进技术存量方面，高校、科研院所和国有企业等国有机构仍大幅领先民营机构。政府背景的技术转移服务机构依靠丰富的技术资源，顺理成章地占据了技术转移市场的主导地位。

另一方面，我国目前的科技成果转化率远远低于科技发达的国家，其主要原因是国有机构的大量新科技、新技术无法进行有效的转化；相比之下，民营机构更多的是技术转移的需方，民营机构的研发一般有明确的市场导向，所以民营机构闲置技术的存量相对较少，科技成果转化率较高，科技成果转化和技术转移的迫切性低于国有机构，即如果把存量科技成果比作库存，则库存主要集中在国有机构。解铃还须系铃人，在未来相当长的一段时期内，政府会继续重视、推进这个去库存的工作，继续重视对政府主导的技术转移机构的投入，政府主导的技术转移服务机构在未来相当长的一段时间内仍会是技术转移市场的主角。国际上对政府层面是否应该直接参与和推动技术转移存在争议，对于这个问题应根据每个国家不同的体制和情况进行考量。我国自改革开放以来才由计划经济逐渐向市场经济过渡，市场经济刚刚建立不久，存量技术大量集中在国有机构手中，政府为了推动这些技术的转移和转化，从而推动技术转移机构的设立和发展壮大，这是顺势而为，基本上不存在争议。

政府主导的技术转移服务机构形式多样全面，几乎包含了目前能见到的技术转移的所有业态，有以技术转移代理为主的，如高校、研究机构附设的技术转移机构；有以促进科技成果转化为主的科技创业服务机构，如大学科技园、孵化器、生产力促进中心等；有以交易为主的技术转移交易机构，包括技术市场、技术交易所等；还有整合式、全程化的综合性技术转移服务机构。这四类技术转移机构各有特点，各自服务特定的市场和人群，成绩卓著，影响力大，将会长期存在并发挥促进我国技术转移和科技成果转化的重要作用。相比之下，综合性技术转移服务机构最近几年发展迅速并且日益受到重视，它与其他三类技术转移服务机构不是取代的关系，而是不断将其他三类技术转移服务机构吸纳到自己的技术转移服务平台上，同时此类平台还会吸纳法律服务机构、技术服务机构等技术转移相关专业服务机构，使得客户可以一站式完成技术转移的几乎所有环节，为技术转移的供需双方提供了很大的便利，提高了技术转移服务的效率。以下将分四小节分别详细介绍政府主导的这四种形式的技术转移服务机构。

6.2.1　以代理为主的高校、科研院所附设技术转移机构——近水楼台先得月

高校、科研院所附设的技术转移机构是我国出现较早的技术转移机构形式，这些机构设立的初衷一般是为了将母机构产生的科技成果对外进行技术转移，获取收益，并促进科技成果的转化；同时作为一个技术交流的机构，高校、科研院所附设的技术转移机构也会吸纳外部的先进科学技术为其所用。一些发展较早，规模较大的高校、科研院所附设的技术转移机构也提供公众服务，即提供技术转移供方和需

方均非其母机构的技术转移服务。常见的高校、科研院所附设的技术转移机构有中心、办公室和公司等性质。目前在科技部批准的6批共455家国家技术转移示范机构中，高校的技术转移机构有110家，占比约24%；中国科学院系统国家技术转移示范机构有65家，占比约14%。总体来看，高校、科研院所附设的技术转移机构占国家技术转移示范机构总数的近四成，为促进我国的技术转移和科技成果转化发挥了重要的作用。随着我国实施创新驱动发展战略，国家对促进科技成果转化的工作更加重视，高校、科研院所设立技术转移机构渐渐成为趋势，机构的名称有时没有用"技术转移"四个字，可能会用科技成果转化、知识产权等名称，但其业务一般都会包括技术转移。

高校、科研院所附设的技术转移机构背靠母机构并代理母机构的技术转移，可以借助并发挥母机构在某行业领域的影响力，提供相关专业领域的技术转移服务。对于技术的需求方，无论是企业还是个人，对周边高校、科研院所的实力和擅长领域一般会有一定的了解，在有技术转移需求或者想了解某领域的最新技术时，自然而然就会想到去相关的大学、科研机构获取技术信息，因此大学、科研院所附设的技术转移机构一般无须进行大量的广告投入，依靠母机构的学术和科研实力及影响力即可开展技术转移服务业务。高校、科研院所附设的技术转移机构除可以提供前沿的技术信息外，还可以依靠母机构高端的科研人员和科研设备，提供或协调母机构提供前沿的技术服务以及技术咨询服务，并开展产学研合作等技术合作。总体来看，高校、科研院所附设的技术转移机构提供服务的技术领域专注，在其专注的技术领域服务质量高，直接快速，而在其专注的技术领域之外，高校、科研院所附设的技术转移机构在信息量和综合服务能力方面往往存在明显的不足。

我国开展技术转移服务较早、具有一定规模和影响力且服务较为规范的高校、科研院所附设的技术转移机构基本被首批国家技术转移示范机构收录，它们包括：

清华大学国家技术转移中心

华东理工大学国家技术转移中心

浙江大学技术转移中心

中南大学技术转移中心

华中科技大学国家技术转移中心

四川大学国家技术转移中心

中国科学技术大学技术转移中心

上海交通大学技术转移中心

湖南大学科技成果与知识产权管理办公室

华南理工大学工业技术研究总院

南京大学科技成果转化中心

中国科学院北京国家技术转移中心

中国科学院上海国家技术转移中心

中国科学院沈阳国家技术转移中心

中国科学院合肥技术转移中心

首批国家技术转移示范机构名录中有七家国家技术转移中心,其中四家为高校系统的技术转移中心,三家为中国科学院系统的技术转移中心。以下在上述七家技术转移机构中分别选取一个高校系统的技术转移中心和一个中科院系统的技术转移中心,以它们为代表对这种以代理为主的高校、科研院所附设的技术转移机构进行具体分析介绍。选取的技术转移机构分别为"华东理工大学国家技术转移中心"和"中国科学院北京国家技术转移中心"。

华东理工大学国家技术转移中心[①]

华东理工大学于1998年在全国高校中率先成立了高新技术成果转化中心,将环境评价中心、安全评价中心及工程设计研究院等三家校内机构整体纳入技术转移中心,并系统开展体系架构与制度建设,积极探索技术转移的新模式与新机制,在全国重点高校中引起了广泛的关注,得到了教育部、原国家经贸委领导的高度赞扬。2001年被原国家经贸委、教育部联合认定为国家技术转移中心,成为国家首批六家国家技术转移中心之一。2008年8月又被国家科技部认定为首批"国家技术转移示范机构"。

在总结过去成功经验的基础上,华东理工大学国家技术转移中心针对技术转移瓶颈问题,积极探索内联外引、关注技术放大与集成的新路,对内着力建设中试公共实验服务平台,强化工程设计、安评、环评工程师队伍建设,完善技术市场、知识产权、专家咨询、信息平台等综合服务配套体系,瞄准行业共性技术和关键技术,特别是国家及行业重大科技计划项目,整合校内各学科人力资源联合攻关,注重过程研究和工程研究紧

[①] 华东理工大学国家技术转移中心. 中心简介/机构设置. [EB/OL].2017-03. http://nttc.ecust.edu.cn.

密结合，聚焦技术集成，大大提升了技术转移的成熟度；对外面向市场需求，坚持"引进来"和"走出去"并举的方针，牵头发起、组建了行业技术转移联盟（与全国16家著名高校结盟），受邀参加国家首批产学研技术创新联盟试点，加盟了2个国家产业技术创新战略联盟，进一步密切了与能源化工领域特大型企业的产学研合作，设立技术转移中心上海宝山、浙江湖州、广东深圳等5个工作站（分中心），与上海交大、中科院上海分院组成上海"国家技术转移联盟"。

华东理工大学技术转移体系构建、开拓创新与探索实践，包括相应管理制度和激励政策的相继确立，大大促进了学校技术转移工作。据不完全统计，学校近两年技术转移合同总额增长率平均达到42%，远远超出全国平均水平。"多喷嘴对置式水煤浆气化技术""大型甲醇合成反应器""乙烯装置控制优化技术""聚酯成套国产化技术"等一批行业关键技术、共性技术的大规模产业化推广应用取得了显著的经济效益和社会效益，可成百亿元地带动产业经济规模，树立起具有较大影响力的技术转移与成果转化一流品牌。

华东理工大学国家技术转移中心的运作理念是，在充分整合校内外技术转移要素的基础上，依托学校能源、资源、化工、生物、医药、新材料等领域的综合优势，面向企业创新需求，汇聚资源、信息、服务与联盟、共享机制，构建技术转移创新服务平台，提供一站式、网络化技术转移全程服务，努力成为促进能源、资源、化工等领域及区域间、国际间的知识流动与技术转移的引领者和带动者。

华东理工大学国家技术转移中心的业务机构设置如下所述。

1）市场部

主要包括交流合作和技术转移联盟（工作站）两大板块。

通过筛选相对成熟可靠、增值推广潜力较大的技术成果，由国家技术转移中心首先进行"项目建议书"的编制，对其进行包装、整合、完善，并在充分进行市场调研的基础上对其进行技术经济分析与评价，然后着手进行商业营销策划，进行市场化的宣传、推介、招投标、商业谈判等系列运作，按照风险投入、包装增值、整体策划、全程服务的技术转移与技术经营模式，对技术项目的总体收益进行合理的协调分配，有效调动参与各方的资源、力量和积极性，形成最佳组合阵容和最佳配置，积极争取技术转移的成功以及综合效益的最大化。

其次，加强与各级地方政府、科技园区的紧密联系，整合各方资源，有计划、有步骤地建立区域性、行业性的技术转移联盟（工作站），解决区域、行业等共性技术，推进技术转移步伐。

2）信息部

华东理工大学国家技术转移中心近两年来先后承接了教育部科技成果推广信息平台"石油化工频道"和"上海能源化工技术转移平台"的建设，国家技术转移中心对这两个平台（频道）提供维护和运营服务，两大信息服务平台建成后将实现资源共享。

平台注重拟转移项目的协作和资源共享，与许多技术成果网站以供需见面和成果交易为主要目标不同，上海能源化工技术转移平台以信息技术和信息化手段支持能源化工技术开发和技术转移的全过程为目标，面向技术创新和技术转移对数据信息、专利情报、专业技术服务和专业技术知识的需求，集成数据资源、应用软件、服务机构、专家等各类软硬资源为一体的服务系统，可以提供一站式、网络化的技术转移全程服务。

3）专家咨询部

主要包括技术咨询、技术评估和经济评价三大功能。针对目前我国具备直接吸纳高校小试成果进行二次开发的企业还较少，高校在工程研究（设计、技术集成）能力方面明显欠缺，造成高校单元技术、阶段性成果多，行业共性技术、关键技术、成套技术相对较少，部分科技成果与市场需求脱节，技术指标与经济指标脱节的实际状况，华东理工大学国家技术转移中心专门设立了专家库，由专家咨询部定期组织相关专家，筛选项目并进行技术咨询、技术评估和经济评价，特别是对国家重点科技计划项目进行跟踪，以提高技术成熟度和对企业适应实施要求提供全方位服务。

4）中试平台部

遵循工业流程"小试"、"中试"、"工业化"逐步放大的发展规律，华东理工大学国家技术转移中心在校内外建设和共享了一系列的中试基地，其中中心配置的 350 m^2 的中试基地内安置了常规的化工单元操作和特殊的化工（包括轻工）试验平台，结合学校已有的大型冷模设备，通过大型冷模装置等强化对技术放大应用过程的准确掌握，可以完成涉及物质分子化学转变过程工业开发所需要的基础设计信息，为打通产业化的工艺路线架设桥梁。

5）设计研究部

主要从事工程研究、工程设计和工程实施。设计研究部以华东理工大学工程设计研究院有限公司为主体构成，它是中心下设的二级法人机构，可以承担化工、医药、生态建设和环境工程、建筑等专业的工程规划、编制项目建议书、编制项目可行性研究报告、项目申请报告、资金申请报告、工程设计、工程总承包、技术服务等工作。作为国家技术转移中心的设计研究部，为学校科研、技术资源与成果的推广、产业化做了许多工作。

技术转移中心自成立之日起，就整建制吸纳工程设计研究院，组成技术转移中心工程设计研究部，使其紧密参与技术项目产业化的全过程，通过转移中心与设计研究部的整体运作，达到过程研究与工程研究无缝衔接，可大大降低技术转移的资本风险，加快转移速度。

6）综合服务部

主要包括环境评价、安全评价、超级计算、分析测试、专利事务等工作。环境评价由"华东理工大学环境咨询研究中心"构成，相关评价人员具有国家注册环境影响评价工程师职业资格证书。安全评价由上海华东理工安全工程咨询有限公司（华东理工大学安全工程咨询中心）构成，相关评价人员具有注册安全工程师资质，机构拥有一大批可用于测试危险化学物质的先进科研仪器。对转移中心拟实施项目，进行建设项目（工程）安全预评价、验收评价、在役装置安全现状综合评价、生产过程的事故分析、企业的安全咨询、安全培训等。

超级计算依托学校"十五"和"211工程"建设的"高性能计算平台"及"上海超级计算中心华理分中心"，实现高速网络环境下的计算资源的充分共享，为各学科提供高性能计算服务，帮助各学科开展高性能计算及应用研究。

分析测试主要利用华东理工大学分析测试中心拥有的大型精密仪器，可应用于有机物组成及结构分析，无机物成分分析，物质结构分析，物相组成及相变分析，微区形貌、成分及结构分析，未知物结构及成分剖析等分析测试项目。涉及材料、环境、应用化学、生物化工、化学工程等领域。

专利事务由国家技术转移中心下辖的专利事务所承担，主要工作为对研发技术创新点及时进行专利设计和申请、软件包的著作权登记等，形成保护研发技术的知识产权族群，为技术转移和扩散奠定坚实的基础。

7）国际合作部

基于学校先后与美国、日本、加拿大、德国、英国、澳大利亚等国家和地区的60余所高校、科研机构，以及美国杜邦公司、3M公司、孟山都公司、陶氏化学公司，德国拜尔公司、赫斯特公司，英国联合利华公司等著名跨国公司进行了科研合作，国际合作部将充分利用已有资源及互设的相关技术转移窗口和上海化学工业区入驻的大量化工企业，介绍并引进国外的先进技术，以及向国外转移国内的先进技术和产品等，促进国际间的科技合作和交流。

华东理工大学国家技术转移中心的业务组织架构图如图6.1所示。

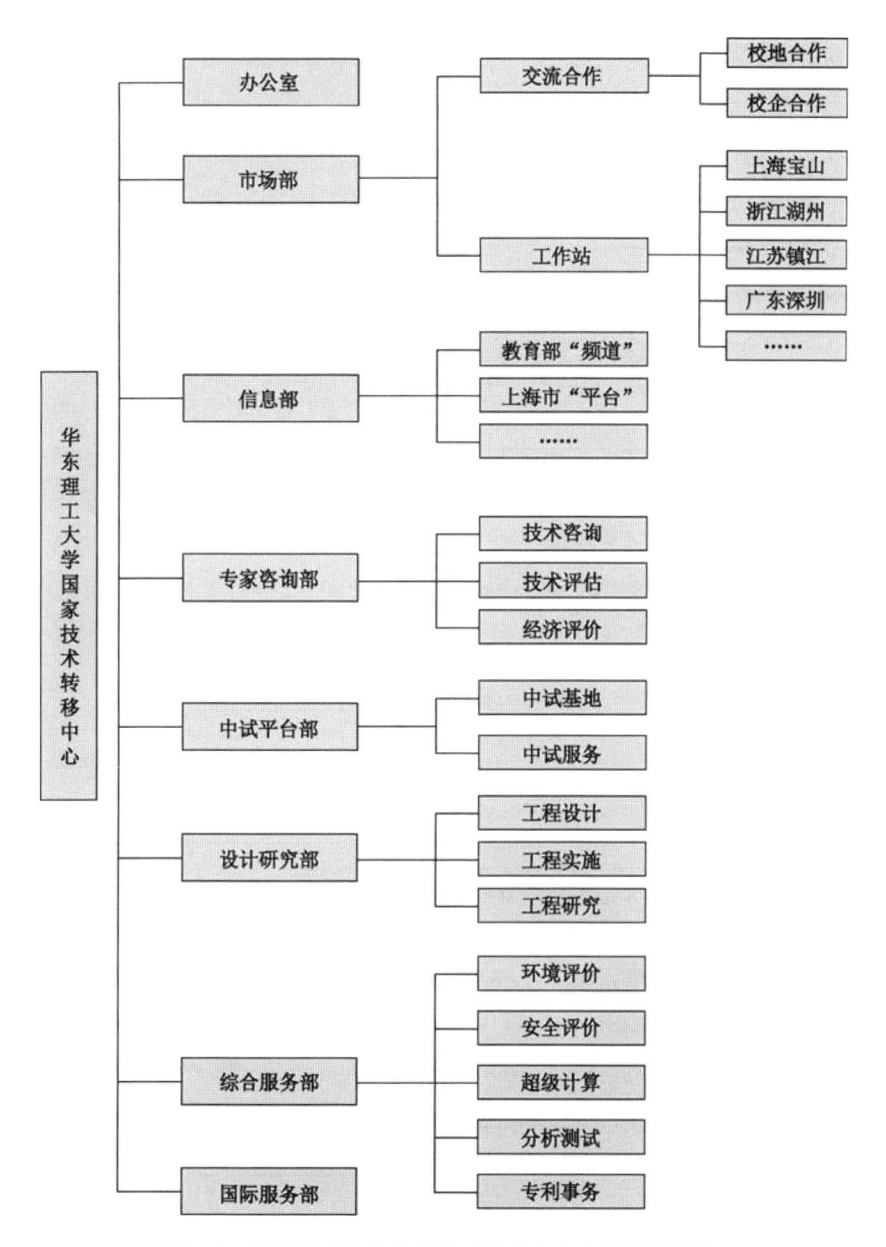

```
                    ┌─办公室
                    │
                    │         ┌─交流合作─┬─校地合作
                    ├─市场部──┤          └─校企合作
                    │         │          ┌─上海宝山
                    │         │          ├─浙江湖州
                    │         └─工作站──┼─江苏镇江
                    │                    ├─广东深圳
                    │                    └─……
                    │         ┌─教育部"频道"
                    ├─信息部──┼─上海市"平台"
华东                │         └─……
理工                │         ┌─技术咨询
大学                ├─专家咨询部─┼─技术评估
国家                │         └─经济评价
技术                │         ┌─中试基地
转移────────────────┼─中试平台部─┤
中心                │         └─中试服务
                    │         ┌─工程设计
                    ├─设计研究部─┼─工程实施
                    │         └─工程研究
                    │         ┌─环境评价
                    │         ├─安全评价
                    ├─综合服务部─┼─超级计算
                    │         ├─分析测试
                    │         └─专利事务
                    └─国际服务部
```

图 6.1 华东理工大学国家技术转移中心业务组织框架

中国科学院北京国家技术转移中心[①]

中国科学院北京国家技术转移中心（以下简称"北京中心"）成立于 2003 年 3 月，

---

①中国科学院北京国家技术转移中心. 中心概况/平台建设. [EB/OL]. 2017-03. http://www.nctt.ac.cn.

是经原国家经贸委、教育部和中国科学院批准成立,由中国科学院与北京市人民政府共建的专门从事技术转移、科技成果转化的高科技服务机构,也是科技部认定的首批国家技术转移示范机构。北京中心在业务上接受中科院北京分院的直接领导,是中科院开展科技成果转化、技术转移工作的重要平台。

北京中心秉承"创新技术转移模式,服务区域经济发展"的理念,不断推动科技成果转移、转化,助力区域产业升级;不断探索机制、体制创新,为创新、创业营造良好的氛围;不断完善技术转移服务平台,为技术供需双方提供全方位的科技服务。

北京中心自成立以来,致力于整合院内外科技资源,并不断加强与地方政府、科研院所和企业的合作,形成了以重大项目推进平台、首都科技条件平台、科技金融平台、国际技术转移平台、京外科技合作平台、知识产权平台及技术转移产业联盟为主体的"6+1"技术转移工作体系。在大众创业、万众创新的新常态下,北京中心不断进行市场化探索,形成了以"科技智库、科技金融、科技培训、科技孵化"四轮驱动的市场化业务体系。中国科学院北京国家技术转移中心的业务组织架构如图 6.2 所示。

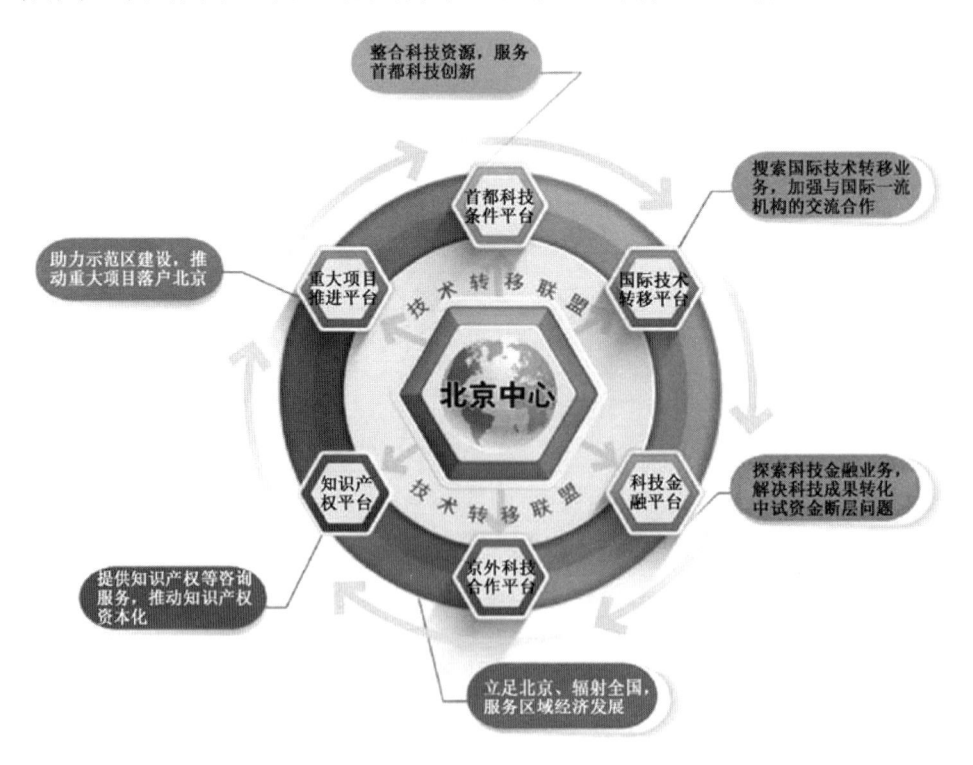

图 6.2 中国科学院北京国家技术转移中心业务组织架构

1）重大项目推进平台

为助力中关村自主创新示范区建设，北京中心在北京分院与中关村管委会等单位支持下，建立重大项目推进平台，推动符合产业需求的重大科技成果转移转化。工作内容包括，结合产业需求，深度调研挖掘研究所产业化项目；跟踪服务已部署的重大产业化项目；制定并落实技术转移专项奖励政策，营造创新、创业氛围。2011 年，在北京分院和中关村管委会的支持下，制定了中国科学院科技成果在京转化奖励办法及实施细则。奖励办法实施以来，累计共有 43 支科研团队和 103 支技术转移团队获得奖励，极大地调动了京区院所推动科技成果产业化的积极性，北京中心进一步完善了技术转移工作体系，营造了良好的创新、创业氛围。为促进中国科学院科技资源的对外开放，推进中科院所属单位技术转移工作全面开展，引导科研团队参与"全民创业、万众创新"工程，中国科学院北京国家技术转移中心和中国科学院深圳现代产业技术创新和育成中心于 2015 年 5 月至 10 月联合举办了首届"中科创赛"。该赛事作为中国创新创业大赛的组成部分，借助中关村自主创新示范区、深圳特区的地 和政策优势，鼓励创业团队感受完善的市场化运行机制，集合社会各界力量，营造创新、创业生态环境。

2）首都科技条件平台

通过与北京市科委合作，北京中心建立了首都科技条件平台中科院实验基地，推动中科院仪器设备开放共享。工作内容包括，整合京区研究院所大型仪器设备和科技人才资源，服务中科院科技资源对外开放；对接地方政府和产业需求，深入梳理功能服务平台，研究产业技术路线图；作为首都科技创新券专业服务机构，促进小微企业与中科院实验室技术研发合作。首都科技条件平台的建立，推动了京区研究所、重点实验室的科研仪器设备、科研成果和专家科技人才库的对外开放，服务了京内外众多企业。

3）科技金融平台

科技金融是科技成果转化和产业化的重要工具。北京中心通过采取政府引导，吸引社会机构参与的模式，发起设立了"中科院科技成果转化投资基金"，并广泛联系社会金融机构，搭建科技金融平台，切实解决科技成果转化过程中的资金瓶颈问题，促进科技与资本深度融合，加快推进科技成果转化与产业化进程。北京中心与中关村管委会和社会投资机构合作设立了中科院科技成果转化基金，基金规模 5 000 万元，投资于早期产业化项目；北京中心还与北京市科委和社会投资机构合作设立北京技术转移（中科院）前孵化投资基金，基金规模 1.5 亿元，投资于已完成实验室小试研究，具备进行工业试产或工业示范的科技类项目。

4）国际技术转移平台

北京中心积极整合中科院的国际合作资源，在中国国际技术转移合作区建设了中科院国际技术转移中心。筑巢引凤，积极引入国际技术转移机构，加强国际人才交流与互动，促进国内外技术的双向流动。工作内容包括，吸引国际转移机构入驻，引进国际先进技术及优秀人才；建设中科院科技成果展示区，进行项目路演及对接；考察国外项目，推动建设海外孵化器。国际技术转移平台吸引了众多国际机构与中心展开合作，引进了多项国外先进项目。

5）京外科技合作平台

京外科技合作平台是连接中国科学院与地方政府、企业的资源型平台，是北京中心推动京区科技资源向京外地区辐射的重要窗口。工作内容包括，针对地方产业发展需求，以科技项目为载体，组建专家团队，提供技术咨询、研发、培训等综合性服务和系统的解决方案；协助地方政府制定区域经济发展规划、联合企业申报科技专项课题，推荐成熟项目在地方落地转化。自成立以来，京外平台发展迅速，先后在天津、潍坊、青岛等地建立了院地合作平台。京外平台的发展，促进了产、学、研的融合；促成了技术服务和大量的成果落地，极大地提高了区域产业水平和企业竞争力。

6）知识产权平台

为推进中科院知识产权工作，提升知识产权创造、运用、保护和管理能力，北京中心建立以专利成果转化为核心的知识产权公共服务平台，积极整合政府、中科院、社会知识产权代理机构、知识产权运营机构、企业和投资者等多方资源，促进中科院京区院所知识产权的规范化发展，推动科技成果的产业化实施。知识产权平台的服务内容包括，制定区域发展规划和产业规划，为企业提供知识产权战略规划、专利战略分析和企业产业布局服务等。

7）技术转移产业联盟

为了加强与科学院兄弟分院的沟通交流，促进研究所与产业、行业协会间的合作互动，建立信息共享、资源聚集的技术转移合作机制，发挥北京中心现有工作体系优势资源，推进业务发展，北京中心建立了技术转移产业联盟。产业联盟联合了中科院研究机构、技术转移机构、投融资机构、科技园区和企业等，为联盟成员单位提供科技智库支持；构建虚拟实验室，提供设备云、资质云、中试等服务；另外，还为联盟成员提供创新、创业服务支撑。

本节小结：通过以上华东理工大学国家技术转移中心和中国科学院北京国家技术转移中心两个例子的分析，可以看到高校、科研院所附设技术转移机构除代理母机构的技术转移外，还能将业务在地域上和技术领域上扩展和辐射到更大的范围，服务更加广泛的人群，并起到引领和带头的作用。中科院北京国家技术转移中心则提供了更加全面的服务，如提供了科技金融服务，已经具有综合性服务的技术转移机构的特点。以上两个例子代表了顶尖级的以代理为主的高校、科研院所附设技术转移机构，但大部分高校、科研院所附设技术转移机构的发展现状并不理想，表现在人员匮乏，没有相对稳定的人员和场所，相关专业人才匮乏；对外宣传和拓展力度不够，仍局限在坐等的状态；服务人群和技术领域比较单一。许多高校、科研院所附设技术转移机构甚至没有专门的网站，或者有网站但是信息陈旧，没有及时更新。由于高校、科研院所附设的技术转移机构设立的初衷往往是以代理母机构的技术转移为主，在目前技术转移服务走向整合和综合化发展的趋势下，高校、科研院所附设的技术转移机构由于其本身的局限性，难以挑起综合性技术转移服务的大梁，相比之下，加入更大的技术转移交易平台或者综合性技术转移服务平台，借助更大平台的影响力和综合服务能力，可以更好地实现优势互补，发挥自己专业技术能力强的优势，将更多的时间、精力和人才专注于自己擅长的领域，这应该是高校、科研院所附设技术转移机构发展的未来之路。

6.2.2 以促进转化为主的科技创业服务机构——扶上马，送一程

长久以来，在我国的政策文件中更常见的是"科技成果转化"一词，而不是"技术转移"，可见我国政府更加重视的是有转化的技术转移，即科技成果转化。在发布相关促进科技成果转化的政策的同时，政府方面也着力推动促进科技成果转化相关机构的建设，比较具有影响力的包括生产力促进中心、大学科技园、孵化器等。以下将分别介绍这三种形式的科技创业和科技成果转化服务机构。

1. 生产力促进中心

生产力促进中心是一种非营利性的科技服务实体，以中小企业和乡镇企业为主要服务对象，组织科技力量（技术、成果、人才、信息）进入中小企业和乡镇企业，以各种方式为企业提供服务，促进企业的技术进步，提高企业的市场竞争力。生产力促进中心是国家创新体系的重要组成部分，是社会主义市场经济条件下，深化科技体制改革，推动企业，尤其是中小企业技术创新的科技中介服务机构。生产力促进中心可以是事业单位法人，也可以是企业法人，在业务上接受国家科技行政主管

部门的指导，各有关部委和各级科技行政主管部门在资金、政策等方面给予相应的支持。它依靠政府，面向企业，组织社会科技力量，为广大中小企业提供综合配套服务，协助其建立技术创新机制，增强技术创新能力和市场竞争力，从而提高社会生产力水平，使经济发展保持旺盛的活力。作为科技中介机构，生产力促进中心把为企业服务，为区域的科技创新服务，搭建政府与企业、企业与企业之间的桥梁和纽带，促进科技成果向现实生产力转化作为重要使命，致力于为政府、企事业单位和个人提供全方位的科技服务。

我国在 20 世纪 90 年代初出现了生产力促进中心这种服务形式。1992 年，山东威海市成立了第一家生产力促进中心，之后全国其他地方纷纷设立生产力促进中心。1995 年，中国生产力促进中心协会（以下简称协会）成立。1997 年，国家科学技术部印发了《生产力促进中心管理办法》，并在 2003 年进行了修订。

"十五"期间，各级政府、科技主管部门和行业主管部门积极推动生产力促进中心的建设，在政策、人才和资金等方面给予了大力支持。中国生产力促进中心协会加强资源集成，组织信息交流、国际合作等活动，促进各生产力促进中心的共同发展。生产力促进中心作为科技中介机构的代表第一次被写入《中华人民共和国中小企业促进法》，确立了其法律地位。自此，生产力促进中心体系不断得到完善和扩充，通过积极探索科技与经济结合的新模式，有力支撑了国家创新体系建设；通过积极开展"西部生产力促进行动"，帮助解决了区域发展不均衡的问题；通过鼓励社会力量创办生产力促进中心，促进了生产力促进中心的体制创新；通过大力发展以大学为依托的生产力促进中心，鼓励生产力促进中心进入国家高新技术产业开发区，有效推动了生产力促进中心的机制创新，并逐步形成了投资主体和机构性质多元化的格局，构建并完善了适合我国国情的生产力促进体系。

生产力促进中心的管理日趋规范。"十五"期间的 2003 年，科技部修订了《生产力促进中心管理办法》，明确了生产力促进中心的服务范围主要包括如下 7 个方面。

1）信息服务。根据企业需求，向其提供科技、经济、政策法规、市场、人才等方面的信息服务。

2）咨询服务。为企业提供技术、管理、政策法规等咨询服务与顾问服务。

3）技术服务。为企业导入先进、适用的技术，并提供技术支持服务，如共性技术、关键技术的开发、推广和示范，以及产品检测、中间试验等。

4）培训服务。为企业提供技术、管理等方面的教育与训练服务。

5）创业服务。为科技型企业创业提供孵化服务。

6）其他服务。包括为企业提供市场营销、投资融资、贷款担保、产权交易、人才引进、对外合作、展览展销等服务。

7）承担政府委托的任务，为政府的科学决策提供服务。

由此可见，生产力促进中心的主要服务业务中有多项直接与技术转移过程相关，如信息服务和技术服务。

此外，科技部于 2007 年制定了《国家级示范生产力促进中心认定和管理办法》（下文简称《管理办法》），明确了国家级示范生产力促进中心的认定标准和规范。2011 年 5 月，科技部又对《管理办法》进行修订，在新的《管理办法》中规定国家级示范生产力促进中心认定标准如下所述。

1）依法注册 2 年以上、名称中含有"生产力促进中心"称谓的独立法人机构，并经省级科技部门认定为省级示范中心 1 年以上；

2）发展战略科学，机构设置合理，具有符合市场经济规律的体制机制，从业人员本科以上学历占 70%以上；

3）有完善的质量保证体系，通过 ISO 9001 质量管理体系认证以及年度监督审核；

4）具有较为完备的服务条件和设施，以及自主支配的办公场所、设施、设备，能够满足为企业服务的需要；

5）服务能力强，具有稳定的企业服务群体和比较显著的服务业绩。

示范中心分为企业类、事业类，其他类型的中心执行事业类认定条件。企业类示范中心还应同时满足：从业人员 25 人以上，上年度人均服务收入 25 万元以上；事业类示范中心须同时满足：上年度末总资产 800 万元以上，可自主支配的办公和服务面积 800 m^2 以上。《管理办法》还明确了认定程序，以及按照《国家级示范生产力促进中心绩效评价工作细则》进行考核与管理。

自原国家科委于 1997 年启动第一批国家级示范生产力促进中心认定工作以来，至 2016 年年底的近 20 年间，科技部共认定了 10 批约 265 家国家级示范生产力促进中心，我国经济发达的各省市基本上都有机构入围。生产力促进中心自 20 世纪 90 年代在我国产生以来，通过集聚和运用创新要素，开展研发设计、知识产权、技术交易、咨询诊断、科技创新创业、科技金融、"三农"服务等专业化服务，推动科技成果转移、转化，促进提高全社会创新效率，促进知识成果传播、转化、应用，加快科技服务业发展；生产力促进中心总体来讲发挥了科技服务业核心载体的作用，成为技术创新服务的中坚力量。从整体上看，虽然我国生产力促进中心还存在着发展不均衡、基础设施薄弱、地区差别大、人才队伍建设滞后、运行机制不够灵活等短板，但相信在各方的共同努力下，在创新驱动发展战略的大环境下，我国生产力促进中心的事业必将蓬勃发展，取得更加显著的成效，成为推动中小企业技术创新的一面旗帜。下面以广州生产力促进中心为例，介绍这种科技服务机构的成长历史、服务范围、发挥的作用以及组织结构等。

广州生产力促进中心[①]

广州生产力促进中心是 1997 年经中共广州市委、市人民政府批准组建的副局级事业单位，自 1998 年 8 月 13 日挂牌成立的十多年来，中心按照国家科技部关于生产力促进中心是国家创新体系的重要组成部分，是深化科技体制改革，密切产学研用、衔接创新体系各主体、加快自主创新成果产业化载体的定位，认真贯彻落实市委、市政府关于大力发展现代服务业的要求，主动参与广州区域创新体系建设，大力发展科技服务，积极支持企业技术创新，取得了突出的成效，已发展成为华南地区最具实力的综合性科技服务机构之一。

中心于 2001 年被科技部认定为国家级示范生产力促进中心，2008 年被评为优秀国家级示范生产力促进中心（全国仅 25 个），2011—2013 年被国家科技部评为年度全国 A 类国家级示范生产力促进中心，2009、2010、2012 和 2013 年均获全国生产力促进中心协会评选的"全国生产力促进奖"，2010 年被广东省科技厅认定为"首批广东省科技服务业百强企业（机构）"，2012 年被评为广东省科技型中小企业公共技术服务示范机构、"广州市专业技术人员继续教育示范基地"。中心还是中国科技咨询协会的创始会员、中国技术市场协会的团体会员，是广东省科技厅认定的省级示范生产力促进中心、省级科技查新资质机构，是广州市甲级信息咨询服务机构。

中心现有 15 个部（室），其中管理部门 4 个，业务部门 11 个。另外，中心在天河、黄埔和南沙分设了三个分中心（办事处）。下属有 1 个全资子公司（鑫川公司）和 2 个合资公司（广州生力模型制造有限公司和广州吉田科技有限公司）。中心现有

[①] 广州生产力促进中心. 中心介绍. [EB/OL]. 2017-03. http://www.gzpc.org.cn.

员工170人，其中专业技术人员96人（中、高级职称专业技术人员67人），专业结构合理，人才队伍充满活力。总资产超过1亿元，有研究试验及办公场地29 595m^2，各类技术装备700余台。

中心依据国家和科技部的法律法规定位及市编办对中心确定的职责要求，承担从行政管理中剥离出来的科技管理服务工作，围绕广州市科技和经济发展需求，创新性地开展科技服务工作。搭建政府与企业、科研院所与企业之间的桥梁，推动科技与经济的紧密结合，促进科技成果转化和技术转移，提升科技型中小企业的创新创业发展，为全社会创新环境建设提供公共服务。

中心的主体业务，主要有如下三大板块。

1）为政府决策提供支撑和服务保障，承担因政府职能转变而从行政管理中剥离出的部分工作。如：科技计划管理体系研究，科技创新和发展战略研究，科技项目招标投标，科技评估，科技计划项目受理、监理和科技成果转化，国家科技型中小企业技术创新基金申报、评审、监理及验收全程服务，企业研发费税前加计扣除项目的认定，广州市科技统计与分析，广州市科技和信息化网运营和维护，中国工程院院士广州咨询活动中心的日常服务和管理工作等。

2）面向企业、科研院所、金融机构等，围绕广州区域创新体系建设和企业技术创新，提供从企业创立到发展壮大过程中所需的系列服务，主要包括科研选题、科技金融、各类培训、信息网络技术、企业咨询、市场调查等。

3）为促进区域创新发展，优化创新环境，开展各类公益性服务和公共服务平台建设。如：共性公共服务平台建设、国家"创新驿站"的运营与维护、市民营科技型企业协会、市科技服务业协会日常管理和服务工作等。中心每年为企业直接提供服务达4 000多次，服务的企业涉及制造业、电子信息、新材料、环保、生物医药、农业等国民经济的各个行业，接受服务的企业在技术创新能力和经营业绩均有较大幅度的提高，并在其各自的行业中产生了较好的示范效应。

广州生产力促进中心组织架构如图6.3所示。

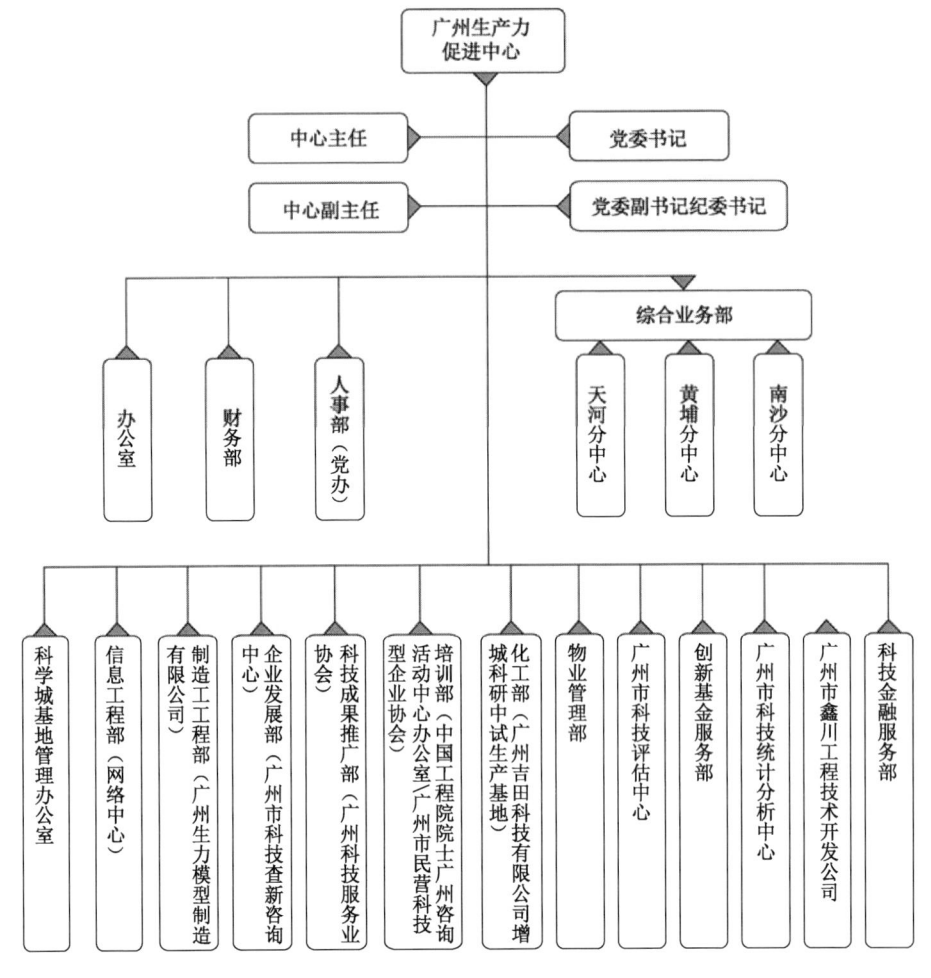

图 6.3 广州生产力促进中心组织架构

2. 大学科技园

大学科技园在 20 世纪末随着我国市场经济的快速发展在各地纷纷涌现。大学科技园以具有较强科研实力的大学为依托,将大学的综合智力资源优势与其他社会优势资源相结合,为高等学校科技成果转化、创新创业企业和人才的培养、产学研结合提供了有力的支撑平台和专业的服务。

2000 年 11 月,为了进一步推进高等学校科技成果转化和高新技术产业化,培育国民经济新的增长点,加强对大学科技园的指导和管理,推动我国大学科技园持续快速健康发展,科技部、教育部颁布了《国家大学科技园管理试行办法》(下文简称《试行办法》)。《试行办法》明确了国家大学科技园的申报、评估与授牌程序，以及对授牌的国家大学科技园的管理与考核办法。根据《试行办法》的规定，可以申报成为国家大学科技园的机构是指以研究型大学或大学群为依托，把大学的人才、技术、信息、实验设备、图书资料等综合智力优势与其他社会资源优势相结合，为技术创新和成果转化提供服务的机构。授牌的国家大学科技园应成为技术创新的基地、高新技术企业孵化基地、创新创业人才聚集和培育基地以及产学研结合示范基地。科技部、教育部根据《试行办法》，于 2001 年启动了国家大学科技园的评估认定工作，对符合要求的正式授予国家大学科技园称号。2001 年 5 月，科技部、教育部认定了包括清华大学国家大学科技园在内的 22 个机构为首批国家大学科技园，之后，科技部、教育部持续进行了国家大学科技园的认定工作。

为实施《国家中长期科学和技术发展规划纲要（2006－2020 年)》(国发〔2005〕44 号，以下简称《规划纲要》)，营造激励自主创新的环境，提高国家大学科技园的发展水平和自主创新能力，加强和规范国家大学科技园的管理，促进其持续健康发展，努力建设创新型国家，根据《国务院关于实施〈国家中长期科学和技术发展规划纲要（2006－2020 年)〉的若干配套政策的通知》(国发〔2006〕6 号)，科技部、教育部于 2006 年制定了《国家大学科技园认定和管理办法》(以下简称《办法》)。《办法》明确了国家大学科技园的功能和定位；认定和管理办法，包括申请认定国家大学科技园的机构应具备的条件；并提出了相关配套政策与措施，包括国家大学科技园自认定之日起，一定期限内免征营业税、所得税、房产税和城镇土地使用税。

2010 年 10 月，科技部、教育部对《办法》进行了修订，进一步明确了国家大学科技园是以具有较强科研实力的大学为依托，将大学的综合智力资源优势与其他社会优势资源相结合，为推动高等学校产学研结合、技术转移和科技成果转化、高新技术企业孵化、战略性新兴产业培育、创新创业人才培养、服务区域经济提供支撑的平台和服务的机构；明确了国家大学科技园是国家创新体系的重要组成部分，是中国特色高等教育体系的重要组成部分；是自主创新的重要基地、产学研合作的示范基地、高校师生创业的实践基地、战略性新兴产业的培育基地；是高校技术转移和科技成果转化、创业企业孵化、创新创业人才培养的综合性科技创新平台，是一流大学的重要标志之一。此次修订进一步完善了认定与管理办法，提出了进一步的政策与措施，从此国家大学科技园事业走上健康发展的快车道。配合新的《办法》的出台，财政部和国家税务总局下发了《关于国家大学科技园税收政策的通知》，对符合条件的国家大学科技园给予一定的税收优惠。

自 2001 年 5 月科技部、教育部联合认定了首批国家大学科技园后，大学科技园得到了快速的发展。截至 2016 年年底的 15 年里，共有 10 批合计 115 家大学科技园获得认定，入驻企业过万家，累计转化科技成果转化近万项。虽然大学科技园的发展成绩斐然，但在高速成长的同时也存在一些问题，如部分园区同质化严重，包括与其他大学科技园和其他孵化器园区相比没有突显出应有的特长与特色；有些园区的入驻企业总体来看科技含量较低，存在为了入驻率而放宽入园企业门槛的现象，使得一些与科技创新不直接相关的企业，如贸易和电商企业得以进驻，违背了大学科技园功能定位的初衷；另外，部分园区还存在资金短缺问题，缺乏发展后劲，对创新、创业企业资金扶持力度不足。近年来，新认定的国家大学科技园的数量明显放缓，有利于对现有的国家大学科技园进行高标准的经营和管理，充分发挥其推动高等学校产学研结合、技术转移和科技成果转化、高新技术企业孵化、战略性新兴产业培育、创新创业人才培养、服务区域经济的功能定位，做大和做强国家大学科技园。以下简单介绍一个大学科技园的先行者和成功典范——清华大学科技园。

清华大学科技园

1993 年，清华大学提出创建清华科技园的构想，并得到教育部和北京市的确认和批准。1994 年，清华大学组建清华科技园发展中心，正式开始建设科技园。1998 年，12 万平方米的起步区工程完工，园区初具规模。1999 年，科技园被纳入中关村科技园区的总体规划，予以重点发展支持。2001 年，科技园被科技部、教育部确认为首批 22 家国家大学科技园之一。2003 年，科技园被科技部、教育部评定为全国唯一的 A 类大学科技园。2005 年，位于清华大学东南角的占地面积 25 公顷的园区 69 万平方米的建筑全部建成。在清华科技园内，同方、紫光、诚志等科技企业成长壮大；SUN、P&G（宝洁）、NEC、Google、微软等跨国公司的研发机构在园区内发展；清华大学科技开发部、国家技术转移中心、北京—清华工业开发研究院等机构在园区内设立。

经过 15 年的建设和发展，清华科技园在全国建设和管理园区面积超过百万平方米，成为世界最大的大学科技园。清华科技园充分发挥集群式创新的优势，形成产学研创新集群，包括企业孵化器群、技术研发机构群、高校科技产业群、教育培训机构群、中介服务机构群和配套服务机构群，成为创新、创业资源的富集区域，通过"聚集效应"让优秀的创新、创业人才云集于此，形成持续不断的创新创业能力、辐射发展能力和国际化竞争力。

---

3. 科技企业孵化器

孵化器，英文为 incubator，本义指人工孵化禽蛋的专门设备。后来引入经济服务领域，科技企业孵化器是指培育和扶植科技企业的服务机构。孵化器通过为新创办的科技型中小企业提供物理空间和基础设施，提供一系列服务支持，降低创业者的创业风险和创业成本，提高创业成功率，促进科技成果转化，帮助和支持科技型中小企业成长与发展，培养成功的企业和企业家。科技企业孵化器在中国也称高新技术创业服务中心，在中国台湾地区称为育成中心，在欧洲一般称为创新中心（innovation center）。最早的科技企业孵化器出现在 20 世纪 50 年代的美国，它是伴随着新技术革命的发展而产生的，并在 20 世纪 70 年代在美国和西方发达国家快速兴起和发展。中国科技企业孵化器起源于 20 世纪 80 年代中后期，1987 年中国诞生了第一个科技企业孵化器——武汉东湖创业服务中心，并得到迅速发展，科技企业孵化器数量持续增长，形成产业逐渐壮大。根据科技部火炬高技术产业开发中心的统计数字，截至 2014 年，我国共有科技企业孵化器 1 748 家，其中国家级的共有 601 家。我国科技企业孵化器的数量从 2000 年的 131 家增长到 2014 年的 1 748 家，平均年增长率约 20%。我国科技企业孵化器的兴办主体多样，有政府投资兴办的，有政府和民营共同创办的，有大学主办的，有民营、私人投资的，但总体来看，政府兴办和政府背景的科技企业孵化器占据了主导地位。

2016 年，科技部火炬高技术产业开发中心组织业内有关专家学者编写了《走进创时代——中国科技企业孵化器发展报告（2011—2015）》（以下简称《报告》）。《报告》显示，通过政府主导，市场与政府共同发力，经过短短 20 多年的迅猛发展，至 2015 年年底，全国孵化器数量达 2 530 家，使我国孵化器数量居世界之首。孵化场地总面积 8 600 万平方米以上，国家级孵化器 736 家；根据科技部火炬高技术产业开发中心的公告，2016 年认定国家级科技企业孵化器为 129 家，即截至 2016 年我国的国家级科技企业孵化器约为 865 家，成绩斐然。

我国科技企业孵化器的发展壮大有赖于政策环境的大力支持。早在 2006 年，科技部就出台了《科技企业孵化器（高新技术创业服务中心）认定和管理办法》，由于科技企业孵化器的快速发展，2010 年，科技部又颁布了新的《科技企业孵化器认定和管理办法》（以下简称《办法》）。《办法》明确科技企业孵化器是以促进科技成果转化、培养高新技术企业和企业家为宗旨的科技创业服务载体。科技企业孵化器是国家创新体系的重要组成部分，是创新、创业人才的培养基地，是区域创新体系的重要内容。孵化器的主要功能是以科技型创业企业为服务对象，通过开展创业培训、辅导、咨询，提供研发、试制、经营的场地和共享设施，以及政策、法律、财务、投融资、企业管理、人力资源、市场推广和加速成长等方面的服务，以降低创业风险和创业成本，提高企业的成活率和成长性，培养成功的科技企业和企业家。《办法》提出了鼓励建立专业孵化器，专业孵化器是指围绕特定技术领域或特殊人群，在孵化对象、服务内容、运行模式和技术平台上实现专业化服务的孵化器。《办法》还明确了新的国家级科技企业孵化器认定办法。配合《办法》，财政部和国家税务总局下发了《关于科技企业孵化器税收政策的通知》，对符合条件的国家级科技企业孵化器给予一定的税收优惠。

伴随着近年来"互联网+"创业潮，科技企业孵化器爆发式的增长也出现了一些问题。首先表现在"小而散"缺乏专业性，特别是没有获得国家级孵化器认定的一些孵化器，在科技企业孵化相关专业服务方面很弱，对科技初创企业在融资、行业资源对接以及品牌推广等方面的帮助微乎其微；很多孵化器借助政府税收、补助等方面的优惠政策，实质上变成价格优惠的办公场地，向入驻企业收取租金，但这种场地出租价格优于市场价，由于近年来孵化器爆发式地增长，相互之间竞争激烈，优惠的出租价格变成市场价格，不少孵化器面临生存危机。在此背景下，很多孵化器对入驻企业一再降低门槛，一些严格来讲属于商业模式创新而与科技创新不直接相关的企业，如普通贸易和电商企业借助"互联网+"的名义得以进驻，使得科技企业孵化器实质上成为门槛更低的创业企业孵化器，与近年来在"双创"号召下产生并爆发式增长的众创空间没有形成区别化竞争优势，没有突显科技企业孵化器应有的特长与特色。2016 年下半年，孵化器行业开始回归理性，没有一定的行业和专业基础，给予不了科技初创企业需要的融资对接、人力资源、行业资源创业导师支持、媒体资源等专业服务的孵化器将面临被淘汰。下面以广州国际企业孵化器为例，介绍具有一定历史的成功孵化器的形成过程、提供的服务、入孵条件等。

广州国际企业孵化器[①]

广州国际企业孵化器是广州市政府为构建科技创新支撑服务体系，营造创新、创业环境，在广州科学城率先创建的以中小科技企业为服务对象的科技创新创业园区。广州国际企业孵化器园区自 2000 年开始建设，分三期建成。总用地面积约 6 万平方米，共建有孵化场地 11.3 万平方米，功能配套、设施齐全。园区建设累计投入 2.6 亿元人民币，其中自筹资金投入 4 000 多万元。经过多年的运作和探索实践，园区在培育区域新兴产业

---

① 广州国际企业孵化器. 园区概况/服务职能/入孵指南. [EB/OL]. 2017-03. http://cxcy.gibi.com.cn.

和促进中小科技企业发展方面取得了先行先试的优势，逐步形成了海外高层次人才高度聚集、外资与生物医药企业集聚的特色优势，营造出优良的创新、创业环境，创新力量焕发出勃勃生机。据不完全统计，园区累计孵化企业450家，其中外资企业85家，留学生企业96家，高新技术企业31家。园区孵化企业中，已上市企业2家，目前筹备上市企业7家；园区中小企业技工贸收入累计近100亿元，上缴税金约5亿元；园区累计从业人员4 300人。自2009年至2012年年底，帮助园区企业申报科技项目400多项，获得各级政府立项支持229项，融资项目经费2.08亿元。园区为引进优质项目和高层次人才，为企业提供租金减免、公共服务平台、场地装修以及开展创业服务活动等累计投入超过2 000万元，支持中小企业超过100家。园区在发展过程中，紧密围绕重点培育和发展战略性新兴产业，坚持培养和聚集优秀创新人才的发展战略，打造海内外高层次人才的理想栖息地。目前，园区在孵企业250家，集聚了12个"千人计划"项目、3个省领军人才项目、3个省创新团队、11个市创新创业百人计划项目、10个开发区科技领军人才项目，园区人才优势已成为创新、创业最具潜力的发展资源。截至2012年年底，入驻企业获得中国授权专利266项。

园区是经国家科技部确定的9家"国际企业孵化器试点单位"之一，于2004年12月被广东省科学技术厅授予广东科技人才（广州）基地；2005年被列为留学人员广州创业园广州国际企业孵化器园区；2006年6月被评为全国先进科技产业园，12月被认定为国家级高新技术创业服务中心；2008年获广东省火炬计划20周年先进单位称号，同年被广州市政协评为广州市科技中介服务示范单位；2009年获得广州市和谐劳动关系工业园称号；2011年入选"广东省科技服务业百强企业"；2012年被认定为广州国际科技孵化基地试点单位；2013年6月，被认定为广州市中小企业创业示范基地。

孵化器的经营理念是"构建创业平台、孵化明天辉煌"。为入驻企业提供全方位优质孵化服务；培育高新技术创新点、促进高新技术产业化；更新传统经营观念、以资本运作为主旋律。孵化器的孵化培育战略是"进得来、长得大、出得去"。以优良的软硬环境吸引企业入驻，用高质服务帮助企业做大做强，为广州市输送优秀的高新技术企业。

园区的服务职能包括11项内容。

1）提供办公、研发、中试、生产场地及共享研发设施和条件；

2）工商注册、税务登记、高新技术企业认定及相应的咨询服务；

3）通信和信息网络服务；

4）人才引进和员工培训服务；

5）企业财务管理和会计服务、政策法律咨询服务；

6）提供国际交流与合作的渠道与机会；

7）融资与上市辅导中介服务；

8）科技项目申报、项目推介，项目咨询及市场分析等中介服务；

9）创业辅导与企业发展策划咨询；

10）提供会议场地与设施，企业路演与会展推介服务；

11）员工餐厅、健身活动场地。

申请入园企业的基本条件如下所述。

1）高新技术产品的开发和中试生产的企业，所从事的项目、产品具有先进性和代表性，产业化前景好，市场潜力大；

2）属于生物医药、医疗器械、电子信息、光机电一体化、电子及电器制造、新材料、环境保护、精细化工及机械制造等广州市政府重点支持发展的高新技术领域；

3）项目拥有合法知识产权；

4）开发、生产产品的过程必须符合国家环境保护相关的法律和法规，排放必须符合广州科学城规划环保要求。

广州国际企业孵化器还建设有创新创业资源信息服务平台（http://www.gibi.com.cn/）。平台旨在通过网络信息技术手段向高端人才创业、科技创业企业提供技术咨询和高效便捷的服务。平台由高层次人才、投融资服务、创业服务、产学研合作信息和国际科技孵化服务等板块组成，内容涵盖高层次人才与项目介绍、科技创新创业政策宣传、科技项目申报信息发布、创业导师与专家资源共享、投融资机构与企业需求信息等。

随着近年来"双创"事业的持续发展，众创空间、创客空间等新型的创新创业服务机构快速成长和发展，这些新型的创新创业服务机构提供的服务与传统的孵化器多有重合。传统的孵化器从数量和规模上已经趋于饱和，并面临来自新型的创新创业服务机构的竞争。目前，我国的科技企业孵化器同质化现象比较严重，孵化器也需要转型升级。未来，科技初创企业会更看重孵化器的专业服务能力。科技企业孵化器的发展应回归初心，并坚持走专注、专业、专项的发展道路，专注、专业、专项发展才是科技企业孵化器未来的发展方向和出路。"专注"体现在科技孵化器应专注于科技创新项目的孵化，而不是与众创空间和创客空间等新型的创新创业服

务机构争抢一些更偏向于商业运营和运作的孵化项目;"专业"体现在致力于为入孵企业提供包括咨询、技术、投融资等专业化的孵化服务;"专项"是指科技孵化器应重点为一个或有限个细分的科技领域提供孵化服务,如专注于计算机软件企业孵化的软件企业孵化器,专注于生物医药企业孵化的孵化器等。此类专业孵化器可以更好地集中相关人才为创业企业提供专业化的指导和创业服务,并有利于孵化器内企业的相互交流合作并形成良好的创业氛围;孵化器的专业化另一方面还体现在服务于特定人群的孵化器,如目前在我国沿海地区普遍设立的留学生创业园,聚焦于服务海外高端人才的创业孵化,通过将服务延伸至海外人才的企业创办、个人安居等问题的解决,消除他们因对国内环境不熟悉所产生的犹豫不决,以及在工作和生活上的后顾之忧,使他们可以专注于创业和研发,并通过留学生创业园这个自然形成的朋友圈相互交流和依靠,抱团取暖。只要科技企业孵化器坚持自己的定位,深挖和发挥自身的优势,必将持续为推动高新技术产业发展,完善国家和区域创新体系、繁荣经济,发挥重要作用。

6.2.3 以交易为主的技术转移交易中介机构——买卖双方技术交易的"超市"

传统的从事技术转移交易的中介机构为技术市场,在 20 世纪 80 年代已经在我国出现。技术转移交易中介机构还包括提供更加专业细分化服务的技术产权交易所、行业内技术转移机构等。这些机构主要服务于技术的商品化交易,对科技成果转化方面则着力较浅。

1. 技术市场

技术市场从广义上包括所有从事技术交易的场所,本节此处则指主要从事技术交易和交易相关服务的场所和机构。技术市场是作为商品的技术和技术服务进行交易的场所,与有形商品的交易不同。技术市场所交易的商品是以知识形态出现的一种特殊的商品。这种商品可以呈现为多种形态,包括体现为工业产权的如专利、软件设计、工业设计等,也可以是以技术秘密存在的工艺、配方和其他专有技术,还包括解决技术问题的技术服务,以及多呈现为文字报告的技术咨询。技术咨询在技术市场是一个热门的小额多频次的技术交易项目,包括可行性论证、技术预测分析、专项技术调研、技术评价报告等,技术咨询的内容更多的是涉及技术与市场的关系。我国自从 20 世纪 80 年代开始出现综合性的地区技术交易市场,目前已经遍布全国各地,技术交易市场一般专注于技术交易和后续的法律相关服务,会协助技术交易双方办理技术合同登记,较大的技术交易市场设有技术合同登记点。除地区性的综合技术交易市场外，还出现了行业化的技术交易市场。

另外随着互联网的发展，网上的技术交易市场也纷纷涌现，网上的技术交易市场具有不打烊、信息直观、方便检索和查看、辐射范围广、方便及时落定和交易等特点。网上技术交易市场具有传统技术交易市场不可比拟的优势，是技术交易市场的发展趋势，网上技术交易市场一般会以实体的技术交易服务机构为依托，能为技术交易的双方提供更多、更便利的增值服务，缩短技术交易的周期，提高技术交易的效率，同时又节省了技术交易市场自身所需的物理空间，节约了技术市场的运作费用。下面以浙江网上技术市场为例，介绍网上技术市场的服务特色。

浙江网上技术市场

中国浙江网上技术市场是经科技部批准的全国首家网上技术市场，被誉为"永不落幕的市场"。浙江网上技术市场设有可以发布文字、图片、视频等信息的信息发布平台，可以进行音/视频即时交流的洽谈与交流平台，吸引众多服务机构入驻的网上中介服务平台，以及可以进行网上招投标的网上交易服务平台等多种功能平台。中国浙江网上技术市场从2002年3月开始筹建，2002年10月投入正式运营，吸引了省内外一大批高校、科研机构、中介机构和科技人员加入，产学研联系活跃度大增，通过市场机制配置科技资源的作用得到充分发挥，取得了扎实成效，已经成为当地中小企业技术创新，推动全省区域服务体系建设的强大平台。

技术市场为技术转移提供了关键的信息服务和技术交易相关服务，为技术转移供需双方提供了一个技术商品展示和交易的场所。技术市场主要服务于技术转移的核心阶段，即技术交易的撮合和交易的达成，而在技术服务和融资服务等方面相对较弱；技术市场一般都服务于本地区，服务范围较小，很少下力度在宣传方面，大部分地方的技术市场甚至没有自己的网站。近年来，技术市场的发展势头已经让位于提供综合化服务的技术转移机构，预计其未来的发展方向是将自身打造为综合性的技术转移中心，或者与已有的技术转移中心整合。

2. 技术产权交易所

技术产权交易是指法人、具有民事行为能力的自然人和其他经济组织，对其拥有的科技成果、专利技术、专有技术等技术产权进行的有偿转让或许可。技术产权交易可以构建技术与资本的桥梁，促进科技成果的产业化进程，推动社会经济的发展。技术产权交易所或技术产权交易中心，是对技术产权交易提供集中交易撮合和交易相关服务的场所。技术转移伴随着技术产权交易的过程,所以技术产权交易机构同时也是技术转移中介服务机构。

技术产权交易所专注于技术转移服务中的技术产权交易部分,提供了整个技术转移过程中的一个专业和细分化的服务。与技术市场类似,其在技术转移其他相关服务方面有所欠缺。目前在我国的大中城市普遍设立了技术产权交易所,有独立经营的,也有隶属于股权交易所或者产权交易所的,或者被产权交易所的交易内容覆盖的。随着我国创新驱动发展战略的深入实施,激发了全社会的创新热情,技术产权交易的规模迅速扩大,技术产权交易也将迎来快速增长的时期。

6.2.4 综合化服务的技术转移机构——一站式的服务"生态圈"

前面介绍的技术转移服务机构类型涵盖了技术转移交易及相关服务,在服务内容上基本上满足了技术转移供需双方的需求,但从资源的总量和服务的方便程度来讲往往难以满足技术转移供需双方的需求。随着互联网科技的发展,资源整合和大数据化正悄然改变众多行业,技术转移中介服务行业也向着资源整合和综合化服务的方向发展。由此,综合化服务的技术转移机构应运而生,综合化服务的技术转移机构从服务功能上应涵盖技术交易中介和助力科技成果转化两大板块,从具体服务内容上看,综合化服务的技术转移机构应提供技术转移交易全程服务,包括技术评价评估、法律服务等;还应为技术转移需求方提供融资或融资中介服务,以及技术服务等,以帮助他们解决在技术落地和产业化过程中存在的资金短缺和专业技术不足的问题。近些年来,一些技术转移中介服务机构通过业务和资源扩充,以及技术转移中介服务机构之间的合并、整合,提供综合化服务的技术转移机构逐渐增多,规模和影响力迅速扩大,这些机构还借助搭建网上交易和服务平台,打破地域界限,服务更广大的人群。

政府背景的综合化服务的技术转移机构是此类机构的主流,其中包括国家技术转移示范机构,如中国技术交易所、上海技术交易所;另外,一些技术交易中心也具备综合化服务的雏形,如知识产权交易中心,部分也提供了综合化的服务。近年来,科技部还规划建立了区域技术转移中心,"十二五"以来,在科技部火炬高技术产业开发中心指导下,我国已建成国家技术转移集聚区、国家技术转移南方中心、国家技术转移东部中心、国家技术转移中部中心、国家技术转移西南中心、国家技术转移西北中心、国家技术转移东北中心、国家技术转移海峡中心、国家技术转移苏南中心、国家技术转移郑州中心、国家海洋技术转移中心等 11 家国家技术转移区域中心,形成了"2+N"格局,其中"2"是指北京中关村的国家技术转移集聚区和深圳的国家技术转移南方中心。为了进一步提升国家技术转移区域中心的合作水平和综合服务能力，2016 年 5 月，11 家国家技术转移区域中心在东部中心所在地上海宣布成立"中国技术转移联盟"，提出通过有效的联盟机制，凝聚政府、产业界、金融界、学术界以及社会各界的共识与合力，共同培育推进中国经济转型升级的新动能。中国技术转移联盟的成立，将形成一张全国技术转移主干网络，促进科技成果、企业需求、专业人员、转移服务经验等科技成果转化链上全要素的流动。

中国技术交易所是此类技术转移服务机构的代表之一，下面以其为例介绍这种综合化服务的技术转移机构。

中国技术交易所

中国技术交易所，简称中技所，2009 年 8 月经国务院批准设立，注册地在中关村科技园区海淀园，由北京产权交易所有限公司、北京高新技术创业服务中心、北京中海投资管理公司三家机构发起成立，后增加中国科学院国有资产经营有限责任公司为第四家股东单位。根据北京市政府和相关部委对中技所功能定位要求，中技所致力于建设立足北京、服务全国，具有国际影响力的技术交易中心市场。中技所自组建以来，加强与境内外同业机构的合作，积极创新交易品种和服务内容，着力打造"技术交易的互联网平台"、"科技金融的创新服务平台"和"科技政策的市场化操作平台"。

在技术交易方面，中技所在全国率先推出专利拍卖、能力交易等服务；在科技融资方面，中技所与北京产权交易所、北京金融资产交易所联合搭建"中国中小企业信息披露与融资交易平台"。中技所还被国家知识产权局选定设立为"国家专利技术（北京）展示交易中心"。

中技所设有技术交易服务中心、知识产权服务中心、科技金融服务中心、股权激励咨询服务中心、技术合同登记服务中心、商标交易服务中心、会员服务部等核心业务部门。为了更好的服务客户，中技所还搭建了被称为"中国最大的技术交易平台"的技 E 网，借助技 E 网，为客户提供更佳的一站式服务体验。

伴随着我国创新能力的增强和专利事业的发展，专利这种技术形式的技术交易日渐火热，催生并壮大了专利交易市场，交易额不断增长。与专利相关的技术交易主要包括专利申请权和专利权转让交易，以及专利许可的交易。目前在各大城市已广泛设立专利技术展示交易中心，以及以专利和专有技术交易为重点的知识产权交易中心。2015 年年底，国务院常务会议要求以改革的方式加快建设知识产权强国，关键举措之一就是建设知识产权信息和运营交易服务平台。以此为契机，国家知识产权局会同财政部以市场化方式开展知识产权运营服务试点，确立了在北京建设全国知识产权运营公共服务平台，在西安、珠海建设两大特色试点平台，并通过股权投资重点扶持 20 家知识产权运营机构，示范带动全国知识产权运营服务机构快速发展，初步形成了"1+2+20+N"的知识产权运营服务体系。以下以横琴国际知识产权交易中心为例，介绍这种新型综合服务的技术转移交易中介机构的产生背景和服务内容。

横琴国际知识产权交易中心[①]

横琴国际知识产权交易中心有限公司于 2014 年 12 月经广东省人民政府批准成立，由珠海金融投资控股集团有限公司、横琴金融投资有限公司、横琴发展有限责任公司强强联合投资组建而成，注册资本 1 亿元人民币。承担国家知识产权运营公共服务横琴金融特色试点平台的建设运营任务，是国家"1+2+20+N"的知识产权运营体系的重要组成部分。七弦琴国家平台是横琴国际知识产权交易中心的网上交易和服务平台。

七弦琴国家平台以"人，资，网，政，产、知、研"为战略方针，以"让创新者先富起来"为战略使命，充分发挥人才优势，调动资本的力量，运用互联网思维和工具，借助政策资源，全面联通产业界、知识产权界和研发界，积极建设中国脑力劳动者的互联网家园，着力打造一个集聚创新人才、创新资源、创新要素的生态系统，提供以知识产权金融创新、知识产权跨境交易为特色的全方位、一站式、高品质的知识产权资产交易和服务。

七弦琴国家平台的 8 大交易品类包括：知识产权资产（专利、商标、版权）；知识产权运营服务（受托、收购、专利池、标准化）；知识产权服务（代理、诉讼、分析、咨询、培训）；知识产权创业项目（以知识产权为核心的创业项目）；创业辅导及投融资服务；研发服务；设计产业服务；知识产权支撑型商品。

七弦琴国家平台旗下拥有"七弦琴"与全球高品质知识产权服务机构的联营服务，"七弦琴"专利、商标、外观设计、版权交易，"华金·七弦琴"知识产权投资，"七弦琴·智财通宝"知识产权融资及证券化，"七弦琴·珠江西岸"知识产权高端服务，"七弦琴"核心（关键、优势）专利认证，"七弦琴"知识产权经济、行政管理与金融创新研究，"七弦琴"注册运营师、维权师、导航分析师、管理咨询师培训，"七弦琴"知识产权众创空

---

① 七弦琴国家知识产权交易网. 关于我们. [EB/OL]. 2017-03. https://www.7ipr.com.

间,"七弦琴"知识产权驱动企业创新发展计划,"七弦琴"知识产权顾问,"七弦琴"政策小灵通,国家服务资源的"七弦琴"代办业务等产品体系。

七弦琴国家平台下设平台部,交易部,金融创新部,国际运营部,业务发展与会员部,研究培训部,流程管理与客户服务部,合规法务部,审计监察部,财务管理部,董事会办公室,综合管理部等12个部门。横琴国际知识产权交易中心已经初步搭建了一个专业化、国际化、年轻化、多元化的团队,逐步形成了自己的企业文化。

由上述介绍可见,横琴国际知识产权交易中心除为专利和其他知识产权形式的技术交易提供专门的交易场所和综合化的服务外,还致力于通过提供融资手段和专业化服务,推进知识产权的成果转化,加快知识产权的产业化和商品化。这也是近期各地新成立的知识产权交易中心的普遍发展方向。

本节小结:2014年10月《国务院关于加快科技服务业发展的若干意见》(以下简称《意见》)提出了九项重点任务,其中在"技术转移服务"中提出,"发展多层次的技术(产权)交易市场体系,支持技术交易机构探索基于互联网的在线技术交易模式,推动技术交易市场做大做强。鼓励技术转移机构创新服务模式,为企业提供跨领域、跨区域、全过程的技术转移集成服务,促进科技成果加速转移转化。"此《意见》既肯定了目前多层次的技术转移交易市场体系,又肯定了互联网平台化的在线技术交易模式和方向,并鼓励了跨领域、跨区域、综合化、全过程技术转移服务模式的发展。

长远来看,除科技企业孵化方面仍主要由政府部门或政府部门领导的事业单位直接推动外,在技术转移中介服务领域应更多地交给民营机构来运营,在中介服务业方面,民营机构更具活力、创造性和开拓精神;政府部门应回归其监管、规范、引导和促进的作用,对内通过制定更加开放灵活的科技成果转化政策,促进高校和科研机构对外的技术转移和科技成果转化;对外加强与技术先进国家政府层面的沟通和协作,为民间的技术转移合作铺路。近年来,沿海经济发达地区在政府相关部门的指导和协调下,举办海外先进技术对接交流会蔚然成风,给技术转移供需双方直接面对面了解最新技术提供了机会。总体来看,此类海外技术对接会以技术领域专场的形式效果更佳,技术领域的选择往往聚焦本地区的某一两个核心产业群,更容易吸引相关领域的企业界人士踊跃参与,除技术对接外,企业界人士还可以通过对接会了解相关行业技术的最新发展和未来发展趋势。

近年来,政府方面对技术转移和转化的相关中介服务方面在政策、资金、用地方面都给予重视，在物质方面给予了较充足的支持；相对来讲，在技术转移人才队伍的培养、建设和储备方面政府方面仍大有可为。技术转移中介机构人员数量一般不大，但往往需要包括由商务、技术、外语、法律等领域人才组成的复合型的专业团队，在专业性强的同时，还需要既有技术专长又了解法务和市场的复合型人才。技术转移经纪人应是复合的创新型人才，在促进科技商品交易，科技成果顺利转化方面有着重要的地位和作用；相关部门应针对这个新兴行业的人才群体加大相关培训和培养的力度，创造实际操作的机会，着力培养壮大此领域的相关专业人才，而不是用一个证书一限了之。另外，政府方面还可以对技术转移机构在人才储备方面有针对性地加大扶持力度，帮助和引导技术转移机构吸引和留住高素质的人才。

6.3 市场主导的技术转移服务机构：来自市场的虹吸效应

目前，政府主导的转移机构在促进技术转移、转化中虽然起着重要作用，但这些机构不可能满足大量的技术转移和众多企业对科技成果的需求。2013年11月12日，中国共产党十八届三中全会《中共中央关于全面深化改革若干重大问题的决定》明确指出，"经济体制改革是全面深化改革的重点，核心问题是处理好政府和市场的关系，使市场在资源配置中起决定性作用和更好发挥政府作用。"

在市场经济环境中，市场机制通过供求、价格、竞争、风险等要素之间互相联系及作用，体现着基础性的资源配置功能，对促进技术转移、转化具有重要作用。因此，充分发挥市场机制的重要作用，成为推动技术转移、转化的关键[1]。在市场主导的技术转移过程中，技术拥有者获利的基础是市场，营利的途径是以市场为导向的。只有该技术的应用成果——产品占领了市场，才能实现技术转移获利的目的。在技术转移过程中，市场机制起着基础性和核心性的作用，为实现技术转移在供求关系中的顺利对接，在成果的需求方已越来越表现出较为成熟的市场化运作思维和手段的今天，在科研机构或者以研发为主要职能的企业建立适应市场的完善的经营机制是必不可少的。

市场主导的技术转移机构的服务特点是，技术商品成熟度较高，一般已经产品

---

[1] 饶莉. 科技成果转化必须坚持资源配置的市场化[J]. 企业经济，2007, 318(2): 30-32.

化，通过技术转移形成一定规模的产业化，所需的技术转移中介服务主要是信息服务、提供有效的沟通以及关注技术引进方的技术能力。

此类技术转移中介服务体系的特点主要有如下4个方面。

1）技术商品市场成熟度高，技术供方多为企业或拥有已成功产品化的技术的科研机构或高校。

2）技术转移活动多发生在地区之间、国际间存在技术落差的企业之间。

3）技术商品类型丰富。

4）技术转移中介服务方主要提供的服务是信息服务、组织协调服务、交易过程服务，技术商品交易过程能否顺利完成是此类技术转移成败的关键[①]。

随着中国经济深化改革，市场主导的技术转移服务机构形式也逐渐增多，目前能见到的主要形式有以交易为主的OTO技术转移服务平台、以合作为主的开放式在线创新平台及以促进转化为主的创新型孵化器。以下将分三小节分别详细介绍市场主导的这三种形式的技术转移服务机构。

6.3.1 以交易为主的O2O技术转移服务平台

线下和线上相结合（O2O）的技术转移服务平台将技术转移服务与线上资源相融合，使网络成为实体经济连接线上与线下技术的桥梁，是一种新兴技术转移服务模式，使网络成为实体经济延伸到虚拟世界的"前台"。这种模式提高了信息流通的效率，降低了技术转移的人力物力消耗、交易时间和交易成本，实现了跨行业、跨地区的资本对接，国内和国外的技术对接，从全国或者覆盖全球市场角度跟同业机构合作。

O2O模式为技术产品交易和服务产品交易开拓了市场，把技术转移全过程的服务通过网络"快递"给客户，而其"在线营销、现场服务和离线交易"的服务模式展示了广阔的市场前景。

本节以科创帮和科易网为例，详细介绍O2O技术转移服务平台的服务模式。

1. 科创帮

"科创帮"隶属于上海云孵信息科技有限公司（成立于2015年），是国家技术转移东部中心旗下国内首个直接服务于技术成果团队而实现成果转移、转化的全国

---

① 陈孝先. 我国技术转移中介服务体系研究[D]. 北京：清华大学，2004: 34-35.

性专业服务平台，主要专注于新材料、新能源、环保、先进制造四个领域的创新技术成果转移、转化。

科创帮通过"工具包+大数据"的算法帮助客户梳理细分行业的技术发展趋势，识别该细分领域内与客户需求高度匹配的技术项目。通过行业对标提前布局，占据行业内有利地位，并为客户提供可选择的解决方案，从而为客户在合作方寻找、技术合作谈判、合作实施等阶段提供更全面的决策依据。

科创帮平台上有一个结合专业经验和算法生成的工具系统，可以使用这个工具对技术进行专业"体检"。通过技术评分、项目初步调研、市场调研、财务预测等工具，帮助技术在最短的时间内了解它的市场前景、技术成熟度等问题。系统还可以提建议方案，告诉技术怎么去落地转化。这一系列的过程，都可以自己操作，免费使用。

另外，科创帮还在网站中上线"在行"频道，邀请工程院院士、投资人、高校教授参与审核评估项目，以提高项目准入门槛。通过"人工审核+系统打分"机制，从技术、市场等角度衡量项目的量产可行性，而不是简单地把成果放在平台上。

科创帮的技术转移转化服务通常有两种方式：一种是从需求端到供给端，一种是从供给端到需求端；前者通常是企业提出技术需求，再到科研界去找供应方；后者通常是科研界已有一项技术成果，再向产业界转移转化。

1）从需到供的技术转移（需求侧、甄别性）

技术转移人员在接收到企业的一项技术需求时，首先需要沟通判断该项需求的真实性、有效性；

第二步，快速地梳理出该需求的技术分布地图，即该项目技术的国内外现状，谁拥有或在开发该项技术、技术处于何种阶段、技术特点或优势；

第三步，进行技术方的筛选与匹配，以及合作洽谈，这一阶段通常持续时间比较长，不可控因素较多，需要技术转移人员积极协调，进行各种方案设计及沟通；

最后一个阶段是协议签署及合作实施，需要技术转移人员具有丰富的商业谈判、法律知识和经验。

通过分析历史数据，科创帮发现，从需求端出发完成的技术转移案例，通常的合作方式为技术转让、委托研发、联合研发，相对而言，合作周期比较短，企业需求方通常也有一定的时限要求，效率低下的匹配往往很快使企业失去信心和耐心。因此，对技术转移人员的进度把控、解决突发事件的能力要求也较高。

2）从供到需的技术转移（供给侧、结构性）

从成果端出发进行技术转移转化，可分为初步调研、市场调研、商业设计及合作洽谈、协议签署及项目实施四个阶段，不同的阶段，对人员的能力要求有所不同。

首先，初步调研：接收到一个技术成果信息，完成真实性、有效性判断后，科创帮会安排项目助理部门进行初步调研，快速了解项目基本情况。初步调研报告要回答技术是什么，用来干什么，目标市场大致前景、产业链概况、国内外总体竞争态势，有无政策限制等。初步调研完成后，按照系统标准进行内部评分，高于标准分值的项目，则进入下一个阶段。该阶段要求项目操作人员具备相应的专业背景，能够快速了解一项技术，同时必须具备市场及行业的基础分析方法以及快速整理和总结信息的能力。

第二步，市场调研：对流入该环节的技术成果项目，赴实地进行市场调研，调研事项主要包括如下内容。

① 用户调研：目前需求痛点、竞争产品使用情况、是否考虑使用本项目产品，或不使用的原因、用户对本项目产品的价格接受范围等；

② 行业调研：项目技术/产品的行业鉴定及专业评价、行业上一年的市场总额、产品价格、毛利水平等；

③ 竞争调研：至少了解5家竞争对手的产品指标信息，及对应的价格信息，对象选择上包括大型企业竞争对手、中等规模企业竞争对手，以及行业新晋企业竞争对手；

④ 市场营销：了解客户的分布情况、目前市场上该产品的主要销售渠道等。

在市场调研完成后，按照系统标准进行内部评分，高于标准分值的项目，则进入下一阶段。市场调研的过程，对项目操作人员的沟通能力、应变能力提出了更多的要求。

第三步，商业设计及合作洽谈：经过两轮调研筛选出来的项目，进入商业化方案和外部合作推广阶段。合作方式包括但不限于技术转让、技术许可、作价入股、投资孵化等。该阶段通常周期较长，变数较多，要求项目操作人员具备更丰富的商业和谈判经验，以及多方协调及抗压能力。

第四步，协议签署及项目实施：到此阶段，从技术成果转移转化的角度来说，是一个阶段性的结点。

2. 科易网

科易网由厦门科易网科技有限公司创建于 2007 年 5 月，目前在全国设有 8 家子公司，现有专业科技服务人员 180 多人。

科易网始终以推动技术及能力转移转化为主轴，致力于引领中国科技创新服务行业的"市场化"及"互联网+"变革，目前已是国内最大的技术交易市场与创新服务平台，并获得了国内首个"国家科技成果转化服务示范基地"、国内首批"现代服务业创新发展示范企业"及"国家技术转移示范机构"、"中国创新驿站厦门区域站点"、"中国技术市场协会金桥奖"等多个国家级荣誉。

经过多年的发展，目前科易网产品矩阵已然成形，针对城市科技创新服务，科易网已形成包括服务平台类、数据库类、活动类、智慧速递类及个性化定制类等五大类完善的产品矩阵。针对企业技术创新服务，科易网提供在线展会、技术评估、专利交易，"老师傅"（咨询专家平台）、"难题帮"、"成果帮"、"科易视讯"等系列创新服务产品，使科技服务更贴近企业实际需求。

科易网技术转移服务特色如下所述。

1）技术对接：首创在线展会系统——解决传统展会成本高、效率低、对接难的问题。

科易在线展会是科易网独创的创新对接形式，主要依托网络会展中心，引导和召集技术、人才、资金、政策等创新要素的供需双方在约定的时间内，通过双方网络在线的方式，借助科易网自主研发的技术贸易专用洽谈工具"科易通"，实现同步在线对接。在线展会在强调即时性的同时，具有参展成本低、优化对接、效果明显、曝光显示度高等优点。

2）技术定价：首创技术交易价格评估系统——解决技术交易定价难问题。

技术成果作为一种无形商品，其市场价值往往难以判断，技术成果价格评定往往成为交易双方争执不下的问题，大大降低了技术交易的效率。针对这一难题，科易网研发团队通过摸索实践，创造性地开发了技术交易价格评估系统软件，目前已取得软件著作权。

该系统分别从技术供应方和需求方的角度出发，采用预期收益法和成本重置法两种方法对交易的技术进行价值评估。以成本重置评估结果作为技术供应方所能接受的底线，以预期收益评估结果作为技术需求方所能接受的上限，两者的区间即是合理的价格区间，也是供需双方议价的区间。系统科学合理、操作简便、灵活主动、费用低廉，可为交易双方提供便捷的价格参考，提升技术交易速度。

3）在线交易：首创技术交易服务保障体系（科易宝）——解决技术交易过程中不信任、纠纷多、款难收等问题。

科易宝是由科易网自主研发的全国首创的线上技术交易服务保障系统，创造性地实现了技术交易的电子商务化，重点解决了网上技术交易过程中的合同签约与订单管理、技术资料交付、电子数据存证与取证、款项资金支付等关键环节问题，在实践中也能有效解决交易双方的互信、纠纷、尾款回收、技术烂尾工程等诸多问题，从而构筑了公平、公正、安全、规范的技术交易环境。

科易宝核心创新点在于技术交易流程再造。通过技术交易节点的模式创新与流程整合，结合电子商务手段，创新网上技术交易流程，构建在线技术交易绿色通道，使得科易网从原来单纯的信息展示平台蜕变成实现真正交易的名副其实的技术市场。

4）交易管理：首创统计分析与终端展示系统——解决主管部门对区域技术交易了解不足、办法不多的问题。

科易网首创了服务于主管部门的深度管理系统，包括终端展示功能与统计分析功能，为各地主管部门了解区域内技术转移动态，管理跟踪重点企业提供依据。

统计分析：对项目对接情况、达成意向情况、在线合同签订情况、在线交易情况进行统计，提供分析本地企业需求的数据。

终端展示：汇聚技术市场动态对接数据、达成意向数据、实现交易数据，依托数字可视化系统，场面直观可直播，凸显效果，提升科技服务的曝光度。

5）中介培育：首倡中介队伍培育与发展机制——解决国内技术中介服务发展滞后、生存困难的问题。

通过为技术经纪构建提供宣传展示、业务承接、信用管理、经纪合作、利益保障、政策落实等方面服务的工作平台，倡导合作经纪，为技术中介与服务机构构建生存的土壤和发展的平台，发展壮大技术中介队伍，极大繁荣科技服务市场，推进技术转移工作的快速发展。

6.3.2 以合作为主的开放式在线创新平台

开放式在线创新平台（Open online innovation platform）是由美国学者 Howe 于 2009 年提出的一种新的企业创新模式。其基本理念是：创新应该作为一个公共平台，积极发挥企业内部和外部不同群体的力量共同为企业创造价值。

与传统封闭式创新模式相比，开放式在线创新平台具有以下三点特性。

一是主体多元，即通过多方关系共建开放式在线创新平台，可包括任务发布商、服务提供商和中介平台提供商等。其中，平台提供商辅助交易完成，开发交互工具、远程工作管理工具、评估工具等应用系统，并提供咨询、仲裁等服务。

二是全球网络，开放式在线创新平台具有全球性特征，企业可通过网络平台跨越组织和国家的文化界限，获取全球性专业人才与服务资源。

三是分布式协作，通过建立一套有效的运行机制将时空分散、资源互补、相对独立的个体及工作团队组织起来，从而提高解决复杂问题和应对挑战性机遇的快速应变能力[1]。

目前，开放式在线创新平台已在一些发达国家推广应用，并取得了一定成效。我国对于开放式创新的研究起步较晚，近年来才有一些大型企业开始进行开放式创新的探索与实践，目前来看，国内运营较成功，且通过开展开放式创新产生了显著的经济效益和社会效益的典型案例就是海尔自营的 HOPE 开放式在线创新平台，下文将以此为例来详细介绍其运营模式。

海尔：HOPE 开放创新平台

2012 年年底，海尔顺应互联网潮流，宣布进入网络化战略发展阶段，企业由封闭的组织向开放的平台转型。2013 年 10 月，由海尔开放式创新中心开发并运营的海尔开放创新平台（Haier Open PartnershipEcosystem，HOPE）正式上线。2014 年 6 月，海尔开放创新平台改版升级。平台遵循开放、合作、创新、分享的理念，通过整合各类优秀的解决方案、智慧及创意，与全球研发机构和个人合作，为平台用户提供前沿科技资讯以及创新解决方案，最终实现各相关方的利益最大化，并使得平台上所有资源提供方及技术需求方互利共享。

海尔开放创新的基本理念是"世界就是我们的研发中心"，其本质是全球用户、创客和创新资源的零距离交互，持续创新。海尔开放创新的目标是建立全球资源和用户参与的创新生态系统，持续产出指数级的科技产品。

目前，HOPE 平台已经成为中国最大的开放创新平台，同时也是亚洲最大的资源匹配平台，已吸引包括 MIT、斯坦福、弗莱恩霍夫协会、陶氏、3M、巴斯夫等众多创新创业公司及团队加入，已有 200 万家全球一流资源网络，超过 10 万家资源在该平台注册，

---

[1] 曾庆丰. 企业开放式在线创新平台的运行模式及案例研究[J]. 华东科技，2012, 9: 66-67.

每月可交互产生超过 500 个创意,已累计成功孵化各类硬件创新项目超过 220 个。

1) HOPE 平台三大版块:

①社区交互:通过社区的运营,平台吸引了大批用户参与各种活动的交互,积累了用户流量后,通过后台的数据分析与整理,能够全面了解用户使用家电过程中,对各种电器产品的需求,再加工整理,快速转化成产品规划。同时,大用户流量,也能够为创意验证提供阵地和可靠的用户验证基础。

②技术匹配:目前 HOPE 平台已经注册了 10 多万技术资源,而且每个技术资源都是带着技术方案上平台的,这些技术方案结构化的数据为大数据匹配提供良好的数据基础,任何的用户需求提到平台后,通过后台的大数据匹配,都能够快速精准地匹配到合适的解决方案,这使海尔可以快速推出满足用户需求的新产品。

③创意转化:HOPE 平台上已经拥有了大量的用户需求信息和技术方案信息,将这两者进行加工整理,就形成多种可行性产品方案,再加上海尔的六大转化基金的支撑,能够不断推出满足需求的产品并进行产品的迭代创新。

2) HOPE 的共赢分享机制:

①共建专利池:海尔已与 DOW、利兹大学等共建专利池,共同纳入的专利数量达到 100 件以上,联合运营获取专利授权收入。迄今海尔已经和合作伙伴共建了 7 个专利池,其中 2 个专利池上升为国家标准。

②模块商参与前端设计,超利分享:E 公司是一家专注于制冷解决方案的公司,凭借优秀的设计能力,和海尔一起开发出极受用户欢迎的产品,成功成为海尔供应商。这种模式比传统的模式提高整体产品研发效率的 30%,新产品开发时间缩短 70%。目前已有超过 50%的模块商参与到前端研发过程中,未来海尔所有供应商将全部参与到产品前端研发过程,实现全流程的交互研发。

③投资孵化:美国某大学孵化出的 C 公司,拥有固态制冷技术模块顶尖技术,并且处于孵化融资阶段。海尔参与该公司前期孵化、融资及技术的产业化,成功孵化出全球首款真正静音的固态制冷酒柜。

④联合实验室,成果分享:海尔与 D 公司、L 公司等成立技术研发联合实验室,双方共同投入基本的运营费用,从各个领域实现技术的开放性,实现双方技术的交互与应用共享,技术研发的成果双方共同拥有,产品上市后价值分享。

⑤成为供应商伙伴获取收益:具备交互用户、模块化设计、模块化检测、模块化供货四个能力的资源,可享有优先供货权,即优先保障享有 70%~100%的供货配额。同时

享有 6~12 个月的反超期。例如 S 公司参与天樽空调研发，参与前端模块研发，同时具备供货能力，在量产后直接享受 80%的模块供货配额。

除了以上的分享模式，海尔还通过市场量对赌分享、共同孵化等多种合作模式，与创新合作伙伴共创共赢。

3）成功案例：航天技术民用化——卡萨帝传奇热水器 NOCO 技术。

在 2014 年中国消费电子产业高峰论坛上，卡萨帝传奇热水器获得"年度十大创新产品奖"。传奇热水器的核心优势在于攻克了燃气热水器行业多年难题，首创了可消除一氧化碳的 NOCO 技术，为用户带来了更加安全、舒适的洗浴生活。

诞生过程：

2010 年 10 月，卡萨帝论坛用户不断发声，"CO 防护措施做得再好也会有隐患，不产生岂不是更好。"这个用户的需求激发了对"极致安全"的探索。

2010 年 12 月，海尔超前研发中心开始进行燃气热水器的 NOCO 的研究，尝试将航天空气净化技术运用到燃气热水器上来，用催化氧化的办法彻底消除 CO。

2011 年 4 月，在海尔开放创新平台上发布了创客项目，从全球范围内征集相关的研发企业。经过海尔开放创新平台基于标签匹配和大数据技术的自动筛选，最终有 16 家全球强大的资源公司符合这次技术研发的需求。

2011 年 6 月，海尔开放创新平台组织专家团队对技术资源进行评估，最终与两家研发机构达成了技术合作协议。创客团队与研发企业组建了联合研发实验室，并成功研制出 NOCO 的技术。

2012 年 3 月，经过了 3 000 h 的反复试验，CO 排放量始终高于 200PPM，因此初始方案以失败告终。

2012 年 4 月，为了真正实现 CO 的催化，创客团队根据燃气热水器的燃烧环境，将神舟七号载人飞船上的航天技术进一步突破，又经历了 1 600 h 的测试，最终成功将该技术运用到燃气热水器中，实现 CO 的零排放。

2012 年 7 月，开始进行卡萨帝燃气热水器的工业设计。

2013 年 12 月，首台样机下线，百台工业样机进行可靠性试验。

2014 年 4 月，开始进行极客测评等。

2014 年 9 月，卡萨帝传奇热水器在北京举行新品发布会。

6.3.3 以促进转化为主的技术转移服务机构——众创空间

2014年9月,李克强总理在夏季达沃斯论坛致开幕辞时,提出要掀起"大众创业"、"草根创业"的新浪潮,形成"人人创新、万众创新"的新局面。

2015年1月4日,李总理探访深圳柴火创客空间,称赞年轻创客们充分对接市场需求,创客创意无限。创客活动受到政府的支持和鼓励,让"创客"和"创客空间"们备受鼓舞,为实现"大众创业、万众创新",创客被寄予厚望。1月28日,李克强主持召开国务院常务会议,研究确定支持发展众创空间,推进大众创新创业的政策措施,中央文件第一次提到"众创空间"。2月,科技部发文,指出以构建"众创空间"为载体,有效整合资源,集成落实政策,打造新常态下经济发展新引擎。3月5日,在两会的政府工作报告中,李克强再次反复提到"大众创业、万众创新",并且将其提升到中国经济转型和保增长的"双引擎"之一的高度,显示出政府对创业创新的重视,以及创业创新对中国经济的重要意义。3月11日,国务院办公厅印发"众创空间"纲领性文件——《关于发展众创空间推进大众创新创业的指导意见》(以下简称《意见》)。此举为国家层面首次部署"众创空间"平台,支持大众创新创业。《意见》提出为创业者提供工作空间、网络空间、交流空间和资源共享空间,并且对发展"众创空间"的目标、任务和主要思路做出了明确规定。目标到2020年,形成一批有效满足大众创新创业需求、具有较强专业化服务能力,同时又具备低成本、便利化、开放式等特点的众创空间等新型创业服务平台。

显然,"众创空间"并不是一个简单的物理概念,也不能把它与现有的任何一种具体形式画等号。投中研究院认为,众创空间的概念外延与孵化器略有重叠,但应比后者范围更大(见图6.4),它还应包括创客空间、创业咖啡等新型孵化器模式。

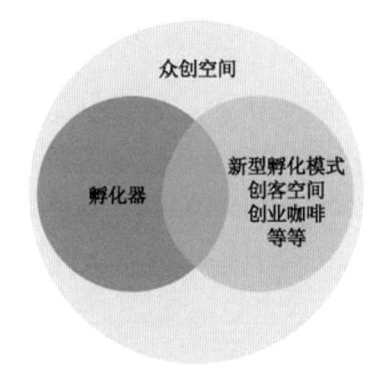

图 6.4 传统孵化器、新型孵化器和众创空间的关系

不同于传统以提供物理空间和基础设施为基本服务的孵化模式，创新型孵化器是面向早期创业项目和新创办企业，采用线上线下相结合的孵化手段，为创业者提供专业化、集成化、高端化和市场化等软性服务的创业服务平台，创新型孵化器正日益成为科技服务业的一支重要新兴力量。

从是否有政府和国资机构的背景来看，传统模式的孵化器一般为政府所主导，特点是承载了国家经济发展意志，以国家经济及科技发展战略为导向，较偏向公益型创业扶持机构。而组织形式大多为政府科技管理部门或高新技术开发区管辖下的一个事业单位，孵化器的管理人员由政府派遣，运作经费由政府全部或部分拨款。在这种模式下，孵化器以优惠价格吸引天使投资机构入场，充当天使投资与创业企业之间的媒介。此类孵化器多以高新技术创业服务中心、国家留学人员创业园、国际企业孵化器、国家大学科技园命名。而创新型孵化器一般为市场所主导，除单纯的提供租金优惠和行政服务外，同时也为在孵企业寻找意向投资者，提供融资相关法务服务以及创业培训等。

目前，在国内市场上，市场主导的创新型孵化器形成了平台型企业孵化器、创业咖啡、创业媒体、创业社区等孵化形态，纵观形态各异的创新型孵化器，清科研究中心将其大致归为以下五种模式。

模式一：企业平台型

企业平台型孵化器是指基于企业现有的先进技术资源，通过技术扶持，衬以企业庞大的产业资源为创业者提供高效便捷的创新创业服务。该模式孵化器的主导者通常为大型科技企业，拥有雄厚的资金实力，前期不追求初创企业为孵化器带来盈利，而着眼于鼓励创业者在其现有先进技术平台上实现突破，实现创新。目标是未来能为孵化器主导者带来新模式，为上游企业带来新技术。而主导企业在孵化器中也可寻觅有助于打造未来新型业务模式的潜力股，优先获得创新资源为主导企业实现突破。现阶段，中国移动、中国电信、中国联通、百度、腾讯、京东等科技型企业都已着手建立旗下孵化器，吸引了大批的创业者加入。

模式二："天使+孵化"型

"天使+孵化"模式的孵化器主要是效仿美国等发达国家孵化器的成功模式。该类孵化器通常由民间资本或教育类机构，例如各大创投机构或高校主导，为创业者引进成功创业者，大型企业高管或创业投资人等具有丰富行业或创业经验人士作为导师，传授创业者运营管理、产品设计、发展策略等经验，意在预估创业障碍，降低创业风险，提升投资成功率，为创业者和投资人实现双赢。该类孵化器对项目的筛选倾向于具有创新科技或创新服务模式的企业，入孵后对看好的企业会进行天使投资，并在毕业后的后续融资中退出实现股权溢价。该模式下较典型的孵化器包括创新工场、启迪之星孵化器、洪泰创新空间、联想之星等。

模式三：开放空间型（主要是创业咖啡馆）

办公空间类孵化器的孵化模式，是在孵化器 1.0 的基础上进行了全面的包装和完善，更注重服务质量和品牌效应，致力于打造创业生态圈。该模式的孵化器为创业者提供基础的办公空间，并以工位计算收取低廉的租金，同时提供共享办公设备及空间。孵化器会定期邀请创业导师来举办沙龙或讲座，为创业者答疑解惑，指点迷津。在资金支持方面，该类孵化器虽不提供创业投资基金，但与各个创投机构保持着非常密切的联系，有的甚至邀请创投机构长期驻场，以便节省创业者的时间提高融资效率。当下为了打造独具特色的孵化器品牌，该类孵化器正积极营造创业生态圈，为创业者提供一个积极交流的氛围，例如在某一创业项目落地时，共同办公的创业者们互相成为了第一批用户，给予帮助和意见，实现快速试错。为了避免同行恶性竞争，该类孵化器也会有意避免将类似的创业项目安排在同一办公空间下。当前如车库咖啡、3W 咖啡、科技寺等都已成功孵化了大批的创业项目。

模式四：媒体依托型

媒体类创新型孵化器是指依托自身庞大的媒介平台，以为创业者提供多维度宣传为亮点，同时凭借对创业环境以及科技型企业的长期跟踪报道而积累的经验对创业者提供扶持帮助的孵化器。现阶段较成功的包括创业邦旗下孵化器 Bang Camp 和 36 氪旗下孵化器氪空间等。它们通过成熟的媒体平台为创业项目在极短的时间内造势，吸引眼球扩大用户群。同时对接各路投资人，通过形成线上至线下的一种约谈及投资的模式。

模式五：新型地产型

新型地产类孵化器诞生的时间不长，模式较单一，靠出租办公位，并且提供共享办公设备，网络以及出租办公空间为营利模式。主导机构一般都为大型地产商。然而在创业产业链条中，房产服务处于最底层、最基础的位置。从地产商的角度出发，当下商业地产过剩严重已然是业内人士的一大压力，另外有数据统计显示，北京全市商业地产整体空置率快速上升，2014 年同比增加 10.6%，与 2013 年同比增加 3.1%形成明显对比。因此房地产开发企业为地产严重供过于求而拖累，不得不转型探索新模式，而在国家大力鼓励创新创业的政策下，地产商背景孵化器的专业性仍处于摸索阶段。

第五部分
技术转移政策与未来

第7章 技术转移政策解读与技术转移的未来

技术转移是我国实施创新驱动战略、中小企业发展战略、知识产权强国战略的重要支撑，是广大中小企业承接技术扩散、实现技术转化、开展技术创新、增强核心竞争力的关键环节，更是创新成果转化现实生产力、促进技术再生产、实现技术迭代升级的重要途径。

改革开放以来，我国承接国际分工中的低端生产环节的转移，在获得基础生产技术的同时，也获得大量的实用技术转移，这些技术与我国人口红利等生产要素相结合，极大激发了我国的生产潜力，在短短 20 年内，中国大部分基础工业产品的产量跃升到全球第一。因此，我国技术转移研究和实践得到快速发展，技术转移已经成为国家经济增长的重要因素之一。

然而，技术转移在我国国家创新体系建设中仍然是薄弱环节，缺少良好的体制、机制和政策环境业已成为阻碍我国企业自主创新能力的因素。在科技飞速发展、创新日益成为国家发展主题的今天，不仅要完善技术转移机制，还应该由政府主导，制定切实可行的技术转移的政策。

纵观各国的技术转移政策，不论它们在各个时期的具体政策有多大差别，其基本目标总是一致的，那就是最大规模地鼓励企业采用国内外的先进技术，提高技术转移的效率，促进技术转移的顺利开展，以取得更大的社会经济效益。具体来说，技术转移政策主要在下述三方面体现其作用：扩展技术交流的渠道；提供经济激励和优惠政策；营造技术转移生态圈。

从 1949 年新中国建立到现在，我国经济发展形势大致分成五个阶段，科技成果转化的表现形式和内容各具特色，因此技术转移政策也相应不同，大致可分成如下五个层次。

混沌层次：建国初到改革开放前期，我国经济制度是政府主导下的计划经济。企业是根据政府计划大规模引用国外技术的，并没有具体的政策法规来规范技术转移活动。在计划经济体制下，各个科研机构和企业相互独立，企业被动地接受技术的转移指令。

萌芽层次：自改革开放到 1992 年，我国承接国际分工中的低端生产转移和普通产品技术转移，虽然是政府主导引进，但增加了市场微调反馈。1985 年，国务院颁布《技术转让暂行规定》，规划了技术市场的发展，提倡企业将技术引进与技术改造相结合的模式。

制度层次：1992—1998 年，科技体制改革重点在于结构调整、转变机制、分流人才、培育市场。1993 年，全国人大通过了《中华人民共和国科技进步法》，确立了国家发展科技进步事业的基本制度，是一部促进科学进步、保护科技工作者权益的重要法规。

战略层次：1998—2014 年，我国正式实施科教兴国战略，同时开始建设国家创新体系，加速科技成果转化。1999 年，《技术合同法》的颁布，标志着我国技术转移法规发展战略的基本确立。

完善层次：2014 年，我国开始实施创新驱动战略、中小企业发展战略及知识产权强国战略。2015 年 8 月，修订了《中华人民共和国促进科技成果转化法》。2016 年 2 月，颁布了《实施〈中华人民共和国促进科技成果转化法〉若干规定》；同年 4 月，颁布了《促进科技成果转移转化行动方案》，这三个法规的密集出台，是中国加快促进科技成果转化的三部曲，目的在于解决科技成果在转移过程中普遍存在的价值确定比较难，转让手续比较繁杂的问题，以及国家一些规定和现行实践中需要进一步改进的问题。这三部曲，重点是进一步明确科研机构成果转化的法定义务，同时加强对这项转化工作的考核，包括加强国家层面的技术创新体系的建设，强化对成果持有人的奖励等。此外，科技部还将配合全国人大开展相关执法工作，解决法律在实施中存在的问题，进一步推动各地方各部门完善科技成果转化的相关制度和法规。

7.1 我国促进科技成果转化的若干经验

促进科技成果转化始终是我国科技体制改革的主攻方向。党中央、国务院提出"经济建设必须依靠科学技术、科学技术工作必须面向经济建设"的科技工作基本方针，推动了科研与生产的结合。20 世纪 90 年代以来，党中央、国务院制定了科教兴国战略和人才强国战略，作出了加强技术创新、发展高科技、实现产业化的决定，促进了高新技术产业的蓬勃发展和国家高新区的迅速成长，并推动了全国1 300所科研院所完成企业化转制。2006年在全国科技大会上，党中央、国务院制定了提高自主创新能力、建设创新型国家的重大决策，确定了以建设企业为主体的技术创新体系为突破口，开始全面推进国家创新体系建设。2008年以来，面对国际金融危机的冲击，国家更加强调科技支撑作用，要求加大科技成果转化力度，促进重点产业振兴和战略性新兴产业的发展。

经过30多年的改革和发展，我国促进科技成果转化工作取得了较大成效，促进科技成果转化的政策环境有了很大改善，逐步建立起技术市场、技术转移体系，充实了我国技术转移工作的法律制度和框架。通过科技企业孵化器、生产力促进中心、科技型中小企业创新基金、高技术产业化专项等多种促进科技成果转化的政策手段和措施，形成了促进我国科技成果转化比较完整的政策体系。

国家财政性科技投入大力支持企业研发和应用推广。政府强调发挥财政资金对激励自主创新的引导作用，通过一系列的科技计划或基金实现对科技研发的投入，其中以应用研究为主的国家重大科技专项、高技术研究发展计划（863计划）、科技支撑计划占80%以上。国家科技支撑计划的95%、国家重大专项的50%、863计划的35%以上的项目都由企业牵头实施，80%以上的各类项目体现了产学研用结合。国家还利用基金、贴息、担保等方式，引导商业金融机构支持自主创新与产业化，改善对中小企业科技创新的金融服务，加快发展创业风险投资事业，建立支持自主创新的多层次资本市场。

高校科研服务于经济社会的能力大幅提高。通过产学结合、校企合作、开放实验室、共建技术转移中心、技术交易平台、大学科技园和科技成果转化示范区等多种方式，越来越多的高校及科研人员参与到经济社会建设中。大学科技经费中来自企业委托的部分已占到50%以上，一些理工院校接近甚至超过70%。一些大学科技园（如清华科技园、环同济知识经济圈、深圳虚拟大学等）已形成了逾百亿元的新兴产业集群。

科技企业孵化器作为科技产业育成和增量发展的重要服务机构，发挥了越来越巨大的作用。截至2015年，我国科技企业孵化器已达2 536家，场地面积达到8 679万平方米，在孵企业总数达到10万家，支持了百万人就业，为国民经济的发展和产业结构的调整做出了贡献，有力地推动了科技成果转化，使科技对经济的支撑作用得到进一步发挥。与此同时，孵化器吸引了大批海内外技术人才的聚集，改变了科技从业者的观念，培育出一批高科技企业的创业者和企业家。

国家高新区成为聚集创新资源、促进科技成果转化的重要基地。2013 年，国家高新区总收入达 19.96 万亿元，高新区生产总值达到 6.3 万亿元，占全国国内生产总值比重超过 11.1%。国家高新区良好的创新环境和氛围有效地支持和激励着企业创新投入。2013 年，国家高新区企业内部用于科技活动的经费支出为 5 643 亿元，经核算的高新区企业 R&D 经费内部支出为 3 488.8 亿元。具体来说，国家高新区为科技创新上中下游的对接与耦合、促进产学研合作搭建了较为完善的创新创业服务平台。国家高新区所构建的区域创新系统较成功地实现了科技成果转化。

7.2 科技成果转化的实施状况

2016 年 7 月 20 日，全国人大常委会促进科技成果转化法执法检查组第一次全体会议在京举行，这标志着全国范围内的促进科技成果转化法执法检查开始启动。9 月 30 日，执法检查组召开第二次全体会议，对科技成果转化法执法检查报告稿进行了研究讨论。11 月 3 日，第十二届全国人大常委会第二十四次会议审议了《中华人民共和国促进科技成果转化法》(以下简称《促进科技成果转化法》) 实施情况的报告。

报告指出，自 2015 年 8 月对《促进科技成果转化法》修订以来，高等学校、科研机构和科技人员转化科技成果的积极性显著提高，科技成果转化数量大幅增长。修订后的法律为高等学校、科研机构的科技成果转化活动注入了新的活力。仅 2015 年，高等学校、科研机构输出技术合同 9.8 万项，成交额达到 874.7 亿元。高等学校和科研机构的技术转移机构也在不断增加。截至 2015 年年底，我国已培育国家技术转移示范机构 453 家，其中依托大学建立的技术转移示范机构达 134 家，依托科研院所建立的技术转移示范机构达 121 家。同时，高等学校和科研机构通过校企联合建立研发机构、开展科技人员交流、开放实验室、建设大学科技园等多种形式，对接企业和产业需求，并建立了有利于促进科技成果转化的岗位管理和绩效考核评价体系，将科技成果转化与开展科技成果使用、处置和收益管理改革相结合，既遵守了法律规定，又兼顾高等学校、科研机构、科研团队和科技人员的利益，有效地调动了各方积极性，人员和机构转化科技成果的热情高涨。

报告指出，法律修订一年来，各有关方面积极采取措施，加快构建以企业为主体、市场为导向、产学研相结合的技术创新体系，发挥企业在研究方向选择、项目实施和成果应用中的主导作用。数据显示，国家科技支撑计划的95%、国家重大专项的50%、863计划的35%以上的项目都由企业牵头实施。《促进科技成果转化法》适应了加快实施创新驱动发展战略的需要，对科技成果向现实生产力转化具有明显的推动作用。

但是，报告还指出，我国科技创新能力不强，科技与经济紧密结合还存在一些制约因素，需要进一步发挥企业在科技成果转化中的主体作用，才能真正解决科技成果向现实生产力有效转化的问题。

企业是科技和经济紧密结合的重要力量，是技术创新决策、研究开发投入和科技成果转化的主体。要加强企业自主创新能力，推动企业研发机构和科研基础条件平台建设，建立适合企业发展需要、旨在实现科技成果产业化的研发体系。支持有条件的企业建设具有世界先进水平的研发机构，培育一批有国际影响力的创新型企业。

报告建议，要引导创新需求向企业聚集，通过采购创新产品和服务、"首购首用"风险补偿等政策措施，引导企业开展关键核心技术攻关和科技成果转化。要完善政产学研合作长效机制，支持企业与高等学校、科研院所共同承担科研项目，联合开展技术攻关和重大科技成果实施转化。要进一步加强知识产权保护，充分保障企业在科技成果转化中的合法权益，有效解决企业技术创新和科技成果转化的动力问题。要继续加强相关配套制度建设和对制度执行情况的监督检查，进一步发挥企业的主体作用和人才的核心作用，并加强科技成果转化的资金保障。

7.3 广东高校科技创新力调研报告

广东省作为我国改革开放的先行地区和市场经济发展的前沿示范区，是中国外向型经济特征最突出的省份，经济总量长年稳居全国第一，因此广东省更能够代表和反映中国大的经济发展走势和方向。

加速科技成果转移是推动地区创新力的一种重要手段，广东省在推动技术转移方面，强化了科技支撑服务体系、促进产学研合作、加速科技成果转化等一系列政策，技术转移规模逐步扩大，结构日益优化。

大学是科技第一生产力和人才第一资源的重要结合点，高水平大学、高水平理工科大学则是广东省创新力的重要支撑。2017年4月21日，南都教育联盟发布《广东高校科技创新力调研报告》，展示了广东高校创新力的现状。

报告指出，广东高校的科技类高级职称教研人员、科技类科研投入经费、技术转让当年实际收入等多项指标，都位居全国前五之列。广东高校制定科技成果转化相关管理办法，同时改革评价晋升通道、设立技术转移中心、构建开放式协同创新平台等，多管齐下促进科技成果转化的提高。以华南理工大学为例，自从国家科技成果转化法实施以后，学校在全国高校率先出台了关于促进科技成果转化政策文件，规定将科技成果转化所得收益（或股权）的70%~95%奖励给成果完成人，同时允许科技人员全职或兼职开展创新创业，并设立成果推广类教授、研究员、高级工程师等系列职称评聘制度，打通技术转移、成果转化人员岗位晋升通道等，极大地激发科研人员创新创业活力和积极性。

报告指出，在科技成果转化所得收益分配比例上，各高校均对成果完成人进行了大力倾斜与激励。总体看，各校对成果完成人的收益分配比例分布在60%~95%之间。中山大学按照收益的70%奖励给成果完成人，广州大学则是95%，汕头大学90%，暨南大学85%，华南农业大学80%。

但是，报告还指出，高校仍侧重以纵向科研、论文发表等指标为导向，真正的以成果应用和转化为导向的机制没有建立起来。科技成果与市场匹配度不够高，研究成果主要是在实验室阶段，技术成熟度较低，距离成果转化的实际需求有较大的差距。科技成果中试平台仍有待进一步完善，但中试平台具有投资大、风险高等问题，导致了成果转化率低。

另外，高校横向项目获投时间过长，丧失了研发先机。高校急缺懂技术、法律和市场的复合专业技术转移人才。成熟和专业的技术转移中介服务机构的稀缺，也限制了成果转化的进展。

7.4 技术转移相关政策法规概述

我国现行的主要技术转移政策，包括《促进科技成果转化法》、《实施<促进科技成果转法>若干规定》和《促进科技成果转移转化行动方案》，这三个政策的出台是一个整体考虑和系统性部署，形成了从修订法律条款、制定配套细则到部署具体任务的科技成果转移转化工作"三部曲"，对于实施创新驱动发展战略、强化供给侧结构性改革、推动"大众创业、万众创新"具有重要意义。

现行《促进科技成果转化法》是由全国人大于 2015 年 8 月 29 日修订通过的，同年 10 月 1 号正式实施。它从国家法律层面上对 1996 年的《促进科技成果转化法》进行修订，其目的是适应新的经济发展阶段和科技工作的新要求、新任务。

《实施<促进科技成果转化法>若干规定》由国务院于 2016 年 3 月 2 日发布实施，其目的是进一步明确细化相关制度和具体操作措施。

《促进科技成果转移转化行动方案》由国务院于 2016 年 5 月 9 日发布实施，其目的是打通政策落实的"最后一公里"。

7.4.1 《促进科技成果转化法》概述

1. 相关法规背景介绍

《促进科技成果转化法》最早由全国人民代表大会常务委员会于 1996 年 5 月 15 日发布，自 1996 年 10 月 1 日起施行。该法规定了国家科技成果转化的基本原则、管理体制、实施方式，以及激励机制和保障措施等一系列基本的制度框架。该法律的颁布实施，有效地规范了各主体成果转化的行为，也强调了政府在科技成果转化中的职责，明确了转化的主要方式。

《促进科技成果转化法》在实施过程中，逐步暴露出科技成果价值确定困难、转让手续繁杂、现实法规和实际过程相冲突等问题，2013 年开始，国家启动对《促进科技成果转化法》的相关修订工作。

2015 年 8 月 29 日，第十二届全国人民代表大会常务委员会通过了《促进科技成果转化法》修订版。

2. 目的与意义

《促进科技成果转化法》（2015 年修订版），是科技成果转化的第一部曲。作为科技成果转化"三部曲"中的根本所在，它从法律的层面上保障了科技成果转化。此次修订是为了解决科技成果转化率低、科研的组织实施与市场需求的结合不紧密、相关机构对科技成果的处置审批手续烦琐、不能充分有效反哺科研和后续产业及科技成果的提供方和企业需求方信息交流不畅通等问题。

此次修订《促进科技成果转化法》，就是要加大加快大学、科研机构的成果向企业、向社会转化的速度、转化的效率以及转化的利益机制分配。有了好的机制，科研人员才愿意去做转化工作，政府、企业、科研单位、科研人员各司其职，才能把事情做好。

7.4.2 《实施<促进科技成果转化法>若干规定》概述

1. 相关法规背景介绍

为加快实施创新驱动发展战略，落实《促进科技成果转化法》，打通科技与经济结合的通道，促进"大众创业、万众创新"，鼓励研究开发机构、高等院校、企业等创新主体及科技人员转移转化科技成果，推进经济提质增效升级，国务院于2016年3月2日发布了《实施〈促进科技成果转化法〉若干规定》。

2. 目的与意义

作为科技成果转化的第二部曲，《实施〈促进科技成果转化法〉若干规定》提出了更为明确的操作措施，强调要打通科技与经济结合的通道，促进"大众创业、万众创新"，鼓励研究开发机构、高等院校、企业等创新主体及科技人员转移转化科技成果，推进经济提质增效升级。

首先，《实施〈促进科技成果转化法〉若干规定》促进科研机构、高等院校技术转移。鼓励研究开发机构、高等院校通过转让、许可或者作价投资等方式，向企业或者其他组织转移科技成果。国家设立的研究开发机构、高等院校应当建立健全技术转移工作体系和机制，其持有的科技成果，可以自主决定转让、许可或者作价投资，除涉及国家秘密、国家安全外，不需审批或者备案。

其次，激励科技人员创新。《实施〈促进科技成果转化法〉若干规定》明确了在研究开发和科技成果转化中做出主要贡献的人员从科技成果转化中获得奖励的比例，大大鼓励了相关人员的积极性。此外，相关人员还可以兼职到企业等从事科技成果转化活动，或者离岗创业，解决从事成果转化的人员的后顾之忧。

再者，营造科技成果转移转化良好环境。《实施〈促进科技成果转化法〉若干规定》提出做好国家自主创新示范区税收试点政策向全国推广的工作，落实好现有促进科技成果转化的税收政策，加强政策协同配合，优化政策环境，提升科技成果转化的质量和效率，推动我国经济转型升级、提质增效。

7.4.3 《促进科技成果转化法行动方案》概述

1. 相关法规背景介绍

国务院于 2016 年 5 月 9 日发布《促进科技成果转移转化行动方案》，对实施促进科技成果转移转化行动作出部署。此次行动方案的出台是为加快实施创新驱动发展战略，落实《促进科技成果转化法》，打通科技与经济结合的通道，促进"大众创业、万众创新"，鼓励研究开发机构、高等院校、企业等创新主体及科技人员转移转化科技成果，推进经济提质增效升级。

2. 目的与意义

作为科技成果转化的第三部曲，《促进科技成果转化法行动方案》是为了更好地落实《促进科技成果转化法》，加快推动科技成果转化为现实生产力，促进科技成果转移转化。

此次行动方案的主要目标是："十三五"期间，推动一批短中期见效、有力带动产业结构优化升级的重大科技成果转化应用，企业、高校和科研院所科技成果转移转化能力显著提高，市场化的技术交易服务体系进一步健全，科技型创新创业蓬勃发展，专业化技术转移人才队伍发展壮大，多元化的科技成果转移转化投入渠道日益完善，科技成果转移转化的制度环境更加优化，功能完善、运行高效、市场化的科技成果转移转化体系全面建成。

建设 100 个示范性国家技术转移机构，支持有条件的地方建设 10 个科技成果转移转化示范区，在重点行业领域布局建设一批支撑实体经济发展的众创空间，建成若干技术转移人才培养基地，培养 1 万名专业化技术转移人才，全国技术合同交易额力争达到 2 万亿元。

7.5 重点政策法规分析解读

7.5.1 《促进科技成果转化法修正案》解读

1996 年公布施行的《促进科技成果转化法》，对我国促进科技成果转化为现实生产力，推动经济社会发展发挥了重要作用。但是，随着我国经济社会发展和科技体制改革的深入，该法有些内容已难以适应实践需要。为了推动科技与经济结合、实施创新驱动发展战略，2015 年，全国人大常委会通过《促进科技成果转化法修正案》（以下简称《修正案》）。此次修订，有以下 5 个亮点。①

1. 提高奖励比例，激活市场活水

曾经，高校、科研机构对科技成果转化法定义不明确。很多高校、科研机构对科技成果转化持观望态度，对科技人员评价过于单一，重理论成果、轻科技成果运用，发表论文能晋升，从事科技成果转化则受到比较大的制约，不仅没有效益，还面临让国有资产流失的风险。

《修正案》中，将原法律的第二十九条、第三十条合并，作为第四十五条，修改为：科技成果完成单位未规定、也未与科技人员约定奖励和报酬的方式和数额的，按照下列标准对完成、转化职务科技成果做出重要贡献的人员给予奖励和报酬：

（一）将该项职务科技成果转让、许可给他人实施的，从该项科技成果转让净收入或者许可净收入中提取不低于百分之五十的比例；

（二）利用该项职务科技成果作价投资的，从该项科技成果形成的股份或者出资比例中提取不低于百分之五十的比例；

（三）将该项职务科技成果自行实施或者与他人合作实施的，应当在实施转化成功投产后连续三至五年，每年从实施该项科技成果的营业利润中提取不低于百分之五的比例。

国家设立的研究开发机构、高等院校规定或者与科技人员约定奖励和报酬的方式和数额应当符合前款第一项至第三项规定的标准。

国有企业、事业单位依照本法规定对完成、转化职务科技成果做出重要贡献的人员给予奖励和报酬的支出计入当年本单位工资总额，但不受当年本单位工资总额限制、不纳入本单位工资总额基数。

修订后的《促进科技成果转化法》从科研机构及高校主管部门、单位、科技人员三个维度，完善了促进科技成果转化的评价导向。

2. 强化了企业在科技成果转化中的主体作用

为了促进科研与市场的结合，进一步发挥企业在科技成果转化中的主体作用，《修正案》增加了以下规定：

---

① 《促进科技成果转化法修正案》的五大亮点. [EB/OL]. http://tech.gmw.cn/newspaper/2015-09/08/content_109054857.htm.

一是规定科技成果转化活动应当"发挥企业的主体作用",遵循自愿、互利、公平、诚实信用的原则,依照法律法规规定和合同约定,享有权益,承担风险。

二是完善企业参与科研组织、实施的制度,规定利用财政资金设立科技项目,制定相关科技规划、计划,编制项目指南时应当听取相关行业、企业的意见;县级以上地方人民政府科学技术行政部门和其他有关部门应当根据职责分工,为企业获取所需的科技成果提供帮助和支持;对利用财政资金设立的具有市场应用前景、产业目标明确的科技项目,政府有关部门、管理机构应当发挥企业在研究开发方向选择、项目实施和成果应用中的主导作用。

三是推进产学研合作,规定国家鼓励企业与研究开发机构、高校及其他组织采取联合建立研究开发平台、技术转移机构或者技术创新联盟等产学研合作方式,共同开展研究开发、成果应用与推广、标准研究与制定等活动;鼓励研究开发机构、高校与企业及其他组织开展科技人员交流;支持企业与研究开发机构、高校、职业院校及培训机构联合建立学生实习实践培训基地和研究生科研实践工作机构,共同培养专业技术人才和高技能人才。

把握好技术创新的市场规律,让市场成为优化创新资源配置的主要手段,让企业成为技术创新的主要力量。为促进科研与市场的结合,进一步发挥企业在科技成果转化中的主体作用,增强科技进步经济发展的贡献度,营造"大众创业、万众创新"的制度环境。

四是支持企业加大成果转化经费投入。

企业是科技成果实现产业化的载体。为充分发挥企业在科技成果转化中的主体作用,此次修订做了四个方面规定:一是支持企业加大成果转化经费投入。对符合条件的企业,可以享受研发费用税前加计扣除等税收优惠;国有企业对科技成果转化的经费投入,在业绩考核中视同于利润。二是建立健全技术创新市场导向机制。对利用财政性资金设立的应用类科技项目和其他相关科技项目,发挥企业在研究开发方向选择、项目实施和成果应用中的主导作用。市场导向明确的科技项目,由企业独立实施或者联合研发机构、高等院校共同实施。三是为企业开展成果转化提供融资、保险支持。采用信用担保、保费补贴等措施,鼓励银行、保险公司为科技成果转化提供融资和保险服务。四是加强产学研衔接。鼓励研发机构、高等院校建立面向企业的技术服务网络和协同创新平台,推动科技成果与企业需求有效对接;支持企业与研发机构、高等院校及其他组织运用市场机制集成先进技术和优质资源,共同开展研究开发、应用推广等活动。

3. 支持建设公共研究开发平台

为了加强科技成果转化服务，为科技成果转化创造更加良好的环境，《修正案》将第十六条、第十七条合并，作为第三十条，修改为：国家培育和发展技术市场，鼓励创办科技中介服务机构，为技术交易提供交易场所、信息平台以及信息检索、加工与分析、评估、经纪等服务。科技中介服务机构提供服务，应当遵循公正、客观的原则，不得提供虚假的信息和证明，对其在服务过程中知悉的国家秘密和当事人的商业秘密负有保密义务。

公共研发服务平台是国家创新体系的薄弱环节，应重点予以加强和规范。从创新链条看，我国创新活动存在"两头强、中间弱"的突出特点，即前端技术研发、后端产业投资相对较强，而中间地带技术成果的产业化开发较为薄弱。因此，在科技服务体系建设中应当重点加强公共科技服务平台建设，促进科技成果尽快转化。

考虑上述因素，《修正案》将第十九条改为第三十一条，修改为：国家支持根据产业和区域发展需要建设公共研究开发平台，为科技成果转化提供技术集成、共性技术研究开发、中间试验和工业性试验、科技成果系统化和工程化开发、技术推广与示范等服务。

而为了明确国家发展科技企业孵化器、大学科技园等科技企业孵化器机构的制度导向，通过孵化机构建设，促进科技型中小企业的发展，为"大众创业，万众创新"营造良好的环境，《修正案》中增加一条，作为第三十二条：国家支持科技企业孵化器、大学科技园等科技企业孵化机构发展，为初创期科技型中小企业提供孵化场地、创业辅导、研究开发与管理咨询等服务。

4. 推动科技成果转化资金多元化发展

《修正案》中明确，国家对科技成果转化要合理安排财政资金投入，引导社会资金投入，推动科技成果转化资金投入多元化发展。

将第二十一条改为第三十三条，修改为：科技成果转化财政经费，主要用于科技成果转化的引导资金、贷款贴息、补助资金和风险投资以及其他促进科技成果转化的资金用途。

将第二十二条改为第三十四条，修改为：国家依照有关税收法律、行政法规规定对科技成果转化活动实行税收优惠。

将第二十三条改为第三十五条，修改为：国家鼓励银行业金融机构在组织形式、管理机制、金融产品和服务等方面进行创新，鼓励开展知识产权质押贷款、股权质押贷款等贷款业务，为科技成果转化提供金融支持。国家鼓励政策性金融机构采取措施，加大对科技成果转化的金融支持。

增加一条，作为第三十六条：国家鼓励保险机构开发符合科技成果转化特点的保险品种，为科技成果转化提供保险服务。

增加一条，作为第三十七条：国家完善多层次资本市场，支持企业通过股权交易、依法发行股票和债券等直接融资方式为科技成果转化项目进行融资。

增加一条，作为第三十八条：国家鼓励创业投资机构投资科技成果转化项目。国家设立的创业投资引导基金，应当引导和支持创业投资机构投资初创期科技型中小企业。

5. 简政放权、适应政府职能转变

《修正案》共52条，比修正前的37条增加了约40%的内容，但同时也删除了涉及政府审批、政府职能等方面的条款。

例如原第十六条规定：国家设立的研究开发机构、高等院校和国有企业与中国境外的企业、其他组织或者个人合作进行科技成果转化活动，必须按照国家有关规定对科技成果的价值进行评估。这一条在修改后的法律中予以删除。

同样涉及国家评估、审批、纳入地方或国家规划的原第十九条、二十条也被删除了。

原第十四条中科研人员与单位协议做成果转化有一个"未能适时地实施转化的"附加条件，但在实际操作过程中，却很难加以界定，《修正案》中也删除了这一限定。

《修正案》比想象的步子迈得更大，可发挥的空间更多。

7.5.2 《实施<促进科技成果转化法>若干规定》解读

2016年2月26日，国务院印发《实施〈促进科技成果转化法〉若干规定》（以下简称《规定》），确保法律落到实处，打通科技与经济结合的通道，促进"大众创业、万众创新"，鼓励研究开发机构、高等院校、企业等创新主体及科技人员转化科技成果，推进经济转型升级。与促进科技成果转化法相比，《规定》是对《促进科技成果转化法》作了进一步的细化和补充，提出了更为明确的操作措施。

1. 加大源头供给，促进技术转移

具体来说，《规定》提出，国家设立的研发机构、高等院校应当完善技术转移工作体系。此外，《规定》增加义务性条款：科技成果转化收入扣除对完成和转化科技成果做出重要贡献人员的奖励后的部分，应充分保障技术转移机构的运营和发展。

对于科技成果协议定价，《规定》明确了公示时间：应在本单位公示科技成果名称和拟交易价格，公示时间不应少于 15 个工作日。

按照相关规定，凡在境内证券市场公开发行股票并上市的含国有股的股份有限公司，除有规定外，均须按公开发行时实际发行股份数量的 10%，将股份有限公司部分国有股转由全国社会保障基金理事会持有。

《规定》提出，国家鼓励科技成果作价入股企业通过资本市场获得发展。财政、科技行政部门要研究制定科研机构、高校技术入股形成的国有股在企业上市时豁免向全国社保基金转持的有关政策。

2. 调动积极性，激励科技人员创新创业

1）人是创新的主体，此次《规定》中对"人"的鼓励政策颇有看点。

《促进科技成果转化法》第四十四、四十五条对完成、转化职务科技成果做出重要贡献的人员给予奖励和报酬做了原则性规定：提取不低于百分之五十的比例。

《规定》进一步完善了科技成果转化奖励制度。明确在研究开发和成果转化中做出主要贡献的人员，所得奖励份额不得低于奖励总额的 50%。

与之相对的是，目前这一政策比发达国家激励力度更大，美国联邦技术转移法规定，联邦实验室可以从技术转移收入中提取不低于 15% 的比例奖励发明人，但不能超过 15 万美元，如果超过需要美国总统批准。

2）《促进科技成果转化法》实施后，担任行政职务的科研人员在"下海"创业后面临一个现实困难：如果创业失败，回原单位还有自己的位置吗？

《规定》明确提出，科研人员可以在企业兼职、可以离岗创业，保留 3 年人事关系。这是对《促进科技成果转化法》中关于科技人员流动的细化规定，该条款能形成一定的制度保障，保障科技人员的权益，在一定程度上避免遭受所在单位的歧视性待遇，为其创业免除后顾之忧。

3）科技成果的处置权下放到各单位后，单位负责人在处置成果时会有一定的顾虑，因为科技成果的定价不像房产等固定资产那么容易，依据什么确定转让价格？

会不会出现资产低估?

《规定》中提出，单位领导在履行勤勉尽责义务、没有牟取非法利益的前提下，免除其在科技成果定价中因科技成果转化后续价值变化产生的决策责任。该《规定》其实是为负责人免除顾虑，只要转让时履行了相应的法律程序，后续不必为新的变化承担责任。

此外，对于担任领导职务的科技人员获得科技成果转化的收益，《规定》提出，按照分类管理的原则执行。具体来说，正职领导可以按照促进科技成果转化法的规定获得现金奖励，原则上不得获取股权激励。其他担任领导职务的科技人员，可按规定获得现金、股份或者出资比例等奖励和报酬。现金是一次性交易，但股权意味着合作双方形成了长期的捆绑关系，此《规定》是为了避免权利寻租。

3. 完善相关制度，为成果转化营造良好环境

对于《促进科技成果转化法》中提到的科技成果转化的年度报告，《规定》做了细化，明确了报送时间、主要内容等。此次《规定》的出台，要求做好国家自主创新示范区试点税收政策向全国推广的工作，落实好现有促进科技成果转化的税收政策，积极研究探索支持单位和个人科技成果转化的税收政策。

7.5.3 《促进科技成果转移转化行动方案》解读

2016年5月9日，国务院发布《促进科技成果转移转化行动方案》（以下简称《方案》）。《方案》是将《修正案》法律层面、《规定》法规层面的东西，通过创新创业和成果的转化，使它变成实实在在的生产力。对促进科技成果转移转化行动作出具体部署，制定科技成果转化的量化指标，并细分26项重点任务。

1. 促进科技成果转移转化行动，主要推动五方面工作

一是激发创新主体科技成果转移转化积极性。加快高校和科研院所科技成果转移转化，培育一批机制灵活、面向市场的国家技术转移机构，探索有效机制与模式。支持企业与高校、科研院所构建产业技术创新联盟、新型研发机构等协同开展成果转化。推动成果转化与创新创业互动融合，调动科技人员转化成果积极性，支持以核心技术为源头的创新创业。

二是完善科技成果转移转化支撑服务体系。构建线上与线下相结合、专业化、市场化的国家技术交易网络平台，为高校、科研院所提供科技成果挂牌交易与公示，解决成果交易流通与市场化定价问题。鼓励区域性、行业性技术市场发展，完善技术转移机构服务功能。大力培育专业化技术经纪人，将科技成果转移转化领军人才

纳入创新创业人才引进培养计划。

三是开展科技成果信息汇交与发布。围绕新一代信息网络、智能绿色制造等重点产业领域，以国家财政科技计划成果和科技奖励成果为重点，发布一批能够促进产业转型升级、投资规模与产业带动作用大的重大科技成果包，探索市场化的科技成果产业化路径。

四是发挥地方在推动科技成果转移转化中的重要作用。建设一批国家科技成果转移转化示范区，加大政策、服务、金融等创新力度，探索可复制、可推广的经验与模式。培育具有地方特色的科技成果产业化基地，完善基层承接科技成果转移转化的平台和机制，通过成果转化支撑区域产业转型升级。

五是强化创新资源深度融合与优化配置。健全多渠道资金投入机制，发挥好国家科技成果转化引导基金等作用，支持地方加大投入力度，创新投贷联动、众筹等科技金融手段，拓宽资金市场化供给渠道。推动军民科技成果融合转化应用，培育新的经济增长点。

2. 行动方案对激励科技成果转移转化做出三方面新规定

《方案》注重完善政策环境的举措，针对如何激励研发人员、科技团队，在政策上做了一些新的规定，主要包括如下三方面。

一是在处置权、收益权方面赋予单位更多的自主权。过去成果转化的收益是要上缴财政的，现在留给单位。

二是单位在收益中间如果有约定的，就按约定成果的收益来进行，比如一个大学，学校的团队主要研究人员有一个分配的规定，如果没有约定，这次也将净收益的50%或者股权的50%归团队所有。

三是在这个团队中间不搞平均，主要的研发人员和转化人员应该拿这其中的50%。

3. 从三方面正确认识和推进科研成果转化问题

一是考评体系引导转化。科研机构、高校科研人员的研发动力可能是与其职称或者其他奖励有关系，但是对于转化方面，原来的要求不太明确，而且转化后的收益和对其工作考评的权重影响是不够的。

二是基础研究项目未来可能会转化。设立研究项目的目的不同，例如引力波、生物、材料以及粒子物理等方面，虽然取得一些进展，但是还没有到转化程度，未来可能会转化。

三是明确目前转化重点。有一些本身属于技术进步方面，或者说有一些新的技术到了转化阶段，这是成果转化重点解决的问题。转化本身来讲是针对这一类技术创新为主和一些颠覆性技术，特别是有可能带来产业拐点的技术。例如柯达的胶卷变成数码相机、CRT 显像管变成电视机以及现在正在进行的柴油汽车变成电动汽车或者是燃料电池汽车等，这些新的技术不仅是转化价值的问题，直接关系到国家在产业方面的先机和高端竞争力的问题。

4. 行动方案部署了 26 项重点任务

《方案》围绕激发创新主体积极性、构建支撑服务体系、完善创新要素配置等，部署了 8 个方面、26 项重点任务。

一是围绕新一代信息网络、智能绿色制造等重点产业领域，发布转化一批促进产业转型升级、投资规模与带动作用大的科技成果包，探索市场化的科技成果产业化路径。

二是支持高校和科研院所建设一批机制灵活、面向市场的国家技术转移机构，加强科技成果与产业、企业需求有效对接。支持企业与高校、科研院所构建产业技术创新联盟，协同开展成果转化。

三是建设一批符合特色产业需求的科技成果产业化基地，加强中试熟化与产业化开发，发挥技术开发类科研基地的作用，推动更多共性技术成果转化应用。

四是构建线上与线下相结合的国家技术交易网络平台，鼓励区域性、行业性技术市场发展，完善技术转移机构投融资、科技成果评价、知识产权服务等功能。

五是推动成果转化与创新创业互动融合，建设一批以成果转化为主要内容的众创空间，支持以核心技术为源头的创新创业。

六是组织科技人员开展科技成果转移转化活动，将科技成果转移转化领军人才纳入创新创业人才引进培养计划，培养专业化技术经纪人。

七是建设一批国家科技成果转移转化示范区，探索可复制、可推广的工作经验与模式。

八是发挥好国家科技成果转化引导基金等的杠杆作用，支持地方加大投入力度，运用投贷联动、众筹等金融手段，拓宽资金供给渠道。

5. 重点任务分工及进度安排表

表 7.1 重点任务分工及进度安排表

序号	重点任务	责任部门	时间进度
1	发布一批产业转型升级发展急需的科技成果包	科技部会同有关部门	2016年6月底前完成
2	建立国家科技成果信息系统	科技部、财政部、中科院、工程院、自然科学基金会等	2017年6月底前建成
3	加强科技成果信息汇交，推广科技成果在线登记汇交系统	科技部会同有关部门	持续推进
4	开展科技成果转化为技术标准试点	质检总局、科技部	2016年12月底前启动
5	推动军民科技成果融合转化应用	国家国防科工局、工业和信息化部、财政部、国家知识产权局等	持续推进
6	依托中科院科研院所体系实施科技服务网络计划	中科院	持续推进
7	在有条件的高校和科研院所建设一批国家技术转移机构	科技部、教育部、农业部、中科院等	2016年6月底前启动建设，持续推进
8	围绕国家重点产业和重大战略，构建一批产业技术创新联盟	科技部、工业和信息化部、中科院等	2016年6月底前启动建设，持续推进
9	推动各类技术开发类科研基地合理布局和功能整合，促进科研基地科技成果转移转化	科技部会同有关部门	持续推进
10	打造线上与线下相结合的国家技术交易网络平台	科技部、教育部、工业和信息化部、农业部、国务院国资委、中科院、国家知识产权局等	2017年6月底前建成运行
11	制定技术转移服务标准和规范	科技部、质检总局	2017年3月底前出台
12	依托行业龙头企业、高校、科研院所建设一批支撑实体经济发展的众创空间	科技部会同有关部门	持续推进
13	依托有条件的地方和机构建设一批技术转移人才培养基地	科技部会同有关部门	持续推进
14	构建"互联网+"创新创业人才服务平台	科技部会同有关部门	2016年12月底前建成运行
15	建设海外科技人才离岸创新创业基地	中国科协	持续推进
16	建设国家科技成果转移转化试验示范区，探索可复制、可推广的经验与模式	科技部会同有关地方政府	2016年6月底前启动建设

续表

序号	重点任务	责任部门	时间进度
17	发挥国家科技成果转化引导基金等的杠杆作用,支持科技成果转化	科技部、财政部等	持续推进
18	引导信贷资金、创业投资资金以及各类社会资金加大投入,支持区域重点产业科技成果转移转化	科技部、财政部、人民银行、银监会、证监会	持续推进
19	推动科研机构、高校建立符合自身人事管理需要和科技成果转化工作特点的职称评定、岗位管理和考核评价制度	教育部、科技部、人力资源社会保障部等	2017年12月底前完成
20	研究探索科研机构、高校领导干部正职任前在科技成果转化中获得股权的代持制度	科技部、中央组织部、人力资源社会保障部、教育部	持续推进

7.6 配套政策摘编与解读

为落实《促进科技成果转化法》,从国务院,到科技部、教育部、中科院、国土资源部、卫计委、国防科工局、农业部等国务院各部门,先后出台了一系列实施细则与规定,将相关的操作与机制不断明确细化,具体在成果信息公开与共享、成果处置与归属、年度报告制度与绩效评价、机制建设与实施四个方面,进行政策落地和配套实施。

7.6.1 成果信息公开与共享

1)教育部、科技部发布《关于加强高等学校科技成果转移转化工作的若干意见》

高校要充分利用各级政府建立的科技成果信息平台,加强成果的宣传和展览展示。

2)教育部发布《促进高等学校科技成果转移转化行动计划》

加强科技成果源头管理。积极参与各级政府科技成果网络信息系统建设,完善科技成果信息发布机制,向社会公布科技成果和知识产权信息,提供科技成果信息查询、筛选等服务。

3）国土资源部发布《促进科技成果转化暂行办法》

完善科技成果发布制度。加强国土资源科技成果登记，建立科技成果信息系统，动态更新并定期发布科技成果、研究开发机构等信息，向社会提供科技成果咨询服务，加强科技成果宣传报道。

4）卫计委发布《关于全面推进卫生与健康科技创新的指导意见》

研究制定卫生与健康科技成果信息汇交管理办法，建立卫生与健康科技成果转移转化报告制度，推动卫生与健康科技成果的开放共享。

5）国防科工局发布《关于促进国防科技工业科技成果转化的若干意见》

统筹建设国防科技工业科技成果信息及推广转化平台，鼓励各有关单位建设相关分平台；通过多种形式分别向国防科技工业系统和民口领域发布科技成果信息和转化目录，提供对不同密级科技成果在相应范围内的信息发布和查询等公益服务，实现行业科技成果信息的综合集成、系统分析和开放交流；推进与国务院有关部门和地方人民政府的合作和相关平台的信息共享，实现成果转化方、需求方和专业服务机构的有效对接。

7.6.2 成果处置与归属

1）教育部、科技部发布《关于加强高等学校科技成果转移转化工作的若干意见》

高校对其持有的科技成果，可以自主决定转让、许可或者作价投资，除涉及国家秘密、国家安全外，不需要审批或备案。

高校应根据国家规定和学校实际建立科技成果使用、处置的程序与规则。在向企业或者其他组织转移转化科技成果时，可以通过在技术交易市场挂牌、拍卖等方式确定价格，也可以通过协议定价。协议定价的，应当通过网站、办公系统、公示栏等方式在校内公示科技成果名称、简介等基本要素和拟交易价格、价格形成过程等，公示时间不少于15日。

鼓励高校通过无偿许可专利的方式，向学生授权使用科技成果，引导学生参与科技成果转移转化。

2）中科院、科技部发布《关于新时期加快促进科技成果转移转化指导意见》

院属单位应结合工作实际，制定科技成果市场定价的相关政策。根据科技成果的类型和属性，确定协议定价、在技术交易市场挂牌交易、拍卖等市场化定价方式的适用范围和实施流程；需要对成果名称和拟交易价格等信息进行公示的，应当就公示方式、公示范围和公示异议处理程序等具体事项做出明确规定。

3）国土资源部发布《促进科技成果转化暂行办法》

鼓励企业化转化方式。各单位可以利用持有的科技成果自主创办高新技术企业，开展成果转化活动。支持与企业共建研发平台、技术转移机构或者技术创新联盟等，加快实施科技成果转化。按照《中华人民共和国公司法》要求，规范管理现存企业，鼓励企业通过股权、期权、分红等激励方式，构建以企业为主体的科技成果转化平台。

4）国防科工局发布《关于促进国防科技工业科技成果转化的若干意见》

国防科技工业科技成果应当首先在国防科技工业领域和境内民用领域实施。

7.6.3 年度报告制度与绩效评价

1）教育部、科技部发布《关于加强高等学校科技成果转移转化工作的若干意见》

对科技人员承担横向科研项目与承担政府科技计划项目，在业绩考核中同等对待。

按照国家科技成果年度报告制度的要求，高校要按期以规定格式向主管部门报送年度科技成果许可、转让、作价投资以及推进产学研合作、科技成果转移转化绩效和奖励等情况，并对全年科技成果转移转化取得的总体成效、面临的问题进行总结。

高校主管部门要根据高校科技成果转移转化年度报告情况，对高校科技成果转移转化绩效进行评价，并将评价结果作为对高校给予支持的重要依据之一。高校科技成果转移转化绩效纳入世界一流大学和一流学科建设考核评价体系。

2）教育部发布《促进高等学校科技成果转移转化行动计划》

省级教育行政部门定期汇总高校科技成果转移转化报告内容，完善科技成果转移转化绩效评价机制，将科技成果转移转化成效纳入高校考核评价体系，分类指导高校科技成果转移转化工作。

3）中科院、科技部发布《关于新时期加快促进科技成果转移转化指导意见》

中科院按照国家规定建立科技成果转化情况分级报告制度。

根据《"率先行动"计划》的总体部署，院按照"四类机构"定位实施分类评价与考核，将科技成果转移转化情况作为对相关院属单位评价和考核的重要内容。

4）中科院发布《中国科学院促进科技成果转移转化专项行动实施方案》

建立分级管理的科技成果转移转化情况报告制度。

5）国土资源部发布《促进科技成果转化暂行办法》

加强科技成果转化绩效激励。将科技成果转化业绩纳入单位绩效考评体系，作为科技人员职称评定、岗位管理等重要依据。

建立科技成果转化年度报告制度。

6）国防科工局发布《关于促进国防科技工业科技成果转化的若干意见》

建立国防科技工业科技成果报送制度。

应用类科研项目立项时，应明确项目承担者的科技成果转化责任，并将其作为验收的重要内容和依据。

7.6.4 机制建设与实施

1）科技部、质检总局、国家标准委发布《关于在国家科技计划专项实施中加强技术标准研制工作的指导意见》

科技主管部门和标准化主管部门建立健全科技成果向技术标准转化的工作机制，选择部分重点领域开展科技成果向技术标准转化试点，支持在研或已结题验收的专项项目（课题）产出应用前景广、市场需求大的成果转化为技术标准，加速科技成果产业化、市场化应用进程。

2）教育部、科技部发布《关于加强高等学校科技成果转移转化工作的若干意见》

高校要加强对科技成果转移转化的管理、组织和协调，成立科技成果转移转化工作领导小组，建立科技成果转移转化重大事项领导班子集体决策制度；统筹成果管理、技术转移、资产经营管理、法律等事务，建立成果转移转化管理平台；明确科技成果转移转化管理机构的职能，落实科技成果报告、知识产权保护、资产经营管理等工作的责任主体，优化并公示科技成果转移转化工作流程。

鼓励高校在不增加编制的前提下建立负责科技成果转移转化工作的专业化机构或者委托独立的科技成果转移转化服务机构开展科技成果转化，通过培训、市场聘任等多种方式建立成果转化职业经理人队伍。发挥大学科技园、区域（专业）研究院、行业组织在成果转移转化中的集聚辐射和带动作用，依托其构建技术交易、投融资等支撑服务平台，开展技术开发和市场需求对接、科技成果和风险投资对接，形成市场化的科技成果转移转化运营体系,培育打造运行机制灵活、专业人才集聚、服务能力突出的国家技术转移机构。

3）教育部发布《促进高等学校科技成果转移转化行动计划》

成立以学校主要领导为组长、相关职能部门负责人组成的科技成果转移转化领导小组,优化科技成果转移转化工作流程,开列权力清单,明确议事规则;建立和完善科技成果使用、处置的政策措施。

建立科技成果转移转化工作公示制度及异议处理办法,公示内容包括科技成果转移转化的各项制度、工作流程、重要人士岗位设置以及领导干部取得科技成果转移转化奖励和收益等情况。

整合校内各类技术转移、转化机构,促进高校技术转移机构与市场化第三方技术机构在信息、人才、孵化空间、技术转移平台载体等方面的共享、共建力度,形成集对接市场需求、促进成果交易、投融资服务等为一体的科技成果转移转化服务体系。与地方政府、大型企业共建技术转移机构,积极创建国家技术转移示范机构。

结合学校学科特色优势,优化大学科技园、高校区域（行业）研究院等创新载体的房间布局,围绕一带一路、京津冀、长江经济带、粤港澳等重点区域的产业规划需求建设一批创新研究基地。以创新性企业、高新技术企业、科技型中小企业为重点,共同建立科技成果转化基地,承担流程改造、工艺革新、产品升级等研究任务,开展成果应用与推广、标准研究与制定等工作。

推进实施"蓝火计划"。建立校地产学研合作长效机制。结合国家、地方的产业规划,在重点区域分片建设高校科技成果转化中心;针对行业、产业共性技术问题和社会公益等需求,以博士生工作团、科技特派员、科技镇长团、科技专家企业行、企业专家（院士）工作站等多种形式,与地方、企业、园区等开展产学研究对接。

组织实施"海桥计划"。争取建立中美、中英等中外大学技术转移与创新合作对话机制,构建高校国际技术转移协作网络和国际先进技术创新合作网络,促进高校开展海外专利布局工作。与地方政府合作,建设国际创新园区,汇聚国际创新资源要素,促进一批跨国技术转移项目落地实现产业化。

加强与各级政府的信息共享力度,推动高校积极参与科技成果交易、展示活动;面向产业和地方开展技术攻关、技术转移与示范、知识产权运营等增值服务。结合"中国技术供需在线"建设运营工作,推进建立产学双方交流的公共服务平台;围绕传统产业转型升级、国家战略性新兴产业发展需求,通过举办中国高校科技成果交易会，建设高校科技成果项目库等大数据中心，发布具有自主知识产权的先进实用技术，构建线上信息服务与线下实体服务相结合的高校科技成果转移转化服务网络和服务体系。

4）中科院、科技部发布《关于新时期加快促进科技成果转移转化指导意见》

中科院设立知识产权运营管理中心，鼓励院属单位充分利用已有的技术转移中心、育成中心、科技园等科技成果转移转化平台，组织科研团队，联合相关企业，共同开展行业共性关键技术的开发和推广工作，探索技术向产业转移的多元机制。

中科院实施科技成果转移转化专项行动，建立联席会议制度，统筹协调推动和服务院属单位科技成果转移转化工作。

5）中科院发布《中国科学院促进科技成果转移转化专项行动实施方案》

按照A类战略性先导科技专项的已有部署，结合创新研究院建设，狠抓"重大产出"。重点在煤炭间接液化制备超清洁油品和高附加值化学品、甲苯甲醇制对二甲苯联产低碳烯烃技术、甲醇经二甲醚制乙醇技术、海云网络新媒体技术、机器人与智能制造、干细胞与再生医学、动力电池智能制造、绿色循环经济和先进工业生物制造等方面，在"十三五"期间完成一批重大科技成果投入工业生产或升级改造，带动若干重大产业实现千亿元产值。同时，新部署一批有明确应用出口的面向国民经济主战场的研发项目，在总体资源配置中增大用于支持该类工作的经费比重。

在已部署的B类战略性先导科技专项中，推动一批有重大应用前景的科技成果在"十三五"期间分阶段实现转移转化。进一步加强量子通信、脑功能联结图谱、大气污染综合监测预报与节能减排技术、页岩气开发中的关键科学技术、"超导电子学"、"海斗深渊"等面向产业应用的前瞻布局。重点加快量子通信技术推广应用；确立幼年期发育性脑疾病、中青年期精神类疾病和老年期神经退行性疾病早期诊断指标；突破大气灰霾综合立体监测设备在实际应用中的工程化技术瓶颈；形成页岩气开发自主技术体系；开发系列超导传感器、探测器及系统集成产品；实现深海材料与装备国产化。在新部署研发项目中，加强机关各业务部门之间相互衔接，共同对预期成果的转化应用予以支持。

持续推进"科技服务（STS）网络计划"，强化STS项目支持科技成果转移转化和推广应用的目标定位，建立研究所及其科研人员劳动、知识、技术转变为社会财富的顺畅通道。"十三五"期间，在农业发展方式转变、能源结构优化、制造业转型升级、城镇化发展、生态文明建设等领域，系统组织部署一批"解决问题"的项目；重点开展先进制造技术、工艺及装备定制研发，信息技术与制造业深度融合应用示范，关键基础材料、核心基础零部件（元器件）的研发与应用，工业节能、交通节能、建筑节能等相关技术与可再生能源以及低碳环保生物技术在工业生产中的集成应用等，通过"产—学—研—用"协同创新，加速实用化技术推广，提升相关行业和产业部门技术研发与应用的能力。

设立"科技成果转移转化重点专项"，促进重大成果产出。在中科院战略性先导科技专项和研究所"一三五"等已取得关键技术突破的基础上，"十三五"期间进一步深化改革，聚焦目标、突出亮点，梳理凝练出有望在 3～5 年内产生重大影响的成果，试点组织实施 10 个左右重点专项。以此为纽带，建立各业务局在项目部署上的联动机制，整合全院力量协同攻关。主要通过"后补助"支持方式，引导相关研究所与国科控股企业、社会企业组成研发联合体，围绕行业或区域特色需求，利用企业资金、社会资本和地方政府的共同投入，加强"联合体"内部跨所、跨学科合作，"量身"提供符合转型升级发展方向、示范效应强和带动作用大的系统解决方案，最大限度释放我院科技成果引领经济社会发展的巨大潜力。

通过与院所投资企业及相关产业部门的紧密结合，有效促进创新链、产业链、资本链"三链联动"。"十三五"期间重点布局量子通信上下游产业链，打造拥有核心自主知识产权的包括光电子集成芯片、光通讯、激光制造、生物光子等在内的光子产业集群，促进我国离子医学产业发展，推动建立绿色制版公共平台和互联网印刷平台，开发包括低蛋白大米在内的高附加值医用食品，构建跨太平洋中美气头甲醇新气体产业链，建设垃圾焚烧发电、固体废弃物处理、可再生能源等为主的循环经济产业园，完成小卫星研发、制造、应用产业链布局，建设"健康院"式的现代生物医学新型业态。积极布局新兴产业发展制高点。

设立"中国科学院知识产权运营管理中心"，加强对院属单位知识产权的运营管理。通过与研究所现有的知识产权管理和运营机构有效衔接，以市场化方式与社会机构或院办服务机构合作，构建"运营管理中心"加若干"运营服务平台"的知识产权服务体系。对科技成果专利性及其潜在商业价值进行评估，对需要申请的专利进行全过程质量管理和增值培育；对科技成果的应用市场和目标客户进行分析和定向推介，帮助研究所在进行技术转让、技术许可、技术作价投资时做出合理的价值判断；跨所整合专利和非专利科技成果，形成优势组合，实现知识产权的增值和市场收益。

在现有"产业化信息网"和"知识产权网"等基础上建设统一的科技成果信息

服务平台，与科技论坛、成果对接会等传统形式相结合，对可转化科技成果进行线上线下同步发布。联合专业机构对科技成果信息做进一步筛选和分析，提供更加专业的咨询与评价，促进知识产权投资和科技成果转移转化。探索建立网上招标竞价机制，提供线上线下联动服务，提高科技成果转移转化时的资源配置效率。

加强科技服务网络节点建设，整合与地方、企业共建的各类转化平台，加强管理，形成合力，面向创新驱动发展的重大需求布局 STS 区域中心，充分发挥 STS 中心聚焦重大科技问题和统筹协调的能力，提升已建平台的科技服务能力和可持续发展能力，推进区域创新体系建设；组织开展技术集成创新、工程化应用示范，促进科技成果产品化与产业化，服务区域产业发展。

以"技术创新与产业化联盟"为载体，发挥中科院投资企业在重点产业选择、产业技术把握、技术创新规划以及研发资源配置等方面的主导作用，选择若干重点细分行业，集中整合我院相关企业和研究所的研发、中试、生产及目标市场等优势，进行关键新技术/新产品协同开发，推动科技成果产业化的同时培育一批行业"隐形冠军企业"，形成中科院科技产业创新集群。

6）国土资源部发布《促进科技成果转化暂行办法》

各单位要明确科技成果转化任务和责任主体，成果转化任务多的单位可以申请设立内设机构或专门岗位。在充分听取所在单位科技人员意见的基础上，研究制定符合自身特点、可操作的科技成果转化管理规定，包括工作程序、决策、公示、奖惩、保密、权益保护、异议处理、岗位考评、兼职和离岗创业等内容，公平公正公开，接受所在单位职工代表大会监督。

各单位可以利用持有的科技成果自主创办高新技术企业，开展成果转化活动。支持与企业共建研发平台、技术转移机构或者技术创新联盟等，加快实施科技成果转化。按照《中华人民共和国公司法》要求，规范管理现存企业，鼓励企业通过股权、期权、分红等激励方式，构建以企业为主体的科技成果转化平台。

7）农业部等发布关于《扩大种业人才发展和科研成果权益改革试点的指导意见》

国家种业科研成果公开交易平台要完善成果展示、价值评估、产权交易、咨询服务等功能，为成果持有人提供便捷、高效和优质的服务。鼓励各省（区、市）建立种业科研成果转移转化服务机构，促进成果转化。

8）卫计委发布《关于全面推进卫生与健康科技创新的指导意见》

建设一批卫生与健康科技成果转移转化示范基地。支持医疗卫生机构、高等院校、科研院所、食品药品检验检测机构、骨干医药企业和生物医药高新技术产业园区等联合建立研发机构和科技成果转移转化中心，构建协同研究网络和多种形式的产业技术创新联盟。

制定适宜技术推广目录，建设一批适宜技术推广应用示范基地，实施一批适宜技术示范项目。实施专家服务基层行动计划、适宜技术项目推广和卫生与健康科技扶贫计划等。

引导医疗卫生等机构和企业联合建设科技成果转移转化机构；支持医疗卫生等机构建立健全内部成果转移转化机构，设立专门部门，完善内部技术转移功能。

改革完善科技成果准入应用等制度。

建立并完善医疗新技术、新产品的分类监管制度，加强准入和应用管理。完善新技术临床研究及应用管理制度，规范科研成果转化为临床诊疗标准、技术规范等的程序。改进药品临床试验审批，加强临床试验基地建设和规范管理。持续加强药物和医疗器械创新能力建设和产品研发，落实创新药物及医疗器械的特殊审评审批制度，加快临床急需新药的审评审批。试点开展药品上市许可持有人制度。简化药品审批程序，完善药品再注册制度。推动建立创新技术和产品市场准入与医保制度的衔接制度以及优先使用创新产品的采购政策，让人民群众尽早获益。完善涉及人的生物医学研究伦理审查办法，加强生物安全监管能力建设，确保生物安全。

7.7 技术转移的未来

技术转移是指科学技术在国家间、地区间、行业间以及科学技术自身系统内输出与输入的过程。技术转移的内容包括科学知识、技术成果、科技信息以及科技能力的转让、移植、引进、交流和推广普及。技术转移更是知商生态圈中的产业链、创新链、资金链和政策链融合和育成的结果。

国家创新体系中，技术转移担负着技术引进和科技成果产业化的重任，是我国科技与国际前沿接轨的重要路径。当前，经济与科技的结合日益紧密，科技的演变日益加速，针对专利、技术等科技成果产业化的战略投资和经营市场正在形成，并呈现出规模化、体系化、产业化和金融化的趋势。技术发达国家的技术垄断态势进一步加剧，并构筑了贸易壁垒，对其他国家贸易体系和技术安全造成严重威胁。

国际技术转移近年出现新趋势，如全球化背景下的开放式创新、技术经营时代的到来、发明产业化以及专利资本化、技术专利与技术标准日趋融合等。因此，认清国际技术转移新趋势，并针对我国技术转移中存在的关键问题，提前做好战略布局，已经是迫在眉睫的事情。

7.7.1 当代国际技术转移新趋势

1. 开放式创新成为技术转移的主要模式

随着资金、人才、技术、信息等要素在全球范围内的快速流动，技术转移全球化进程进一步加快，以跨国公司、研发机构与政府为主体的国际技术转移成为技术转移的主要形式。同时，国际技术转移逐步体系化，并与国际经济合作相互渗透，逐步形成全球技术战略、技术转移、技术产业化、技术人才培养一体化的网络结构。

传统经济时代，单个企业进行技术研发到产品上市模式的封闭式创新，已不再适应资本全球化和大众创新的技术共享化。而强调在技术平台上的多创新主体之间技术竞争和协作的开放式创新，正成为全球化背景下的技术转移主要模式。例如，近年来，在美国著名企业中，产品所使用的专利技术只有 1/3 来自于自身研发团队，另外约 2/3 是从外界获得的。

2. 技术经营成为技术转移的新型模式

科研成果商品化难题在于两大因素：一是缺乏资金支撑研发和成果转化；二是缺乏懂得经营和技术的高端人才，为技术转化为产品并投入市场提供指导和服务。技术经营是为了解决科研成果的商品化和市场化问题，避免科研成果埋没在从基础研究到商品化的过程中。技术经营的一个重要特点是鼓励企业积极利用外部资源，即通过购买和联合开发等方式获取战略性技术。在这种背景下，一些公司开始购买专利，然后通过专利授权和专利诉讼获取利润，这些公司被形象地称为"专利海盗"。

因此，技术经营是通过在企业中设立首席技术官，为企业制定技术发展战略规划，同时将科技研发人员、技术战略家、企业家、投资人、律师、职业经理人等各领域人才联合，形成复合型工作网络、降低技术转移风险、实现技术利润最大化。

随着技术经营时代的到来，从事技术经营的专门人才不断涌现。在美国，已经有大学或研究生院开设技术经营专业，每年向社会提供约 1 万名技术经营专业人才。可以说，技术经营是技术市场化与产业化发展到特定阶段的标志，是当今技术转移的新现象和新趋势。

3. 技术专利投资为规模化的技术转移提前布局

随着技术经营日益成熟和普遍化，专业从事发明与专利交易的大型和超大型公司开始兴起。与"专利海盗"有所不同，这类公司致力于将发明和专利本身作为产品进行投资和经营，已形成发明与专利的资本市场和产业链。这种通过经营专利获取的利润非常惊人，据统计，专利投资公司中的代表阿卡西亚研究公司2010年累计专利授权近千次，仅其中的31项专利授权费就超过13亿美元。与此同时，专利投资与经营公司的规模也空前庞大，近年来兴起的高智发明公司目前拥有3万～6万个专利，其旗下共拥有约1 300家空壳公司，投资业务遍布美国、澳大利亚、新西兰、加拿大、爱尔兰、新加坡、中国、印度、日本、韩国等国家。

4. 技术标准垄断了技术转移的超额利润

发明和专利作为商品能够为企业带来巨额利润，因此，各个企业甚至国家争相通过专利标准化方式巩固和提升自身在尖端技术领域的领先地位。以专利为基础技术标准，成为引导产业发展、谋求超额利润、确保国家和行业领先的战略武器，技术标准成为新一轮产业革命的核心竞争力。

同时，技术专利与技术标准的日益融合对产业竞争产生了深刻影响。为了保持和加强在技术领域的垄断优势，技术发达国家以及跨国公司开始实施新的技术转移战略，美国等技术发达国家通过制定各种行业技术标准，对技术欠发达国家在技术转移领域设置各种限制，同时，借助技术标准进一步构筑贸易壁垒，牢牢掌控全球技术经济竞争主动权，这对技术发展中国家来说非常不利。

5. 专利和知识产权保护对技术转移成败的影响日渐加重

在当代技术转移中，知识产权制度赋予了科学技术成果以商业价值，并将之纳入经济发展运行机制，专利保护和知识产权制度与国际贸易的结合越来越密切，各国纷纷将二者作为强化贸易竞争的手段，专利和知识产权已成为技术与贸易摩擦的焦点。在此形势下，各国皆采取了强硬的法律保护措施，知识产权制度逐步健全、趋向成熟；另一方面，知识产权对象不断完备、范围扩大。特别是专利法律技术体系日渐成熟，专利法、知识产权制度的国际准则逐步完善，产权保护日益广泛、严格和国际化。

7.7.2 我国技术转移战略对策

针对国际技术转移的全球化、经营化、垄断化与法制化趋势，以及技术转移中存在的对外技术依存度高、技术转移主体地位缺失、人才匮乏、中介体系不健全等问题，我国在制定技术转移战略的过程中，应做好以下几个方面的工作：

1. 积极构建协同创新网络与平台

我国对外技术依存度高，自主创新能力相对薄弱，应构建协同创新平台，在全国范围内逐步建立开放协同创新网络，以有效提升自主创新能力。继续推进产学研结合，建立产业化和基础研究、应用研究以及成果转化相统一的协调发展机制，促进高校、科研院所、企业、行业、地方政府以及国外科研机构间的深度合作。成立协同创新中心等相关机构，开创面向科学前沿、行业产业、区域发展等领域的协同创新模式，吸引国际创新资源和专家学者参与协同创新。加强国内学界与国际学界的联系，加速我国国际化人才的培养。

2. 建设技术转移高端复合型人才队伍

国际技术转移越来越依赖于专业人才，美国、德国等早已将技术转移人才培养纳入常规教育体系中。中国技术转移专业人才还十分匮乏，加强技术转移高端复合型人才培养迫在眉睫。具体需要从以下几个层面进行：

1）技术转移专业人才的系统培养。选择条件和基础较好的高校共建技术转移人才培养基地，开展学历教育、继续教育、职业教育等多层次技术转移人才培养体系试点工作。

2）加速技术转移人才的国际化。通过国际合作与交流，推动智力资源在国内外有序流动，构建人才流动通道。

3）提高复合型人才待遇。由于知识产权管理和技术转移复合型专业人才培养周期较长，致使国际上的技术转移人才比科研人才更为稀缺，使得国际市场对这类人才争夺的竞争更加激烈，例如在美国和德国，这类复合型人才的平均收入是大学教授平均收入的2～3倍。

4）建立和完善技术经营职业资格认证制度。开展技术转移公共政策及实务操作、技术市场法规、技术合同认定登记等培训。

3. 建立技术经营机构、搭建关键技术研发平台

随着技术经营在国际技术转移中逐步成为主导，各国政府纷纷投资建设技术经营和研发平台。例如，美国国会成立国家技术转让中心，联邦政府每年拨出700多亿美元资助国家实验室、大学等进行研究成果产业化。此外，英国技术集团、韩国技术交易所、日本技术交易所都属于政府支持的国家级技术交易组织。

我国促进技术经营的市场机制尚不健全，企业自身也缺乏自主创新能力，无法与国外势头强劲的跨国技术经营公司抗衡，为了防止国内专利流失和国际技术垄断对我国技术安全及贸易造成威胁，我国应由政府主导投资建立技术经营机构，构建科技成果转化的链接环节和中间平台。同时，充分发挥政府的规划布局以及组织协调作用，有选择性地搭建一批关键技术研发平台，尽快抢占科技创新制高点。

4. 加强专利评价和预警机制建设

科技实力的较量是未来大国角力的重点，而专利制度是科技竞争的核心规则。针对国际大型专利经营公司造成的各国发明成果大量外流，以及利用专利加深技术垄断的现状，各国对加强专利预警机制建设已达成共识。

目前，主要可以通过专利地图技术等新型方式跟踪国际技术前沿、建立专利评价和预警机制，这对于我国专利技术产业化以及专利方向皆有很大的引导作用。专利地图分析研究方法将专利情报包含的科技、经济、法律等方面的情报进行分类剖析，并通过可视化图表形式为企业指明技术方向，总结并分析技术分布态势，是对竞争对手进行动态技术监测、专利信息分析以及专利战略布局的有效手段。通过专利地图等新型技术对专利进行追踪和评价，相关机构可以有针对性地购买和研发具有发展前景的关键性技术专利，从而更有力地保障经济安全。

5. 健全技术转移相关法律法规，在国家层面形成政策体系

为促进技术经营活动的开展，维护国内企业知识产权利益，保护我国的专利成果与技术转移相关战略技术不外泄，应在充分尊重专利和知识产权的基础上，完善知识产权法律保护体系，加强对知识产权和专利的保护力度。尤其在技术经营方面，应研究制定相应法律法规，加强国家对发明、专利等技术成果的所有权。同时，制定财政、税收、金融、产业、技术等各方面政策，形成完备的激励和扶持技术转移的政策体系。

后　　记

技术转移在我国国家创新体系建设中仍是一个薄弱环节。缺乏良好的体制、机制和政策环境，成为阻碍我国创新能力提高的重大障碍。技术转移成功的关键是政策培育下的健康完善的创新生态系统。因此，技术转移根本问题在于政策。2015年后，我国密集出台的三部技术转移政策以及相关部委的配套政策，决定了技术转移的进步与其经济效益的提高。因此政府从国家宏观层次上，全面制定技术转移体系建设政策，对于促进和健全我国技术创新能力、加速科技产业化具有战略意义。

本书的出版正处于我国新旧科技成果转化政策过渡交替、技术转移日益受到重视的时间节点。本书总结了过去几十年我国技术转移事业走过的道路；同时着重于当下，对企业和机构如何开展技术转移提供了详实的资料、有益的建议和指引；本书还展望未来，对科技成果转化最新政策下的我国的技术转移进行了大胆的探讨和前瞻。

对于如何操作技术转移，如何通过技术转移加快我国自主创新的步伐，追赶国外先进科技水平，我国仍处于探索阶段。作者希望通过本书，给读者提供有益的指引和启示，更希望能通过本书激发更多关于我国技术转移事业未来发展的思考。

在本书的成书过程中，张玉良、王斌、千帆、王丹、马圆、陈明、周文欣、陈万慧等专家学者提出了许多宝贵意见和建议，参与了很多细节工作，在此，对他们付出的劳动和做出的贡献，表示最衷心的感谢！

参 考 文 献

[1] 华鹰. 技术转移是企业技术创新中亟待破解的难题[J]. 科学与科学技术管理，2009(09): 63.

[2] 马彦民. 技术转移与自主创新战略[J]. 太原科技，2009(11).

[3] 陈向东. 大转移影响世界的技术和知识流动[M]. 北京：经济日报出版社，2000.

[4] 阿伦. 来自美国的中国秘密 美国国会对华政治. 经济. 军事形势的剖析[M]. 四川：四川人民出版社，1989.

[5] 郤志雄. 专利技术转移机制[M]. 中国时代经济出版社.

[6] 漆苏，杨为国. 专利许可实施权转让研究[J]. 科研管理，2008(11).

[7] 华冰. 利用专利能赚到钱吗？[N]. 中国科学报，2015(7).

[8] 徐彬. 国际技术转让在中国的立法与实务研究[D]. 华东政法大学，2006.

[9] 张迪. 药品技术转让的研究[D]. 成都中医药大学，2015.

[10] 刘方圆. CDM、技术转让与知识产权保护[D]. 中国社会科学院，2010.

[11] 王新新. 技术转移发展趋势及对策研究[A]. 2012 年科技成果转化与评价学术交流会论文集[C]. 科技成果转化与评价学术交流会，2012. 85.

[12] 周星. 国内外技术转移理论研究述评[J]. 对外经济贸易大学学报，经贸理论，1999(3): 11.

[13] 武汉市科学学研究所"技术转移"课题组. 发达国家技术转移的机制和通道[J]. 科技导报，1995(04): 47.

[14] 贺艳，许云. 国内外技术转移问题研究新进展[J]. 中共中央党校学报，2014-12(18): 106.

[15] 张蕴. 发达国家技术转移特点及经验借鉴[J]. 管理视窗，商业文化，2015(45): 136.

[16] 卜昕、邓婷、张兰兰、邹甜甜. 美国大学技术转移简介[M]. 西安：西安电子科技大学出版社，2014. 29-31.

[17] 贾蔚，高鹏. 日本技术转移政策及其启示[J]. 沈阳化工，1998, 27(3): 6.

[18] 王经亚，陈松. 德国技术转移体系分析及借鉴[J]. 经济研究导刊，2009(8).

[19] 刘丽军. 欧美及有关国家科技创新最新举措述评[J]. 中国科学院国际合作局：国际科技动态，2006(9).

[20] 程如烟，黄军英. 英国产学研合作的经验、教训及对我国的启示[J]. 科技管理研究，2007, 27(9): 40-42.

[21] 王宇行. 以色列技术转移 60 年经验与案例[J]. 江苏科技信息：战略研究，2009(8): 12.

[22] 朱明. 从三星电子 DRAM 技术转移成功谈我国半导体产业现状及国际技术转移[J]. 发展战略，2010(10): 24.

[23] Yet2.com 官网 http://www.yet2.com/about/history/.

[24] 傅正华，雷李军. 建国以来我国技术转移的发展阶段及特点[J]. 华南理工大学学报：社会科学版，2006, 8(6): 14.

[25] 国家知识产权局. 2016年国家知识产权局主要工作统计数据及有关情况新闻发布会. 2017. 1. 19.

[26] 科技部，新闻发布：科技部就科技政策、区域创新、科技金融、国际合作等方面举行集中访谈会，文字实录. 2017. 2. 16.

[27] 科学技术部创新发展司，科技统计报告第 5 期总第 577 期：2014 年我国高技术产品贸易状况分析. 2016. 1. 14.（本报告的高技术产品贸易数据仅包括中国大陆地区，未包括香港、澳门和台湾地区）.

[28] 赵燕林. 产学研政相结合是技术转移成功的关键—— 一个成功的技术转移案例分析[J]. 中国科技投资，2006(10): 70-71.

[29] 穆荣平. 国际技术转移影响因素分析——上海大众汽车公司案例研究[J]. 科学研究，1997-12(15): 70-72.

[30] 西安科技大市场，资讯中心：省知识产权局领导调研国家军民融合平台 http://www.xatrm.com/dscdtzxbd/298049.jhtml，2017. 01. 13.

[31] 中国军民融合平台 http://www.iptrm.com/, 2017. 05. 09.

[32] Petroni, Giorgio, Chiara Verbano. The development of a technology transfer strategy in the aerospace industry: the case of the Italian Space Agency[J]. Technovation 2000, 20(7): 345-351.

[33] 杨善林，郑丽. 技术转移与科技成果转化的认识及比较[J]. 中国科技论坛，2013(12): 119-120.

[34] 方华梁. 科技成果转化与技术转移：两个术语的辨析[J]. 科技管理研究，2010(10): 229.

[35] 徐国兴，贾中华. 科技成果转化和技术转移的比较及其政策含义[J]. 中国发展，2010-10(3): 47-48.

[36] 彭思龙科学网博客：当前科技成果转化中的种种误区，2014-10-20.

[37] 刘国艳. 国外推进科研成果转化的经验及启示[J]. 中国经贸导刊，双创观察，2016-10：67.

[38] 刘缨，胡赤弟. 高校产学研合作教育模式探究[J]. 黑龙江高教研究，2004.

[39] 许云，李家洲著，技术转移与产业化研究以中关村地区为例=Study on technology transfor and industrialization take Zhongguancun area as an illustration，北京：人民出版社，2015. 11.

[40] 张晓凌，耿志刚，侯方达，刘会强编著，技术转移信息服务平台建设. 北京：知识产权出版社，2011. 05.

[41] 佚名. 华东理工大学国家技术转移中心. 中心简介/机构设置[EB/OL]. 2017-03. http://nttc.ecust.edu.cn.

[42] 佚名. 中国科学院北京国家技术转移中心. 中心概况/平台建设[EB/OL]. 2017-03. http://www.nctt.ac.cn.

[43] 佚名. 广州生产力促进中心. 中心介绍[EB/OL]. 2017-03. http://www.gzpc.org.cn.

[44] 佚名. 广州国际企业孵化器. 园区概况/服务职能/入孵指南[EB/OL]. 2017-03. http://cxcy.gibi.com.cn.
[45] 佚名. 七弦琴国家知识产权交易网. 关于我们[EB/OL]. 2017-03. https://www.7ipr.com.
[46] 饶莉. 科技成果转化必须坚持资源配置的市场化[J]. 企业经济, 2007, 318(2): 30-32.
[47] 陈孝先. 我国技术转移中介服务体系研究[D]. 北京：清华大学, 2004: 34-35.
[48] 曾庆丰. 企业开放式在线创新平台的运行模式及案例研究[J]. 华东科技, 2012, 9: 66-67.
[49] 佚名. 《促进科技成果转化法修正案》的五大亮点[EB/OL]. http://tech.gmw.cn/newspaper/2015-09/08/content_109054857.html.
[50] 薛伟贤. 国际技术贸易[M]. 西安：西安交通大学出版社, 2008: 第五章, 国际技术贸易程序.
[51] 张国琪. 国际技术转让价格讨价还价模型研究[D]. 吉林：吉林大学, 2007.
[52] 丁建忠. 商务谈判教学案例[M]. 北京：中国人民大学出版社, 2005, (6): 170～173.
[53] 常悦. 技术创新转让扩散的价格博弈研究[D]. 哈尔滨：哈尔滨工业大学, 2014.
[54] 张晓凌, 侯方达. 技术转移业务运营实务[M]. 北京：知识产权出版社, 2012: 122-124.
[55] 张恒力. 技术评价的伦理整合[J]. 科技管理研究, 2004, 5: 107-108.
[56] 王海政, 谈毅, 仝允桓. 面向公共决策技术评价的多维融合方法体系[J]. 科学学与科学技术管理, 2006, 5: 7-9.
[57] 韩秋明, 袁立科. 创新驱动导向的技术评价概念体系研究[J]. 科技进步与对策, 2015, 32(24): 100-105.
[58] 沈滢. 现代技术评价理论与方法研究[D]. 2007, 6.
[59] 张晓满. 专利技术评估研究[D]. 四川大学. 2002.
[60] 张朝君. 企业专利资产价值评估影响因素与对策及研究[D]. 重庆：重庆理工大学, 2014.
[61] 路君平. 资产评估理论与案例分析[M]. 北京：经济科学出版社, 2008.
[62] 谢旭辉, 郑自群. 知识产权运营之触摸未来[M]. 北京：电子工业出版社, 2016.
[63] 苑泽明. 无形资产评估[M]. 上海：复旦大学出版社, 2005.
[64] 佚名. 专利技术评估案例[DB/OL]. https://wenku.baidu.com/view/a9503fec856a561252d36f78.html.
[65] 赵捷, 张杰军, 汤世国, 邱晓燕. 科技成果转化中的技术入股问题研究.
[66] 陈昌柏. 知识产权战略—知识产权资源在经济增长中的优化配置（第二版）[M]. 北京：科学出版社, 2009.
[67] 北京市浩伟律师事务所. 技术入股的作价评估方式[DB/OL]. http://www.haoweilaw.com/cgal_info.asp?lb_id=3588.
[68] 陈健. 技术入股的几个问题[J]. 区域经济评论, 1997: 20-21.
[69] 张阳, 余菲菲, 施国良. 国际技术转移战略[M]. 北京：科学出版社, 2013: 42.